第二批中国博士后基金特别资助项目（2009年，项目号200902061）

山东大学人文社会科学项目（项目号IFWL12040）

山东大学考古与历史学一流学科建设项目

西周金文词义组合类聚研究

王晓鹏 著

人民出版社

责任编辑:宫 共

封面设计:源 源

图书在版编目(CIP)数据

西周金文词义组合类聚研究/王晓鹏 著. —北京:人民出版社,2021.7

ISBN 978-7-01-023671-1

Ⅰ.①西…　Ⅱ.①王…　Ⅲ.①金文–研究–中国–西周时代

Ⅳ.①K877.34

中国版本图书馆 CIP 数据核字(2021)第 172309 号

西周金文词义组合类聚研究

XIZHOU JINWEN CIYI ZUHE LEIJU YANJIU

王晓鹏　著

人民出版社 出版发行

(100706　北京市东城区隆福寺街 99 号)

北京汇林印务有限公司印刷　新华书店经销

2021 年 7 月第 1 版　2021 年 7 月北京第 1 次印刷

开本:710 毫米×1000 毫米 1/16　印张:25.75　字数:367 千字

ISBN 978-7-01-023671-1　定价:77.00 元

邮购地址 100706　北京市东城区隆福寺街 99 号

人民东方图书销售中心　电话 (010)65250042　65289539

目　　录

凡　例

1. 本书针对西周青铜器铭文中的词义组合类聚进行考察研究，直接将词与词的组合统称为"词义组合"，其中蕴含了词的组合层面。

2. 排版以汉字简体为主。引用器铭原文采用隶释字并以简体字为主，引用古代文献以汉字简体为主，有必要显示字形结构时采用繁体汉字。引用器铭原文时未隶释或隶释争议较大的金文文字采用原字形的摹写字。对于有必要显示字形结构的古文字采用原字形的摹写字。金文隶释字采用或参考《商周金文资料通鉴》电子检索版、《殷周金文集成释文》和《殷周金文集成》（修订增补本）等著录和释文资料。

3. 青铜器铭文简称"器铭"。用《》表示某青铜器铭文，如《宜侯夨簋》表示宜侯夨簋铭，不加《》则表示某青铜器。

4. 词语、句子组合格式表示为"某词／词语＋某词／词语……"；句组格式表示为"……"＋"……"＋……。在语句组合格式中，"／"标记"或"；句子格式中"[ ]"标记"或可省简的词语"。引用铭文时，"[ ]"标记对残缺字可补的隶释字；"( )"标记"释读字"或"解释说明"。

5. 分析词义或义位的结构时，把语义成分与义素区别看待。使用词义构成分析式，其中语义成分用圆括号（ ）标记，义素用方括号［ ］标记，词义构成的结构分析用╎╎或╎……（ ）……╎标记，语义成分或义素的降级分析用〈 〉标记，"／"标记"或"。

6. 青铜器铭文中的辞语、辞句，简称"铭辞"，是器铭中词语组合层次上的一种类型化的语句单位。本书从语义角度对"铭辞"进行分类（类下细分为式）。每一铭辞大类用大写拼音首字母表示。

7.引据传世古文献和训诂材料等出处以书目列于书后参考文献中，具体内容可对照其版本查检。

8.引用器铭、辞例，以著录拓本、青铜器铭文实物照片、传世摹本为依据（无拓本和照片而仅有摹本者则据摹本）。

9.引用主要青铜器铭文著录：

（1）中国社科院考古所编：《殷周金文集成》，中华书局1985—1995年版。

简称《集成》。

（2）吴镇烽：《商周青铜器铭文暨图像集成》，上海古籍出版社2012年版。

简称《铭图》。

（3）吴镇烽：《商周青铜器铭文暨图像集成续编》，上海古籍出版社2016年版。

简称《铭图续》。

（4）刘雨、卢岩：《近出殷周金文集录》，中华书局2002年版。

简称《近出》。

（5）钟柏生等：《新收殷周青铜器铭文暨器影汇编》，台北艺文印书馆2006年版。

简称《新收》。

10.引用器铭辞例时，器铭用《 》，著录出处省《 》，如"……"《七年趞曹鼎》（集成2783）或（《七年趞曹鼎》集成2783）。

绪　论

商周金文弥足珍贵，具有重要的语料和史料价值，可以核订上古经史典籍，考论商周语言文字、社会、制度、历史和文化等问题。其中，金文语言文字的考释和研究是其他研究的基础，自古及今，这一领域已然成果卓著。本课题在汲取前人成果基础上，另辟蹊径，发掘、探究西周金文的词义组合类聚现象。

"词义组合"是指语句的词义组合层面。探讨词义组合必定蕴涵词与词的组合，为了方便起见，本书直称"词义组合"。

所谓"词义组合类聚研究"，是对词义组合所呈现的类聚现象进行的研究，即把群铭语句中的词义组合关系与聚合关系连接起来考察，以探讨使用状态下词义关系形成的系统性。西周金文词义组合类聚研究，概括讲，就是对西周青铜器铭文中词义组合所呈现的聚合关系进行周遍的、系统的考察和研究。这一研究不仅在器铭语句的词义组合中考察分析词义聚合的结构系统性，还通过分析词义组合关系的类聚形态，探究词义组合片段的语义类型、分布结构、认知系统性以及铭辞构成等问题。

一、本课题的提出和可行性

从金文研究历史来看，殷周金文著录、释读和研究曾作为传统金石学的一部分，兴起于北宋，详备于清末。至20世纪，中国的"新史学"

和科学考古学相继诞生，又由于青铜器大量出土，加之甲骨文、简帛文字研究成就巨大，金文研究相应取得了前所未有的成就。20 世纪以来金文研究成就主要体现在：

1. 搜集、辨伪、校重等一系列整理研究；2. 新见字和疑难字识读，对前人误释的纠正或补释；3. 词语、铭文考释；4. 铭文汇集和著录；5. 金文字典、词典和索引等工具书的编纂；6. 断代、分国研究；7. 词汇、语法、语音研究；8. 族氏铭文研究；9. 某类铭辞专题研究；10. 铭辞体例研究；11. 与历史文献互证，考订传世文献、弥补史籍疏漏，订正前人文献研究之误；12. 有关历史、社会、制度、礼仪、思想观念、经济、法律、文化等专题研究。

金文语言文字研究，主要是文字、词汇考释和语法方面耘艾丰硕，著述蔚然，出现大量铜器铭文的选读、选释专籍书刊，以及探讨通篇铭文释读问题的著述。近三十年多来，从现代语言学角度研究金文词汇和词义，有了较大发展，产生了许多重要成果。①

但是，与金文文字、词汇研究相比，词义系统性研究相对薄弱，对词义的认知研究较为稀缺。而西周金文词义系统研究是汉语词义史研究不可或缺的重要环节，亟待拓展和深入。本书探究西周器铭的词义组合类聚问题，是研究西周金文词义系统的重要基础工作。

（一）本课题可行条件有如下几方面：

一是随着金文的字、词、词义考释成果日益积累，大多数字、词可以辨识，绝大多数常用的、基本的字、词已识读，铭文可以通读，字典、索引等工具书趋于完善。二是 20 世纪特别是近半个多世纪以来，考古出土了大量殷周铜器，新出器铭数量剧增。三是在政府支持下，学术部门集中力量，全面、系统地搜集整理了器铭。四是器铭辨伪、断代分期分类汇

---

① 金文词汇、词义研究重要成果，参见赵诚《二十世纪金文研究述要》（书海出版社2003 年）第四章，杨怀源《西周金文词汇研究》（巴蜀书社 2007 年）中"西周金文词汇研究述略"，武振玉《殷周金文词汇研究综述》（《西华大学学报》（哲社版）2010 年第 2 期）等著述。

集、编排以及检索技术等方面更加科学化。五是基于以上条件，器铭著录规模更加宏大，内容全面，编纂体系日臻完善和实用。

例如，《金文总集》（严一萍编著）、《殷周金文集成》（中国社科院考古所）、《近出殷周金文集录》和《殷周金文集成（增补版）》等大型铭文拓本集录相继出版，后有"金文资料库""金文字库"、《商周金文数字化处理系统》（华东师范大学中国文字研究与应用中心）等问世，又有《国家图书馆金文研究资料丛刊》（全 22 册，徐蜀选编）、《金文文献集成》（全46 册，刘庆柱主编）等大型工具书相继出版①。新近有《商周金文摹释总集》（张桂光编著）、《商周金文资料通鉴》电子检索版、《商周青铜器铭文暨图像集成》《商周青铜器铭文暨图像集成续编》（吴镇烽编著）等成果产生，都着眼于大规模、全面、系统和科学的铭文汇集和整理。这样就使全面、系统地考察、描写群铭词义组合类聚成为可能，也使全面、系统地研究金文词汇语义成为可能。

（二）西周金文词义系统和词义组合类聚研究的必要性。从先秦器铭的断代来看，有商代、西周、春秋战国几个时期，不仅时间跨度大，而且地域和方言差异也较大，对于汉语词义系统研究来说，不易于进行共时词义系统描写。所以，可以优先选取各断代器铭分别集中研究，然后再统合各断代时期，进行综合比较研究，以探明词义系统历时演化的面貌。

作为周王朝通用的一种书面语形式，器铭词语、句子规范，系统性强，用语差距并不很大，适于进行系统性研究和描写。西周器铭分早、中、晚期，词义在各期的出现和分布情况，既有连续又有差异，但连续的情况较强，因此，可以看作一个历时的语料整体。一方面，有必要对西周各期器铭中出现的词义及其组合关系、聚合关系进行周遍考察，以辨析词义在其组合类聚场中的分期分布差异、变化等情况。另一方面，着眼于西周各期器铭的群体共性，有必要将词义组织的聚合状态作为一个整体看待，以识

---

① 近十年来，新出土青铜器铭文著录与金文资料的整理，工具书的编纂和修订，参见胡长春等：《近十年来（2001—2010）的殷周青铜器铭文研究综述》，《学术界》2011 年第 3 期。

别词义和词义的组合关系在群铭语义整体构成中的地位、功用和特性。

（三）青铜器铭文的体例特征和性质决定了从词义组合类聚现象入手测查器铭词义系统，分析其组合关系、分布和结构等情况较为合适。

《墨子·问鲁篇》云："铭于钟鼎，传遗后世子孙。"西周器铭既是标识族氏（或族徽）、受祭祖先、器主等的语言文字符号，又是铭记作器、训诰、册命、赏赐、征伐、功烈、约剂、祭祀及祝嘏等内容的规范书面语形式。其行文规矩，语气虔敬而郑重，具有鲜明的程式化、套路化特征。西周早期，器铭的内容类别和行文格局已见定势，至中、晚期，虽然器铭字数增多，内容较以前丰富多样，但在铭文的整体构成和铭辞的组织方面程式化更加显著，套语盛行，词义组合呈格式化特点。从整体看，各期铭文中重复出现相同或相近、相类的词义组合和辞句，已成通例，其类聚特征非常明显。

基于这种铭文体例特征，以考察、分析词义组合类聚为途径，探究器铭的词义系统性问题是适用且有效的。

二、本课题的任务和意义

本课题通过周遍式测查器铭中词义出现、使用和词义组合分布的类聚情况，探究词义组合类聚的形式、类别、特点，以及词义组合类聚中词义关系的系统性。同时，以数章篇幅举列重要、典型之例，进行描写和分析。

周遍考察和分析器铭中的词义组合和聚合关系，可直接用以分辨、明确词义单位和词义内容，从而集中解决词义组合关系、分布的系统性、特征等问题；与此同时，探讨学理与考察分析语料并重，相应地提出和完善彝铭词汇语义研究的理论与方法，为研究西周金文词义系统提供一种有效方法和基本操作平台。因此本课题研究具有重要的理论价值和应用价值。

研究群铭词义组合类聚，是以词义组合关系为考察基点的，并立足于词义组织结构的系统性和整体性。词义组合类聚现象不仅包括句内词义组合，还包括成句和句组的词义组织片段——实际上是以词义组合关系为基点来观测器铭辞句的类别及其组织形态，这对于研究铭辞分类、各类铭辞构成体系具有可操作性的意义。

本课题另一重要内容是：从语义认知视角进行研究，探求金文词义组合类聚的语义认知性质和历史意义。这样既可"透视"词义在使用状态下的深层细微特征、组织意向等与器铭语义系统整体的关系，又可"透视"词义关系所反映的词汇语义认知系统，从而构建起器铭词义的认知系统性理论。这一研究有助于揭示西周器铭概念体系、语义认知模式，也为从认知角度发掘、探究西周历史、社会制度、礼仪、文化等提供基础，以求达到拾遗补阙、解决疑难问题的目的。

三、语料选用

器铭语料多为拓本、摹本，亦有铜器实物铭文照片等。北宋以降，器铭著录种类繁多，需作出选择，周遍考察器铭词义，必须依据著录全面者，主要采用当代编纂出版的著录及新近刊布的铭文。

近几十年来已出版多种大型器铭著录：严一萍编《金文总集》收7823器。丘德修编《商周金文集成》收8974器。中国社会科学院考古所编《殷周金文集成》，大规模整理、汇集铭文，共16册，1994年出齐，收器截止于1988年，共计11983件，选择高质量资料，拓本原大印制，较完备、精善，具有科学、权威、全面、系统和通用的特点。刘雨、卢岩编《近出殷周金文集录》收器从《殷周金文集成》出版后至1999年5月底国内外所刊布的金文材料，计1354件。钟柏生等编《新收殷周青铜器铭文暨器影汇编》2006年由台北艺文印书馆出版，新收并补《集成》漏收资料，收器止于2005年，记2005件。

2012年9月吴镇烽的《商周青铜器铭文暨图像集成》出版，随后逐年增补，并于2016年9月出版了《商周青铜器铭文暨图像集成续编》。该书总汇辑录、广收流散，收器止于 2015 年 12 月，共 18177 件，备有《商周金文通鉴》电子版，更新至 2016 年 12 月，是迄今收器最全和最新者。截至目前，各著录及刊物文章所收商周有铭铜器约 18200 多件。西周青铜器约 9000 多件，铭文有 6500 多篇，已释单字近 2000 个。

　　本课题选用语料的原则是：器铭语料以拓片、青铜铭文照片为主要依据，无拓片和照片者以摹本为依据。选用科学、资料精善、收录全面、新近者，且具有权威、系统和方便通用特点的著录，不限一种，有主选和参考之分。据此，铭文资料著录及其隶释字以《殷周金文集成》（包括《集成》释文）、《商周青铜器铭文暨图像集成》和《商周青铜器铭文暨图像集成续编》中器铭为主，并选用《近出殷周金文集录》《新收殷周青铜器铭文暨器影汇编》《商周青铜器铭文暨图像集成》《商周青铜器铭文暨图像集成续编》中的新增器铭，同时参看其他著录。在已释读单字基础上，选取成句、成语的可隶释铭文进行研究。对于整篇铭文漫漶不清，难以辨认铭文语句者通常不作引用。

　　另有青铜铭文断代研究著录，如郭沫若的《两周金文辞大系》、陈梦家的《西周铜器断代》、白川静的《金文通释》（有汉译节选本）、唐兰的《西周青铜器铭文分代史征》（简称《史征》）、马承源的《商周青铜器铭文选》（简称《铭文选》）等也是铭文著录、断代、通读和文字释义方面的重要著作，其器铭分类、断代研究和释义成果为探讨金文词义系统提供了重要材料。此外《金文编》等金文字汇和《金文诂林》等字典、词典汇集前人字词考释成果，是系统研究金文词义的必备工具书。本课题一方面吸收这些研究成果，并对近些年来新释金文字词、词义加以整理，合理吸收，采用信说。对其中疑难争讼字释，或提出自己的观点（在本书正文或注脚中作简要考辨），或存疑。

　　西周金文中已释读字多为常用字，这些字大多释义明确，是我们研究金文词义的基础。而对于有争议的已释字、新释字则选定较为可信之说进行词义考察分析。例如"𠁁""𠁦"为一字，见于 1986 年北京琉璃河

1193 号墓出土的燕侯克罍、盉铭文，① 刘雨释"来"，方述鑫释"宅"表示居住之义，黄德宽释"宋"，读"次"，也表示居住之义，② 于字形释义更有说服力，且"克宋（次）匽（燕）"在断句和解读句义方面更为合理，本书采用黄释。对于旧释存在问题的，采用有说服力的新释，如《牧簋》铭有"司土"，旧释"司（土）徒"，但"土"字有别于金文"土"，张亚初、刘雨纠正为"司士"③，李学勤也持此说④。同时《牧簋》还有"旨故"一语，李学勤把"旨"释读为"稽"，有"稽问"之义，"旨故"即指"考问其缘故"的意思，⑤ 本书采用此释，如此情况不再逐一举列。对已释、已隶定字要看它在铭文中所表示的词、词义是否已释读出，这些已释读的词和词义是描写、研究词义系统的重要材料。

① 《北京琉璃河 1193 号大墓发掘简报》，《考古》1990 年第 1 期。

② 张光裕、黄德宽主编：《古文字学论稿》，安徽大学出版社 2008 年版，第 27 页。

③ 张亚初、刘雨：《西周金文官制研究》，中华书局 1986 年版，第 38—39 页。

④ 李学勤：《四十三年佐鼎与牧簋》，《中国史研究》2003 年第 2 期。

⑤ 李学勤：《四十三年佐鼎与牧簋》，《中国史研究》2003 年第 2 期。

第一章　西周金文词义组合类聚的考察

第一节　语料特性

一、词义系统性的历史研究与语料

探讨词义系统的历史演变，需兼顾共时和历时两个维度，共时层面是历时动态结果的截面，是词义发展的动态结果在同一层面投影的同质化。在共时层面上，分析、描写某一时期乃至每一时期的词义系统，尔后将各时期贯通，探究各断代系统间的承接、交错、更新的历史发展。词义系统研究应以词义系统性的研究为基础，后者是前者工作程序的局部和具体化。

词义系统性是词义或词义关系处于词义系统整体中所具有的系统特性，是词义系统组织、关联性能的具体表现。词义系统性的历史研究，一方面，对每一断代（按一定标准切分的各时期）词汇的词义关系进行共时研究；另一方面，探寻词义之间历史变化的相互影响及其动态关联，一个时代一个时代地考察、描写，环环相扣，以便详细认清词义关系变化发展中的承接和变异，认清词义关系在系统整体结构上的演进和局部变化等情况。这就需要详细测查众多个体词义和义位的变异、新生和失落等历时动态，及其对词义系统整体结构的影响。

同时，词义系统性的历史研究，还需考虑语料特性。这种研究所依据的历史语料，主要见于历史文献——或传世文献，或出土文献。历史文献在记录、编述、撰著、创作、辑纂内容的载体方面多种多样。其中有些文献资料，特别是甲骨刻辞、商周铜器铭文等文献，其骨版或铭篇形式是相对完整独立的单位，每件载字少者一字或数字（青铜器以少字铭文最多见），多者数十字或几百字不等，相对于形制成熟的专书来说，可谓"散"式语料。但这类"散"式语料，形式虽"散"，性质却同一，语料整体性明显。甲骨刻辞和商周器铭各有其统一的功能性和应用目的，其整体性不容忽视。

以历史文献语言的词义系统性为研究对象，在很大程度上受文本形式制约，并受限于语料的性质、功能和语用等特征。此外，语料的出土、保存或传世等情况，以及文字释读水平、断代、著录、辨伪等工作对词义系统性研究有较大影响。因此，对某一历史语料的词义系统性进行研究，有必要根据该历史语料的特性和功能特征，采用相对应的、适当的考察分析法——这对于探求商周器铭的词义系统性来说是至关重要的。

二、金文语料特性适于词义组合类聚研究

（一）从文本看，器铭有文字和语言两个层面。文字层面包括：1. 金文文字的形体构造、书法、铸刻形式，以及铭文中各字形的组织布局体系；2. 文字造意，用字表词表义，或金文文字体系表示语言、语义的情况。语言层面包括：语音、语法、语义和语用，从语言结构单位的纵向看，有词汇（包括词音和词义层面）、句子等，语言组织的语义结构单位有词义单位（义位）、词组义和句义等。

西周金文字形及其表示和记录语言的方式很具特色，是金文语料特征的主要表现之一。但是，研究金文词义系统性，主要着眼于铭文语言，需由文字层面进入语言层面，只在涉及词、词义与表示它的文字形式（字形、用字）关系时才对文字进行辨析和说明，作必要的考求与释读。

研究金文的词义系统性，主要考察器铭的语言层面。器铭词汇词义的出现和组织状况，主要受限于铭文语言的性质和功用，特别是语义的内容和功能，同时也受限于铭文语言体例、形式等。这些决定了我们采用适

用性强、更具有效性的考察和描写策略，亦即有针对性地选取相应的、恰当的途径进行考察研究。

（二）作为一种出土文献的书面语形式，西周器铭群体形"散"而质一，语料具有整体性，主要表现为如下几方面：

一是在整体上，西周器铭群体具有特定的、统一的语用目标，应用性强。

二是由于特定的语用目标，语义的功能性突出，语义表达的意向性较为明显。

三是同一作器者（或器主）①的一组铜器有具同铭现象，即异器同铭，同类铜器异器同铭最常见。这里所谓"同铭"是指铭文所有的语句文字、文字形式（字形、铸刻书法）和行文（偶有铭文行段或用字出现些许变动）均相同的铭文，通常是同一作器者或器主，包括器盖同铭和异器同铭两种情况。

四是同时期器铭文体、辞句和用词体例相仿，内容、用语接近。

五是各期器铭出现的词语具有显著的类聚特征，尤以记名、标识类铭文的词语重现、类聚和组合程式化最明显。

六是词语组织和句子通常具有格式化特点，语句简约，呈现为词语组合的类聚形态。而以早期后段、中期至晚期词语、辞句程式化最强，辞句系列成套式组织，铭文体例统一。

具体讲，这几方面有内在关联，是统一整体的不同侧面及特征。

首先，西周器铭的语用目标在于：铭记作器者（或器主）、铜器所属族氏、受祭者、使用处所等；铭记器名、作器缘由，铭记作器目的，如祝嘏祈愿、"永宝用"，记述和宣扬天子国君等主上恩惠、休善与令德，器主铭功或记述家族先祖父兄等的职事地位及其功烈，等等。因而，一方面采用应用性强的标记词语，如署记人名、受祭者名、族氏名等；另一方面

---

① "作器者"通指制作某器主使者，如王、诸侯、贵族和公卿官僚等，"器主"是当时所作某器专属者。"作器者"与"器主"并不对等，有些青铜器的作器者与器主是同一人，有些不是，如作器者为别人作器，受器者是器主（详见第八章）。

采用应用性强、行文规范和符合礼式规范的词语、句子，如"唯某年 / 某月 / 某月相 / 某干支日""辰在某干支日""王在某处""王格某宫""……蔑历……""赐汝……""膺受大命""匍有四方""……右……入门""即立（位）[中庭]""王呼某臣册命某臣""命汝更乃祖考……""虔 [敬]夙夜出纳王命""用夙夜享孝于 [先公 / 祖 / 考]""用事""弗敢坠 / 沮 / 丧""对扬王 [天子 / 君] 休 / 命""拜手稽首""用作……某器""用夙夜享孝于某祖先""用匄 [祈] 眉寿 / 纯鲁 / 永命""用匄眉寿无疆""用侃喜上下 / 前文人""孙孙子子永宝用"以及祝嘏辞等程式化的规范用语或礼仪套语。

统一的语用目标，使器铭的语义功能突出，语义主题类型明确。刘勰《文心雕龙》云："铭实器表""义典则弘，文约为美"。① 器铭通以简约典雅的记事、记言体例记述作器原因、功能和目的，语义表达有特定意向——这与铭记和表达作器目的、缘由，宣扬令德、称伐功烈等相一致。铭文词语、句子既呈现统一的语义主题类型，又表现出明确的语义意向定势。

其次，从诸器铭文关系看，异器同铭现象非常普遍。传世器铭，例如西周早期自鼎 4 器、作册大鼎 4 器，② 西周中期庚姬鬲 4 器，西周晚期颂鼎 3 器，均为异器同铭例。

出土器铭，同一作器者同期所作一组铜器，普遍存在同器类异器同铭、盖器同铭现象。例如，1940 年在陕西扶风任家村出土的窖藏 4 件铜簋（大师虘簋）同铭，器盖亦同铭，作器者（或器主）是"虘"。③ 1961年陕西长安县张家坡出土窖藏 8 件铜鬲（伯庸父鬲）是同一人所作，各器同铭。1976 年 12 月陕西扶风县法门镇庄白村 1 号西周铜器窖藏，出土

---

① （南朝梁）刘勰著，周振甫注：《文心雕龙注释》，人民文学出版社 1981 年版，第 117—118 页。

② 《作册大鼎》4 器据陈梦家《西周铜器断代》，传 1929 年出于河南洛阳邙山麓之马坡村。列为传世器。

③ 另有《大师虘盨》（铭图 05674）一件，与《大师虘簋》同铭，作器者是同一人。

铜器有簋、盨、盆、铺、爵、壶、匕、钟，同期癲簋 8 件各器同铭，盨、盆、爵、壶、匕同期同器类各器亦同铭。癲钟 14 件有 4 式，各式中 Ⅱ 式各钟同铭，Ⅳ 式各钟同铭，Ⅲ 式编钟连载成一篇铭文。1984 年 4 月河南平顶山义学岗西周墓葬出土西周中期邓公簋 4 器，盖器同铭、各器同铭。如此不胜枚举。异器同铭、盖器同铭不妨看作商周铜器系列中铭文关系的一个特色，属于铭文类聚中的重现现象。

此外，群铭体例统一，行文规格大多相仿。特别是同时期器铭，通常在文体和用词、辞句组织体例方面相仿，同一作器者不同期所作器铭多因其表达习惯，用语一致。如《七年趞曹鼎》（集成 2783）与《十五年趞曹鼎》（集成 2784），《卅二年逨鼎》（铭图 02501）与《卅三年逨鼎》（铭图 02503）等铭即是。器铭记述事件和言语多是常见的几种，内容类型固定，语义表达模式比较固定。

但也有些器铭所记事、言并不常见，如《㝬比盨》（集成 4466）、《五年召伯虎簋》（集成 4292）、《六年召伯虎簋》（集成 4293）等铭，相对于惯常的铭文内容类型来说是独特的。不过这些器铭所记言事仍然是"作器"的缘由，整篇铭文的语义构成模式类同于群铭。可以说，群铭所记言事内容不乏具体变化和个性特色，但总体上类型固定，因而在铭文整体语义构成方面，有突出的类型化和模式化特征。

再看铭文语句方面，以上情况导致铭文形式的突出特征——即词语组合关系较稳固，存在明显的类聚关系；辞句大多格式化，也多呈现类聚形态；固定的规范用语或习语较多；辞句组织系列程式化，铭文语句、行文成固定类型，体例基本一致。由于语义内容和语句形式上的这些突出特征，以及程式化的铭文体例，研究器铭词义系统，更适于从词义组合类聚现象入手。而且，西周器铭体例形式并不太复杂，总体来看内容类型也并不十分庞杂，便于选取词义组合片段进行考察，梳理其类聚关系。

以下述及两个较为显著的方面——记名铭文和程式化语句的词义组合类聚现象。

三、记名铭文的词语类聚

（一）按考古学商文化分期，一般认为商代中期偏早（二里岗上层晚期至殷商一期）已出现有铭铜器。目前仅见有记号和标记有族氏名或族徽、作器者或器主名、祖先称谓几种名称的铭文。

其中族氏名（包括部分族徽）、作器者或器主名、祖先称谓为单词，如《眉鼎》记“眉”，《天鼎》记“天”，《无终戈》记“无终”，《耳鬲》记“耳”（或释戉、亘），《父甲角》记“父甲”等。实际上，族氏名、作器者或器主名、祖先称谓就是几种词义的类聚。这一时期器铭（现有器铭）极少见词组。

另有 1980 年山东桓台县田庄镇史家村出土的戍宁觚，现藏济南市博物馆，有铭文 8 字“戍宁无寿作祖戊彝”。有学者认为，戍宁觚是商代中期器，但是通过对其器型纹饰和字体等进行比较和辨析，应定为晚商器。①（戍宁觚及铭文见图版 1）

晚商（殷商二期至四期）有铭铜器急剧增多。器铭仅记族氏名、作器者或器主私名、祖先称谓者，仍多为词，形成众多词和词义的类聚，如：

《息鼎》（集成 1226）“息”，《冉鼎》（集成 1176）“[illegible]（冉）”，《犬簋》（铭图 03421）“犬”，《巽觯》（集成 6024）“[illegible]（巽）”，《[illegible]簋》（集成 2997）“[illegible]”，《沚爵》（集成 7471）“沚”，《天黽鼎》（铭图 00364）“天黽”，《天豖鼎》（豙鼎）（集成 1115）“天豖”，《亚獏簋》（集成 3102）“亚獏”等，为族氏名（作器或器主的族氏名）；

《祖乙鼎》（集成 1251）“且（祖）乙”，《父丁鼎》（集成 1255）“父丁”，

---

① 戍宁觚与同出祖戊爵及铭文见《山东长清、桓台发现商代青铜器》，《文物》1982 年第 1 期，第 86、87 页图 7。从戍宁觚的纹饰形制看，虽然纹饰接近二里岗上层特点，腹部却圆鼓，圈足无十字镂孔，形制似略晚于商代中期。而字体呈波磔之势，字形接近殷商三、四期。与之同出的祖戊爵铭文都记有“祖戊”，内容密切，应是同时期的一组酒器。祖戊爵形制，柱顶饰涡纹，腹部饰云雷纹衬地饕餮纹，尖尾宽而上翘，与流齐平。属于晚商（殷商三、四期）常见的形制。若结合祖戊爵的铭文内容、字形、爵器形制和饰纹，则可推断为祖戊爵与戍宁觚均属晚商器（即殷商三、四期）。

《癸母鼎》（集成1282）"癸母"，《叔丁鼎》（集成1290）"叔丁"等，为祖先、亲属称谓的天干日名；

《好鼎》（集成999）、《好甗》（集成761）"好"，《静生簋》（铭图03638）"静生"等，为器主或作器者私名；

标记名称的铭文，出现大量名词性词组形式，形成词语组合的类聚，如：

《冀父己鼎》（集成1603）"冀父己"，《冏父己鼎》（集成1608）"▲父己"，《亚萬父己铙》（集成411）"亚萬父己"，《马天豕父乙疊》（铭图13797）"马天豕父乙"，《息父辛鼎》（近出235）"父辛，息"，《亚㰉父丁盉》（集成9374）"亚㰉父丁"，《亚登兄日庚觚》（集成7271）"亚登兄日庚"，《冀兄戊父癸鼎》（集成2019）"ꭓ（冀）兄戊、父癸"，为族氏名＋祖先或亲属称谓日名的组合；

《孤竹亚寱疊》（铭图13783）"昏（孤）竹，亚寱"，《中铙》甲（铭图15917）"中，亚寱止"，为多个族氏名的组合；

《文父方鼎》（集成1280）"文父"，《冀文父丁觥》（集成9284）"文父丁，冀"，《司母戊方鼎》（集成1706）"司母戊"（或释"后母戊"），为修饰语＋祖先或亲属称谓（＋天干日名）的组合；

《父丁母丁戈》（铭图16588）"父丁母丁"，《大且日己戈》（集成11401）"大祖日己、祖日丁、祖日乙、祖日庚、祖日丁、祖日己、祖日己"，《大兄日乙戈》（集成11392）"大兄日乙、兄日戊、兄日壬、兄日癸、兄日癸、兄日丙"，为多位祖先或亲属称谓日名的组合；

《戈己簋》（集成3066）"ꬱ（戈）己"，《冉辛鼎》（集成1389）"𨽎（冉）辛"，《子戊日乙鼎》（铭图01224）"子戊日乙"等，为族氏名＋天干日名式词组；

《祖丁父癸疊》（铭图13811）"祖丁、示己、父癸，醆"等，为祖先（或亲属）称谓日名＋器名的组合；

《者女觥》（集成9295）"亚䭵，者（诸）女（母）曰（与）太子尊彝"，《丰乭母彝卣》（铭图12941）"丰乭母彝"，《鸟繟簋》（近出413）"鸟繟弄彝"等，为族氏名＋某类人称谓／私名＋［修饰词语＋］器名的组合；

《寝小室盂》（集成 10302）"寝小室盂"，为处所＋器名的组合，等等。

目前已见商代器铭中，由标记名称的单词和词组所构成的铭文，即记名铭文，占商代器铭总数的 97%。

除这类铭文，晚商还出现由"作／铸……某器（或省略某器）"辞句（简称"作器"辞句）构成的铭文，以及记述因某事而作器或彝器用途（谓词性词组、句子或句组）的几个字、十几字或数十字铭文。

（二）西周早期，彝铭部分地继承了商代体系和制度，又植入了新面貌和周族自己的特色。西周初及以后，仅由"作器"辞句构成的铭文增多，包含"作器"辞句和因某事而作器的铭文已经很普遍，且在已有辞句基础上逐渐叠加词语，扩展辞句，字数增加，出现了众多长铭。

不过，西周早期，仅标记名称的铭文依然居多，约占这一时期群铭总数的 90%（至西周中期则大幅度减少）。这类铭文，多数仍保留商代同类器铭的词语类型和组合形式。而另一部分铭文则增加了内容，在词语类型方面比商器愈加复杂、丰富，包括族徽标识、族氏、国名、作器者或器主私名、祖先或亲属称谓、权职爵名、器名、处所地名等，同时，其词语组合形式有诸多变化和扩展。例如：

《应公觯》（集成 6174）"雁（应）公"，《康侯鬲》（集成 464）"康侯"，《燕侯戈》（集成 10887）"匽（燕）侯"，《侯戟》（集成 10793）"侯"，《丰伯剑》（集成 11573）"丰伯"等铭，形成某公、某侯、某伯的词义类聚；

新见"某父""伯某父""仲某"（仲）"叔某"（叔、某叔）等排行＋私名等人名，如《逆父觯》（集成 6133）"逆父"，《伯懋父簋》（新收 334）"伯懋父"，《遽叔尊》（集成 5581）"遽叔"，《叔姜壶》（集成 9492）"叔姜"，《叔尊》（集成 5479）"叔"，《叔丁瓠》（集成 6833）"叔丁"，《仲觯》（集成 6088）"仲"等铭，形成类聚，此外还有许多单用的私名；

新见铜器所属地名的铭文，如《成周鼎》（铭图 00685）"成周"，《成周戈》（集成 10882）"成周"，《新邑戈》（集成 10885）"新邑"等；

增加许多"各式称谓／国族名／私名＋［修饰词语＋］器名"格式的

词组，如：

《成王方鼎》（集成 1734）"成王尊"，《成周铃》（集成 417）"成周王令（铃）"，为某周王＋器名组合；

《侯盉》（铭图 14666）"侯用彝"，《燕侯戟》（集成 11011）"匽（燕）侯舞戈"，《伯旅鼎》（集成 1730）"伯旅鼎"，《毛伯戈》（近出 1113）"毛伯戈"，《邓公盉》（铭图 14684）"邓公尊彝"等①，某侯（侯）／某伯（伯）／某公（公）等＋［修饰词语＋］器名组合；

《伯戚父簋》（铭图 04081）"伯戚父簋"，《繇父宝簋》（集成 3231）"繇父宝"等，某父／伯某父＋器名式组合；

《彭母鼎》（铭图 01228）"彭女（母）彝，阜（冉）"②，《曩母鼎》（集成 2146）"曩母尊彝，亚矣（疑）"，《姒奴宝甗》（集成 851）"姛（姒）奴宝甗"，《中妇鼎》（集成 1714）"中妇鼎"，为族氏名／姓＋母／妇／私名＋［修饰词语＋］器名组合；

《夆彝簋》（集成 3131）"夆彝"，《夆方鼎》（近出 275）"夆宝尊彝"等，国族名＋［修饰词语＋］器名式组合；

《盂方鼎》（近出 306）"盂，鼎文帝母日辛尊"，《爵宝彝爵》（集成 8822）"爵，宝彝"，为器名＋限定或修饰语组合；

其他组合格式如：《王爵》（铭图 08274）"王祼彝"，《伯雍倗鼎》（铭图 01782）"伯雍倗宿小妻鼎（鼎），冖"，《寽邑司鼎》（铭图 01621）"寽邑司宝尊彝"等，是略复杂的偏正式名词性词组；等等。

上举商周器铭，例示记名铭文中由词或词组形成的类聚。其主要特点：一是词或词组聚合既有类别差异，又有大量的重现现象；二是重现的词或词组有些指称相同，有些是指称不同的重名现象；三是词组记名铭文与单词记名铭文中有大量同类词，词组记名铭文包含有单词记名铭文中的词项。

---

① 约为商末周初铜器。

② 约为商末周初铜器。

（三）考察商周器铭，可以看出记名铭文与其他类型器铭关系的一些显著特点：

记名铭文中的作器者或器主名词、祖先或亲属称谓词、权位职爵名词、器类名词、处所地点名词等，也充任其他类型器铭"……［肇／用］作……某器"辞句中语法成分。

作器者名——既有私名、共名称谓（如侯、公等），又有族氏、国族名，充任其他类型器铭"某人作……某器"辞句中的主语，形成"作器者＋作＋……＋某器"格式，其中作器者常常也是器主。但有些器铭作器者与器主是有分别的，族氏或国族可以是某铜器的共主，若作器者为某人作器则某人为器主，形成"作器者＋作＋某人……＋某器"格式，在此类辞句中，器主名有亲属称谓，有私名称谓，有权职爵称等多种情况；

祖先称谓在"作器"辞句中是受祭者，亲属称谓常常属于受祭者，与祖先称谓的充任的语法成分相同，形成"作＋祖先或亲属称谓……＋某器"格式；

器类名词在"作＋……＋某器"格式中即为器名，是动词"作"的宾语；

处所地点名词则充任"作＋……＋某器"格式中器名的限定修饰语，形成"作……＋某处＋……＋某器"格式。

另外，西周时期除记名铭文外，大多数器铭中有"作／铸／为……某器"辞句。

以上特点显示出，单词记名铭文与词组记名铭文之间，记名铭文与含"作……某器"辞句的铭文之间，既有词汇语义类别的关联，又有词语、语句（语义）组织的关联。这种关联是成体系的关联，或者说具有系统性。另一方面，单词记名铭文中的词项及词义并非静态，而处于使用状态。从记名铭文的单词义、词组义与"作器"辞句铭文的内在语义关联看，单词记名铭文和词组记名铭文中的词项和词组蕴含着深层语义"某人作［祭祀某祖先、亲等属］／［为某人作］……某器"。在群铭的词汇、语句关联体系上，单词记名铭文的词义蕴含于这一深层语义组合结构中。

　　词组记名类铭文是一种词义组合类聚。从语言组合的系统性看，单词记名铭文的词汇词义形成的类聚，可以视作某词项与其他空集词项的组合状态，记作"某词项（＋∅ 词项集合）"，仍属于词义组合类聚的一种形态。因此，应将单词记名铭文的词义聚合置于词义组合类聚现象的体系中。

四、语句程式化与词义组合类聚

　　从记录内容的体例看，西周器铭有记事和记言两大类型，包含各式语句。在器铭语句中，词项（词义）的出现与分布情况，词义的组合关系，以及语句的语义类型、语义语法结构，对于词义研究来说，很值得探测和发掘。虽然各式语句在群铭中的出现和组织分布不均衡，组织体例也有断代差异，但在整体上，语句格式具有程式化特征。按目前西周器铭早、中、晚三期断代，① 自西周早期起，词语、句子组织逐渐套路化，习语渐多，至中期、晚期铭文体例已成定型之势。受语句组织制约，其中的词项组合也呈现为局部、片段的固定关系，最显著的现象是词义组合关系形成众多类聚。

　　（一）西周早期器铭，已有大量重复出现的语句格式和固定词组。出现最多的是名词性词组记名、纪时格式，以及辞句"作……某器""赐／赏……"等。出现较多的是"……蔑……历""对扬……休／命"，以及"王在某地／某处"等辞句。此外也常见"王呼……""王令……""王曰……"等辞句。在这些语句格式里有大量重复出现的词语组合片段，如"作……某器"中有"尊彝""宝尊彝"等出现极多，组合形式固定，程式化明显，"对扬……休／命"中有"王休"，"赐……"中有"贝＋数字＋朋"。重复少的，如"王在某地"中有"在成周""在宗周""在蒡京"等。这种重复的词语组合即形成词义组合类聚，重复次数越多聚合量越大，反

---

① 西周铜器分早、中、晚三期，各期分前后两段，参考王世民、陈公柔、张长寿：《西周青铜器分期断代研究》，文物出版社 1999 年，吴镇锋：《商周青铜器铭文暨图像集成》，上海古籍出版社 2012 年，《商周青铜器铭文暨图像集成续编》，上海古籍出版社 2016 年。

之聚合量则小。此外，组合格式及语义内容只出现一次的语句也有一定数量。

固定结构的词组是一种词义组合类聚形态，西周中、晚期出现极多。如"拜［首］（手）稽首""永宝用"和祝嘏语（如"用祈眉寿"等），西周早期已有，但在商末周初之际器铭中出现较少，至西周早期前段偏后增多，不过在各篇铭文中出现、分布不均，中、晚期则出现较多，使用十分普遍。

西周早期器铭行文表达略显灵活，有些铭文的部分用词富于个性，但其铭文体例、辞句类型显示出群体统一性，整体上是规范和程式化的。

例如，《庚午簋》铭（铭图 03958）只记"庚午铸"，是"时间＋作器动词"格式，有别于与"作器"辞句通例。但早期已有"纪时词语＋［某］作……某器"构成整篇铭文的体例，此铭为省略形式，即省却了作器者和器名两个主要成分，当属于"作器"辞句一类。

又如，《嬴霝德鼎》（集成 2171）："嬴霝德作小鼎"，据鼎形特小的实际情况而铭记"小鼎"①。

《庚姬簋》（庚姬器）（集成 10576）："庚姬作鼄母尊"之"鼄母尊"，比中、晚期"作＋祖先／父／母＋鼄尊／尊彝"程式化格式显得灵活些。

《作从爵》（集成 8304）"作从"，《作大保鼎》（铭图 01016）"作太保"等铭，是"作＋……＋某器"的省简式。

这几篇器铭虽局部词语组合灵活，表层句子形式有省简，但就其深层语义结构看，仍属"作器"辞句。

周初《砢簋》（铭图 05136）有"……用兹簋裂公休……"②，《大保簋》（集成 4140）有"用兹彝对令（命）"，二辞格式相仿，与后来通例"对扬……休／命"比较，很有个性。可以看作"对扬……休／命"辞句的早期雏形。

---

① 罗振玉在《贞松堂集古遗文》（1930 年刻本）第 2 卷 32.3 记有："此鼎特小，异乎常器。"

② 又见《文物》2009 年第 2 期，第 55 页。

　　康王世的《小盂鼎》（集成2839）有"……乎蔑我征"一句，"征"即所"历"具体内容，此句是"……蔑……历"的早期形态。中、晚不再出现这种情况，而一律使用较抽象的"历"，语义概括，辞句程式化。此例正反映了器铭早期有些用法比中、晚期具体、灵活。

　　这类情况还有许多，不过从铭文体例、语句类型的整体形态来看，与众多器铭并无二致。同样，西周早期整篇器铭的铭辞构成体例大体是一致的，只是相对于中、晚期来说，其分布和辞句表述显得灵活多样。

　　铜器铭文，或记事，或记言，许多记述简约朴素，用词准确，精炼而具灵活性。例如，周初《利簋》铭（集成4131），记事侧重纪实，陈述简朴，并无宣扬或虔敬等装饰性套语。

　　西周早期昭王世的《中方鼎》铭（集成2751），径陈事件过程，纪实性强，表达精简而质朴。有些铭文在语句组织分布、前后顺序方面比较灵活，语句形式不复杂，表义简要、自然，行文顺序不僵化。

　　有些铭文则在严肃记事、记言的同时，又注重使用敬词，如《中甗》（集成949）等；有些铭文虔敬语气增强，宣扬功能突显，如《天亡簋》（集成4261）、《沈子它簋盖》（集成4330）等。而著名的康王世《大盂鼎》记言周王命诰，语义轩昂，行文更注重命诰册赐的程序性。同期《小盂鼎》铭记述凯旋献俘馘典礼之事，侧重典礼程序和事件仪式环节。此二铭语句组织和用词都十分严整、规范，与中、晚期铭文语言风格大体一致。

　　可见，西周早期器铭的语句形式和表述方式多样化，局部词语使用富于变化，具有个性。但是，在整体上铭文体例是统一的，语句组织框架基本一致：

　　通常，整篇铭文或者必有"作器"辞句（或省简形式），或者必有作器者（或器主）、族氏、器名等词语。在多语句构成的铭文中，除了有基本的"作器"辞句之外，还有表示作器原因（因赏赐、蔑历、随从、功伐等）、缘由事件的辞句，以及表示事件时间或作器时间词语。有些器铭表示作器而附加"永宝用"或祝嘏、祈愿等目的性的语句，多位于"作器"辞句之后。在整篇铭文语义构成中，"作器"辞句传达的是作器之"果"，而表示赏赐、蔑历等语句传达的是作器之"因"。

彝器铸铭昭示于邦国、宗族成员及其后代子孙，属于公共性的记事、记言，用语和行文大多规范、正式，公共礼仪辞令使用频繁。所以，整篇语义构成是程式化的，能整体地、系统地凸显其语义功能性质。

在群铭中，各类语句有基本排序，如"作器"辞句多位于整篇铭文后部。不过早期铭文构成有局部灵活、变化的特点，基本语句排序虽表现为程式化形态，但并不僵化，"作器"、纪时等语句有时变换其位。

（二）西周早期后段至中期、晚期，铭文体例已经完善。除保持上述铭文体例和语句组织格局之外，语句组织的程式化愈见明显，早期局部语句用词灵活、变化的特点大大减弱。而且同类主题的铭文极多，这样更符合公共性的记事、记言的语用要求，易成典范，适于模仿、传承、共享，而具备了铭文体例的传统特性。

西周中期，只记"作器"辞句的铭文类型（标记为"ZQ 式铭文"[1]）最多，保持早期铭文已有的程式化状态，由于组合格式稳固，出现量最大，所以堪称程式化较强的一类铭文。

在"作器"辞句基础上，有只记"作……某器"（ZQ 式）＋"……永宝／宝用／用享"（YB 式），或＋祝嘏词语（ZG 式）等铭文类型大量增加。如《乙公鼎》（集成 2376）有"乙公作尊鼎（鼎），子子孙孙永宝。"《遣叔吉父盨》（集成 4416）有"遣叔吉父作虢王姞旅盨，子子孙永宝用。"《梁其壶甲》（集成 9716）有"佳（唯）五月初吉壬申，梁其作尊壶，用享孝于皇祖考，用祈多福、眉寿，永命无疆，其百子千孙永宝用。"这些是中期出现较多的铭文语义类型，组合格式多为 ZQ＋YB 式、ZQ＋ZG 式、ZQ＋YB＋ZG 式等，组合关系稳固，多习语，因此是程式化较强的铭文类型。

西周晚期，ZQ＋YB/ZG 式和 ZQ＋YB＋ZG 式铭文较多，组合格式更加套路、程式化，出现数量超过 ZQ 式铭文。

---

[1]　以大写拼音首字母标记铭辞语句语义类型，详见本章第三节"铭辞语义类型"部分。

由多种语句构成的铭文，体例更加统一。器铭内容类型集约、收缩，主要集中为几大主题类型，且语句组织、顺序较固定，形成惯用套路，程式化增强。

西周中期《曶壶盖》铭（集成9728），记录周王册赐命诰之言，简化为一个"曰……"，中、晚期器铭记录周王册命之言采用这一方式，已形成一种固定模式。

西周中、晚期铭文有些连用两个或多个"曰……"，以记录周王册赐命诰内容，习语较多，语句组织多套用固定格式，如中期《曶簋》（铭图05217）、《殷簋》（铭图05305）、《班簋》（集成4341）、《牧簋》（集成4343）、《虎簋盖》（铭图05400），晚期《卌三年逨鼎》（铭图02503）、《毛公鼎》（集成2841）等铭。其中许多铭文，注重使用虔敬称美词语，并增强宣扬功能。周王命诰的前部分多为宣赞先王令德、功绩，称伐受命赐者祖先功烈之语。同时，语句按基本固定模式顺序排列。

另一方面，中、晚期这类铭文记事、记言内容一并具备，又有作器、纪时、对扬、"拜手稽首"、祝嘏、"永宝用"等语句，体例完整。与西周早期器铭比较，中期语句格式规范，程式化体例比较明显。

有些铭文不用记言（即引言），采用叙述体例来转述册赐命诰内容，如《番生簋盖》（集成4326）、《七年趞曹鼎》（集成2783）、《师晨鼎》（集成2817）、《袤鼎》（集成2819）等铭。实际上，这是引言变式，在语辞组织程序上与引言中的辞句组织是一致的。

中、晚期以册命赐服为主题的铭文较多，凡60多例。这类铭文记录册命赐服，或记事或记言，与早期铭文不同的是，记录事件侧重仪式程序。群铭记述方式套路相仿，因而语句格式和用词多重复，并在铭文语义主题上形成鲜明的类聚，成为西周中、晚期器铭的特色。

另一铭文类型，开篇启用器主"曰：……"的记言体例，整篇是器主言曰内容，语义主题类型为称颂"帅型"先祖父考明德功烈，宣扬周王（或君上）恩惠，因而作器。如《师望鼎》铭（集成2812）、《㽙方鼎》铭（集成2824）、《禹鼎》（集成2833）、《㝬簋》（集成4317）《单伯昊生钟》（集成 82)、《妄钟》三（铭图 15322)、《梁其钟》（集成 187＋188)、《虢叔旅钟》（集成 238)、《逨钟》（近出 106）等铭。

这类语义主题还与入右册命赐服类、赐休类一起构成大篇幅铭文，是复合语义主题铭文类型。如《大克鼎》（集成 2836)（见图版 2)、《番生簋盖》（集成 4326)、《毛公鼎》（集成 2841)、《逨盘》（铭图 14543)、《师克盨》（近出 507)、《师询簋》（集成 4342）等铭属于这种情况。

其他铭文主题还有：作器永宝用；作器以祈赐永福、"眉寿""侃喜"等；因受惠赐休而作器；因"蔑历"而作器；因周王训诰帅型祖先功烈更司其职事而作器；因敦伐有功而作器；因追搏或俘擒之功而作器；因随王出行、从征、从射、御王祭祀等事受赏而作器；因傧赠而作器；因划分土田约剂而作器等。

西周中、晚期，个别铭文在用词和语句方面较有个性，如《淮伯鼎》（铭图 02316)、《帅隹鼎》（集成 2774)、《儼匜》（集成 10285)、《縣改簋》（集成 4269）等。有些铭文记录处罚、田地等财产裁判事件或约剂，如《师旂鼎》（集成 2809)、《散氏盘》（集成 10176)、《倗生簋》（铭图 05308）等，与众铭相比内容虽显殊异，却有极重要的史料价值。这类铭文用词用语丰富多样，所记内容充实，但铭文数量少于早期。

（三）西周各期的铭文构成体例及语句组织一直都呈现为程式化状态。从器铭构成来看，有些是多类型语句组合为全篇，有些全篇仅有单一词语或单一辞句，属少字铭文。后者程式化最强，约 4500 多例，占据西周各期器铭总数（伪铭不计，约 6500 多例）的近 70%。[①]

西周早期，仅由单词或词组构成的铭文很普遍，在 4100 多例早期铭文中有 3700 多件这类铭文。其中，记名者（名词或名词性词组）（简称"JM 式铭文"）极多（如前文例）。同时，仅"作器"辞句构成的铭文，即 ZQ 式铭文，出现较多，通例为"[某人] 作……某器"格式。

自西周中期以后，记名铭文大幅度减少，中期约 70 多例，晚期只有

---

① 数据统计，截至 2015 年底。

20多例，而较多的是"[某]作（或铸）……某器"式铭文。由于仅由这种单一语句构成的铭文较多，词义组合类聚关系可以直观地呈现出来，聚合量极大，格式简明清晰，程式化明显，类聚关系明显而单纯；所以易于把握和提取其词义组合类聚。

再看由多种语句构成的铭文。记事、记言语句大多是格式化的，往往形成语句格式类别，即语句格式的类聚。前举"作某器"辞句，有多种句子格式，如"某人＋作＋祖先＋限定修饰词＋某器""某人＋作＋限定修饰词＋某器""用＋作＋祖先＋限定修饰词＋某器""某人＋作＋某器""作＋修饰限定词＋某器""某人作＋某器"等句子格式。又如，表示"征伐"的辞句有"从王＋征／伐＋某地／旅""王＋征／伐＋某地／某族、臣""某臣＋征／伐＋某地／诸侯、族""王＋令＋某臣……＋征／伐＋某地／某族、国、臣""某族＋伐＋周某地""某诸侯、臣……＋伐＋周某地"等格式。每类语句格式虽有变异，只是大同小异，总体上组合关系统一而规范。

器铭语句格式呈现明显的类聚，有必要对其进行整理和研究，特别是分析语句类聚及其语义类型，对于辨析器铭词义关系具有重要价值。

（四）金文语料的性质、应用功能、文体、辞例格式以及语义类型等方面的特征，是考察金文词义组合类聚，用以分析描写其词义系统性的重要依据。语言学理据在于：器铭中词义是使用状态的个体词义，处于动态组合关系中，但是从研究角度可以认识到这种组合关系的系统性，呈现为明显的类聚现象，需要通过全面收集、观察器铭群体进而测度其词义组合关系的同质层面。这实际上是以语言系统的观点对语料进行观测，考察铭文中个体词义的使用和词义组织情况，将其组合关系与聚合关系连接起来加以研究。

从语言和语义构成来看，器铭以词为基本组织单位，以词的义位为基层的语义组织单位。词、句等各级语言单位在个体铭文与群铭的交互关系上呈现为组合与聚合关系的层级叠加。词义组合，层层组织，上升到句义、句组和篇章语义整体，各层语义单位承载了不同级别的语义要素和信息。词义是语义的基本层级，从词义组合关系入手，既能考察、揭示铭文语义层级构成的微观细胞组织，亦可探究铭辞语句组织系列以及铭文整体语义构成情况。

西周器铭及其铭辞具有程式化特征，大多数语句呈类聚形态——即词语组合的类聚形态，这种类聚形态的词语关系较为规则、直观，有助于提取词的语义语法特征，辨析词义关系。如前述，作为一种"散"式语料，西周诸器铭的分布虽跨越较长的历史时期，但具有同类应用功能特性，凸显器铭语料的整体性，可进行类聚研究。总之，由于西周器铭语料的性质和特征，文辞的规范化、程式化，特别是语句格式形成的类聚现象，更适于以词义组合类聚为"切入点"探究器铭的词义系统性问题。

第二节　考察方法及其操作

一、考察两个层次

从词义组合类聚入手探究器铭的词义系统性，需要对词义（义位）的出现、分布、义域，以及词义的组合和聚合关系进行考察、分析。这种考察是周遍式的，不仅包括量的方面——某词义或某词义组合关系的"量"；还包括质的方面——即词义类聚或词义组合类聚的"质"，既要考察词义之间的深层语义结构关系，又要考察它们在铭文语义环境中分布特征和类型。

考察方法立足于语义组织的系统性，一方面是群体铭文语义系统的整体，另一方面是语义系统整体中词义组织的结构系统性。经初步、总体考察，可以大致观测到，构成器铭语义整体的词义组织① 呈现层级状态。接下来进行全面、细微的考察，不仅对词义组合关系、类聚和分布等情况进行穷尽式探测，还要对构成整篇铭文的词义组织进行分级、分类测查。

这样的考察在操作上包含着两个层次：一是对词义组合中某词义类聚

---

① 这里的"词义组织"特指在整篇铭文语义层级构成中，长短片段的各级词义组合。

的周遍考察，即对某词义出现情况及其与他词义组合关系的穷尽式考察；一是对词义组合片段（即构成铭文语义整体的词义组织级别）的层级考察，即着眼于词义组合类聚与语义环境的关系，分层级考察词义组合片段。通过周遍式和层级式考察，分析词义关系，揭示词义组合类聚在群铭语义构成中的组织状态。

二、考察某词义类聚

考察、分析群铭词语组合关系中某词义的类聚，是辨明该词义内容、语义和语法特征（或语法意义）的必要方法之一。对于词，则需辨识文字所表的词及其词义单位。

（一）当代许多学者，在考辨、解释器铭中某字义时，除了做好金文字形分析、文字识读和文献互证等工作外，还尽可能全面地考察字的用义——揭示某字所表示的词和词义在组合关系中的聚合情况。

例如，黄盛璋《释旅彝——铜器中"旅彝"问题的一个全面考察》①一文，对器铭"旅某器"组合中"旅"的用法做了全面考察，将铭例归结为"四类十三式"，分析得出"旅彝"不尽为祭器，还有专为征行之用而作之器。进而指出，"旅"某器可一器多用——可以用于征行，可以盛稻粱，可以孝享祖考，也可用飨生人，并不专用作祭器。②实际上，其方法是全面考察铭例，以揭示"旅某器"组合中"旅"的词义聚合及其范围。

又如，高明《西周金文"𡧦"字资料整理和研究》③一文，辨析甲骨文、金文"𡧫、𡧦、𡧫"等字形，对西周器铭中"𡧦"等字形所表词"贮"（也表示国名等）的用例进行梳理分析，认为"贮"在器铭中是一个既表示积藏又表示经商买卖的多义词。

两文共同之处在于，全面搜集铭例，整理词语组合中某词项词义的类聚，以释读和考辨词义。所谓全面整理，针对的是铭文语词组合中某词

---

① 黄盛璋：《历史地理与考古论丛》，齐鲁书社 1982 年版，第 345—365 页。
② 黄盛璋：《历史地理与考古论丛》，第 348—354 页。
③ 见《高明论著选集》，科学出版社 2001 年版，第 127—136 页。

义类聚的全面性，全面而细致，不至于狭隘肤浅。且不说两文结论是否有可商榷之处，就其考察方法来看是可取的——在当代金文研究中这种方法屡见不鲜。但是，就金文词汇词义的系统性研究来说，则不能停留于文字释读层面，也不应仅满足于弄清文字表词表义、解释词义；而是要探究词义的关系、单位、词义的语义特征、要素、组织分布能力，以及词汇语义的结构系统性等问题。

（二）考察器铭中词义的类聚关系，也就是考察语句中某词的词义单位（义位）的同一性。从语言使用状态看，词义单位在众多具体语句体现为个体词义的类聚性。可通过辨析语境中众多个体词义的组合方式、语法特征和语义特征，比较聚合方向上词义的共性与差异，提取词义要素，以辨别词义单位的同一性。

例如，西周器铭中"休"出现在如下辞句中：

（1）"敢对扬天子休"《七年趞曹鼎》（集成 2783）

（2）"余其敢对扬天子之休"《盠驹尊》（集成 6011）

（3）"对扬王休"《庚季鼎》（集成 2781）

（4）"对扬伯休"《彔戝尊》（集成 5419）①

（5）"对扬公姞休"《次尊》（集成 5994）

（6）"对扬竞父休"《臤尊》（集成 6008）

（7）"对王休"《寓鼎》（集成 2756）

（8）"亳敢对公仲休"《亳鼎》（集成 2654）

（9）"扬尹休"《高卣》（集成 5431）

（10）"扬辛宫休"《舍父鼎》（集成 2629）

例（1）—（6）为"[某] [其] [敢] 对+扬+某+休"格式，例（7）（8）为"[某] [敢] 对+某+休"格式，例（9）（10）为"[某] 扬+某+休"格式。从语法关系看，"休"在这些辞句中表示名词义，作动词"对"或"扬"的宾语，在例（1）—（6）中"休"作"对+扬"连动的宾语，在

---

① 《集成》误为卣，《铭图》11803 改为尊。

语义结构上即"对""扬"连动行为的受事。"休"前的限定词语是"天子""王""某伯""某公""竞父""某尹"等称谓,形成某人之"休"的组合关系。

有时称谓与"休"之间出现"丕显""鲁"等形容词,用以修饰"休",形成如下格式:

(11)"敢对扬天子丕显休"《师秦宫鼎》(集成 2747)

(12)"对扬天子丕显皇休"《利鼎》(集成 2804)

动词"对""扬"并非总是连语,有时分开出现,如:

(13)"梁其敢对天子丕显休扬"《梁其钟》(集成 187.2)

(14)"逨敢对天子丕显鲁休扬"《逨钟》二(铭图 15634)

不过从句子深层语义结构看,"休"仍是"对"和"扬"的受事,与例(1)—(6)语义结构一致。从以下铭例可以看清这一点:

(15)"效对公休……效不敢不万年夙夜奔走扬公休"《效尊》(集成 6009)

目前所见西周器铭中,"休"在"对扬/对/扬……休""对……休扬"这类辞句格式中出现 315 例。从各例可以看出,"休"的语法意义是同一的。从词的语义内容看,"休"前的称谓词语,如天子、王、某伯、某公、某尹、"竞父"等,为"对""扬"行为施事[1]的上级,即某人"对""扬"的是其王君等上级之"休"。

有的学者曾将这类用法的"休"解释成"美"或"美善"。古代典籍亦有相同用法,如《诗·大雅·江汉》有"对扬王休"郑笺:"休,美。"《尔雅·释诂》谓:"休,美也。"若从词汇语义角度分析,这种解释失之笼统,不够精审确切。这一点可从辞例语境和词语组合关系中分辨出来。

首先,在词语组合中,"休"的词义有［上对下］的词义要素,所谓"美善"确切说是指上对下恩惠之美善或明德。在"对扬/对/扬……休""对……休扬"辞句格式中,"休"的词义含有［上对下］语义关系,

---

[1]　表示"对""扬"行为的施事者,有的省略,但在整篇铭文中"对扬"辞句前已出现。

具有同一性。其次，从更大的语境——整篇铭文看，铭文出现"对扬……休"辞句，是由于作器者受王君或主上赏赐、命职或嘉奖勉励，而表达其对答、扬显主上的休美。记述原因通常位于"对扬……休"辞句之前。从铭文语义关系可分析出"休"表示上对下所施赐、给予的恩惠。

《师嫠簋盖》（集成4277）："嫠其蔑历，日赐鲁休，嫠敢扬天子丕显休……"施赐之"休"更加明显。

有些铭文在表示赏赐辞句前出现动词义"休"，显示出"休"的语义特征，如：

（16）"侯休于耳，赐臣十家。岂（微）师耳对扬侯休"《耳尊》（集成6007）

（17）"歔休于业季，受贝二朋，扬季休"①《歔尊》（集成5981）

《耳尊》铭中前一个动词"休"表示给予恩惠之义，意思较抽象，其后动词"赐"的行为是具体的。②此二铭前后"休"虽然词性不同，但词义中蕴含着共同义素：③

［给予］／［赐予］＋［恩惠］＋［上对下］

"休"的动词义指上对下给予、赐予恩惠，名词义指上对下所给予、赐予的恩惠。

"休"还与"命"组合，形成"对扬／对／扬……休／休命"辞句格式。如：

（18）"中对王休命"《中方鼎》（集成2785）

（19）"敢对扬天子休命"《师晨鼎》（集成2817）

（20）"敢对扬天子丕显休命"《豆闭簋》（集成4276）

---

① "歔休于业季"是被动关系，施事是"歔"，受事"季"为"受贝"，不用"赐贝"。

② 有些器铭直接用"休"表示"赐"，杨树达先生结合古代训释将"休"解作"好"，即赐义。这种解释是正确的。而此《耳尊》铭中两个"休"的用法是有区别的。

③ 本书中"义素"是"词义要素"的简称，指词义构成中的语义要素（或语义特征要素），是从语句动态（使用状态）词义组合、聚合关系和静态词汇语义关系或训诂、释义材料中分析出来的语义特征要素，而不是指意义的最小切分单位。参见王晓鹏：《甲骨刻辞义位归纳研究》，商务印书馆2018年版，凡例和第22页。

在西周器铭中，这类辞句前记有册命职事、命赐之事或训诰命示之语，①可知"休命"之"命"即指此。将西周器《孟簋》（集成4163）"对扬朕考赐休"，《追簋》（集成4219）"天子多赐追休，追敢对天子觐扬"等铭，与春秋器《叔尸镈》（集成285）"对扬朕辟皇君之赐休命"比较，亦可知"休"指的是周王等上对臣下命职或命赐的恩惠，与"对扬……休"之"休"词义相同，是名词义，修饰后面的"命"。

传世文献也有此语，如《尚书·说命》记述商王训诰，篇名谓"说命"，此训诰语之后有"敢对扬天子之休命"一句（盖以周秦用词用语记述商代训诰），其前后语义关系显示出"休命"的内涵，即上对下命示具有惠赐恩典的性质。

这种用法的"休"还分布于如下铭文中：

"楷伯于遘王休……对朕辟休……献身在毕公家，受天子休"《献簋》（集成4205）

"王若曰：曶，命汝……曶受休于王"《曶鼎》（集成2838）

"伯姜曰受天子鲁休"《伯姜鼎》（集成2791）

"侯釐（赉）昌虢胄……受兹休"《昌鼎》（铭图02395）

"对扬天子丕显休，用作朕皇考釐王宝尊簋……子子孙孙其帅井（型），受兹休"《彔伯威簋盖》（集成4302）

"遘王休""受天子休""受休于王""受……休""受兹休"，指的是某人受到周王赐予的恩惠（或惠泽、福泽），"休"仍然是上对下给予的恩惠。

古代典籍中这种用法屡见不鲜，如《尚书·太甲》有"朕承王之休无致。""承"即接受之义。传世文献所谓"天之休命"说的是上天所赐予恩典命示，如《尚书·大诰》云："天休于宁（文）王，兴我小邦周……克绥受兹命。"即此义。又《左传·襄公二十八年》："以礼承天之休。"杜

---

① 仅《伯簋》铭（集成3864）记作"伯作尊彝，用对扬公休命。"推测其命赐等内容被省简。

预注："休，福禄也。"在古人看来，"福禄"是上天或祖神赐予的恩惠、福泽。

这些名词"休"的词义要素是一致的，在词语组合关系中其语义结构是一致的，即施、受关系一致，均为［上对下］〈［赐予］〉，行为或动作特性，如［施予］／［赐予］／［施惠］＋［惠泽］等也是一致的。可见上举各例中"休"在词义内涵、词义要素上具有同一性。

从词汇语义角度看，两周之际"休"使用极其频繁，是常用基本词，也是多义词。以上所列名词义"休"与"休王赐翳父贝"（《翳父鼎》集成2453），"休朕公君"（《圉方鼎》集成2505）等铭的"休"不同，前者表示上对下给予的恩惠、惠泽，而后者表示人（主要指王君、公侯等主上）的一种德性特征，即德善之美的品性，位于称谓或人名前修饰人，是形容词义。此外，前一"休"义与"休又（有）成事"（《史颂鼎》集成2787）、"休毕（厥）成事"（《师害簋》集成4116）、"休亡敃（愍）"（《兮甲盘》集成10174）等铭之"休"义也不同，后者指事情做得完好、吉善，亦为形容词义。

全面考察铭例，可以理析出在语法意义和词汇意义都具同一性的"休"的名词义类聚，其组合特征是：通常位于"天子""王""天"以及公、伯、尹等称谓（表示地位身份在上者）之后，或通常被"丕显""鲁""皇"等形容词修饰，或后跟（修饰）表示命赐、命职事之"命"，还可与表示惠赐的动词义"赐""釐""贄（赉）""宦"等组合，"休"可作动词"对""扬""赐""受"的宾语。由此形成的分布范围，是其词义聚合系统性的表现。

"休"的词义分散于多种辞句格式，处于具体多样的语境中。因此，判断"休"的众多个体词义是否具有同一性，需要在不同辞句格式的组合环境中进行考察。

（三）"休"的词义类聚情况具有一定典型性。推而广之，在词语组合关系中考察词义类聚的同一性，不仅分析词语组合的表层形式，还注重解析词语组合的深层语义结构，可用于辨析词义的语义和语法特征、词义要素、词义单位及其系统性。这对于考察词义关系，分析某义位在词义结构系统中的性质和位置具有重要作用。考察器铭词义组合类聚，除了在词义组合关系上搜集、分析某一词义类聚（包括对某几个词义各自的类聚分别进行的考察）之外，还涉及词义组合片段的层级类聚以及铭辞类型体系问题。

表 1　"休"表示名词义恩惠、福泽的辞句类型及其词义出现情况

辞句类别			辞句格式	出现次数
式类		格式号		
对扬式	对扬休 1 式	1	对扬……休	315
		2	对扬……丕显休	
		3	对扬……丕显皇休	
		4	对扬天子丕显鲁休	
		5	对扬天子丕丕鲁休	
		6	对扬皇天子丕丕休	
		7	对扬天子皇休	
		8	对扬朕考赐休	
		9	敡（对 / 奉）扬朕宗君其休	
	对扬休 2 式	10	对……休	
		11	对厥休	
	对扬休 3 式	12	扬……休	
		13	扬天子丕显休	
		14	扬天子厥休	
	对扬休变式	15	对天子丕显休扬	
		16	对天子鲁休扬	
		17	对天子丕显鲁休扬	
		18	丕敢显天子对扬休	

辞句类别			辞句格式	出现次数
式类		格式号		
对扬休命式		1	对扬……休命	51
		2	对扬天子丕显休命	
		3	对扬天子丕显鲁休命	
		4	对扬天子鲁休命	
		5	对扬天子丕显叚（遐）休命	
		6	对……休命	
对扬休命于彝器式		1	敫（扬）王休于尊皀（簋）《天亡簋》（集成 4261）	1
对扬休命于彝器变式		1	对扬君命于彝《羌鼎》（集成 2673）	1
对扬休釐式		1	对扬天子休釐	2
		2	对扬天子丕显休釐	
对扬休宓式		1	对扬王丕显休宓	2
对扬休宓变式（扬宓式）		1	覒（扬）皇王宓 敢辰（扬）皇王宓《作册夨令簋》（集成 4301）	2
裹／扤休式		1	用兹簋，裹公休《珂簋》（铭图 05136）	3
		2	中扤（执）王休《中觯》（集成 6514）	
受休式	受休式1	1	受天子［鲁］休	6
		2	受兹休	
		3	受休于王	
		4	受休《耳尊》（集成 6007）	
	受休式2	5	遘王休	

辞句类别		辞句格式	出现次数
式类	格式号		
永宝用休式	1	永宝用兹王休，其日引勿仄（替）《獄盘》（集成 14504）《獄簋二式》（铭图 05315）、《卫簋甲》（铭图 05368）	8
	2	……永宝兹休《公臣簋》（集成 4185）	
	3	……永用多休《驹父盨盖》（集成 4464）	
赐休式　赐休 1 式	1	天子多赐逨休《逨盘》（铭图 14543），天子多赐旅休《虢叔旅钟》	14
	2	赐鲁休《师毁簋盖》（集成 4277）	
	3	赐康勔（勉）、鲁休《微綵鼎》（集成 2790）	
	4	赐休《师望鼎》（集成 2812）	
	5	赐宝休《大克鼎》	
赐休 2 式	6	赐休余土《大保簋》（集成 4140）	1
祈休式	1	祈眉寿鲁休《毕鲜簋》（集成 4061）	2
	2	祈眉寿休	
弗敢忘休式	1	弗敢忘公伯休《虖簋》（集成 4167）	3
	2	毋敢忘伯休《县改簋》（集成 4269）	
	3	弗敢忘王休異（翼）《召圜器》（集成 10360）	
宣（享）休式	1	王……享厥孙子多休《作册封鬲》（新收 1557）	1
××休	1	朕辟鲁休《小克鼎》（集成 2796）	7
其他	1	免蔑，静汝王休《免盘》（集成 10161）	1

三、词义组合片段的层级

由多语句构成的器铭中词义组合是有层次的：最小词组义或句内词组义是词义组合的最小或较小片段，句义、复句或句组义是词义组合的中级

语义片段，铭文段落和铭篇语义则是词义组合的高级语义片段。如《遹
簋》铭（集成4207）：

"唯六月既生霸，穆穆王在葊京，乎（呼）渔于大池。王郷（飨）酉
（酒），遹御亡（无）遣（谴），穆穆王窥（亲）赐遹爵①。遹拜首（手）稽
首，敢对扬穆穆王休，用作文考父乙尊彝，其孙孙子子永宝。"（见图
版3）

此铭中最小级词义组合片段，如词组"六月既生霸""在葊京""呼
渔""于大池""飨酒""遹御""亡谴""赐遹爵""拜手稽首""对扬""穆
穆王休""文考父乙""尊彝""永宝"等。较小词义组合片段有"唯六月
既生霸""对扬穆穆王休""文考父乙尊彝"等，可从辞句里切分出来。句
义是词义组合的中级语义片段，词义组成句义时，词义在句义上的组合层
次不同，如其中一句：

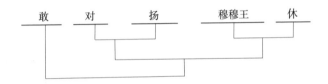

《遹簋》铭之"唯六月既生霸，穆穆王在葊京""呼渔于大池""王飨
酒""遹御亡谴""穆穆王亲赐遹爵""遹拜手稽首""敢对扬穆穆王休""用
作文考父乙尊彝""其孙孙子子永宝"均为句义片段。

复句或句组义有并列关系的"唯六月既生霸，穆穆王在葊京，呼渔
于大池"，有因果关系的"王飨酒，遹御亡谴，穆穆王亲赐遹爵"和"遹
拜手稽首，敢对扬穆穆王休，用作文考父乙尊彝，其孙孙子子永宝"。具
有因果关系的句组之间在组织结构上有层级关系。句组"唯六月既生霸，
穆穆王在葊京，呼渔于大池"，记述的是"王飨酒……王亲赐遹爵"的背
景事件或先前事件，在铭文语义构成上，两句组有层级关系。整篇铭文的
辞句组织具有层级性，以词义组合关系为考察基点，那么由词义组合扩

① "爵"字，《集成》（修订增补版）和吴镇锋《铭图》（05237）隶作"犨"，释"爵"。

展的语义组织达到的最高层级是全铭语义。《遹簋》铭词义组织分层示例
如下：

1层再分层：

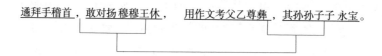

2层再分层：

将词义组织划分为"小、中、高"层级，除了便于探究词义组合片
段外，还有分析操作方面的考虑。为了分析方便，在定性区分的前提下，
"小、中、高"层级划分界限较为宽松。"最小或较小词组义"，即句内的
词组义，许多情况下不足以直接形成句义；但有时单独一词即可成句，最
小或较小词组亦可直接成句，形成句义，这种情况在商周器铭中很常见。
如上海博物馆藏西周器《父丁鼎》（集成1256）仅记"父丁"，另《米宫
彝瓶》（集成7204）仅记"米宫彝"。单词或名词性词组独立成句的情况
普遍存在于后来汉语中，这是人们所熟知的。商周绝大多数器铭，只有一
个名词性词组或一个谓词性词组形成辞句，构成全铭。前者如《且丁父己
卣》（集成5044）"祖丁父己"、《牧正父己觯》（集成6406）"牧正父己"、《米
宫彝瓶》"米宫彝"等，后者如《作宝彝鼎》（集成1792）"作宝彝"、《伯
作旅鼎》（集成1921）"伯作旅鼎"等铭。

单词义、最小词义组合片段，或经层级组织构成铭文全篇语义，或
直接独立构成铭文全篇语义。无论是由多语句构成的铭文，还是由单词

或单一词组构成的铭文，若从诸铭语义构成的整体看，可以说，词义是最小、最基本的语义构成单位，而词义组合关系是铭文语义的基本构成单元。

与词义组合片段层级相对应，词义组合类聚也有层级。词义组合类聚其实就是词义组合片段的类聚，从小到大依次为：最小或较小级组合片段的词义组合类聚，即句内词组的词义组合类聚；中级组合片段的词义组合类聚，即句义或复句义的词义组合类聚；较高或最高层级组合片段的词义组合类聚，即段落或铭文全篇的词义组合类聚。

通常，相同词义组合片段的类聚见于同一铭文的情况并不多（如"拜首（手）稽首"在《遹簋》铭仅出现一次），而绝大多数情况是在不同器铭之间反复出现从而形成聚合关系，特别是异器同铭，属聚合关系中的重现现象。

四、词义组合片段层级考察

（一）选取不同层级的词义组合片段进行考察。以《遹簋》铭为例，若将某词义和词义组合作为考察对象，则需穷尽搜聚群铭，与本铭逐一对照，测查被考察对象在群铭出现的数量，以及在语句组织和语义环境中的分布情况。

《遹簋》铭有"用作文考父乙尊彝"一句，以"尊彝"组合为考察点，与群铭对照，可查出众多"尊彝"，即此组合类聚。扩展考察范围则有"尊＋彝/某器"组合格式的类聚（举例省略）。

同样，以"文考"组合为考察点，可查出"文考"类聚，扩展开来则有"皇/文/剌（烈）＋考/父"式类聚。

以"父乙"为考察点，则勘查"父乙"类聚，以及"父＋天干日名"式类聚。

就"文考父乙"组合方式来看，群铭中有完全相同的词组，也有"皇/文/剌（烈）＋考/父＋天干日名"等格式类聚。

考察词组的词义组合类聚，可用来确定某词义的内容、语义特征或语义要素，辨明词义关系，对于划分词义单位（义位）、分析其义域、分布和在词汇语义结构系统中的地位等具有直接的、重要的作用。

研究器铭词义系统性，考察成句的词义组合类聚是非常必要的。句子既是其中词义组合片段出现的直接语境，本身又是一级词义组合片段——是被考察对象的一种。

若以《遹簋》"作……彝"为考察点，与"用作文考父乙尊彝"格式相类者，有"[用] 作＋文＋父／考＋日名＋尊＋彝"式类聚，如《无敄鼎》（集成2432）、《长子狗鼎》（集成2369）、《小子𫌀簋》（集成4138）①等铭。扩大考察组合格式范围，则有"[用] 作＋ [敬词] ＋祖先父母等称谓＋尊／宝／宝尊＋彝／某器"等组合类聚，其辞例出现较多。从横向组合和纵向聚合关系看，其词义组合片段呈现为类聚形态，处于"[用] 作＋祖先父母称谓词＋尊／宝／宝尊＋彝／某器"辞句格式的层级关系中。多数辞句的词义组合片段既呈类聚形态，也具有层级组织关系，这是西周器铭词义组合关系和组织体系的一个特色。

再看句组间的层级考察。搜聚、比较群铭，与"[用] 作文考父乙尊彝，其孙孙子子永宝"相类格式较多，形成"[用] 作＋祖先称谓词＋尊／宝／宝尊＋某器"＋"[其] ＋ [孙孙子子／子孙] ＋永宝／用／宝用／用享"式组合类聚。接下来，有众多与"敢对扬穆穆王休，用作文考父乙尊彝"相类句组格式，形成"[敢] 对扬＋ [丕显] ＋天子／王／某君等＋休／休命"＋"[用] 作＋ [敬词] ＋先祖父母等称谓＋尊／宝／宝尊＋彝／某器"组织格式类聚。有与"遹拜首（手）稽首，敢对扬穆穆王休，用作文考父乙尊彝"相类者，形成"[某人] 拜 [首（手）] 稽首"＋"[敢] 对扬＋天子／王／某君等＋ [丕显] ＋休／休命"＋"[用] 作＋ [敬词] ＋先祖父母等称谓＋尊／宝／宝尊＋彝／某器"组织格式类聚。有与"遹拜首（手）稽首，敢对扬穆穆王休，用作文考父乙尊彝，其孙孙子子永宝"相类者，形成"[某人] 拜 [首（手）] 稽首"＋"[敢] 对扬＋天子／王／

---

① 商末器，又名《文父丁簋》。

某君等＋[丕显]＋休／休命"+"[用] 作＋[敬词]＋先祖父母等称谓＋尊／宝／宝尊＋彝／某器"+"[其] ＋[孙孙子子／子孙]＋永＋宝用／宝用／用享"组织类聚。如前述,《遹簋》铭中语句组织具有层级关系,将上举辞句组织的类聚放到群铭的整体构成中看,即是具有层级关系的辞句类聚或辞句组织类聚。如此情况十分普遍。

以词义组合关系为基点探究器铭语句组织关系,层级考察是非常重要的。西周器铭的整篇铭文和辞句通常具有程式化特征,通过考察进一步认识到这一特征的表现:器铭语句多呈类聚形态,语句间的组织关系具有层级性,并且大多也呈类聚形态。这是西周器铭构成体例的一个特点。

(二)立足词义关系的系统性,从"量"和"质"两方面进行考察。"量"的方面是穷尽归纳。"质"的方面,则在搜聚、勘察对象时,针对其同一性或其类的同一性,进行同一性的判定与划分。词义组合层面的同一性指涉的是组合中的各词项词义、组合格式、组合关系或语义结构的相同或相类。

从语言的使用状态看,器铭词语组合片段形成的类聚是横向与纵向关系。在组合关系上,以某词义或某词义组合作为待辨明的考察项①——坐标横轴上的不变项,在坐标纵轴方向上聚合成不变量,包括组合格式及其语义结构方式。从"量""质"两方面,将词义组合中其他各词项词义、组合格式变式或扩展式中的其他参与项视为纵轴变量,对不变量与变量关系进行周遍式考察。如前例,不仅搜聚诸铭中相同的"尊彝"组合,还要全面考察"尊／宝／宝尊等词语＋彝／鼎／簋等某器名"组合。

在考察方法上,每组次操作均以组合中的一个项("尊"或者"宝")为不变量,以另一项("尊"或"宝")为变量,考察个体词义在同一组合结构上的聚合类情况。这样交替更换考察项,即变量和不变量,反复扩展搜聚考察项的范围,归纳、综合各考察项的类的关系。"尊""宝"和词

---

① 即在词义组合中以词义为考察对象,目标在于辨析、审明词义的内容、单位、语义语法特征,以及词义的分布、义域和地位等。

组"宝尊"表示铜器功用或价值等性质，对器名有限定、修饰作用。又有"旅""齍""飤""饙""用"等词表示铜器的某种功用性，与其组合的器名有"彝""鼎""簋""盘""鬲"等。穷尽考察其词义类别及组合关系，能够全面认识其组合类聚的系统性。

如《逦簋》铭"穆穆王在莽京"，考察其他器铭则有"王在莽京"辞句多例，见《小臣传簋》（集成 4206）、《井鼎》（集成 2720）、《伯姜鼎》（集成 2791）、《老簋》（新收 1875）、《鲜簋》（集成 10166）[①]、《静簋》（集成 4273）、《静卣》（集成 5408）等铭。又有"王在莽"，见《弭叔师察簋》（集成 4253）、《六年召伯虎簋》（集成 4293）等铭。在群铭中，对这一组合中的词义关系进行考察，每组次操作，仍以一个组合项为不变量，以另一项为变量，交替更换考察项，反复扩展，归纳出"王/某君/某公等（主上）+存现动词等+地点/处所"组合类聚。其组合结构，施事为"王"者最多，若以施事"王"和动词"在"为不变量，以地点处所为变量进行考察，则有"王在宗周""王在周""王在成周""王在新邑"等见于许多器铭。辞句格式为：

a."王（某王）+在+某都邑（莽京/莽/宗周/成周/周/新邑）"

"莽京""莽""宗周""成周""周""新邑"形成一个词义类聚，为西周都邑类，其中"莽京""莽"是同一指称的两个词（等义词）。

这里"王（或某王）+在+某都邑"是用作比较的词义组合片段，还可对"王（或某王）+在+……"格式扩展其变量范围来考察，如辞例有：

b."王在奠（郑）"《三年癞壶》（集成 9726）

"王在鲁"《蔡尊》（集成 5974）

"王在吴"《师西簋》（集成 4288）

等辞，"在"后是国名（或地名）。

c1."王在莽京溼宫"《史懋壶》（集成 9714）

"王在莽上宫"《儠匜》（集成 10285）

---

① 《集成》误为盘，见《铭图》05188。

　　c2. "王在成周大室"《静方鼎》（近出 357）

　　　　"王在周穆王太室"《曶鼎》（集成 2838）

　　　　"王在周康昭宫"《颂鼎》（集成 2827）

　　　　"王在周般宫"《七年趞曹鼎》（集成 2783）

　　　　"王在周驹宫"《九年卫鼎》（集成 2831）

　　　　"王在周新宫"《师汤父鼎》（集成 2780）

　　　　"王在射日宫"《询簋》（集成 4321）

"在"后"某宫""某室"指周王宫室。此外还有：

　　　　"王在康庙"《南宫柳鼎》（集成 2805）

　　周王宫、室、庙名，前人多已探讨。器铭中"王在……"一类辞句较多，"在"后词语还有表示某地者，如：

　　d. "王在丰"《癲鼎》（集成 2742）

　　　　"王在姑"《禹簋》（近出 485）

"在"后或为"某应（居）""某自"等。

　　以上辞例，"王在"之后是周都邑名、国名、地名、宫室庙名等专名。根据器铭整体语义内容，可从词义组合类聚角度进一步探究，弄清这些专名的性质和类别。

　　若以施事为变量，"某人＋在＋莽京"的施事还有"某公"，如早期《夆簋》（集成 4088）"（公旻）在莽京"。若以施事"王"和地点"莽京"为不变量，以动词为考察对象，则除"在"之外还有"饔"（馆），如"王饔莽京"《伯唐父鼎》（近出 356），"王饔莽京"《麦方尊》（集成 6015）等铭。

　　在同一组合格式或结构上，如此交替、扩展选择被勘查词项，对现有器铭做到穷尽式搜聚。上述方法实际上是依靠词义组合和聚合关系的语义系统坐标来锚定词义内容、单位、用法和分布。某一词义总处于各种大大小小的词义组合类聚关系中。对于两个或多个词义组合来说，它们处于更大的词义组合片段中，处于众多组合类聚关系中。按考察步骤，先从最小词义组合类聚入手，然后扩展范围。

第三节　词义组合片段类聚与考察对象

一、词义组合片段类聚的判别

（一）观察群铭，如何判别词义组合片段类聚？这种判别涉及词义组合问题。器铭语义组织，若以词义组合关系为考察和研究基点，那么词义组合是有层次的，不仅包括最小、较小的词组，还包括语句、段落和篇章，也就是不同层级的词义组合片段。同时，这种判别还涉及类聚问题——什么是类聚？类聚指一定类别的聚合性：有相同词项的重复，即相同词项的聚合，同类词项词义聚合，以及词义组合中由词项的主要特征或要素的重复、词语组合格式的重复、语义结构的重复等所形成的聚合。类聚是同一性问题。

某词义组合完全相同的重现显然形成一种类聚，如前举"尊彝"，以及"拜稽首"全同者见诸铭。又如"王在莠京"，全同者见于《小臣传簋》《井鼎》《伯姜鼎》《老簋》《鲜簋》《静簋》《静卣》等铭。

但是，扩展开来看，下面格式是否属于词义组合类聚呢：

（1）"王＋在＋某地／某处所"

（2）"某人＋在＋莠京"

（3）"某人＋在＋某地／某处所"

（4）"某人＋存现动词类＋某地／某处所"

（5）"王＋某种动词类＋……"

广义上，这5种情况均属组合类聚。

但是，词义组合类聚关系作为考察对象，有两个必要的同一性条件：一是必须有固定的或重现的词项词义（即不变项）——可以是一个，也可以是多个；二是词义组合的语法结构、语义结构及其主要语义特征（词义组合特征），必须是确定和同一的，呈现固定的、重现的聚合状态。

按此条件看，（1）（2）（3）式是我们所指的词义组合类聚，（4）式不属于这种情况。（4）式实际上属于句法层面的组合类聚，即一种句法格式，无固定重现的词项词义。（5）式也不属于词义组合类聚，虽有固定词项"王"，但其句法格式是笼统的，语义结构并不确定，语义组合特征也不完全明确。

（二）词义组合片段层级类聚的判别。如何判别词义组合片段层级的类聚情况？

首先，句内词组和成句词组只要符合上述两个必要条件，即属于词义组合类聚，如上举"尊彝""拜稽首"和（1）（2）（3）式。其次，对于句组（或复句）和段落、篇章来说，则要看其中每一成句的词组（单句）是否属于词义组合类聚，也就是说，如果组成句组、段落、篇章的每一个句子都具备词义组合类聚的必要条件，那么这些片段层级也具备此条件。例如：

a.

"拜稽首，对扬王休"《小臣夌鼎》（集成 2775）

"拜稽首，对扬王休"《庚季鼎》（集成 2781）

"拜稽首，敢扬王休"《不栺方鼎》（集成 2735）

"拜稽首，敢对扬王休"《伯晨鼎》（集成 2816）

"拜稽首"和"对扬王休"两句均为句义类聚，则两句组织形成句组义类聚。

b.

"唯七年五月初吉甲寅，王在康昭宫，各（格）康庙，即立（位），毕叔右师兑入门，立中廷，王呼内史尹册赐汝师兑膱膺，用事。师兑拜稽首，敢对扬天子丕显鲁休。余用自作宝簋簋。……"《七年师兑簋盖》（铭图 05302）

"唯五月初吉甲戌，王在莽，各（格）于太室，即立（位）中廷，丼叔内（入）右师察，王呼尹氏册命师察：赐汝赤舄、銮勒，用楚（胥）弭伯。师察拜稽首，敢对扬天子休，用作朕文祖宝簋。……"《弭叔师察簋》（集成 4254）

词义组合片段层级是否形成类聚，以其中最小或较小的词义组合是否有类聚为前提。最小或较小词义组合是否有一个或多个固定重现的词项词义，词义组合的语法、语义结构及其主要语义特征是否固定重现，这两个必要条件即用以判别是否形成词义组合片段类聚。在器铭中，词义组合类聚在组合片段上具有层级性，正是由于这种片段的层级性，使类聚形态表现为多样化。观察到群铭中的词义组合，有相同词项词义的重复，有组合中各词项词义的特征和构成要素的重复；但其组合格式却是多样的——词义组合或完全重复，或部分词语及格式重复，或组合紧密连接重复，或松散连接重复，等等。

有些组合类聚形态是整齐的，有些则有多种变式（省简、扩展、前后换位等）。《小臣夌鼎》《庚季鼎》《不栺方鼎》三铭的"拜稽首，对扬王休"，虽类聚整齐，但属于"×拜［手］稽首，［敢］＋对＋扬＋天子／王／君等＋丕显＋鲁休［命］"式的局部聚合，群铭中这类格式变式较多，其类聚形态并不简单划一。不同层级组合片段的聚合情况较为复杂，片段间组织的聚合性，或紧密，或松散，或单一连接却疏离，或层次连叠、交叠，或几种兼而有之。上举《七年师兑簋盖》《弭叔师察簋》铭的辞句聚合关系——连接、间断、松紧、多层次，等等，类聚形态多样可见一斑。

（三）词义组合类聚出现情况。依照前述判别条件，可将群铭中词义组合类聚出现描述为几种情况：

1. 单列的词义组合

（1）完全独现的词语组合；

（2）某些词项（词义）虽多次重现，但其与其他词项（词义）组合式并无重现，或无同一语义组合关系的重现——仍属独现的词语组合。

2. 词组的词义组合类聚

（1）词语（词义）组合完全相同的重现（指语言层面的重现，从文字形式看主要有字形全同、字形略有变异、文字构形不同或使用通假字等情况。下同）；

（2）词组或辞句中的部分词语相同重现，且其组合格式重现；

（3）辞句组合中部分词语及其组合格式的松散的重现。

3. 组合片段层级的词义组合类聚

（1）在句组（或段落、铭篇组织）中，有多组连接紧密的最小或较小词义组合片段的相同词语和组合格式重现；

（2）句组（或段落、铭篇组织）中，有多组词义组合片段的相同词语和组合格式重现，但这几组片段间隔、断续分布于句组或段落。

从器铭总量看，绝大多数器铭之间存在词义组合的类聚，是普遍现象，而完全独现的词语组合所占比重较小。

二、两个层面的考察对象

考察器铭中词义组合片段类聚，涉及两个层面：一是操作上具有选择性，在众多语句组合关系中考察相关词义，将组合片段视为语境，选定某词义为考察对象；一是以词义组合类聚为基础，将成辞的词义组合片段作为考察对象。

（一）词义组合关系与"铭辞"语义类型均涉及词语组合片段层级的类聚。在器铭中，词语组合常常形成铭辞，这就涉及词语组合与独立成辞的关系问题。就西周器铭特征来看，考察、分析词义组合类聚情况是有必要的（见前述），[①] 由于群铭词义组合类聚形态、语句格式类聚和程式化现象极为显著，将铭辞类型凸显出来——以词义组合类聚为基础的铭辞语义类型可作为器铭铭辞体系研究的基本内容。

"铭辞"一词古已有之，通常指铭文。刘勰《文心雕龙·铭箴》谓："铭辞代兴，箴文萎绝"，[②] 指的是铭文。后世承袭古义，现代学者通常将"铭辞"等同于"铭文"，如郭沫若《两周金文辞大系图录》一书称"金文辞"，图录序文《彝器形象学试探》[③] 中所说"铭辞"指青铜器铭文。马承

---

① 对于其他具有相似特征的文献语料来说，研究其词义的系统性，同样需要考察词义的组合类聚情况。

② （南朝梁）刘勰著，周振甫注：《文心雕龙注释》，人民文学出版社 1981 年版，第117 页。

③ 郭沫若：《两周金文辞大系图录》，日本文求堂书店 1934 年版。

源主编的《中国青铜器》教材中"铭辞"亦指青铜器铭文①。而本书从词语、语句组织构成青铜器铭文的角度，提出青铜器铭文的"铭辞"概念不同于以往概念。

何谓器铭"铭辞"？从青铜器铭文的构成看，一篇铭文或由一个铭辞构成，或由多个铭辞构成。所谓"铭辞"，是相对于整篇铭文构成而言的，指在整篇铭文中具有相对独立、完整的意思表达和语义功能的最小语、句形式，是由句子、短语（或习语）或词构成的器铭基本语辞单位。

《遹簋》铭自"穆穆王在莽京"至"用作文考父乙尊彝，其孙孙子子永宝"接连九句，均是铭辞，以辞句形式表达相对独立完整的意思和语义功能。该铭记述因周王赏赐，"遹拜手稽首"，此句具有特意表达"遹"以尊崇之礼致谢周王的语义功能。"敢对扬穆穆王休"也是相对独立完整的语义表达，具有答谢、扬显"王休"的特定语义目的和功能。而像"穆穆王休""文考父乙""尊彝"等词组（词组义），就本铭来说不具有独立、完整的语义表达功能，故不属于铭辞。"拜手稽首"或作"拜稽首"，常省却主语仅以词组形式见于器铭，为习语，仍属于铭辞。某些类型的词组也是铭辞，《遹簋》铭中纪时词组"唯六月既生霸"，语义表达相对完整，具有独立的纪时功能，应为铭辞。

有些词在器铭构成中具有独立、完整的语义表达和使用功能。《沈子它簋盖》（集成 4330）铭中的语气词"呜呼"表达特定语气，属虚词语义，在铭文中具有独立的表达功能。《员方鼎》（集成 2695）铭由数句构成，其铭尾"🝔"（冀）字，学者大多同意释作族氏名"举"，此族氏名在本铭具有相对独立、完整的语义表达和使用功能，应看作铭辞。这类情况多见于晚商和西周早期器铭，某族氏名位于篇尾或篇首。

《遹簋》《沈子它簋盖》《员方鼎》等铭由多个铭辞或辞句构成，但许多器铭整篇仅由一个辞句构成，通常是"作器"辞句。如《己方鼎》（集成 2025）"己作宝尊彝。"整篇铭文由一句构成，标记作某器的功能，语

---

① 马承源主编：《中国青铜器》（修订本），上海古籍出版社 2003 年版。

义表达和使用功能独立完整。

进一步看，由名词性词组充当的铭辞构成整篇铭文，如《祖丁父己卣盖》（集成5044）整篇铭文为"祖丁父己"，《史父乙豆》（近出539）"史父乙"是族氏名"史"与称谓"父乙"组合，《米宫尊》（集成5779）整篇铭文为"米宫尊彝"，都是词组铭辞。

由单词充当的铭辞构成整篇铭文，如《祖鼎》（集成984）铭仅记祖先称谓词"祖"，《祖辛爵》（集成7863）仅记"祖辛"一词，《鱼盘》（集成10018）铭仅族氏名"鱼"一词，《戈鼎》（集成1205）记族氏名"戈"一词。由单词构成的铭文，并没有词语组合形式（关系）；但是，这类铭文中的单词处于使用状态，立足于语言组织的系统性，从词义组合类聚角度可以将这类单词的组合词项视为空集词项，把单词铭文置于词语组合类聚的系统框架中，记作"某词项（+∅词项集合）"。

对于整篇铭文来说，习语、某些词组、词具有相对独立、完整的语义表达功能，应属于铭辞。"辞句"是器铭铭辞体系中的句子形式，但是铭辞体系不仅包括辞句形式，还包括习语、一部分词组和词。

（二）词义作为考察对象。以词义为考察对象，着眼于某一或某几个词义在一定词义组合片段中的类聚情况，选取的词义组合片段并非以能否独立成辞、成句为标准，而是把它作为考察词义及其组合的语境来看待。有些词语组合片段是辞句的组成部分，即句内词语组合片段，在整篇铭文中不具有独立、完整的语义表达功能。在某些情况下，为了广泛探析词义的分布和义域，选取较大语境片段，即辞句、辞句系列等，如广泛比较、分析赐休动词"赐"和"赏"，需要考察"某人＋赐/赏＋某财物/土地/人员等"，"某人＋赐＋鬯酒/衣服、旌旗、车马"，以及相关辞句系列（如册命、命职辞句）。

在词义组合类聚片段中，以词义为考察对象是操作性的考察，可以选定器铭中出现的任何一词（词义）为考察对象，分析该词义与其他词义的组合类聚关系。也就是说，只要铭文出现的词义，可任意选定为考察对象。通过操作性考察，可以辨析词义单位（义位）、词义分布及其特征，便于探究某词义在词汇语义结构系统中的位置和义域等情况。

因此，词义的考察，在词义组合关系上，具有一定操作任意性，可以是两词或两词以上简短的组合，也可以是较长的组合片段。这种考察直接应用于分析词义的组合分布，辨明词义单位（义位）等。作为一种技术性操作，其重要作用在于提供了探究词义关系及其系统性的直接、基本、细微的切入点。

（三）铭辞作为考察对象。铭辞是独立成辞句的词或词语组合，这主要指涉铭辞的构成方面。成辞的词义组合关联着铭辞语义构成和铭辞的语义类别问题。成辞的词、词组和句子，有的在群铭中仅见一次，有的则以其格式和全部或部分词项的重复出现而形成铭辞的类聚。探究铭辞的基本工作之一是划分铭辞类别，对铭辞作语义分类实质上着眼于成辞的词义组合类聚。

词义研究主要考察组合中词义关系，是选择性操作，分析描写的是词义单位、词义构成和词义关系的结构系统性。但是，铭辞研究，则要着眼于独立成辞的词义组合片段及其格式的整体。考察、划分其类聚不是选择性操作，不具有任意性，而受到铭辞的语句格式、固定组合结构，以及其中重现词项的限制，还受到词语、句子格式的述义主题的限制。

这里所谓"述义"是指词语、句子表层组合格式的表义。"述义主题"指的是由词语、句子组合格式（或格式类聚）及其主要词项形成的语义核心。

器铭铭辞包括成辞的词、词组和句子，"述义主题"则是独立成辞的词、词组和句子类聚的述义主题，是铭文中具有相对独立完整语义表达和功能的词语、句子组合格式的核心语义结构。例如，"[某人]＋赐/赏＋财物"类，"[某人]拜[首（手）]稽首"形成"拜[首（手）]稽首"习语类，"[某人][敢]对扬＋某人＋休/休命"形成"对扬"类，独立成辞（独立构成铭文）的"祖先称谓＋天干日名＋尊＋某器"类，"唯某年某月""唯干支日"纪时类，等等。这些词语、句子均有一定组合格式，属于语法表层形式，由其核心语义结构和主要词项词义形成述义主题。

三、成辞的词义组合类聚：铭辞语义类别

（一）根据成辞的词义组合格式的类聚及其述义主题，可以划分铭辞的语义类别。有如下几种主要情况。

成辞的词义组合格式多次重现，基本格式或核心语义结构较为固定，并且充当该格式主要成分的词语或词语的类是常恒重现的——相对于该组合格式来说是常项词或常项成分，则此常项词或常项成分与其组合格式、核心语义结构一起形成一类述义主题的铭辞。

例如，在"[某人] 作＋……某器"类辞句中，作器动词"作"是常项词，[1] 即常量。"某器"是常项成分，有时句子表层虽省略某器，而语义结构中依然有某器成分。作器者、享祀者和"某器"前的限定修饰词语等是变量。在词义组合的语义结构中，若无作器动词"作"和某器，就不能形成此种类型的辞句，所以，我们说此类辞句以"作"和某器为核心语义结构，称为"作器"类词义组合类聚，或称"作器"类铭辞。

"[某人] ＋赐/赏＋ [某人/汝] ＋财物/土田、城邑/人员/酒鬯/衣服、銮旗/车马等"的各种辞句格式，表示主上赏赐、休惠于臣下财物、衣服车马等。其中动词"赐""赏"等是此结构中的常恒词，即常量。施赐者、受赐者、财物、土田、衣服等词项都属于变量。常项词以"赐"出现最多，而且这种赏赐有休惠的性质，所以称为"赐休"类词义组合类聚（或"赐休"类铭辞）。

再看纪时词义组合。搜集器铭中出现的所有纪时词语组合，整理出格式：有"唯王某年＋某月＋月相＋干支日名""唯王某祀＋某月＋月相＋干支日名""唯王某祀＋某月，辰在干支日名""唯某月＋月相＋干支日名""唯某年＋某月＋月相＋干支日名""唯某月＋月相＋辰在干支日名""唯某月＋辰在干支日名""……干支日名……干支日名……""唯某年＋某月＋月相＋干支＋零某月＋月相＋干支日名""……零几日＋干

---

[1]　由于此类辞句中"作"出现最多、最常见，偶用动词"铸""为"，故将"作"视为常项词。

支……"等。纪时词语格式大致相同，结构较稳固，形成了独立的词语组合类型，在整篇铭文中专具纪时功能，应看作一类铭辞。将其各式汇总归纳，概括出"纪时"词义组合类聚，称"纪时"类铭辞。

许多器铭中的词义组合，不仅格式固定，其中各个词语也固定重现，如"用事""畯在立（位）"等。又如在"孙孙子子＋永宝用／永宝／用享等"格式中，"孙孙子子"（或"子孙""子子孙"等）"永""宝""用"等，虽可替换、省略，但相对于其组合结构都是常量。词义组合结构中出现的词均为常量，这种情况称为"金文习语"。金文习语是词义组合的类聚性最明显的一种，并具有铭辞性质。以"永宝／用"几词恒定出现或最常出现而形成的习语，称"永宝用"类词义组合类聚，或"永宝用"类铭辞。

金文习语分强势和弱势两种情况。强势是完全相同的重现，如"即位"（指周王即位）。弱势是固定性略弱，有变式，其中词语可前后置换，或固定加入、替换、省略某个、某几个词。这些变式大量重复出现，可将各变式看作同一习语，如"即位中廷"（指臣下即位），或作"立（位）中廷"，偶省作"即立（位）"。

此外，还有"蔑历"类、"对扬"类、"王在某宫／某地"类、"册命"类、"命司职事"类、"弗敢沮／丧／坠"类、"用事"类、宾赠类、祭祀（礼）类、"征伐"类、"献俘馘"类、"从征"类、"戍守"类、朝觐类、"见事"类、"来／各某地处"类、射猎射礼类、"渔获"类、"用享／孝"类、"侃喜"类、"宴飨宾朋"类、"用祈眉寿永命"类，等等。

需要指出的是，考察语句中已出现的词项词义组合关系，属于语句表层，并非语句深层语义结构，有时某些词项词义不在语句表层出现，但深层语义结构仍有其语义位置。如"作器"类，句中经常省略主语（作器者名词），但在深层句子语义结构中，作器者必有其位。《遹簋》铭有"用作文考父乙尊彝"一句，其中不出现主语，在深层语义结构中可分析出作器者为"遹"。词语在句子表层出现情况，词语组合方式等，都是重点考察内容。有些词语在句子表层前后排序有变化，在深层结构中却是位置固定的。如《趞觯》（集成6516）铭有"趞拜稽首，扬王休对"一句，"对扬"辞句绝大多数"对"在"扬"前，此句"对"在句尾。而其句子深层语义结构仍是先"对"再"扬"，其语义结构反映了当时的行为和言语程序，即对答致谢后再言曰颂扬。在句子表层结构上，有时词项可以变换次序，但许多辞例中词语排序是固定的。关于句子表层词语组合先后次序情况，亦为考察词义组合类聚的一个要点。

除以上情况，目前所见西周器铭中有的词语组合仅见一次，特别是词语组合的核心词语仅见一次，这样的词语组合可单列为一类铭辞，而以词语组合的核心语词为其铭辞类别名称。如"入土（社）"指入社祭庙室，仅见《宜侯夨簋》（集成4320）一例，可单列一类铭辞。又如《保员簋》（近出484）铭有"隊于宝簋"，"隊"借为"述"，[①] 表示"记述"。"隊（述）于某器"仅见此一例。器铭还有"古（故）于彝"（《史喜簋》集成4030）等用法，"故"的用法和词性与"述"不同类，两辞句为不同铭辞类别。但两辞句表述语义情形接近，均为作铭者将其功德、受赏之事记于彝器，故可归为同一大类范畴。

（二）从上述分析可以看到，考察和划分铭辞语义类别具有以下特点：

一是对独立成辞的词义组合类聚的考察和划分，总是离不开对其组合格式、固定结构的分辨和归类。

---

① 《大盂鼎》铭"我闻殷述命"，有学者认为其中"述"借作"墜"。吴大澂《愙斋集古录》谓："疑古文借述为遂，《酒诰》：'今惟殷墜命'，《召诰》：'今时既墜厥命'，《说文》无墜字，当作遂。"后罗振玉《辽居乙稿·盂鼎跋》又说："'我闻殷述命'，述作墜，中丞谓疑古文借述为遂……《说文》无墜字，当作遂。则中丞说是。述、遂古音同部通用。《史记·周公世家》：'东门遂'，《索隐》曰：《系本》作述，其明证矣。"按：《易·震》："震遂泥"，阮元《校勘记》："《释文》荀本遂作隊。"又《史记·扁鹊仓公列传》："是以阳脉下遂"，裴骃《集解》引徐广曰："一作'隊'。"可知殷周时代"遂"本写作"隊"字，"遂""隊"古音在邪纽物部，"述"在神纽物部，神邪邻纽叠韵，而上古文献中"遂""隊"是可通作"述"的（同源字）。西周器铭《大盂鼎》又有"述"借作"墜"（即"隊"）之例，"述""隊"应是通假字，所以《保员簋》铭"隊于宝簋"，"隊"字借作"述"可通，表示记述（记铭）。

　　二是对这种类聚片段考察和划分，总是离不开对其述义主题的分辨和归类。述义主题以常项词的词义或常项成分的语义类别（词义类别）为核心或主体，与其他词义组合形成整体语义表达。

　　三是考察这种独立完整的语义表达及其功能所形成的类聚，总是与辨识一种非任意的语义群体定势不可分割。

　　四是这种考察实际上考察的是某类铭辞的群体意向性。具体说，各铭辞在群体铭文的整体语义构成中，具有前后连贯、前后指向的程式化倾向；某类铭辞的述义主题具有某类意向性。因此考察其词义组合所表达的述义主题，也就是考察其群体意向性。

　　概言之，考察、划分铭辞语义类别实质上已进入语义认知视域，而不仅仅是词汇语义结构的视角。在描写、分析铭辞的词义组合结构系统性的基础上，可进一步探究其语义认知现象。

　　（三）从述义主题角度划分铭辞类别，可用词语组合的核心语义结构所表达的语义主题，或其固定重现的核心词项或类名来称谓铭辞类别。铭辞语义类别是铭辞的述义主题分类，这些分类可归结为多种铭辞语义类别。为方便起见，以汉语拼音首字母作标记。例如：

　　"[某人] 作……某器"式，为作器铭辞类，记 ZQ。细分许多子类（式）——"作＋宝尊旅等修饰词＋某器"，"作＋祖先亲属称谓 [或＋日名] ＋某器"，"作＋女性称名＋媵＋某器"等式。

　　仅有作器者或器主名、祖先亲属称谓、族氏名、器名等词或词组构成铭文，为记名铭辞类，记 JM。细分多类——如"祖先亲属称谓（父、祖、母兄等）＋日名"，"族氏名"，"作器者或器主名"，"族氏名＋祖先亲属称谓＋日名"，"祖先亲属称谓＋日名＋器名"，"族氏名＋祖先亲属称谓＋日名＋器名"等式。

　　"永宝"，"永宝用"，"永宝用享"，"子子孙孙 / 子孙＋永宝 / 永宝用 / 用享 /……"等式，为"永宝"或"子孙永宝"类，记 YB（或 ZSYB）。

　　祝嘏铭辞类（祈愿降福寿类），词语丰富、组合多样，故以其语义主题类"祝嘏"为名①，记 ZG（或 QY）。细分多类——如"匄祈福"，"丵福寿"，"祈赐眉寿／赐寿永命"，"降鲁福亡疆"，"万年寿考"，"绥福寿"，"天子［其］万年"，"万年无疆"，"侃喜"，"用飨宾"，"用飨王逆复（事）"等类。

"某人＋赐／赏／赍／…＋某人＋某物品"等式，赐休类，记 CX。细分多类——如"赐／赏＋朋贝"，"赐＋人臣"，"赐＋金"，"赐＋土田"，"（命）赐＋秬鬯"，"（命）赐＋［汝］服／舆车马／旌旗／佩饰等"类等。

"某人＋蔑＋某人＋历"，"某人＋蔑历＋某人"，"某人＋蔑历"等式，为蔑历类，记 ML。

"某人＋［敢］＋对扬＋某人……"，"某人＋［敢］对＋某人＋……扬"，"某人＋［敢］对"，"扬＋某人＋休"等式，为对扬类，记 DY。

"某人＋拜［手］稽首"，为拜［手］稽首类，记 BSJS。

纪年、月、日等纪时词语格式，表达纪时语义主题和功能，故称为纪时类，记 JS。

"［王］格＋某地／处"，为格某地处类，记 GDC。

"［王］在＋某地／处"，为在某地处类，记 ZDC。细分多类——王在某宫类，王在某地类等。

"［某人］来＋某地／处"，为来某地处类，记 LDC。

（周王）"即位"，为即位类，记 WJW。

（臣下）"即位中廷"（北向），"位中廷"，"即位"，为即位中廷类，记 JWZT。

"某人＋入右＋某人"，"某人＋右＋某人＋门"，"某人＋右＋某人"，"某人＋入右＋某人＋入门"等式，为入右类，记 RY。

"王呼某册命某"，"王呼某册命某曰"，册命类，记 CM。

---

① 祝嘏，见《礼记·礼运》："祝以孝告，嘏以慈告"，又云："修其祝嘏，以降上神与其先祖。"郑玄注："祝，祝为主人飨神辞也；嘏，祝为尸致福於主人之辞也。"周秦时，祝辞与嘏辞虽各有其功用，但器铭中器主往往合而称之，故称"祝嘏"辞（参见徐中舒《徐中舒历史论文选》，中华书局 1998 年版，第 507 页）。

"（册命＋某人）……司＋某职事，司＋某职事……"，"（册命＋某人）……官司＋某职事……"，"命汝＋官司＋某职事……"，"（册命＋某人）……疋（胥）＋某职事……"，"（册命＋某人）……嗣乃祖＋考职官或职事……"，"（命汝更乃）考＋司＋职官或职事"等式，为命司职事类，记 MSZ。

"今余唯龘豪乃命"等式，为龘（申）豪（就）命类，记 SJM。

"用事""用从乃事""用夙夜事"等，为用事类，记 YS。

"虔夙夜""敬夙夜""虔夙夕敬朕尸事"，虔夙夜（事）类，记 QSY。

"勿灉（废）朕命"等，勿废朕命类，记 WFZM。

"毋敢坠""勿［敢］丧""弗敢沮"等，毋敢坠沮丧类，记 WG。

"粤（屏）王立（位）""粤（屏）朕身"等式，屏王身类，记 PW。

"剿伐＋某方／某兵众""朿伐＋某方／某兵众""格伐＋某兵众""伐＋某方／某兵众［于某地］"等式，为伐兵类，记 FB。

"搏＋戎／某方／某兵众""辜（敦）搏［某兵众］""［追］搏＋于＋某地""追鄩＋戎／某方／某兵众""御追＋某兵众［于某地］""羞追［于某地］"等式，为追搏类，记 ZB。

"執讯／酋""折首執讯"等式，为折首執讯，记 ZSZX。

"俘＋人众／兵众"（或"某人众＋俘"），"获＋聝"，"俘＋物器（金、贝、车马、兵戈、牛羊、器等物品）""休又（有）擒"，"某又（有）成事多擒／某多禽（擒）"等式，为俘获类，记 FH。

"告擒聝［＋数字］訊［＋数字］"等式，告擒类，记 GQ。

"献聝［于公／王］""献擒""献俘聝讯"等式，献俘聝类，记 XFG。

"［王］令＋某臣＋省＋某方／某地""［王］令＋某臣＋（某地）某人众""某人＋省＋某地""某人＋省＋（某地）某物"等，出省类，记 CX。

"（王／某人做某事）某臣下＋从（做某事）""某从某（做某事）""［某］［用］从某事"等式，从事类，记 CS。

"某从某征""（用征用行）用从君王"，"［某］从＋王征［行］［某方或兵众］"等式，从征类，记 CZ。

"出入命／事［于外］"，出入令（命）类，"出内（入／纳）王令（命）"等式，出入命类，记 CRM。

"抃应""抃王应""抃应＋在／于＋某地"，抃应类，记 YJ。

"某人＋侯＋于＋地（国）""（王）命＋某人＋侯＋于＋地（国）"，侯于地类，记 HYD。

射猎射礼类，记 SL。细分多类——如"某射于射庐""某人＋射＋于／在＋某地／某处""射＋兽禽""某人＋射""某人＋大射"式为某射。

祭祀类，记 JS。细分多类——如用各神祖类，"［用］享／孝＋祖神"类，"用＋专项祭祀""用＋专项祭祀 1＋用＋专项祭祀 2""某人＋祭祀礼动词＋于＋某地／某处""某人＋祭祀礼动词＋［于］某祖神"式，等等。

大多数类别又可再细分，这里仅列常见诸类，标记示例。

（四）据述义主题划分器铭铭辞类别，其重要意义显而易见。器铭铭辞既有格式化的句子，也有结构较稳固的词组，其语义表达及功能相对独立完整，词义关系规则性强，语义功能较为明显，词义组合的相互制约关系较为直观。在铭辞层次上考察词义组合关系，从语义组合结构的聚合状态上分析各词义的用法、分布及其义域，易于辨明词义关系的系统性。同时，分析、描写成辞的词义组合结构及其类聚形态，需要确定铭辞的语义类别。因此，考察铭辞的词义组合类聚，分辨铭辞的主题义类，对于探究西周铜器铭文构成和铭辞体系具有重要作用，有助于明确其中词义组合片段类聚的语义功能性质，以及在铭文语义构成中的组织地位和特征。

独立成辞的词义组合是表达完整语义和语用的片段。从群铭整体来看，由于词义组合形成类聚，聚合成相对独立的语义组织类别，其语义关涉一定主题的功能，语用性强，具有系统性特征。因之，在这种系统性的语义组织片段中，词义组合格式和结构具有较强的规则，而程式化则成为词义组合类聚现象最突出的方面。

某类铭辞的语义结构，通常以某（些）词项词义为其语义核心，表层句法结构和深层语义结构都具有相对固定的特征，即使变式（省简或扩展）也具有相应的格式变化规则和语义变化规则。某类铭辞的众多变式围绕其述义主题形成聚合，即为一类词义组合类聚系统。划分铭辞语义类别，一方面，可以系统地辨析辞句个体之间的关系及其与群铭辞句集体的关系；另一方面，可以进一步考察分析铭辞语义类别的分布及其在群体铭文语义中地位和功能，从而可以探究铭辞语义功能和语义认知问题，这是词义组合类聚研究涉及的一个重要方面。因此可以说，划分铭辞语义类别是探究器铭铭辞体系和器铭语义构成的基础。

第二章 西周金文词义系统性与词义组合类聚

金文研究历史悠久，前人在考释、解读金文词汇、词义方面的成果颇为显著；然而，就金文词汇语义系统性来看，特别是器铭词义组合关系、词义组合类聚现象以及义位系统性等问题，还有待深入研究。本书主要探究金文词义组合类聚问题，考察分析词义材料与探讨学理并重，在研究方法、目标方面有别于传统的金文词汇、词义考据和释读研究。

第一节 金文词义的结构系统性

一、关于词义系统性研究

传统金文研究，字词释读的主要目标在于考辨文字、训释字词意义，以求解读通篇铭文，或通过训释字词以探究殷周社会、制度、历史、文化和古代思想、哲学等问题。在文字方面，倾力于辨析字的形、音、义关系，比照文字沿革，采用辞例推勘和训诂、文献考据等方法——其实质是释读文字、求证词义的方法。

但是，从词汇语义学角度研究金文词义，有别于金文字词、词义的释读研究。词汇语义学是现代语言学和语义学的分支学科。金文词汇语义研究注重探究金文词汇和词义的构成、单位、要素、分布、特征、词义搭配关系、组织规则以及词义系统性等问题，探究断代的、共时的词义结构系统性。此基础上可进一步研究金文词汇词义与句法、语用、认知等层面的关系、界面衔接或转换问题。

从词汇语义学角度研究金文词义，主要目标是探究词义关系、词义单位和词义的系统性。词义的系统性，在金文词汇语义研究中尤为重要——是这一范畴的核心问题。

二、词义的结构系统性

目前西周有铭铜器，除伪刻和存疑外，约 6500 多件（数目统计至 2015 年底）。通过观察群铭整体，可以看到西周金文词义是系统地存在的，铭文中每一个词义都不是孤立存在的，而处于西周词汇语义的整体系统中。

（一）器铭语句中的词义处于从组合到聚合的层层制约的语义关系中。以动词义"对"和"扬"为例。"对""扬"组合时，二词互相制约，词义明确、固定。"对"表示"应答致谢"，《诗·大雅·江汉》有"对扬王休"郑玄笺："对，合也。""对"有应答之义，"扬"有颂扬之义，"对扬"又与"休"组合表示应答致谢赐休者颂扬其休（见第一章）。

从器铭整体语义组织到单个辞句的词义组合，"对""扬"处于总体语义组织系统中。根据众多器铭辞句形成的语义组合类聚，可以确定其词义内容、语法意义及其类别。

如同"对""扬"二词，器铭里每一词义都处于从组合关系到聚合关系的层层制约的语义系统中。

金文词义的系统性还表现在词义单位方面。词义单位与词义的系统性是不可分不开的，金文词义单位存在于金文词义系统中。

词义单位又称"义位"，是最小级别的词汇语义结构单位，它概括了某词同一用法的词义类聚。器铭语句中个体词义的类聚形成了词义共性或互补分布关系的聚合系统。从"对场"词义组合类聚关系中，可以确定"对"在这类词义组合中的义位，即对同一用法"应答谢"的概括。器铭中"休"亦如此，在"对扬……休"句中表示"恩惠、福泽之美善"，是一个词义类聚，而其表示"赐休"是另一个词义类聚，由此可概括为两个义位。

义位标志着某词的词义类聚系统范畴——这是基础的、最底层的词义类聚系统。一方面，义位总是相对于某个词而言的，另一方面，义位的观点立足于词义系统性。某语言中的义位总是受其词义系统整体的制约，西周器铭中的义位也不例外。如果上升到词汇语义层面，西周金文词汇语义系统对其中的义位有规定、制约作用。在词汇语义层面上，义位之间有聚合关系，形成了层层累叠的义位层级系统；在句子语义层面上义位之间有横向组合关系，其组合关系的纵向汇聚又呈现为类聚关系。西周金文词汇语义系统是以义位为基本单位构成的，义位与词义系统的关系是单位与整体结构关系，两者密不可分。

（二）以上观察金文词义系统性的视角，是语言结构系统性的视角。这里所谓语言结构系统性，是指语言及其要素、组织方式等所具有的系统结构属性和特征。而词汇语义学的系统观点主要采用的是结构系统性的视角。

金文词义系统性研究从具体语料入手，以考察器铭中个体词义（具体词义）为起点，全面整理分析众多个体词义得出普遍性的结论。这就需要探究个体词义出现环境、条件、其独特性以及组合关系上与其他个体词义的搭配方式等，并且抽取其聚合关系，归纳义位，考察分析词义如何构成系统以及义位在器铭语义系统结构中的位置、分布和特征等情况。

金文词汇语义研究需要考虑金文语义整体结构中的词义系统性问题（例如，个体词义、词的义位在器铭总体语义环境中的系统性，以及金文词汇语义的结构系统性等问题）。一方面，在器铭语句中，词义之间呈现为组合关系，词义组成词组义，进而组成句义、复句义、铭文篇章等语义级别的结构整体。词义通过层级组合关系，相互结合形成的语义组合结构系统。另一方面，词义（或其他语义级别）在动态组合中又具有类聚性。类聚之间具有关联、区分、交叠等关系，形成动态的（语言使用状态）、多重、多级、众多而复杂的语义聚合结构系统。由众多聚合关系，构成了器铭词义的总聚合系统。

从另一角度看，存在静态的（储存状态）词汇语义聚合系统——对西周人来说，就是储存于群体语言记忆和语言认知层面上的词汇语义聚合系统。① 这是储存状态下的西周词汇语义的聚合结构系统。西周金文词义是西周时代词汇语义总类聚系统的一部分，在语义整体中，各种词义聚合类型和层级有直接或间接的关联关系，并显示出其聚合类型的共性特征和区别特征。

总的来看，器铭中词义的组合关系和聚合关系对个体词义具有规定作用。语义层级组合形成了由各级语义单位所构成的语义组合结构整体，对个体词义有制约作用。在西周器铭中这样的语义组合结构整体可划分为许多类型——实际上就是我们所说的语义组合类聚，既包含词义组合关系也包括词义聚合关系。单个词义总是受语义组合类聚总系统的制约，并与其他词义在组合关系和聚合关系中相互关联、制约。

三、义位与个体词义

（一）"义位"是词汇语义系统中的基本词义单位，从语言组织状态看，是动态组合关系上的词义类聚单位。

义位系统具有结构系统特性，无论金文词义系统如何复杂庞大，总是存在着复杂多样的层级结构。对词义系统及其结构进行研究，应以义位为基本单位。西周金文义位研究的主要任务之一，是从器铭语句的个体词义中概括归纳出义位，这是西周金文词义系统研究的基础工作。

概括、归纳义位，首先需要搜集语料，对铭文辞例中个体词义进行周遍考察。经过分析，找出用法相同的词义归并义位，因而也就明确了其变体的分布和义域。具体讲，有两种情况：一是对于词形、词音相同的

---

① 词义的发展、变化，如词义的引申变化，是动态过程；但是，若从词汇语义系统的共时层面看，储存状态下的某词的本义与其引申义是静态的聚合关系。也就是说，历史性的本义与其引申义同时投射到某一共时平面，形成语言记忆和认知层面上的词汇语义聚合关系。

词（同一词位），将其指称义、语法义相同的词义归为同一类别，提取义位；二是对于不同的词要划分其词义归属，归并各词的义位。从器铭辞句中某字所表示的众多个体词义概括、归纳义位时，这两种情况往往交织在一起。

例如，“取”字出现于如下铭句：

（1）“王则畀柞伯赤金十反（钣）”《柞伯簋》（近出 486）

（2）“王召走马雁，令取谁（骓）騽卅二匹赐大”《大鼎》（集成 2807）

（3）“矩取省车、较、賁圅（鞃）、虎幎、希律（帷）、画轉、鞭、师（席）、鞣帛嘉乘、金镳鋞”《九年卫鼎》（集成 2831）

（4）“矩伯庶人取堇（瑾）章（璋）于裘卫。才（财）八十朋。厥贮，其舍田十田。……矩或（又）取赤虎（琥）两、麀韨两，賁韐一，才（财）廿朋，其舍田三田”《裘卫盉》（集成 9456）

（5）“格伯取良马乘于倗生，厥贮卅田”《倗生簋》（铭图 05308）

（6）“王若曰：趞，命汝作豳师冢司马，啻（適）官仆、射、士，讯小大有𨻰（隣），取遺（賜）五锊”《趞簋》（集成 4266）

（7）“王若曰：扬……赐汝赤𤰔市、銮旂，讯讼。取遺（賜）五锊”《扬簋》（集成 4295）

（8）“王命𩠺司公族、卿事、太史寮。取遺（賜）廿寽（锊）”《番生簋盖》（集成 4326）

（9）“不盄（淑），取我家窠，用丧”《卯簋盖》（集成 4327）

（10）“厥取厥服”《驹父盨盖》（集成 4464）

（11）“取子敄鼓铸鑵元喬”《取子钺》（集成 11757）

辞例中“取”字用法，即其个体词义。从语言学角度研究词义，需要着眼于词义的系统性，找出这些个体词义所共有的规则性。上例（11）“取子”为人名，可以排除。其他各例“取”字用为具体的动词义，且用法都比较接近。例（6）—（8）“取”字均处于“取賜＋数字＋锊”格式中，用法显然相同。马承源《释賜》一文认为“賜”指图形金饼（见《古文字研究》第 12 辑）。铭辞所谓"取膊……锊"的字面意思是取得或获得几锊金饼（即一种金属货币）。但是从整篇铭文来看，"取膊＋数字＋锊"均出现于册命、命赐语境中，与赐命职事、赏赐物品并列，又独立于赏赐物品。按《铭文选》的解释是取得一定数量的镂作为俸禄，即被册命赏赐者按赏获得一定数量的金属货币作为俸禄，可见"取"有取得、获得之义。

例（4）（5）"取＋某物＋于某人"格式，意思是从某人处取来、拿来某物。例（4）同铭里两个相连接的辞句，格式为"取＋某物"，后句省略了"于某人"。例（4）（5）归为一小类。动词"取"后的名词表示具体物品，"取"是一种直观的行为，取来的是直观的具体物件。例（2）（3）中均为"取某物（某此物品）"，后无"于……"，格式相类。但"取"的受事对象也是直观、具体的物件。"取"也表示拿取、取来之义。

例（1）情况与之不同，所谓"有获则取"，《柞伯簋》铭曰："唯八月辰在庚申，王大射，在周。王令南宫率王多士。师鲁父率小臣……"从铭文看，前辞讲周王举行"大射"活动，后辞"有获则取"与这一活动联系在一起，即射获禽，则"取"之。此"取"表示射猎而捕取、获取，受事对象是兽禽类。《说文·又部》："取，捕取也。"指军战中"获者取左耳"，引申为捕获猎物。

例（9）（10）是另一种情况。例（9）"取我家寏"中的"寏"，《铭文选》释读"栋"，《广雅·释宫》："栋，橑也。"即指房顶椽子。从字面意思看"取我家寏（栋）"是说取走、取掉了我家房顶的椽子。只在这层意思上"取"区别于以上各种用法，"取"的对象虽然是具体之物，但是"取"动作方向不是"来"，而是"去"（拿走）。例（10）"取"的受事对象是"服"，即服事、职事，指称义较为抽象，"取"者为非直观、非具体物件。铭辞"厥取厥服"是说"他受他的官职"[①] 这类"取"有领受、受命之义。

以上各例"取"的用法为个体词义，除例（11）外（一个专名义位），

————————

① 马承源主编：《商周青铜器铭文选》第三册，文物出版社 1988 年版，第 311 页。

均为动词义，在各例中的具体用法大致接近，但细分析起来有同也有异。"取"的动作施事各有不同，指称是具体的人，"取"的受事对象也是具体的，有直观、具体的物件，如"骓、鵰"马匹、车类物件、"瑾、璋"玉品、"赤琥""棗鞈"，还有"賸"类货币，有"棟"，又有抽象的"服"。如何划分这些词义？哪些用法相同，哪些不同？界线划在哪里为宜？

词义系统研究从搜集、考察、分析这个体词义开始，但又不能局限于个体词义，而是要探析、梳理其系统性。对于同一个词在语句中的众多个体词义来说，探讨其词义系统性就是要找到个体词义的类聚关系，划分出这些个体词义的单位，是同一单位还是多个单位，如果是多个词义单位，它们之间的关系如何，等等。对于同一词的词义来说，概括起来就是要看它的众多个体词义在横向组合关系呈现出哪些词义类聚，弄清楚这些个体词义之间的指称义和词义关系是否相同，在什么样的最低限度上是定型的，从而可以确定词义单位的界线。

以上"取"的动词义，相同用法是例（6）—（8），"取賸……铻"一句，就器铭全篇语义来看，指取得俸禄。"取"不一定局限于铭辞所记录的某时发生的具体事件，而是重复多次发生的"获取俸禄"这类事，其中有较为抽象的意义。因此，与例（2）（3）"取"某物件这种在具体时间发生的具体动作不同，也就是"取"物件的动词义特征不同。而在例（4）（5）中，"取"表示从某人某处取来，取得具体物件也是在某具体时间发生的具体动作，与例（2）（3）实属同类，只是"取"的具体目的不同，但是施事、受事（物件）、动作"取"三者语义关系相同，而且动作"取"的特征，即指称义的语义特征（或词义要素）也是相同的。此类"取"的指称义，是关于具体动作的，有去拿、去领来、去获得的特征，在动作的方向和特征上隐含着伸出手拿回物体的动作。其语义特征可分析为：

"取"：

[动作]｛[出手]〈[去] / [向外]〉→ [拿] / [像手拿]〈[来] / [向内] [施动者一侧]〉｝

"取"的动作方向是相对于施动者而言的。例（4）矩伯从裘卫处取

得瑾璋，去取向外处的是"裘卫"，取回来的方向是施动者"矩伯"。例
（5）格伯从倗生处取良马乘，去取向外处的是"倗生"，取回来的方向是
施动者"格伯"。其他例句亦如此，不过例（9）有比喻说法"取我家棟"，
"取"的字面意思指"上天"取走，与例（2）（3）用法属同类。据以上
分析可将"取"的动词义分为四个类聚：A类为获取、捕取猎物；B类为
具体动作取得、取来某具体之物；C类为抽象的获得；D类为领受、受命
（抽象的职事等）。根据这四个词义类聚，划分为四个义位。其中义位B
从A引申而来，C、D又分别从B引申而来。各义位之间有语义引申、关
联关系，构成了词位"取"的义位系统。

从动词"取"的义位划分，可以看出，"取"的个体词义之间存在类
聚的系统性，可根据词义的指称义是否相同，以及词义所涉及的施事、受
事、动作特征等语义关系是否相同来划分其词义的单位。因此，个体词
义（具体词义）的类聚系统性体现为词义的类别单位——义位。在词汇语
义结构上，相对于某义位来说，它的个体词义是这一义位的变体，也就是
说，义位是标志着义位变体类聚关系的范畴。从某个词的个体词义中归
纳、整理出义位，是词义系统研究的基础工作。

（二）个体词义相对于它的义位来说就是义位变体。就目前测查情况
来看，西周器铭中个体词义逸出义位义域边界的情况较少。一方面，词义
考察受到目前传世和出土器铭数量限制；另一方面，许多孤例用法的词未
能释读，难以确定其词义也给考察工作带来局限。再者，器铭中绝大多数
个体词义是义位变体，较少有临时变义，这反映了西周器铭词义使用具有
较强的规范化、标准化特点。有时某词众多个体词义中，偶有一例用法略
显殊异，而多数个体词义的用法是一致的，需要查征文献语言，以辨明个
体词义特例是义位变体还是义位的变异。

西周早期《太保罍》铭（近出987）："王曰：太保，唯乃明乃鬯享于
乃辟，余大对乃享……"其中"余大对乃享"之"对"义，表示周王"答
谢"太保克，是上对下，略有别于器铭常例"对扬"之下对上。不过在周
秦传世典籍中，如《诗·大雅·皇矣》："王赫斯怒，爰整其旅，以按徂

旅，以笃于周祜，以对于天下。"其中"对"确为周王对天下"酬答"，是上对下。可见"对"表示答谢义，并没有上下级的分别，《太保罍》中的用法虽仅见一例，却仍是"对"表示答谢的一个义位变体。

有的个体词义用法比较特殊，不见于传世文献和字书，却在器铭中多次出现。例如，"命"表示"册命"是一个义位，"册命"后跟动词"赐"，为西周器铭通例。有时省去"赐"，直接用"命"表示赐义。西周中期器铭有：

（1）"内史尹氏册命楚赤⊙市（韨）、銮旂"《楚簋》（集成 4246）

（2）"王命燮在（缙）市（韨）、旂"《燮簋》（集成 4046）

（3）"命汝赤市（韨）、朱黄（衡）、玄衣黹纯、銮旂"《即簋》（集成 4250）

有时非"册命"的赏赐，也用"命"：

（4）"益公蔑佣伯再历，右告，命金车、旂"《佣伯再簋》（铭图 05208）

"册命"之"命"经常与"赐"一起用，受"赐"影响而含有赏赐义。

类似情况还有动词"休"，表示"恩惠、休善"，由于常与"赐"一起用，受"赐"影响而带有赏赐义，如西周早期器铭：

（1）"㝬（姒）休赐厥濒事（史）贝"《濒史离》（集成 643）

（2）"王休二朋"《仆麻卣》（铭图 13309）

（3）"休于小臣𤇆贝五朋"《小臣𤇆鼎》（集成 2556）

这类用法出现多次，其实是作铭者已将其视为习惯用法，格式较固定，应视作一个义位。

第二节　词义的关联性与分类

西周金文词义系统需要从词汇语义构成、语义组织、关系、特征方面去分类和描写。具体讲，就是立足于西周金文词汇语义的结构系统，从词义的关联性——主要是词义在语义组合关系和聚合关系上的关联性入手，进行系统的分类描写。

在词汇语义结构系统中，词义的关联性是词义间及其词汇意义、语法意义以及语义特征或词义要素的关联方式和关联特性。西周金文词义间的关联性主要包括：

1. 语句组合关系中，词义的词性义（即词的语法意义）的关联性；

2. 词汇语义聚合关系中，词义（义位）的词汇意义的关联性；

3. 词位义结构系统中，词义（义位）的基本义（或本义）与引申义的关联性，引申义与来源义关系的关联性，核心义与非核心义的关联性等；

4. 语句中由词义组合形成的聚类关系的词义关联性，即词义的组合类聚关联性；等等。

可根据这些词义的关联性，具体分析、描写西周金文词义间的结构系统性。

一、词义的词性义关联性

在金文语句组合关系中，词义间的关联性呈现为显性的组合关联，而词义间的语法组合关联意义形成了词义的语法意义，亦即词性义。词义组合关系形成类聚，以词性义关系为关联分为名词义类聚、动词义类聚、形容词义类聚、代词义类聚、数词义类聚、单位词（或量词）义类聚等各类实词义类聚，以及副词义类聚、介词义类聚、连词义类聚、助词义类聚等各类虚词义类聚。每类词义类聚又可分为多层次的小类，它们之间存在着大类与小类的词性义关联，在小类中存在同一层次的词性义关联。

实词词义在语句动态组合关系中，具体指称义① 与其语法意义有着必然联系，虚词的语法意义与虚词词性的类别直接相关联。

---

① "指称义"是词的所指的基本内容和词汇意义的基础语义部分。从词义的语义要素结构角度划分，词义的词汇意义主要包括指称义和系统义两部分。

指称名物者与名词义联系。例如"君"指称国君，常见于器铭。《师
獣簋》（集成4311）铭曰：

"獣拜稽首，敢对［扬］皇君休。"

"君"具体所指是"伯和父"，"君"作为一个词义单位（义位）表示
"国君"概念，在两周时期指称天子和封国、封地之主，即所谓"天子、
诸侯及卿大夫有地者。"① 在语句中它所联系的是具体名词义。

指称事物形状、性质、状态者，与形容词义相联系，如"皇君"之
"皇"表示"宏大""伟大"，指称人们称颂尊者、君主一类人物或神的一
种品性特征。金文中常有的组合是"皇天""皇神""皇祖""皇妣""皇考"
等。"皇"的指称义联系为一个形容词义。

指称人的行为动作、事物运动变化关系等，与动词义相联系，如
"对""扬"二词，"对"指称因受册命、赏赐而应答致谢这一行为，"扬"
指称颂扬行为，都是在词义动态组合中，词义的指称义关联着词性义。

句子表层语法结构有时可以省略某些动词、形容词、名词等，但是
在深层句子语义层面上，语义结构的基本框架（或核心结构）是不可省缺
的。指称名物类（人或事物）与指称行为、动作、运动变化类组合关联，
或者指称名物类（人或事物）与指称特征、性质、状态组合关联。

如前举《师獣簋》铭"敢对［扬］皇君休"一句中省略了"对
［扬］"的主语"獣"，而在句子深层语义结构中并不缺少此施动者。

虚词与实词在语法意义上具有关联性，同时，虚词的语法意义与其
词性类别直接相关联。如《九年卫鼎》铭：

"……逦（乃）舍裘卫林晢里。觑！乎（厥）唯颜林，我舍颜陈大马
两……"（集成2831）

其中"乎唯颜林"一句不见动词，"乎"（厥）为指示代词，"颜林"
意为"颜氏之林木"。上古汉语未产生系词"是"，"乎（厥）唯颜林"句

---

① 《仪礼·丧服》郑玄注，见《仪礼注疏》卷二十九，阮元校刻《十三经注疏》，中华书
　 局1980年版，第1100页。

子表层语法结构上无显性系词，此句依靠助词"唯"（惟）①的辅助功能来完成表达判断。②"唯"的语法意义提供了分析该句深层语义结构为判断关系的线索，可以将"氒"和"颜林"两项判断性语义成分（系词成分）补充出来，即可译为相当于现代汉语系词的"是"。

在表层句法中"唯"的语法意义将"氒"和"颜林"连接为判断性的词义组合，其语法意义具有辅助词义组合关系的关联性，是助词义。

总之，在词义组合中，实词义的指称义与语法意义有着必然的关联性，不同指称类别之间的词义组合，表现在组合关系上就是词类（包括词类小类）之间的搭配关系，形成词的语法意义。词的语法意义是组合系统的意义关联要素。虚词义的语法意义直接关联着虚词的类别，通过组合功能，其语法意义本身即具有表层句法结构的关联特性。

二、词义的词汇意义关联性

在词汇语义中，词汇意义的关联形成了词义聚合关系。词义间的关联性在于词义构成中的词汇意义（包括指称义和系统义③）要素或语义特征的共性和差异关系，不同词义之间由于它们的词汇意义具有共性与差异特征而联系为不同层级、多种多样的词汇词义聚合系统。如同义、近义、反义、整体与局部、类义、上下位、互补等。

以器名类义关系为例，西周铜器自名之词，词义之间在词汇意义上有类的共性，联系成一个义类系统，同时，这些词义又有区别特征。根据其共同特征和区别特征，可将此义类系统区分为不同层级、远近关联的大小义类。见于西周金文的自名容器名主要有：

"鼎""異鼎""会鼎""齍鼎""齍""盙""鬲""甒""尊""豆""簠""簋"

---

① "唯"（或惟）用于名词或名词性词组前时，起强调或辅助作用（其语法作用较丰富，故译为现代汉语时可有多种意思），从句法成分看将"唯"视作助词更为恰当。

② 先秦时期以辅助功能表达判断的助词还有"也"（用于判断句尾）和"者"等。

③ 指称义（义位）构成中词汇意义层面的系统义（词义的附加义、搭配义等也属于系统义）。此外，词义（义位）构成中还有语法意义层面的系统义。

"盉""盘""盘盉""盂""盆""盨""盨簋""皿""匜""爵""壶""罍""彝"
"器"等。其中"彝""尊"有两种意义。

"彝"表示特定形制的盛酒礼器，记作"彝₁"，又表示青铜礼器的通称，
记作"彝₂"，是两个义位。前者如《师遽方彝》铭（集成9897）有"用作
文祖也公宝尊彝"之"彝"，表示礼器的一种。后者如《免卣》铭（集成
5418）"用作尊彝"，此器实为卣器，以共名"彝"称卣器。《大克鼎》铭
（集成2836）"用作朕文祖师华父宝鬻彝"，此器为鼎，以共名"彝"称之。

"尊"表示彝器共名，记作"尊₁"，如《作册般甗》铭（集成944）
等。"尊"又表示特定形制的祭祀酒器，记作"尊₂"，如商器《作父辛彝
尊》铭作"彝尊"。①《说文·酉部》谓："尊，酒器也。"又《周礼·春
官·小宗伯》："辨六尊之名物，以待祭祀宾客。"其中"六尊"郑玄注引
郑司农曰："献尊、象尊、著尊、壶尊、大（太）尊、山尊。"此"尊"是
一种酒器名，"六尊"是各式尊器。

"器"，《说文·品部》训"器"为"皿"，段注："器乃凡器统称。"西
周至两汉"器"的词义已有发展变化。从两周金文和传世文献来看，"器"
表示容器类礼器统称。如《函皇父鼎》铭（集成2745）："盘、盉尊器"，
此"器"通称盘、盉。又如《圅尊》铭（集成5931）"宝尊器"，以"器"
通称尊器类。可知"器"不独为饭食皿器，是容器共名。

"彝₁""尊₁""器"都有表示礼器通称的用法，在词汇意义上表示上
位概念。"尊₂"为特定形制的祭祀酒器，在礼器共名"彝₁""尊₁""器"
的下位。

其他礼器自名可分为食器类，如"鼎""異鼎""会鼎""鬻鼎""鬻"
"鬲""鬲""甗""簋""簠""豆""盂""盨""盨簋"；酒器类、饮器类，如
"爵""盉""缶""罍""彝₂""壶"；水器类，如"匜""盘""盂"等。在
容器类器名中这些词义的词汇意义表示的是下位概念。

将金文器名词义与铜器实物结合，进行比照，可知其词汇意义均指称

---

① 见《考古与文物》1991年第1期，第11页。

礼器类。而其形制特征和使用功能有区别，从释义中可以分析出词汇意义中关于形制和用途方面的语义特征，将其词汇意义之间的关系表示如下：

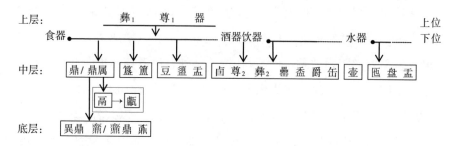

"彝₁""尊₁""器"的下位词义有"鼎""鬲"等，"鼎"的下位词义有"異鼎""齍""齍鼎""盉"，构成一个鼎器类的最小类聚系统（即底层语义场）。"鼎"是类概念，又是有具体所指的"鼎"器。"鬲""甗"为鼎属，构成一个食器中层类聚系统（即中层语义场）。"簋"与"簠"二词义构成一个食器中层类聚系统（亦即中层语义场）。从词汇意义分析来看，"簋"与"簠"是一对概念，类别接近，又与其他食器"鼎""豆""盨""盂"区别开，从用途上看出"盂"一部分用作食器，许多盂器也可用作水器。此例说明，词汇意义的关联性以指称义关联为主，在金文词汇类义聚合中，词义间的指称义、系统义的共性与差异具有关联层次，通过分析可梳理出词义聚合的层级系统。

三、词位义系统中义位的关联

词汇语义中存在同一个词位内部的词义关系和不同词位之间的词义关系，词位义系统的义位聚合关联方式属于前者。辨析词位义中各义位的地位或性质，有助于辩明义位的关系及其系统性。

例如，西周金文中"彝"字表示器名时有两个义位：一是表示宗庙常器（青铜礼器）的通称，即彝器共名；一是专指特定形制的用于祭祀的礼器名。这两个义位的词汇意义有共同特征，均为宗庙祭祀礼器，用于献享神祖，同时，又有所指范围、义域的差别。两个义位的关联方式和特性主要表现在：处于同一词位义聚合系统中，是共名与专名关系，共名为常用义，专名为非常用义，上下位关系。

多义词的义位系统可以说是一种词义的引申与来源关系的词义系统，这是就词义变化发展关系而言的。从义位的本义—引申义关系来研究词位义系统有十分重要的价值，但是对于西周金文这种出土文献来说，西周汉语中许多义位并不出现于其中，这样就给研究本义—引申义系统带来一定局限。因此，考察、描写西周金文词位义系统时，对于那些语料匮乏的情况，更适于考察义位的共时聚合系统，或者将义位的共时系统与历时变化情况结合起来，形成互补研究。

如"彝"的两个义位，从出现早晚看，义位"彝器专名"和义位"彝器共名"都出现较早，殷商时代已存在，妇好墓出土有方彝，虽然甲骨文中"彝"用作动词，有祭祀之义，不过"彝"在殷周金文中却常常表示彝器通称。所以，很难说"彝"的这两个义位哪一个是本义，是"彝器共名"引申出"彝器专名"，还是后者引申出前者？不好判定。或据"彝"在甲骨卜辞中表示一种祭祀的用法，且其字形造意为双手持鸡禽（以献祭），而辨其本义为动词义。以往古汉语词义研究，早已讲到本义和引申义问题。对于上古大量的词位义来说，有些本义与引申义的关系有文献或考古人类学以及方言遗存等材料可以证明；有些却没有，在这种情况下本义与引申义关系的判定仅仅是推测或假设。而共时词位义系统中义位聚合关系则不同，对其进行描写、分析可以避开两难境地。对于词位"彝"，是可以将其义位之间的共时类聚关系讲清楚的，而不一定非要说哪一个义位引申出另一个义位。

对于器铭中已识字形，在辨析其所表词和义位时，依照词位义及其义位关联系统的观点，用以细分、详解词项的词义内容。将已识字形的表词表义辨识清晰其实是辨别字所表示的词位及其义位，从文字所对应的词位义系统来认识义位的关联性。

例如，器铭常见"某人右某人入门……［即］立中廷"（JWZT 铭辞）和"王各太室，即立"（WGTS＋WJW 铭辞）两种用语。

西周金文"立"字既表示住"立"，又用于表示位置"位"，而无

"位"字。"位"是"立"的分化字，是西周以后专为"即位"之位义而造的字。《尔雅·释宫》亦谓："中庭之左右谓之位"。显然器铭所说"立中廷"是"即立中廷"的省简式，指即位于中庭左右两侧规定的位置，此"立"字所表词"位"，名词，并非动词"立"。

《卫簋》铭（集成 4209）有"王客（格）于康宫，荣伯右卫内（入）即立（位）"，"即立（位）"指"即立（位）中廷"，又《师毛父簋》（集成 4196）有"王各（格）于太室，师毛父即立（位）……"指的是邢伯右师毛父入门而即位中廷。《小盂鼎》有"盂……入三门，即立中廷，北卿（嚮），盂告蔑伯，即立（位）……告咸，盂与者（诸）侯罘侯、田（甸）、男□□从盂征，既咸，宾即立（位）"其中出现几次"即位"，有盂献馘入三门而即位中廷，也有各诸侯、官爵、邦宾者的"即位"，各有分别。另有《晋侯苏钟 A 丙》（铭图 15300）有"王降自车，立（位）南卿（嚮）"，此中"立（位）"是"即位"之省（他铭所说王各太室即位，亦向南）。周王"即位"可省作"立（位）"，与"即立（位）中廷"省作"立（位）中廷"是同一道理。陈初生的《金文常用字典》以《左传·成公六年》"献公子从公立于寝庭门"作为"立中廷"[①] 文献例证不甚准确，"即立（位）中廷"是固定词组，在两周时代有特定的礼仪制度含义。

再看"位"的词位义。器铭既有周王"即位"（南向），又有公卿"右入门"的"即位"（北向），还有诸侯公卿和邦宾礼列中庭"即位"。就个体词义"位"来看，具体语境中"位"的具体位置不同，但都表示庭堂上按身份地位规定的置身位置，做动词"即"的宾语，具有同一的语法特征和语义特征。"立（位）中廷"与"王各太室即位""宾即位"中"位"是同一词位，同一义位，表示按王君诸侯等身份地位设置在宫室庭堂的特定等级置身位置。这是"位"这个词在西周时的最常用义位（或为基本义位），并且是"位"字的造字本义。"立（位）中廷"与"（王）即位"两词组表示的即位位置不同，但并不等于"位"的词义不同。"即位"之

---

① 陈初生：《金文常用字典》，陕西人民出版社 2004 年版，第 941 页。

“位”不仅指中庭左右的诸侯公卿的位置，还指宫室中的王位。

器铭中还有“畯在立（位）”（JZW 铭辞），此“位”表示“权位或职位”，词义抽象。辨明了器铭语例，比较“即位”与“畯在立（位）”中“位”的差异，并结合《说文》《尔雅》和注疏材料对“即位”之“位”的说释，（太室等）中庭“即位”之“位”义更为基本，而“权位或职位”义则是引申义。

精确地认识金文中某字表词表义的具体情况和条件，与辨析其所表示词位义中各义位的关联性、地位、性质是不可分割的。前文提及高明《西周金文“賓”字资料整理和研究》一文对“賓”字的识读和释义。此字释读一直争讼不断。高明释读为“贮”，赵诚释“贮”字读为“贾”，张世超释“贮”字，且“贾”字是“贮”在秦系文字中的方言字，李学勤、裘锡圭、彭裕商、李幡等径读为“贾”。然而各家说释未曾关注“賓”字表词及其词义单位（义位）的性质、关系和地位，对其词义认识不够透彻分明。

器铭中常见“肇賓（賓）”组合，弄清这一组合的意思，对于辨明“賓”字表词表义及其义位至关重要。铭例如：

“剌攸（肇）宁，用作父庚宝尊彝”《剌攸宁鼎》（集成 2436）

“𢀛攸（肇）賓，用作父乙宝尊彝”《𢀛觶》（集成 6508）

“□肇賓，眔子鼓𦉢鑄（铸）旅簋”《鼓𦉢簋》（铭图 04988）

高明将“肇宁”释为“敏于商贾”。器铭还有“肇家”组合，比较以下器铭：

“曐肇家鑄（铸）作𩰬（鬻）”《曐肇家鬲》（集成 633）

“𢆶尹攸（肇）家，乎潣用作父尊彝”《𢆶尹肇家卣》（集成 5368）

上古“家”有家财、家产之义。如《左传·文公十四年》：“……尽其家，贷于公，有司以继之。”杜预注：“家财尽从公及国之有司富者贷。”《史记·吕不韦列传》：“诸嫪毐舍人皆没其家而迁之蜀。”司马贞索隐：“家谓家产资物。”

“肇賓（贮）”，若按高明释“敏于商贾”，那么“肇家”与“肇宁（贮）”处于辞句中相同语法和语义位置，表义应该相同，这又如何解释呢? 可见高释不确。

进一步考察器铭, 有春秋早期《番君□匜》(集成 10271) 铭:"唯番君肇用士(吉)金, 作自宝也(匜)。"其中"肇"字本义是开户, 上古基本义是"始"或"开启"。显然"肇用"就是启用的意思, 此铭是说番君启用吉金铸作自己的宝匜。其中"肇用士(吉)金"与"肇家""肇贮"处相同语法和语义位置,"肇"的用法相同,"肇家"和"肇贮"都是启用之义。"士(吉)金""家""贮"处于纵向替换位置, 形成聚合关系, 用法相类或接近。因此"家"与"吉金"属资产财货类,"贮"亦有此义, 即储积的资产, 这正是"贮"的基本义。

器铭还有如下语句:

"……肇寅(贮), 又(有)赢……"《寽甗》(铭图 03356)

"……肇寅(贮), 休多赢……"《齐生鲁方彝盖》(集成 9896)

高明释"敏于商贾, 多有赢"。其实"肇贮, 又(有)赢"中的"肇贮"用意, 与《史记》所谓"废贮鬻财"是一个道理。据典籍注疏,"废贮鬻财"有"废置停止积贮而鬻财有赢"之义。"肇贮"义如"肇家", 指启用家族(或国族)中贮积的财产, 为的是用于作铸某器。按这一解释, 则《寽甗》铭"肇贮有赢"和《齐生鲁方彝盖》铭"肇贮休多赢"释为"启用积贮资财,(从事商贾)而有(多)赢", 更为合理。

以上诸例,"贮"表示名词义"积存的资财"。《说文·贝部》:"贮, 积也。"是指积存或所积存, 包括资财货物等。甲骨文"宁""贮"表示动词义积存(如《合集》18341)。这一用法多见于传世文献。

除上例, 器铭还有许多"肇贮"这样的用法, 比较普遍, 看来"贮"表示动词义"积存"和名词义"积存的资财", 应是两周时代常用的基本义位。"㝉"释读"贮"无误。

"贮"除此基本义位外, 在器铭中还有表示动词义商贾买卖的和名词义商贾的用法, 这一点学者们已指出。但是"贮"字表示与商贾或商贾交易相关的意义, 并不等于这些用法的"贮"就是"贾"这个词, 而只是多义词"贮"的两个义位, 只不过这些义位在后世使用渐少, 或者废弃。从西周早期器铭中"宁／貯"绝大多数表示"积存"义来看，在义位关系上，"貯"表示商贾交易和商贾一类意义，显然是在"积存"义基础上形成的。"貯"表示积存（财物），与《说文》等字书和古代训诂材料对"貯"字本义的说释相吻合。从使用情况看，器铭中"貯"字表示名词义"积存的资财"最常见，分布较广。

另一方面，西周器铭中"宁／貯"亦可用表国族名，上古时"宁／貯"字的语音接近"贾"，李学勤等读"贾"是正确的。这种情况是"貯"字借表为国族名"贾"。"貯"字的本表词与"贾"是不同的词位，"貯"表示商贾或商贾交易方面的意义与"贾"的词义相近，是近义词，上古"貯""贾"语音相近，是同源词。

从上例可以看出，词位义系统中，词义的关联性是本义与引申义、基本义与转义的源流派生性质，而且以意义为基础，还可能导致词位的派生变化。词汇语义研究的重要问题之一是词义系统性问题，区分词位和义位，注重分析词位义的各义位关系、地位和分布状态。可将这种研究视角用于探究金文文字表词表义，在已识文字基础上，详辨文字表词表义的方式和条件——所谓方式，即本表还是借表，所谓条件，即在当时表示的词义是基本义还是常用义，或者是引申义还是非常用义等情况，从而可以辨明文字所表词位义系统的结构。

第三节　词义组合类聚中的词义系统性

一、词义的组合类聚关联性

词义组合类聚指语句中词义组合所呈现的类聚关系或形态，是对词义组合关联性、聚合关联性的综合。实际上，考察、分析词义组合类聚在于提出分析词义关系的一种方法：把词义的组合关系与聚合关系连接起来进行考察分析，不仅探究词义的聚合关系，还探究词义组合关系（词义组合片段）的类聚系统。

总体来看，西周金文辞句具有明显的词义组合类聚形态特征：词语组合关系比较稳固，用语固定而规范；习语较多，固定短语类聚明显；辞句和辞句系列格式化特征较为突出，多呈类聚形态；铭句语义类型较为固定，体例大多一致；等等。由于这些特征，金文辞句中词义关系的规则性和词义间的结构系统性较为直观、明显，便于观察和分析词义关系，以提取其词汇意义、语法意义的特征要素（或词义要素）。因此，探讨西周金文词义关系的结构系统及其关联特性，更适于从词义组合类聚入手进行考察分析。

　　可从器铭词义组合类聚关系中分析、把握词义的关联性，①下面举例说明。

　　西周金文"作器"辞句的词义组合类聚现象极其明显，如辞句：

a.（1）"用作祖考宝尊彝"《虡簋》（集成 4167）

　（2）"用作祖南公宝鼎"《大盂鼎》（集成 2837）

　（3）"用作文考公叔宝簋"《恒簋盖》（集成 4199）

　（4）"用作文祖己公尊盂"《趞盂》（集成 10321）

b.（5）"永用作朕文考乙伯尊盂"《永盂》（集成 10322）

　（6）"周生作尊豆"《周生豆》（集成 4682）

　（7）"史免作旅匜（筐）"《史免簋》（集成 4579）

c.（8）"作父甲旅尊"《叀尊》（铭图 11728）

　（9）"作父辛尊彝"《守宫尊》（铭图 11742）

　（10）"作宝鼎"《作宝鼎》（集成 1779）

　　其中动词"作"表示"制作［物品］"。以上句式大致相同，b 类辞句有主语，a、c 类辞句省略主语。有的辞句中动词"作"后有"祖""考""父"等称谓，表示为谁作器（享祀对象），有的辞句则不出现，

---

① 二十世纪中叶，欧洲语言学家曾将词义的组合关系与聚合关系连接起来加以研究，具有代表性的，如德国语言学家波尔齐希，从组合关系角度提出了组合语义场理论。但是他的方法着眼于词义之间的二分组合体，形成局部组合中整齐的聚合关系，而难以体现总体语义系统制约下的各种词义组合类聚的多样关联关系。波尔齐希的组合语义场理论及其研究成果主要集中在 1957 年出版的《语言的奇迹》一书中。语义场理论和方法在词汇、词义关系分析中具有重要作用，但也存在一定局限性。

各辞句最后出现词项为器名（器类）及其限定修饰词。

　　西周金文中"作器"辞句出现极多，约计4660例左右，[①] 通常出现于全篇尾部或后部，偶见于全篇前部。从辞句的组合结构看，动词"作"通常无省缺，大多数西周铭文中器名与动词"作"一并出现。有些铭文仅几字，省略了器名，有些虽省略器名却有器名的限定修饰词或享祀对象、用器者等词，但句子深层语义结构仍为"作＋某器"。以常量词项动词"作"＋器名（或器类）为核心语义结构，与作器者、享祀对象、用器者、彝器功用、彝器限定修饰等相关变量词项组合而成，这种词义组合类聚即为"作器"类辞句。"作器"类辞句是西周器铭最常见、最基本和最重要的铭辞类型。[②]

　　"作器"辞句中词义呈横向组合关系，众多辞句聚合在一起，词义呈纵向类聚关系，图示如：

词汇意义、词性义的聚合关联轴 ↑

某人名	用	作	祖考、妣母等	尝/蒸等	宝/旅/尊	器名
	用	作	祖、考		宝 尊	彝
伯雍父 自		作		用		器
	用	作	祖、考		宝 尊	鼎
	用	作	祖南公		宝	簋
	用	作	文考、公	尝		簠
	用	作	文祖已公		尊	盂
永	用	作	文考乙伯		尊	盂
鄦比		作	皇庙丁公文考、更公			盨
史免		作			旅	筐
周生		作			尊	豆
大师虘		作		蒸	尊	豆
		作	父甲		旅	尊
		作	父辛		尊	彝
		作		从		彝
		作			宝	鼎
某人名	用	作	祖考、妣母等	尝/蒸等	宝/旅/尊	器名
(施事)[作器者]		(行为)[制作]	(限定)[享用者]	(限定)[功用]	(修饰限定)	(受事)[器名]/[器类]

组合关联轴 →

---

① 器铭统计，截止至2015年底。有些青铜器在断代上（属商周晚期还是西周早期，属西周晚期还是春秋早期）存在争议或难以准确判定，故统计为约数。

② 金文的铭辞不限于辞句，还包括词组、习语，以及语句组合系列等。

这类辞句的词义关联性是"作"与器名、作器者等相关词义的横向关联和纵向关联的综合，涵盖了词义间的词汇意义和语法意义（词性义）的关联。词义因组合搭配关系在词汇意义和语法意义上相互关联，纵向类聚则是词义在其组合片段中的词汇意义和语法意义集合关系的关联。词义间的词汇意义、语法意义的关联性，即其词汇意义、语法意义之间的共同特征与区别特征相结合的语义特征值。

在"作器"词义组合类聚的语义结构中，"作"与"某器"是必有语义成分，从而形成"作器"类铭辞，在句子结构上动词"作"与器名组合，有共同特征的词义要素。在词汇意义层面"作"的指称义是人的行为"制作"，词义要素记作（行为）[制作]；而它与"器名"组合关系的共同特征，属于"作"的系统义①的一部分。从先秦文献语言来看，"作"表示动词义位"制作"时，其词义构成中的受事包括人所制作的各类实体物品，彝器、器皿仅其中一部分，其受事的语义特征——即词义要素记作[物品]〈实体〉，属于"作"的词汇意义层面的系统义。

考察词义组合类聚情况，可用于分析义位聚合类如何分布于组合环境，以描写和解释词义分布特征及词义组合类聚的系统性。这就形成了对词义组合片段类聚的归纳性研究，研究模式为：先考察具体现象并分析→归纳与综合→再扩展至周遍式考察和具体分析→再周遍式综合。

上举"作器"辞例，有"某人＋作＋某祖先＋限定修饰词语＋器名"格式，有"某人＋作＋限定修饰词语＋器名"格式，亦有"用＋作＋某祖先＋限定修饰词语＋器名"，以及"作＋作器功用＋限定修饰词语＋器名"等格式，这些格式在西周金文中出现最多。其他格式如：

d."伯太师小子伯公父作簠"《伯公父簠》（集成 4628）

　"塞自作旅簠"《塞簠》（集成 4524）

　"善（膳）夫吉父作盂"《善夫吉父盂》（集成 10315）

---

① 这里分析的只是"作"的局部系统义。义位的系统义涉及词汇意义和语法意义两个层面（见前注），语句中词义在组合类聚上显示的系统义只是该词义系统义的局部。

"天姬自作壶"《天姬壶》（集成 9552）

"王季作鼎彝"《王季鼎》（集成 2031）

e. "德其肇作盘"《德盘》（集成 10110）

"散季肇作朕王母叔姜宝簋"《散季簋》（集成 4126）

"般仲廳肇作簋"《般仲廳簋》（集成 4485）

f. "薛侯作叔妊襄媵般（盘）"《薛侯盘》（集成 10133）

"筍侯作叔姬媵般（盘）"《筍侯盘》（集成 10096）

"伯家父作孟姜媵簋"《伯家父簋》（集成 3856）

"蔡侯作姬单媵也（匜）"《蔡侯匜》（集成 10195）

"倗仲作毕媿媵鼎"《倗仲鼎》（集成 2462）

各例出现作器者（"作"的施事），其中动词"作"前有时出现"自"，如 d 类辞句，有时出现"肇"，如 e 类辞句。所作之器（受事）或属于食器，或属水酒饮器，或属盛水酒等容器。在器名类聚上还可以扩展至兵器、乐器等。

这种对于词义组合类聚的考察须是周遍式的，否则难以达到详尽分析和描写其词义分布和组合类聚系统的目的。

在组合类聚中，词义间的词汇意义与语法意义的关联把各词义连接成一个系统，辨析词义的词汇意义与语法意义的语义关联特征，有助于透彻探析西周金文词义是如何通过组合、聚合关系构成词义系统的，分析其共同特征和区别特征所构成的词义要素（义素）关系集合。

设"作器"铭辞的常量动词"作"为 A，器名词义为 B，则有：

$$
A\text{"作"}=\begin{bmatrix} 作 & [制作] \\ 作 & [制作] \\ 作 & [制作] \\ 作 & [制作] \\ 作 & [制作] \\ & \vdots \end{bmatrix},\ B\text{ 器名}=\begin{bmatrix} 器 & [+礼器][+共名][\pm食器]/[\pm水器][\pm有足][\pm有耳]\cdots \\ 彝1 & [+礼器][+共名][\pm食器]/[\pm水器][\pm有足][\pm有耳]\cdots \\ 鼎 & [+礼器][-共名][+食器][-水器][+有足][三足][+有耳]\cdots \\ 簋 & [+礼器][-共名][+食器][-水器][+有足][圈足][\pm有耳]\cdots \\ 盘 & [+礼器][-共名][-食器][+水器][\pm有足][\pm有耳]\cdots \\ & \vdots \end{bmatrix}
$$

常量动词"作"与器名的组合类聚，其词义及义素的综合关系表示为：

$$
\text{"作"} + \text{器名，即 A} + \text{B} =
\begin{cases}
作[制作] + 器 [+ 礼器][+ 共名][\pm 食器]/[\pm 水器][\pm 有足][\pm 有耳] \cdots \\
作[制作] + 彝1[+ 礼器][+ 共名][\pm 食器]/[\pm 水器][\pm 有足][\pm 有耳] \cdots \\
作[制作] + 鼎 [+ 礼器][- 共名][+ 食器][- 水器][+ 有足][三足][+ 有耳] \cdots \\
作[制作] + 簋 [+ 礼器][- 共名][+ 食器][- 水器][+ 有足][圈足][\pm 有耳] \cdots \\
作[制作] + 盘 [+ 礼器][- 共名][- 食器][+ 水器][\pm 有足][\pm 有耳] \cdots \\
\vdots
\end{cases}
$$

其他相关变量词项，如作器者、作器享祀对象、用器者、彝器功用等修饰、限定词等，可与"作"、器名组合形成组合类聚矩阵。"作器"辞句在西周金文中出现数量是确定的，因而可以做周遍式考察。对词义组合类聚和词义间关联性进行比较、分析和综合语义运算，可从中得出词义关系的语义特征值。

由于词义组合类聚是对词义组合关联和聚合关联的综合，就避免了单方面考察词义组合关系或聚合关系的不足，使词义的系统性研究能准确而详尽，此外，还使器铭词义系统研究具有更实在可靠的技术操作过程，具有实证性、分析性、可观察性几个特征。

二、相关词义的分析

考察词义组合类聚，比较、分析相关词义（义位）的共同特征和区别特征，易于将词义（义位）的词汇意义和语法意义梳理清楚，也便于透彻认识词义（义位）之间的关系。

以"征""伐"二义位关系为例，西周器铭中有"征"和"伐"二字，各有表示"征伐"的动词义位。若仅从下面的铭例看可以认为二义位是同义关系。

"伐"：

（1）"过伯从王伐反荆"《过伯簋》（集成 3907）

（2）"𬺚从王伐荆"《𬺚簋》（集成 3732）

(3)“王伐楚侯”《禽簋》(集成 4041)

(4)“唯王伐东尸（夷)”《寓鼎》(集成 2740)

(5)“唯王令明公遣三族伐东或（国)”《明公簋》(集成 4029)

(6)“唯王令南宫伐反虎方之年”《中方鼎》(集成 2751)

(7)“唯公太保来伐反尸（夷）年”《旅鼎》(集成 2728)

“征”：

(1)“鴻叔从王南征”《鴻叔鼎》(集成 2615)

(2)“王征楚”《冈刧卣》(集成 5383)

(3)“王征南尸（夷)”《无㠱簋》(集成 4225)

(4)“伯懋父以殷八师征东尸（夷)”《小臣謎簋》(集成 4239)

以上各辞中“伐”和“征”均表示以武力征服、讨伐敌方之义。施动者为周王朝一方，或称“王”，或周王某臣。“征”“伐”者敌方，多为叛乱，谋反者。从这些用法上看，“征”“伐”是同义词。

但是，这仅仅是部分辞句，“伐”在表示征讨、讨伐意义上，还有其他辞例，情况略有别于以上用法：

(1)“淮尸夷敢伐内国”《彔㦷卣》(集成 5420)

(2)“南淮尸（夷）遱、殳，内伐洭、昴、曑泉”《敔簋》(集成 4323)

(3)“玁狁放兴广伐京师”《多友鼎》(集成 2835)

(4)“驭方玁狁广伐西俞（隃)”《不㝬簋》(集成 4328)

(5)“癸未，戎伐筍（郇)”《多友鼎》(集成 2835)

(6)“鄂侯驭方率南淮尸（夷）东尸（夷）广伐南或（国)、东或(国)，至于历内”《禹鼎》(集成 2833)

例（1)“内国”指周的内地封国。例（2)“内伐”后之地为周地。例(4)“西俞”即“西隃”，指周的西部边域。例（3)(5）是同器铭，“京师”指西周京都，“筍”据《铭文选》释陕西郇邑，在泾渭之间，近镐京。[①] 例（6)“南国”“东国”“历内”均为西周疆土。由这些辞句可知动

① 马承源主编：《商周青铜器铭文选》第三册，第 284 页。

词义"伐"的施动者是敌方,是敌"伐"周,而"征"的施动者均为"我方"——西周,绝无敌方。所以在动词义的施、受关系上"征"与"伐"不完全相同。"伐"可以是"我方"伐敌方,也可以是敌方"伐""我方"(西周),而"征"只有"我方"(西周)征敌方的用法。

考察两周、秦汉传世文献,其中"征""伐"区别同上。"征"表示上讨下,此"上"在西周时代是周王一方,"下"为诸侯或其他族、国、臣下。而"伐"既可以是"上"伐"下",即周王方讨伐诸侯、方族,也可以是"下"讨伐"上",或诸侯国之间的相互讨伐。试比较:

"征":

(1)《国语·周语上》:"穆王将征犬戎"韦昭注:"征,正也,上讨下之称。"①

(2)《诗·小雅·采芑序》:"宣王南征也"孔颖达疏:"言征者,已伐而正其罪。"②

(3)《尚书·胤征》孔颖达疏:"奉责让之辞,伐不恭之罪,名之曰征。"③

"伐":

(1)《春秋·桓公十二年》:"郑师伐宋"孔颖达疏:"伐者,讨有罪之辞。"④

(2)《春秋·襄公十九年》:"公至自伐齐"孔颖达疏:"伐者,加兵之名。"⑤

(3)《孟子·告子下》:"是故天子讨而不伐"赵歧注:"伐者,敌国相征伐也。"⑥

---

① 徐元浩:《国语集解》,中华书局 2002 年版,第 1 页。

② 《毛诗正义》卷十,阮元校刻《十三经注疏》,中华书局 1980 年版,第 425 页。

③ 《尚书正义》卷七,阮元校刻《十三经注疏》,第 157 页。

④ 《春秋左传正义》卷七,阮元校刻《十三经注疏》,第 1756 页。

⑤ 《春秋左传正义》卷三十四,阮元校刻《十三经注疏》,第 1967 页。

⑥ 《孟子注疏》卷十二,阮元校刻《十三经注疏》,第 2759 页。

古代训诂材料将"征"释为"上讨下",而"伐"是"讨有罪"或"加兵之名",不一定是上讨下。这种用法是先秦时代的义位,后世之"征"词义又有了新的发展,"征"的施、受关系有了变化。在西周时期"征""伐"词义有共同和区别之处,不是同义,而是近义。

在西周器铭中,凡"征""伐"二义位出现于同一器铭者,总是"征"在前辞,"伐"在后辞,"征""伐"组合时,也是"征"在"伐"前。例如:

(1)"犾驭从王南征,伐楚荆"《犾驭簋》(集成3976)

(2)"虢仲以王南征,伐南淮尸(夷)"《虢仲盨盖》(集成4435)

(3)"王征南淮尸(夷),伐角溃,伐桐遹"《翏生盨》(集成4459)

(4)"唯周公于征伐东尸(夷)"《塑方鼎》(集成2739)

在词义组合关系上,"征""伐"还有词义搭配上的特点。"伐"前可以有"剗(撲)""韋(敦)""搏""束(刺)"一类词,这些词有"击""杀""击打""冲杀"之义,动作比较具体,词义与"伐"共现。"伐"有较为具体的动作含义,表示"讨伐"之义是由其动词义"击"引申而来的;尽管此引申义有"讨伐"之义,但其语义成分中仍遗存具体动作"击"的成分,所以"伐"强调以兵力击打敌方的讨伐。而"征"表示"讨伐"时,其前不连接"剗""韋""搏""束"类表示击打、冲杀的动词,而与表示出行、循行的"来(往)""遹"等词组合搭配,这一点从铭辞中看得出来,如晚商《小臣艅犀尊》(集成5990)"唯王来征人(夷)方",西周的《史墙盘》(集成10175)"遹征四方",此"遹"在本铭应释"循述"义。①"征"表示"讨伐"是从动词义"征行"引申过来的。

"征行"之"征"是指向目的地出行的动作,出行方向、目标可分析如下:

---

① 《诗·大雅·文王有声》:"匪棘其欲,遹追来孝。"郑玄笺:"乃述追王季勤孝之行,进其业也。"也有释作语气词的。

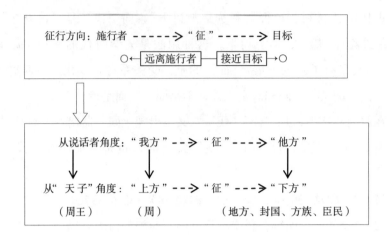

　　"征行"是从说话者所指的施行者一方向目标地行去，可以从语义认知上推演为从"我方"到"他方"，从"上方"到"下方"这样的行去方向。这是"征行"义的行为特征，引申为"征伐"之义，"征行"的语义成分仍遗存于词义之中，并转化为"上方"出行对"下方"讨伐。从上面的分析可以列出"征""伐"二词义的语义构成和语义特征要素：

　　"征"：

　　[征讨]{[行为] + [施动]〈[周王一方] / [上]〉+ [受事]〈[诸侯、臣民、方族] / [下]〉+ [行去]〈[方式]〉}

　　"伐"：

　　[讨伐]{[行为] + [施动]〈[王、诸侯、臣下、方族] / [上或下]〉+ [受事]〈[王、诸侯、臣下、方族] / [上或下]〉+ [击]〈[方式]〉}

　　在"征""伐"二词组合次序上，"征"总在"伐"前。传世文献语言中亦如此，例如：

　　（1）《诗·小雅·采芑》："显允方叔，征伐玁狁。"①

　　（2）《国语·齐语》："（桓公）遂南征伐楚……"②

　　（3）《尚书·武成》："王朝步自周，于征伐商。"③

---

① 《毛诗正义》卷十，阮元校刻《十三经注疏》，第 426 页。

② 徐元诰：《国语集解》，第 233 页。

③ 《尚书正义》卷十一，阮元校刻《十三经注疏》，第 184 页。

从"征""伐"词义构成和特征要素来看，"伐"动作行为较"征"更具体，侧重"击打"的方面，"征"侧重"征行、前往"的行为，在句子语义组合关系上，讨伐应当是先征行、前往而至目标之地打击敌方。这正是语义组合在认知上所反映的次序关系。

分析词义组合类聚，可以看出"征""伐"虽有相似之处，但区别也明显，只能算是一对近义词。此例用以表明，考察器铭词义组合类聚有助于分辨词义关系，理析义位的语义结构、语义特征要素，便于分析其义域、分布和搭配关系。

个体词义的类聚乃至义位的类聚都与词义组合关系相关联，义位就是在词义组合关系上呈现出的最小词义单位，也就是某词的词义聚合的类别单位。理清词汇的词义聚合单位，分析词义（义位）之间的关联性，无疑是探究金文词义结构系统性的基础。

第三章　赐休词义组合类聚的主要义位

第一节　赐休词义组合类聚概述

赐休类铭辞（CX 铭辞）数量众多，在西周器铭中占有重要地位。其辞句居于篇铭中部，文例编排富有变化。

"赐休"指的是上级（周王、王室贵族、诸侯重臣等）对下级臣属予以赏赐或馈赠。词语组合格式为"某（上级，或省略）＋赏赐类动词＋某（下级，或省略）＋所赐物品"，如西周早期《德鼎》铭（集成 2405）"王赐德贝廿朋"，《伯唐父鼎》铭（近出 356）"赐矩（秬）鬯一卣、贝廿朋"，西周中期恭王世《七年趞曹鼎》铭（集成 2783）则有"赐趞曹载（缁）市（韍）、冋黄（衡）、銮"。或者为"某（下级）＋赏赐类动词＋所赐物品"格式，此为受赐对象前置式，如西周早期《小臣夌鼎》铭（集成 2775）有"小臣夌赐贝、赐马两"。

按主题义类划分，赐休类词语组合有赐"贝朋"，赐"金"（铜），赐"布"（布货），赐马匹，赐彝器，赐"秬鬯"，赐裸、圭、瓒、璋，赐"玉毂"，命赐衣、服，赐车马，赐甲胄、兵戈、弓矢，赐銮旂、鋚勒，赐臣、妾、鬲人，赐土田，赐牲，赐帛束等（还有一种特殊的赐休铭辞——赐眉寿、永命、鲁休、霝终等，实属祝嘏类铭辞）。在这些词语组合中，赐休类动词义位和所赐物品义位，以及义位组合分布特征是我们考察、分析的重点。

一、赐休类动词义位

赐休类动词以"赐"最常用。西周时尚无"赐"字，用"易"字表示，义为赏赐，有时也用"睗"（𧬜）字表示。典籍则常以"锡"字用作"赐"。其义位的义域较广，分布于西周各期器铭中。其次是"赏"，用"赏""商""賞""𧶠"等字形表示。

除此二义位外，还使用"命""休""贶"（用"兄"或"光"字表示）"归（馈）""舍""儕（齎）""爵（劳）""畁"（用"奥"或"毗"字表示）"𡩜/宝（胙）""受""赉""叀（惠）"等。根据义位出现、分布情况和义域的宽窄，把赐休动词义位分为四种：

一是"赐"，常用核心动词义位，义域较宽；

二是常用义位"赏"、次常用义位"贶"、非常用义位"宝""赉"，"赏"的义域比"赐"狭窄，"贶""宝"较窄；

三是由于受义位"赐"影响产生变义而含有赐休语义成分的义位——"命""休""叀（惠）"；

四是边缘义位，在西周器铭中出现不多。

（一）赐休动词义位中的核心义位"赐"

"赐"，在西周器铭中出现约 350 次，分布于西周早、中、晚各期，是赐休类动词义位中使用最频繁的一个。

"赐"的施事有周王、诸侯、公卿、重臣、贵族等，与事多为周王以下贵族、各级官员。

周王"赐"臣下，如：

（1）"王赐德贝廿朋"《德方鼎》（集成 2661）

（2）"王赐珂赤市（韍）朋亢（衡）、銮旂"《何簋》（集成 4202）

公卿、诸侯、贵族"赐"臣下，如：

（3）"侯赐中贝三朋"《中作且癸鼎》（集成 2458）

（4）"匽（燕）侯赐圉贝"《圉方鼎》（集成 2505）

（5）"公赐旂仆"《旂鼎》（集成 2670）

（6）"辛宫赐舍（舍）父帛、金"《舍父鼎》（集成 2629）

（7）"孟狂父休于孟员，赐贝十朋"《孟员鼎》（铭图 02186）

施事和与事是相对的上下级关系。"赐"涵盖较广，义域遍及各种物品类别，有贝朋、金、吕、丝束、衣服、车舆、马匹、銮旗、甲胄、兵戈、弓矢、臣仆、鬲人、土田等。

（二）常用义位"赏"、次常用和非常用义位

1．"赏"

"赏"与"赐"是同义词，但出现次数少于"赐"，目前所见西周器铭有 50 例。"赏"的义域略别于"赐"。虽然施事与"赐"大致相同，但在某些场景不用"赏"，而用"赐"，如"命服"场景即是。且"赏"绝大多数分布于西周早期器铭，多以"商"字借表"赏"，如：

（1）"王商（赏）臣高贝十朋"《臣高鼎》（近出 335）

（2）"姜商（赏）令贝十朋、臣十家、鬲百人"《作册夨令簋》（集成 4300）

（3）"商（赏）小臣丰贝"《小臣丰卣》（集成 5352）

有时用本字"赏"，如：

（4）"侯赏复贝三朋"《复鼎》（集成 2507）

（5）"伯屖父蔑御史竞历，赏金"《御史竞簋》（集成 4134）

（6）"公太保赏御正良贝"《御正良爵》（集成 9103）

"赏"字，从贝尚声，商代已造出，不过商器铭中使用较少，多以"商"字借表之。"赏"在西周早期器铭中大量使用。

2．"贶"

西周金文未见"贶"字，而写作"𤕐"（兄）、"𤉐"（貺）、"光"，多用"兄"字表示。"贶"大概是后造本字。"贶"有赏赐之义，《尔雅·释诂》："贶，赐也。"在先秦典籍文献里，"贶"的施事与受事关系有上级"贶"下级者，如《国语·鲁语下》："君之所以贶使臣，臣敢不拜贶。"而不只有赏赐义，也有下级"贶"上级者，如《左传·隐公十一年》："君若辱贶寡人，则愿以滕君为请。"此有恩惠赠送的意思。但是西周器铭中"贶"仅见表示上"贶"下者，约 20 铭例，含有惠赐之义。如：

（1）"王令太史兄（贶）福土"《中方鼎》（集成2785）

（2）"王令保及殷东或（国）五侯，征兄（贶）六品"《保尊》（集成6003）

（3）"周师光（贶）守宫"《守宫盘》（集成10168）

根据这种施受关系和出现的频次，将"贶"列入赐休类次常用动词义位。

3. "宙"（胙）

西周金文用"**宙**"（宙）、"**窜**"（窜）二字表示"胙"，有赏赐之义。例如：

（1）"刿辛伯蔑乃子克历，宙（胙）丝五十孚（锊）"《乃子克鼎》（集成2712）

（2）"兮公窜（胙）盂毆束、贝十朋"《盂卣》（集成5399）

唐兰《史征》认为"宙"本训"除"，即"胙"，在器铭中借为"胙"，表示赏赐。① 典籍中"胙"训"赐"。如《国语·齐语》："反胙于绛"注："胙，赐也。"即此义。

《作册大方鼎》铭（集成2758）有"公赏作册大白马，大扬皇天尹大（太）保宙"，格式与殷器《小子省卣》（集成5394）之"子商（赏）小子省贝五朋，省扬君商（赏）"相类。"宙"（胙）有赐休之义。但在西周器铭中"宙""窜"表示"胙"出现次数并不多，为非常用的赐休动词义位。

4. "赉"

《敔簋》（集成4323）铭曰：

"王蔑敔历，事（使）尹氏受赘（赉）敔：圭、鬲（瓒）、恝贝五十朋……"

《说文·贝部》"赉"训"赐"。传世典籍中"赉"为赏赐之义，如今文《尚书·文侯之命》："用赉尔秬鬯一卣。"《诗·商颂·烈祖》："既载清酤，赉我思成。"毛传："赉，赐也。""赉"常与其他赏赐类动词连语，如

---

① 见唐兰《西周青铜器铭文分代史征》，中华书局1986年版，第138页。

《敔簋》铭中"受""赍"连语，"受"即"授"，授予之义。从使用情况来看，"赍"在西周器铭中是非常用的动词义位。

（三）由赐休动词义位影响的义位

1."命"

殷商西周时代"命""令"同字，本义是使令，"命"又表示册命和命职。器铭中"命"含有命赐之义，例如：

（1）"楷伯令（命）厥臣献金车"《献簋》（集成4205）

（2）"益公……令（命）金车、旂"《倗伯再簋》（铭图05208）

2例"命"有明显的命赐之义。

在册命、命职语境中"命"有时表示命赐的意思。西周实行册命制，器铭将当时册命仪式过程记录下来，册命礼中通常伴随赏赐，表现在铭辞上，册命动词"命"与赐休动词"赐"经常组合，其通例是前辞出现"册命"词语，后辞出现"赐"引导的动宾词组，即册命赐臣下秬鬯、衣、服、车舆、马匹、銮勒、銮旂等，形成"册命某人……赐某人……"或"命某人……赐某人……"格式。大概是由于在册命、命职语境中"命""赐"经常、习惯地相连出现，"命"则有"赐"，有时省略"赐"而以"命"表示命赐义。

2."休"

"休"在西周器铭中有时表示"赐"义，可单用，亦可与"易"（赐）连用。单用时其后多跟由介词"于"引出的赐休与事对象，例如：

（1）"遣叔休于小臣贝三朋、臣三家"《易旁簋》（集成4042）

（2）"匽（召）公龏匽（燕），休于小臣𪐴贝五朋"《小臣𪐴鼎》（集成2556）

"休"与"赐"连用则后面通常不跟介词"于"，如：

（3）"妞（姒）休赐厥濒事（史）贝"《濒史𪉟》（集成643）

（4）"王休赐厥臣父荣瞏（瓒）、王羣（祼）、贝百朋"《荣作周公簋》（集成4121）

（5）"王祉太保，赐休余土"《大保簋》（集成4140）

（6）"王乎（呼）作册尹赐休幺（玄）衣黹屯（纯）、赤市（韨）、朱黄（衡）"《走马休盘》（集成10170）

"休"在西周时期的常用义有"善、好"和"荫庇、庇佑"（裘锡圭先生以为《诗·商颂·长发》"何天之休"的"休"释"庇佑"为宜）。上举铭辞中"休"有赏赐的意思，由于"休"常与"赐""赏"连用受其影响而形成变义。又如：

（7）"侯休于耳，赐臣十家"《耳尊》（集成6007）

（8）"王赐公贝五十朋，公赐厥𦵸子效王休贝廿朋"《效卣》（集成5433）

（9）"余赐帛、賣贝，蔑汝王休二朋"《仆麻卣》（铭图13309）

"休"表示"对某人施恩惠之善"，后接"赐"某人某物这类动宾结构，器铭中"休……"与"赐……"连用已是比较固定的用法，又常有"赐休"连语，使"休"含有"赐"义。当"休"单独使用时径直表示赏赐之义，如上举例（1）（2）即是。

3."𢝱"（惠）

金文"𢝱"字即"惠"，《说文》："惠，仁也。"用为动词则表示施予恩惠之义。器铭中"𢝱"（惠）也表示惠赐，是受动词"赐"影响而形成的变义，《五年召伯虎簋》铭（集成4292）有："余𢝱（惠）于君氏大章（璋）"，目前仅见此例。

（四）处于赐休动词义位类别中的边缘义位

1."舍"

"舍"在上古时期有"发放""布施""施予"等常用义，也写作"捨"。在西周器铭中表示上级对下级的施予、给予之义，与"赏""赐"属同类动词义位。例如，《九年卫鼎》铭（集成2831）记述了眉敖者膚卓使觐见周王（恭王）与周王"大𩰫（致）"盛意而致赐之事，其中"舍矩姜帛三两""舍裘卫林𩾍里""舍颜陈大马两""舍颜始（姒）虞爯"等句中，"舍"表示"给予"。从施、受关系看应是上对下的赐予，但在语气上比"赐""赏"要弱些。另有《令鼎》铭（集成2803）记述周王言诺于

"令""奋"二人："乃克至，余其舍汝臣十家。"此"舍"有赏予义，但非礼仪上例行的赏赐。再看《五祀卫鼎》辞（集成2832）前段记"卫"引述"厉"的话："余舍汝田五田"，后辞"正"问"厉"曰："汝贮田不？"二辞相对应。在"正"这一方用"贮"，有交换之义，在"厉"这一方用"舍"，是给予、交付之义。"舍"偏重于"施予、给予"，不一定都是上级对下级的赏赐，即使用于上对下的施受，赏赐的语气也比较弱。因此，"舍"处于上对下关系和非上对下关系的变动之间，处于赐休类动词义位的边缘地带。

2. "歸"

金文"歸"字，也写作"㱕"，表示"馈"，赠送。《广雅·释诂三》："歸，遗也。"王念孙《疏证》："歸，亦馈也。"《仪礼·聘礼》："君使卿韦弁歸饔饩五牢。"郑玄注："今文'歸'或为'馈'。""歸"表示"馈"常见于传世文献，如《诗·邶风·静女》："自牧歸荑，洵美且异。"即是。今所见西周器铭"歸"表"馈"者，施事为周王或公卿：

（1）"王令士衛㱕（馈）貉子鹿三"《貉子卣》（集成5409）

（2）"公命亢㱕（馈）羡亚贝五十朋"《亢鼎》（新收1439）

（3）"王命仲㹬㱕（馈）乖伯鼗（魖）裘"《乖伯归夆簋》（集成4331）

从"歸"的施受关系看，虽然是上对下，但赏赐语气较为薄弱，更偏重于馈赠、赠送。先秦典籍中"歸"（馈）字亦有赠送之义，施受关系并非专指上对下。因此可认为"歸"（馈）处于赐休义位的边缘。

3. "畀"

"畀"义为"付与"，西周金文写作"奥"，见西周早期《中方鼎》（集成2785）铭：

（1）"兄（贶）畀汝禧土"

另有西周早期《柞伯簋》铭（近出486）：

（2）"王则畀柞伯赤金十反（钣）"

偶尔以"毗"字借之，见于《小臣鼎》铭（集成2678）：

（3）"宓伯于成周休毗（畀）小臣金"

从"畀"的用法来看，是上对下的付与，比赏赐语气弱，出现次数较少。

4."致"

"致"在古代典籍中有"送致、致赐"之义，如《汉书·武帝纪》："其遣谒者巡行天下，存问致赐。"《说文》谓"致"的本义为"送诣"，即送致。金文写作"臸"，在器铭中亦有表示"送致"之义，后接与事者和物品，如：

（1）"王命仲臸歸（馈）乖伯繴（鼬）裘"《乖伯归夆簋》（集成4331）

（2）"眉敖者膚卓吏（使）见于王，王大鬺（致）"《九年卫鼎》（集成2831）

例（1），马承源主编《铭文选》将"臸"释为"致赐"。① 例（2）中"鬺"，《铭文选》认为是"致"的假借字，释"致赐"，此铭是说周王盛意存问致赐来见之使。②

此外，边缘义位还有"赍（齎）""劳""赠"等。

"赍（齎）"金文写作"儕"，见于西周晚期《五年师旋簋》（集成4216），铭曰："儕（赍）汝千易（锡）夆（簦）、盾生皇画内、戈琱戚、弜（厚）必（柲）、彤沙（绥）"。马承源主编的《铭文选》释"儕"为"齎"，与"赐"同，③ 从其说。《晋侯苏钟 B 丙》铭（铭图15308）有"王窥（亲）儕（赍）晋侯苏瞖（秬）鬯一卣"。"齎"又写作"劑"见于《麦方尊》（集成6015）："劑（赍）用王乘车马、金勒、门衣市（袚）、舄"。"赍"，《说文·贝部》训"持遗"，指的是持物予人，先秦典籍可见此义。在赏赐的语气上较弱，应视为边缘义位。

"劳"，金文用"𤔲"（爵）字表示，义如赏赐，《叔夨鼎》铭（铭图

① 马承源主编：《商周青铜器铭文选》第三册，第 140 页。

② 马承源主编：《商周青铜器铭文选》第三册，第 137 页。

③ 马承源主编：《商周青铜器铭文选》第三册，第 187 页。

02419）曰："王乎（呼）殷厥士，爵（劳）弔（叔）矢以份、衣、车、马、贝卅朋……"（见图版4）。"劳"义偏重于"慰劳"，慰劳中又有所赏赐，所以也属于赐休类动词义位中的边缘义位。

"赠"在西周器铭中用"曾"字表示，义为惠赠，见《匍盉》铭（近出943）"曾（赠）匍于東廛奉韦两，赤金一勻（钧）"，当视为边缘义位。

以上是赐休类动词义位的四种情况。从这类动词义位形成的聚合系统来看，各义位在系统中的地位、分布是有差别的，可将这种差别列表如下：

表2　器铭中赐休动词义位的使用和地位

义位使用和地位	铭文中常用义位			铭文中次常用和非常用义位	
	主要常用义位	核心常用义位	核心义位影响变义位	次要、次常用和非常用义位	边缘义位非常用义位
义位	赏	赐	休、命	冓（惠）	覎、宣（胙）赍	舍、致、赍、畀、歸（馈）、赠、劳

在这一聚合系统中，义位分布的主要特点有两个：一是核心义位只有一个"赐"，主要常用义位少，而次要的非常用义位较多，边缘义位最多；二是义位分布的位置是分层次的。如果将西周器铭赐休类动词义位聚合系统看作一个相对封闭的系统，那么，此系统可被描写为一个圆形分层的义位分布图：

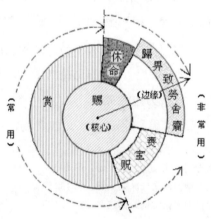

二、所赐物品词义组合类聚

西周器铭中表示赐休物品的词义形成了庞大的组合类聚，这种词义组合类聚关系虽然较为复杂，但系统性、规则性强，直接反映了西周时代一部分名物真实情况，因此是我们研究的一个重点。

通常情况下，赐休动词后跟有表示所赐物品、土地或人鬲等词语。在词义的出现和组合关系上，有的是单一名词，指称某物品，如《麦盉》铭（集成 9451）："侯赐麦金"，有的是多个名词组合，如《冉簋》铭（近出 485）中有"赐贝卅朋、马四匹"。还有"赐休动词＋名词（物品 1）＋赐休动词＋名词（物品 2）"格式，如《作册折觥》铭（集成 9303）："赐金，赐臣"。

考察所赐物品的词义组合类聚，可以系统地认知其词义关系——对于单独出现的词义，不能孤立看待，而是放到相关词语的组合类聚关系中进行比较和分析。

例如，《麦盉》铭有"赐麦金"，《望父甲爵》铭（集成 9094）有"公赐望贝"，《荣作周公簋》铭有"王休赐厥臣父荣瓒（瓒）、王鬃（裸）、贝百朋"。三器均在西周早期，将其"金""贝""瓒（瓒）"置于其他有"金""贝""瓒（瓒）"词义组合类聚的一系列铭辞中去比照，可知"金""贝"总是位于"瓒（瓒）"后出现；而"金""贝"连接组合情况则较少见，仅有《矞鼎》铭（集成 2749）"侯赐矞贝、金"，《士山盘》铭（新收 1555）"宾（侯）贝、金"，《丰卣》铭（集成 5403）"大矩赐金、贝"三铭，且"贝""金"位置不固定。"瓒（瓒）"极少单独出现（见《荣作周公簋》铭），通常与"璋""卣"等组合，或配以"贝"，或与"金"一起作为赏赐物品。"瓒（瓒）"与"章（璋）""卣"有固定组合关系，形成了一组词义组合类聚。在这种赏赐的物品词义组合类聚中，不仅可以辨识单个词义的指称，还可以认识词义组合所反映的物品排列次序，了解赐休制度中赏赐物品的惯例或程序，从而可以确定西周时期赐休礼中人们通常的认知情况。

所赐物品词义的出现，或为单一词义，或为多个词义组合，形成互补关系。各类"赐休"物品词义共同构成了其组合类聚的整体，需对各类词义及其组合、聚合关系进行考察。这两种考察并行不悖：一方面有必要弄清哪些词义单独出现，哪些词义只在组合中出现，哪些词义既可单独出现又可与其他词义组合出现等；另一方面，划分出不同类别的义位，看义位之间的指称关系如何。因此，这样的考察，不是把词义看成孤立的现象，而是放到词义组合与聚合交织的系统中，看义位之间的关联性，看义位关联所反映概念或事物的关系如何。把考察词义出现、组合情况与考察其义位之间的指称关系结合起来，用这种方法把"赐休"物品词义组合类聚划分为如下几种情况。

（一）在所赐物品词义中，"贝""金""马"是单独出现较多的词义，在铭文中仅作"赐/赏贝""赐/赏金""赐/赏马"，即其名词义的前后均无限定、修饰或指代词出现。"贝"单独出现的情况最多，应是西周时期上级对下级赐赏的最普遍之物。有些铭文交代了赐贝原因或背景，有些则没有，铭文简短可以不述及繁杂的礼仪内容。所赐之"金"出现也比较多，仅次于"贝"，在铭文中单独出现时也存在交代赏赐原因和不交代原因两种情况，似不涉及严格的礼仪。"马"亦如此。由此推知"贝""金""马"大概是西周时常用的赏赐之物，赏赐比较随意。

（二）除"贝""金""马"外，其他所赐物品词义单独出现者较少，如西周早期《典尊》铭（新收1608）"□令小臣丰赐典"，西周中期《达盨盖》铭（近出506）"赐达驹"，《癲钟》铭（集成247）"赐佩"等都属于这种情况。往往是单独出现，前无限定、修饰词，后无数量词或其他成分补充，指称单一。另有同铭之中出现多个赏赐动词，每一赏赐动词后出现单独物品词义的情况。如西周早期《作册折觥》铭"赐金，赐臣"两个赏赐动词后分别出现单独的"金""臣"。又如西周中期《次尊》铭（集成5994）"赐马、赐裘"等。

（三）所赐物品词义较少单独出现，而绝大多数为组合形式，其组合类聚情况细分为如下几种：

1. 出现指称一种物品的词义，并有其他词语限定、修饰或补充。

a. 前接修饰、限定性词语，格式为"赐/赏……+某人（或省）+限定、修饰性词语+某物品（或田土、人臣等）"，例如：

"赐鲜吉金"《鲜钟》（集成 143）/"赐赤金"《㕚尊》（集成 6008）/"赏作册大白马"《作册大方鼎》（集成 2758）/"赐殷大具"《殷鼎》（新收 1446）/"赐保员金车"《保员簋》（近出 484）/"赏辛事（吏）秦金"《伊器》（集成 10582）/"赐汝鋚旂"《恒簋盖》（集成 4199）/"赐汝金勒"《师瘨簋盖》（集成 4284）/"赐赤市（韨）"《师毛父簋》（集成 4196）/"赐玄琱戈"《麦方尊》（集成 6015）/"赐成此钟"《成钟》（新收 1461）/"赐太师虘虎裘"《大师虘簋》（集成 4251）等。

b. 后接数词、单位词（量词）或其他词语等补充，格式为"赐/赏……+某人（或省）+某物品（或田土、人臣等）+数词、单位词/量词（或其他补充内容）等"，例如："赐中贝三朋"《中鼎》（集成 2458）/"赐德贝廿朋"《德鼎》（集成 2405）/"赐鸣士卿贝朋"《鸣士卿父戊尊》（集成 5985）/"赐牛三"《友簋》（集成 4194）/"赏御正卫马匹"《御正卫簋》（集成 4044）/"赐金百锊"《禽簋》（集成 4041）/"赐效父吕（铝）三"《效父簋》（集成 3822）/"赐公姞鱼三百"《公姞鬲》（集成 753）/"赐臣十家"《耳尊》（集成 6007）/"赐伯克仆卅夫"《伯克壶》（集成 9725）/"赐臣三：州人、重人、墉（鄘）人"①《荣作周公簋》（集成 4241）/"赏毕土方五十里"《召圜器》（集成 10360）等。

c. 前有修饰、限定性词语，后有数词、单位词/量词（或其他补充内容），格式为"赐/赏…+某人（或省）+修饰、限定性词语+某物品（或田土、人臣等）+数词、单位词/量词（或其他补充内容）等"，例如：

"赐鄂（粤）白金十匀（钧）"《鄂钟》（集成 48）/"赐白金钧"《荣仲方鼎》（新收 1567）/"畀柞伯赤金十反（钣）"《柞伯簋》（近出 486）/"赐臣卫宋册贝四朋"《臣卫父辛尊》（集成 5987）/"赐汝尸（夷）臣十家"《麤

---

① 此《荣簋》铭中"州人""重人""鄘人"，从语义内容看虽然是所赐"臣"的三个组成部分，但从格式来看是对"臣三"的补充解释。

簋》（集成 4215）/"赐宀季姬畈臣于空桑"《季姬尊》（新收 364）等。

以上三种情况中，a 限定、修饰性词语在前，多表示所赐物品的形制、特征、类别或人臣类别等。从 a 可知西周器铭有众多"所赐物品＋数字"或"所赐物品＋数字＋单位词/量词"的格式，表示物品数量、单位通常在其中心语词之后。这种语序与殷商甲骨卜辞语序大体一致。有些物品有数量单位词（量词），如"马"的单位词是"匹""乘"，"金"的单位词是"钣""钧""锊"，"贝"的单位词是"朋"，"田"的单位词是"田"，"土"的单位词是"里"，某类属从人员的单位词为"夫"，"臣"的单位词为"家"，"邕"的单位词为"卣"，"玉"的单位词为"品""瑴"，等等。有些物品则未见其数量单位词（量词），如"鱼""鼎""爵"。

b 补充的词义在后，多为赏赐物品的数量。也有补充赏赐物品专名者，如《盠驹尊盖》（集成 6012）中所赐之驹名为"驹勇雷雅子"。c 前有修饰、限定性词语，后有表示数量的词义，是 a 与 b 的结合。

2. 有多个指称（物品）的词义组合，指称不同类别的物品，形成句内词义组合关系。表物品的词义位于赏赐动词之后，大致有如下几种组合情况。

a."赐/赏…＋某人（或省）＋物品1类、物品2类……"格式，例如："赐丰金、贝"《丰卣》（集成 5403）/"赏卣邕、贝"《士上尊》（集成 5999）/"赐亢师邕、金、小牛"《矢令方尊》（集成 6016）/"赐舍父帛、金"《舍父鼎》（集成 2629）/"赐吕秬三卣、贝卅朋"《吕方鼎》（集成 2754）/"小子生赐金、鬱邕"《小子生尊》（集成 6001）/"赏叔鬱邕、白金、雏牛"《叔簋》（集成 4132）/"赐玉五瑴、马四匹、矢三千"《应侯见工簋》（新收 78）/"赐驭方玉五瑴，马四匹，矢五束"《噩侯鼎》（集成 2810）/"赐玉五品，马四匹"《尹姞鬲》（集成 754）/"赐弔德臣嫊十人、贝十朋、羊百"《叔德簋》（集成 3942）/"赐汝马乘、钟五、金"《公臣簋》（集成 4184）/"赐汝赤⊛市（韍）、銮旂"《利鼎》（集成 2804）/"赐戠（織）衣、銮"《免簋》（集成 4626）/"赐同金车、弓矢"《同卣》（集成 5398）等；

b."赐/赏……＋某人（或省）＋物品1类＋赐/赏……＋某人（或省）＋物品2类"格式，例如：

"小臣夌赐贝、赐马丙（两）"《小臣夌鼎》（集成2775）/"赐马，赐裘"《次卣》（集成5405）/"赐金，赐臣"《作册折尊》（集成6002）/"赐遣采曰赻，赐贝五朋"《遣卣》（集成5402）/"赐于斌（武）王作臣，今兄（贶）畀汝褔土，作乃采"《中方鼎》（集成2785）等。

3.出现多个词义，形成句内的词义组合关系。有多个指称，为同类属物品序列。格式为"赐/赏……＋物品1类之一、物品1类之二……"或"赐/赏……＋物品1类之一＋赐/赏……＋物品1类之二……"。例如：

"赐羔俎……赐豙俎"《三年瘽壶》（集成9726）/"赐錫（鏄）、羍（骍）、犁（牭）"《大簋》（集成4165）/"赐盛弓、象弭、矢箙、彤欮"《师汤父鼎》（集成2780）/"赐弓、矢、虎盧、九（尐）、胄、冊、殳"《十五年趞曹鼎》（集成2784）/"王令赏盂□□□□□弓一、矢百、画蔽（皋）一、贝胄一、金冊一、戚戈二……"《小盂鼎》（集成2839）等。

4.在多个词义形成的句内组合中，有多个指称构成整体与局部关系，局部与局部关系。或为同一物品构成整体与附件、饰件关系。例如：

"赐夨玄衣、朱襮衮（袣）"《夨方鼎》（集成2789）/"赐哉（纖）衣、赤⊗市（韨）"《卻智簋》（集成4197）/"赐免載（缁）市（韨）、冋黄（衡）"《免尊》（集成6006）/"赐汝幺（玄）衮衣、赤舄"《蔡簋》（集成4340）/"赐铃、勒"《班簋》（集成4341）/"赐市（韨）、朱黄（衡）"《殷簋》（铭图05305）/"赐兮甲马四匹、驹车"《兮甲盘》（集成10174）/"赐克佃（田）车、马乘"《克钟》（集成206-6）等。

上例《夨方鼎》铭"朱襮（襮）袣衣"指朱色交衽之领，是玄衣的一部分。《卻智簋》铭"哉（纖）衣"与"赤⊗市（韨）"均为命服的组成部分，《免尊》《蔡簋》《殷簋》也属此类情况。《班簋》铭之"铃、勒"是属车马佩饰和附件。《兮甲盘》铭之"马四匹"与"驹车"组成车马整体，《克钟》也属此类。

5. 上述 2、3、4 三种情况的结合为综合式，例如：

"赐汝秬鬯一卣，玄衮衣、幽夫（韨）、赤舄、驹车、画呻（绅）、帱
爻（较）、虎帷冟（幂）袻里幽、銮勒、旂五旂、彤弓、彤矢、旅弓、旅
矢、尒戈、虢（皋）胄"《伯晨鼎》（集成 2816）

"赐汝鬯一卣，冂、衣、市（韨）、舄、车、马，赐乃祖南公旂，用
狩，赐汝邦司四伯，人鬲自驭至于庶人六百又五十又九夫，赐尸（夷）司
王臣十又三伯，人鬲千又五十夫"《大盂鼎》（集成 2837）

"赐汝叔（素）市（韨）、参冋（绅）、苇心（恩），赐汝田于埜，赐
汝田于渒，赐汝丼寓（宇）斁，田于㪣（峻）吕（与）厥臣妾，赐汝田
于康，赐汝田于匽，赐汝田于陴原，赐汝田于寒山，赐汝史、小臣、霝
（霝）龠（和）鼓钟，赐汝丼、微、㪣人，敤赐汝丼人奔于量（量）"《大
克鼎》（集成 2836）等。

在组合关系上，各类"赐休"物品词义有比较固定的排序。通观器
铭，赐休物品词义排序大致为：先"秬鬯"或"鬯"，再"裸""圭""瑹
（瓒）"和玉宝，其后"衣服"类，再"车""马"类及其组件、附件、饰
件，列銮旗、弓矢等，其中或多少有所省简，但次序大致不变。如果从
辞句语义组合，或铭文段落语义组合来观察，可以看到这种句内词义组
合关系受铭文篇章语义的组合义类制约，如从赐"秬鬯""鄸（裸）"到
"圭""瑹（瓒）"，再到"衣服""车马""銮旗""甲、胄、弓矢、戈"等，
受"册命"仪式内容制约，"册命"有固定的赐鬯、命服程序。

有些词义类别的组合大体上有一定次序，但其间稍有变化。如《应
侯见工钟》铭"弓""矢"在前，"马匹"居后，但《应侯见工簋》《噩侯
鼎》铭是"马匹"在前，"矢"在后。《卯簋盖》《敔簋》等铭"田"位于
"瑹（瓒）""章（璋）""圭"之后。从组合分布来看，"弓""矢""马匹"
以及土田类总位于"秬鬯""裸""圭""璋""瓒"以及玉类之后。

（四）器铭赐休物品词义的组合类聚反映了西周时代人们对于赐休物
品关系的认知。从词义组合关系可以看出所赐物品词义的出现及其组合分
布，对这类词义系统进行研究，既包括分析、描写和分类，也包括解释。

"赐休"物品词义的组合关系和排序，有些可以从句子语义中得以解释，例如同类、同类属的排序，同类整体与局部、局部与局部，整体与附件、饰件的关系，都可以在句内解释。但是不同类属的排序现象，常常要到更大的语义组合环境（句组、段落或铭文篇章）中去解释，如"赐鬯""赐玉品""赐衣服""赐车马"等，其组合排序需要从铭文篇章语义关系中解释。

第二节　赐鬯裸玉

西周时代，周王、诸侯国君和贵族经常举行裸礼，以鬯酒祭祀降神，或赏赉功臣、宴饮宾客。《尚书·洛诰》记"王入太室裸。"是说周王至太室进行裸祭。《周礼·春官·典瑞》讲道："裸圭有瓒，以肆先王、以裸宾客。"指祭礼先王，并以酒醴敬致来宾。"裸"又用于赏赐臣属。西周器铭多有赏赐裸酒、裸玉之辞，这类赏赐以"裸"为中心义位，围绕"裸"，形成"裸"器、玉品类的词义组合类聚。

一、赐休"鬯""裸玉"义位

1. "裸"

《说文·示部》谓："裸，灌祭也。"先秦传世文献中起初以"果"字借作"裸"，后用形声字"裸"表示，《论语》《大戴礼记》等用"灌"字表示（见王国维《观堂集林·再与林博士论〈洛诰书〉》）。"裸"字即后来的"灌"，西周金文写作"斝""曼""斁""彝"等形，在用字方面有时代差异，但表示的是同一词。"裸"的本义指以鬯酒祭祀神祇，引申为以鬯酒来敬宾或用以赏赐功臣之义。西周器铭中"赐休"之"裸"是指后一义。《周礼·春官·典瑞》郑玄注："爵行曰裸"，指的正是饮酒奉爵、行觞的礼仪，用以赐臣属、敬客宾。《礼记·投壶》有"赐灌"郑玄注："灌犹饮也。言'赐灌'者，服而为尊敬辞也。"此为投壶礼中一项饮酒娱乐的敬祈规则。

　　与此不同，西周器铭中"赐裸（灌）"是周王、诸侯国君或诸公卿赏赐臣属的礼仪，但是从表层语义看，都有赐酌、饮酒的意思，即所谓"赐饮"。器铭中"赐裸"，施事有"王"、某尹、某公等，受事为施事之臣属，是上级对下级的赐休活动。"赐裸"见于《荣作周公簋》《庚嬴鼎》《史兽鼎》《毛公鼎》等铭。

　　2．"鬯""秬鬯"

　　"鬯"指鬯草合黑黍酿成的香酒，为宗庙祀祭之用，或以鬯"赐饮"臣属。周代以鬯酒作"裸"礼用酒。《说文·鬯部》："鬯，以秬酿郁草，芬芳攸服，以降神也。"徐锴《系传》谓："周人尚臭，灌用郁鬯。"指出周代时尚香气，裸礼以灌用郁鬯香酒。传世文献记述了裸礼用鬯的情况，《礼记·礼器》云："诸侯相庙，灌用郁鬯，无笾豆之荐。""裸"礼用鬯酒也适于赏赐功臣、敬宾场合，如《礼记·郊特牲》谓："诸侯为宾，灌用郁鬯。"

　　西周器铭"赐裸"多以"鬯"或"秬鬯"为之，如赐"鬯"：

　　（1）"小子生赐金、鬱鬯"《小子生尊》（集成6001）

　　（2）"明公赐亢师鬯"《矢令方尊》（集成6016）

　　（3）"吕赐鬯一卣"《吕壶盖》（新收1894）

　　"秬"是黑黍，"秬鬯"指用黑黍酿成的鬯酒。传世文献记载"秬鬯"赐裸之事。如《诗·大雅·江汉》"秬鬯一卣"郑玄笺："王赐召虎以鬯酒一罇。"《尚书·文侯之命》："平王锡晋文侯秬鬯圭瓒。""秬鬯"与"鬯"指称一致，一为双音词，一为单音词。

　　"赐秬鬯"见《伯唐父鼎》（近出356）、《伯晨鼎》（集成2816）、《卅三年逨鼎》（铭图02501）、《吴方彝盖》（集成9898）、《彔伯茲簋盖》（集成4302）等铭。正如典籍所载赐秬鬯"圭瓒副焉"，西周器铭所记命赐事件中，先赐秬鬯并附圭瓒，如《师询簋》铭（集成4342）有"赐汝秬鬯一卣、圭瓒（瓒）"，《毛公鼎》铭（集成2841）亦有"赐汝秬鬯一卣，卿（裸）圭、瓒（瓒）宝"，可见赐"秬鬯"需要配副圭瓒一类器具。

3."圭"

"圭"本为玉器名，《说文·土部》："圭，瑞玉也，上圆下方。"可知"圭"为长条形，上端圆，下为长方形、古代的"圭"大多上端作三角形。"圭"又指称裸器、圭瓒之"圭"，属裸玉类。《周礼·考工记·玉人》："裸圭尺有二寸，有瓒，以祀庙。"郑玄注："瓒如盘，其柄用圭，有流前注。"《尚书·文侯之命》孔传："以圭为杓柄，谓之圭瓒。""圭"是裸瓒之柄，即圭形玉柄，长条形，端为锐角形。器铭有"圭鬲（瓒）"为赐裸之裸器。见《师询簋》《多友鼎》《毛公鼎》等铭。

4."璋"

"璋"西周金文用"章"字表示，本指称一种瑞玉。《说文·玉部》释："璋，剡上为圭，半圭为璋。"形制长条形，有薄，有厚，有长，有短。《周礼·春官·大宗伯》和《考工记·玉人》记其大小形制及功用。在裸器中，则为瓒柄，称"璋瓒"，《周礼·春官·鬱人》郑玄注："裸玉，谓圭瓒、璋瓒。"《礼记·祭统》："君执圭瓒裸尸，大（太）宗执璋瓒亚裸。"郑玄注："圭瓒、璋瓒，裸器也。以圭、璋为柄，酌郁鬯曰裸。"又《诗·大雅·棫朴》："左右奉璋"郑玄笺："璋，璋瓒也。祭祀之礼，王裸以圭瓒，诸臣助之，亚裸以璋瓒。"裸瓒用璋形玉柄为裸玉之"璋"，可作赏赐之物。《庚嬴鼎》铭（集成2748）有"赐夒（裸）䵼（璋），贝十朋"，《卯簋盖》铭（集成4327）有"赐汝鬲（瓒）四、章（璋）㲁"，均为赐裸、瓒、璋之例。

5."瓒"

金文以"鬲"表示"瓒"，有二义，一指玉器，一指裸器。西周器铭所记裸礼或"赐裸"礼，指称裸礼酌酒、灌鬯之勺。《集韵·挽韵》谓："瓒，裸器。"《周礼·春官·典瑞》解释了"瓒"的功用："裸圭有瓒，以肆先王、以裸宾客。"又《考工记·玉人》："裸圭尺有二寸，有瓒，以祀庙。"郑玄注："瓒如盘，其柄用圭，有流前注。"进一步解释了"瓒"的规格和形制。唐代李善《文选·扬雄〈甘泉赋〉》注引张晏曰："瓒，受五升，口径八寸，以大圭为柄，用灌鬯。"此"瓒"的形制尺度与周代已有一定差别，但其功用未变。西周铭文所记赐裸器之"瓒"者，有《荣作周公簋》铭（集成 4121）："王休赐厥臣父荣瑪（瓒）、王羃（裸）"。但赐"瓒"大多与赐秬鬯组合，如《师询簋》《毛公鼎》诸铭。

二、赐"鬯""裸玉"词义组合分类

（一）赏赐"鬯""鬱鬯"与非裸器类物品词义组合。赏赐"鬯"或"鬱鬯"与非裸器类物品词义组合，多见于西周早期器铭，如《静方鼎》（近出 357）、《士上卣》（集成 5421）、《矢令方尊》（集成 6016）、《叔簋》（集成 4132）、《小子生尊》（集成 6001）等铭，词义组合不如中、晚期那样固定，所列物品较少，且较为随意。

（二）赐"鬯""秬鬯"与衣服、车马类词义组合。器铭中"赐鬯"或"赐秬鬯"之后有时连接衣服类、车舆马匹、銮旗或鞗勒等组合系列。组合格式如：

（1）"赐汝秬鬯一卣＋车马类"《三年师兑簋》（集成 4318）

（2）"赐汝秬鬯一卣＋衣服类＋车马类"《大盂鼎》（集成 2837）

（3）"赐汝秬鬯一卣＋衣服类＋车马类＋兵甲类"《伯晨鼎》（集成 2816）

（三）赐"秬鬯"与裸器词义组合。赐"秬鬯"与圭瓒璋（裸器）词义组合，见《师询簋》《毛公鼎》《宜侯矢簋》等铭。

（四）赏赐"裸"与圭瓒璋（裸器）词义组合格式：

（1）"子加（贺）荣中妣（裸）章（璋）一"①《荣仲鼎》（新收 1567）

此类词义组合之后有时跟朋贝类：

（2）"赐曼（裸）觚（璋）"＋"贝十朋"《庚嬴鼎》（集成 2748）

---

① 此"加"读"贺"，有嘉奖、赠予之义。《仪礼·觐礼》"予一人嘉之"郑玄注："今文……嘉作贺。"另杨树达《积微居小学金石论丛·释赠》："凡与赠同义之字皆有增益之义矣……《说文》云：'贺，以礼物相奉庆也，从贝，加声。'按《说文》十三篇下'力'部云：'加，语相增加也。'加训增加，贺从加声，亦有增加义矣。贺有加义，故《仪礼·士丧礼》曰'贺之'，注即训贺为加，此犹毛传之以增训赠矣。"

（3）"王休赐厥臣父荣畾（瓒）、王龏（裸）"＋"贝百朋"《荣作周公簋》（集成4121）

（五）赏赐圭、瓒、璋等裸器，而未记赏赐裸卣：

（1）"赐汝畾（瓒）章（璋）四毂"《卯簋盖》（集成4327）

（2）"赐汝圭畾（瓒）一"《多友鼎》（集成2835）

（3）"受（授）贅（责）敔圭畾（瓒）"＋"贝五十朋"《敔簋》（集成4323）

以上各类，赐裸类词义组合在前，其后经常连接贝朋、衣服、车马、鼎爵等物品。

三、赐"卣"、裸器词义组合分布分析

从义类关系看，赐"秬卣"包含在赐"裸"礼中，但由于赐"裸"词义类聚中出现最多的是赐"秬卣"，所以将赐"秬卣"独列，以突出其重要性。

赐"秬卣"在西周早期器铭中已出现，如《大盂鼎》铭，多数出现于西周中、晚期器铭。西周早期还有"卣"和"鬱卣"。西周中、晚期则通常称为"秬卣"，词义组合格式比较固定，且与赐衣服、车舆、马匹、銮旂类词义组合，有程式化的特点，是册命仪式中的一项内容。器铭称"赐裸"者并不多，有《鲜簋》《史兽鼎》等。赐裸玉（器）类，即"圭畾""畾璋"分布于早、中、晚三期，所见铭辞较少，有时不出现"裸""秬卣""卣"，只见"圭畾""畾璋"两种组合。从词义组合关系看，赐"卣""秬卣"后跟数量和单位词"一卣"，而"裸"从无数词限定。结合传世文献中"赐裸（灌）"，器铭中"赐裸"应为动宾词组，"裸"虽是动词义"灌、饮"，却是"赐"的宾语。《周礼·春官·典瑞》郑玄注曰："爵行曰裸。"《礼记·投壶》："……奉觞，曰'赐灌'。""赐灌"即"赐裸"，是以爵、觞酒器赐饮。赏赐"秬卣""卣"虽属"赐裸"之类，但器铭中"赐秬卣一卣"，酒器为卣，较爵觞更大。赐"秬卣"、赐"卣"只是裸中的一种形式，即所谓"赐裸卣"，不一定在赏赐仪式之时当场将酒饮

尽。奉觞、爵行赐裸，可当场饮尽。这是赐"秬鬯"与赐"裸"的区别之一。区别之二是，赐"秬鬯""鬯"中的"秬鬯"或"鬯"是名词义，而赐"裸"（灌）之"裸"为动词义。

赐"鬯""秬鬯"与赐"裸"的共同点是它们与"圭""蕝（瓒）""璋"三词组合时，限定了这三个词的词义范围。"裸"只在《荣作周公簋》铭"王彝（裸）"中作名词，意为王所用裸器（爵、觞等），其他铭文中是动词义，可作谓语，亦可作动词"赐"的宾语，还可作"圭""瓒""璋"三词的定语。如《鲜簋》铭（铭图05188）"鲜蔑历，卿（裸），王恝、卿（裸）玉三品"，其中前一"卿"（裸）为谓语，后一"卿"（裸）修饰名词"玉"，在充当句子语法成分方面，"裸"修饰名词中心词，是动词作定语。又如《荣仲鼎》铭有"炏（裸）章（璋）一"，"裸"修饰"章"，作定语。《毛公鼎》铭有"卿（裸）圭、蕝（瓒）宝"，"裸"作定语，限定"圭、瓒宝"。这类情况表明"裸"所修饰限定的"圭""瓒""璋"只能是"裸玉（器）"类，而非其他玉类礼器。"裸"作谓语也具有限定词义的作用，如《鲜簋》铭第一个"裸"前无动词"赐"，作谓语，表示赐饮裸礼，可知其后"王恝、卿（裸）玉"是王所赐之裸璋。"裸"作"赐"的宾语同样具有词义限定作用，如《庚嬴鼎》铭"赐夓（裸）恝（璋）"，"裸"作"赐"的宾语，可知其后出现所赐"恝"（璋）为"裸璋"。同样，赐"秬鬯"、赐"鬯"，对其后的"圭""瓒""璋"也具有限定词义范围的作用。

"圭""瓒""璋"三词是三个多义词，三词的共同特点是，既分别指称三种瑞玉礼器，又分别指称三种"裸玉（器）"。在此三个词义组合系列里，其中两个词义的组合相互限定了它们的词义范围，这是词义组合中的"两点决定一条直线"，可确定多词义中的一个义位。前面分析中已讲过，当赐"裸"、赐"秬鬯"、赐"鬯"与三个词组合时就有限定多义词"圭""瓒""璋"为裸玉器之义的作用。而当"圭"与"瓒"组合，或"璋"与"瓒"组合之时，也可以确定"圭""瓒""璋"为裸玉器类。但是，"圭""瓒""璋"单独出现，却不一定为裸玉器类，如《競卣》铭（集成 5425)"赏竞章(璋)",此"璋"很难说就是"裸璋",而应当指璋玉礼器。但有时可据较大语境类型(譬如仪式类型等)比较各器铭,推知是否为"裸璋",如《大夫始鼎》(大矢始鼎)铭(集成 2792):"始献工(功),赐□,赐章(璋)",由于第一个"赐"后之字残缺,单就章(璋)字很难确定是"裸璋";不过,《史兽鼎》铭(集成 2778)"史兽献工(功)于尹,咸献工(功),尹赏史兽盩(裸)",可以比勘推测:似献功仪式,有上级赏赐献功者"裸璋",进而推测《大夫始鼎》铭"赐□"为"赐裸","章(璋)"为"裸璋"。此外"圭"与"璋"组合时情况比较特别,也不能确定为"裸玉"类,如《师遽方彝》铭(集成 9897)"王乎宰利赐师遽瑞圭一、环章(璋)四",应指瑞玉礼器类。

　　由词义组合分布分析可知,在赐鬯裸类词义组合中,"裸""鬯""秬鬯"是词义组合关系的关键或核心,对"圭""瓒""璋"的词义有限定作用,大多在赐鬯裸类词义组合的前部。在词义类聚关系上,"裸""鬯""秬鬯"规定着"裸玉"类聚合系统的义类语义范围。首先,"裸"在语义类别上将"鬯""秬鬯"限定为"裸鬯"。其次,"秬鬯"的使用和功能总与"裸礼"相联结,《礼记·曲礼下》:"凡挚,天子鬯"孔颖达疏:"'天子鬯'者,酿黑黍为酒,其气芬芳调畅,故因谓为鬯也。"臣朝觐周天子,周天子挚见礼,赐臣以鬯酒,即"裸鬯"。再其次,"瓒"在与"圭"或"璋"的词义组合中也有限定词义的作用,但不像"裸""鬯"直接在义类上对"圭""璋""瓒"起限定作用,而只在词义组合中起作用。所以"瓒"的限定作用次于"裸""鬯"。

　　从义类关系看,在"裸玉"类中"圭"指称"瓒"的圭制之柄,"璋"指称"瓒"的璋制之柄。"圭""璋"均为"瓒"器局部或组成部分。"瓒"是"裸"器,属于"裸"礼类用器,"鬯"和"秬鬯"属"裸"礼用酒。一为器,一为酒,是"裸"礼活动所用之物,"裸"在语义上还包括人的行为,以及社会礼仪约定赋予"裸"以礼仪的语义值。这个语义值把"裸"(即"灌")的仪式活动所用之鬯酒、所用之器都涵盖在内了。因此,在"裸"礼义类中"裸"的语义值大于"鬯""秬鬯""瓒""圭""璋"。

语义值最小的是"圭"和"璋","瓒"位于中等义值。从分布范围看，"祼"的分布最广，如《毛公鼎》铭中"鄈（祼）"处于"秬鬯""圭""瓒""宝"的词义组合中。《庚嬴鼎》《荣仲鼎》《荣作周公簋》《鲜簋》各铭中"祼"分布于"璋""圭""瓒""玉"词义组合中。在同类词义组合中，如《史兽鼎》铭之"祼"是单独出现的。"鬯""秬鬯"亦有单独出现情况，见《作册䰧卣》铭（集成5400）。"祼"可作定语修饰、限定"瓒""璋"，"鬯"和"秬鬯"却不能。在词义出现频次上，"秬鬯"多于"祼"，西周中、晚期赐"秬鬯"的分布条件是重复的，大体一致，"祼"的出现具备"秬鬯"出现的所有条件，且可以单独出现，还可作定语；因而"祼"分布范围大于"秬鬯"。其分布范围为"瓒""圭""璋"三义位所不及。

西周金文词义系统与西周时代词义系统是有差别的两个层面，前者词义系统中只出现"赐祼鬯"类词义类聚，而后者除此外，还有"祼祭"类的祼鬯词义类聚。因而器铭中的"祼""秬鬯""祼器"玉类是受器铭"赐休"语义制约的。"赐鬯祼"类可谓赐休类词义组合类聚的典型之例。

表3　器铭中赐鬯祼、祼器类义位分析

语义类	祼鬯类	祼礼义类	祼器类		
义位	鬯、秬鬯	祼	瓒	圭	璋
分布域	较大	大	较小	小	小
语义值	较大	大	较小	小	小
限定	关键	核心	祼礼附属器、局部		
	受限定较小，对其他词义有限定作用		受其他词义限定较大		
出现状态	作宾语	作宾语、谓语、定语	作宾语、定语		
	单独或组合出现	单独或组合出现	与其他词义组合出现		

第三节　赐休衣服

一、赐休衣服类的主要义位

西周器铭"赐休"衣服词义组合类聚的主要义位有：

1."冂"

金文写作"冂"。《说文》："冂，覆也。"即指覆巾。金文"冂"，唐兰释"幎"，或表示罩在衣上的大巾，[1] 或表示盖在头上的头巾（盖巾）。[2] 另《金文编》将"冂""同"合为一字，释如典籍中绸衣之"绸"。[3] 今从唐氏说将二字分开。

2."衣"

金文写作"夵"，象形字。《说文·衣部》："上曰衣，下曰裳。"又《诗·邶风·绿衣》曰："绿兮衣兮，绿衣黄裳。"毛传："上曰衣，下曰裳。"西周器铭中"冂""夲""衣""市"并列出现，可知此"衣"表示上衣。

3."夲"

金文"夲"表示"裳"。岛邦男认为金文"赏"写作"貵""賞"，所从之"尚"或无"口"，作"夰"。[4] 王辉释此"夲"省口，疑为"尚"字，在《叔矢鼎》铭（铭图02419）中表示"裳"。古时称下身穿着的衣裙为"裳"，虽然衣、裳既有上下分体穿着，也有上下连为一体者，但上"衣"下"裳"之分是明确的。《汉语大词典》引钱玄《三礼名物通释·衣服·衣裳》谓："古时男子之礼服，衣与裳分；燕居得服衣裳连者，谓之深衣。妇人之礼服及燕居之服，衣裳均连。"周代有"裳衣"连语之称，即表示裳与衣，如《诗·齐风·东方未明》："东方未晞，颠倒裳衣。""裳"在"衣"前，与《叔矢鼎》铭之"夲、衣"组合次序一致，所以将"夲

---

① 唐兰：《西周青铜器铭文分代史征》，第 105 页。

② 唐兰：《西周青铜器铭文分代史征》，第 253 页。

③ 见容庚：《金文编》，中华书局 1985 年版，第 374 页。

④ 见《古文字诂林》第 1 册，上海教育出版社 1999—2004 年版，第 639 页。

衣"释为裳与衣应当不错。后来"裳衣"连语也泛指衣服。

4."市"

金文"市"为象形字，表示"韍"。在传世文献中"韍"也写作"绂"或"黻"，指古代礼服的"蔽膝"，即《汉语大词典》所释"古代大夫以上祭祀或朝觐时遮蔽在衣裳前的服饰。用熟皮制成。形制、图案、颜色按等级有所区别。"①古代字书和典籍文献中有关于"市""韍"的解释，如《说文·市部》谓："市，韠也。"《礼记·玉藻》："一命缊韍幽衡，再命赤韍幽衡，三命赤韍葱衡。"郑玄注："此玄冕爵弁服之韠，尊祭服，异其名耳。韍之言亦蔽也。"又《汉书·王莽传上》："于是莽稽首再拜，受绿韍衮冕衣裳。"颜师古注："此韍谓蔽膝也。"

5."舄"

"舄"，金文写作"𱱊""𱱊""𱱊"等形，实为同一字（形位）的变异，隶定为"舄"。"舄"本表示"鹊"，借表"屦"。《说文·乌部》："舄，鹊也。象形。""舄"当训"复履"，见于古代典籍语言和注解中，如《周礼·天官·屦人》有"赤舄、黑舄……"郑玄注："舄有三等，赤舄为上。"《左传·桓公二年》杜预注曰："舄，复履。"记述了"舄"的规制。

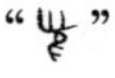

6."黄"（衡）

"黄"，在西周器铭"命服"中表示韍上之"衡"。"黄"字甲骨文写作"�"，金文写作"黄"，是"璜"字初文，字本义是玉佩。郭沫若释"黄"本表示玉佩，"后假借为黄白字，卒致假借义行而本义废，又造珩若璜以代之，或更假用衡字。"（此说见郭沫若《金文丛考》）在西周器铭里，"黄"出现于"命服"词义组合次序中，见有"赤韍、朱黄""赤韍、幽黄""载（缁）韍、冋（绹）黄"等。此种用法的"黄"旧释佩玉，不确，当释为"衡"，即韍上之"衡"。唐兰认为，金文此种用法的"黄"有时也写作"亢"，表示"韍"或"佩玉"的绶带。他说："韍上之'衡'是系韍的'带'，它可以多到五道，可以用苘麻织成，也可以丝织，染成葱、幽、

---

① 见《汉语大词典》释"韍"。

金、朱等色……"并认为这就是秦汉所称的"绶"。① 西周中期《师虎鼎》铭（集成2830）有"玄衮、黼屯（纯）、赤市（韨）、朱横"，"横"字正从"市"旁，证明"横"从属于"市"类，而非佩玉类。从器铭词义组合关系来看，这种"黄"通常紧接"市"之后，大量同时出现。② 西周器铭中出现"紫黄（衡）""葱黄（衡）""同（绸）黄（衡）""幽黄（衡）""朱黄（衡）"等词组。"衡"除用"黄"字表示外，还用"亢"（大）字表示，如"幽亢（衡）""朱亢（衡）""金亢（衡）"。"紫黄"指幽黄色的"市"上之'衡'，"葱黄"指青色之'衡'用以系"市"和佩玉的绶带，"同黄"即"绸衡""裘衡"，指绸麻类植物纤维织布制成的"衡"。

7. "⊗"（环）

金文"⊗"，在命服词义组合中表示"环"，所谓"⊗（环）市"是指环形之"市"。关于命服词义中的"⊗"表示何词何义，曾有多种说法，周法高主编《金文诂林附录》列出"⊗"的各家说释，周氏释"环"，在金文"赤⊗市"这类用法中借作"缊"或"缘"③。唐兰释"环"，"⊗市"用指环形的市，并征引《礼记·玉藻》中韠制有"圜、杀、直"之形制等级。④

---

① 唐兰：《西周青铜器铭文分代史征》，第312页。

② 从器铭词义组合关系来看"市"与"黄"大量同时出现，这种"黄"通常紧接而伴随"市"之后，应属于"市"的主要组件或附件，但命服时也有单独命"黄"或命"市"，"黄"可独立于"市"出现。可见"黄"与"市"即是两个分体服件，又是同类服件，以金文"横"字来看应为"市（韨）"上之'衡'，是系"市（韨）"或"佩玉"的绶带。

③ 金文"⊗"前人说释多种。最早释"环"，见宋代薛尚功《历代钟鼎彝器款识法贴》（14.129），清儒多因循其说。但吴大澂释"市合"，后郭沫若从之。至近世于省吾先生释"雍"，借作"缊"或"缘"。又有吴其昌等释"吕"，等等。周法高认为于省吾以金文"赤⊗市"之"⊗"借为"缊"，是正确的，但"⊗"释"雍"字不确。"⊗"字从形、音、义上看应是"环"之初文，在"赤⊗市"这类用法中借作"缊"或"缘"。周氏谓"雝字金文所吕也，与⊗形不同。……'雝'隶古音东部，'缊'隶文部，韵部迥异。"又引徐灏《说文解字注》笺云："戴氏侗曰：'两环相贯，上象其纽，借为幻惑之幻是也。'"并谓："环、幻声母同属匣纽，古韵同属元部，可见⊗字形、音、义都可取征于《说文》，此字在金文中当假为'缘'或'缊'。"

④ 唐兰：《西周青铜器铭文分代史征》，第372页。

唐释较各说更有道理，今从唐释。

8.“䙍（织）衣”

金文“䙍”（见《免簠》等铭）隶作“䙍”，“䙍衣”即“织（纖）衣”，①在西周器铭中为固定词组。《金文编》列有“䙍”字条，将“䙍衣”之“䙍”释为“纖”，《金文诂林》从其说。唐兰《史征》谓：此赐织衣，明是大夫。②《礼记·玉藻》云：“士不衣织。”郑玄注：“织，染丝织之，士衣染缯也。”由郑注可知“织衣”指用染色丝制成的王臣朝服或礼服，在西周时代是周王命赐臣下的。后世文献有“织衣”一词，如《明史·列传第四十二》：“帝嘉其能，赐金织衣。”延续着赏赐织衣的制度。

9.“玄衣”

“玄衣”是周代卿大夫命服的服制，在西周器铭中出现于册命、赐服词义组合中，是周王命赐臣下的黑色上衣礼服。“玄衣”是复音词，见于传世典籍，《周礼·春官·司服》：“祭群小祀则玄冕。”郑玄注：“玄者，衣无文、裳刺黻而已……凡冕服皆玄衣纁裳。”又《礼记·王制》云：“周人冕服而祭，玄衣而养老。”

10.“玄衮”

《师虎鼎》铭（集成2830）有“玄衮、龗屯（纯）、赤市（韍）、朱衡”，与《曶壶盖》铭（集成9728）“玄衮衣、赤市（韍）、幽黄（衡）”，《询簋》铭（集成4321）“玄衣、黹屯（纯）、戠（缁）市（韍）、冋黄（衡）”比较，可知“玄衮”指“玄衮衣”的局部形制，“玄衮衣”是“玄衣”中的一种。传世文献有“玄衮”一词，亦作“玄卷”。《诗·小雅·采菽》：“又何予之，玄衮及黼。”毛传：“玄衮，卷龙也。”郑玄笺：“玄衮，玄衣而画以卷龙也。”《荀子·富国》：“天子袾裷衣冕，诸侯玄裷衣冕。”杨倞注：“‘裷’与‘衮’同，画龙于衣谓之衮。”③“玄衮”（玄衮衣）的字

---

① 按：此“䙍”另有释为衣之颜色者，与器铭中“玄衣”格式相仿。但据金文和传世文献用例分析来看“䙍衣”释“织衣”为宜。

② 唐兰：《西周青铜器铭文分代史征》，第374页。

③ 注见（清）王先谦《荀子集解》，中华书局1988年版，第178页。

面义是绣有卷龙纹的黑色上衣，而其词义指称古代帝王、公卿所穿的一种绣卷龙纹的黑色礼服，在西周时代是命赐诸侯、公卿重臣的一种重要服制。

11．"裘"

"裘"金文写作"𧚨""𧚍""𧚦"（求）等形，表示用动物毛皮制成的衣。《说文·裘部》："裘，皮衣也。"西周器铭出现"虎裘""𧝓衮（鼬裘）""貂裘""豹裘"等词语组合。

此外，经常出现的词组"黹屯（纯）"，偶作"屯（纯）黹"，指针刺绣纹花边的服、市。词组"赤衻""朱襮（襮）袋（裣）""丽般（鞶）"等也很值得重视。

二、词义的组合分布

现有西周器铭中，赐休衣服类大致分为"命服"所赐衣服类和非"命服"所赐衣类两种情况。可从历时和共时角度考察、描写。

从历时看，西周早期器铭已出现赏赐衣类内容，赐休衣服类出现单用的"冂"和"衣"，前无限定、修饰词语，如：

（1）"冂、衣"《复尊》（铭图 11770）

（2）"冂、衣、市（韍）、舄"《麦方尊》（集成 6015）

（3）"朌、衣"《叔矢鼎》（铭图 02419）

审读整篇铭文，很难说以上各例属于"命服"赏赐。

同时，西周早期器铭出现"命服"所赐衣服类，有"冂""衣""市（韍）""舄"词义组合，如：

（4）"冂、衣、市（韍）、舄"《大盂鼎》（集成 2837）

从整篇语义组合可确定为"命服"赏赐。

大约西周早期偏后至中期前段，铭文中"命服"赐休衣服类中出现了"市（韍）""黄"或"亢"（衡），并与限定、修饰性词语组成词组。如：《盠方尊》铭（集成 6013）有"赤市（韍）、幽亢（衡）"，《親簋》铭（铭图 05362）有"赤市（韍）、幽黄（衡）"，《申簋盖》铭（集成 4267）

有"赤市（韍）、紫黄（衡）"，《免尊》铭（集成 6006）有"戴（缡）市（韍）、同（绢）黄（衡）"等。

及至西周中、晚期，"赐休"衣服类词组已较为固定。例如，"衣"有"玄衣""幺（玄）衮衣""哉（织）衣"；"市"有"赤市（韍）""朱市（韍）""赤⊗市（韍）""戴（缡）市（韍）"①；"黄/亢"（衡）有"朱黄（衡）/朱亢（衡）"②"同（绢）黄（衡）""紫黄（衡）""幽黄（衡）/幽亢（衡）""恖（葱）黄（衡）""絭（素）黄（衡）""金亢（衡）""五黄（衡）"，偶有一例"丝亢（衡）"（《狱盘》铭图 14531）；"舄"类有"舄"和"赤舄"。另外，中、晚期不见"冂"出现，"玄衣"后常跟词组"黼屯（纯）"形成固定组合格式，"黼纯"为"玄衣"有刺绣饰边者。《毛公鼎》等铭有"恖（葱）黄（衡）"后跟表示佩玉或服饰的词语"玉环""玉璜（琮）"，《番生簋盖》铭（集成 4326）"恖（葱）黄（衡）"后跟"鞞鞍（璲）、玉睘（环）、玉璜（琮）"。

非"命服"赐休衣类出现不多（《复尊》《麦方尊》《叔矢鼎》铭难以断定是否为"命服"赐休），目前见有"裘"衣类。例如，"裘"见于《次尊》铭（集成 5994）和《次卣》铭（集成 5405），"虎裘"见于《太师虘簋》铭（集成 4251），"蹴（鼬）衺（裘）"见于《乖伯归夆簋》铭（集成 4331），"貃裘"见于《敔簋盖》铭（近出 483）和《九年卫鼎》铭（集成 2831），"豹裘"见于《师酉鼎》铭（铭图 02475）。又有《九年卫鼎》铭记述赏予颜姒（姒）"虞夈（希）"属非"命服"。

西周中期有"赐佩"见于《癫簋》铭（集成 4170），此外，"赐帬"见西周中期《豦簋》铭（集成 4167）（"帬"或隶释作"衺"，或隶释作"祄"，待考），难以断定是否属于"命服"内容。

---

① "戴"或作"𢦏"，见于《二式狱簋》铭，或作"壮"，见于《燮簋》铭。

② 或作"殺（朱）亢"，见于《二式狱簋》铭。

三、命赐衣服类词义组合分类

命赐衣服类语词不仅种类繁多，出现率较高，组合搭配形式比较复杂。在共时层面上，赐衣服组合类聚中词义出现和组合分布有如下几种情况：

1. 出现"冂""衣"类、"市"（韍）类、"舄"，有《大盂鼎》《麦方尊》二铭；

2. 出现"衣"类、"市"（韍）类、"黄"（衡）类、"舄"，如《弭伯师耤簋》《曶壶盖》铭；

3. 出现"衣"类、"市"（韍）类、"黄"（衡）类，如《师虎鼎》《询簋》《辅师嫠簋》《袁盘》《走马休盘》《颂壶》《颂鼎》《此鼎》《趩鼎》《袁鼎》《善夫山鼎》《趩觯》，又有《即簋》《虎簋盖》《师奎父鼎》等铭；

4. 只见"衣"类、"市"（韍）类、"舄"，见《伯晨鼎》铭；

5. 出现"仲""市"（韍）类、"衡"类，有《二式狱簋》《狱盘》铭；

6. 只出现"市"类、"衡"类、"舄"，见《师克盨》铭；

7. 只见"市"类、"衡"类，见《盠方尊》《盠方彝》《觏簋》《申簋盖》《廿七年卫簋》《免尊》《吕服余盘》《曶簋》《殷簋》《师艅簋盖》《七年趞曹鼎》《师酉簋》《珂簋》《柞钟》等铭；

8. 只见"市"类、"衡"类、佩玉和饰品，见《番生簋盖》《毛公鼎》铭；

9. 只见"衣"类、"舄"，如《吴方彝盖》《蔡簋》《卅三年迹鼎》铭；

10. 只见"衣"类、"市"（韍）类，如《载簋盖》《豆闭簋》《卻曶簋》铭，而《癲盨》铭则记有"褐袅""虢（鞞）敝（韍）"；

11. 只见"冂""衣"于《复尊》铭；

12. 只见"仴""衣"于《叔矢鼎》铭；

13. 只见"衣"类，有《殳簋盖》《无更鼎》《敔簋》（四月敔簋）《免簋》等铭；

14. "市"（韍）类，有《望簋》《楚簋》《免簋》《曶鼎》《利鼎》《扬簋》《卫簋》《师毛父簋》《燮簋》《静方鼎》等铭；

15. 其他情况，如只见"衣"类、奉（賁）、黄（衡）类者，见《师道簋》《害簋》《王臣簋》铭，只见"衣"类、"市"（韍）类者有《庚季鼎》一铭，仅见"巾""五黄（衡）""赤舄"者有《元年师兑簋》铭。

将器铭所见命赐衣服类及其组合次序如"表4"。综合各种情况，西周中、晚期命赐衣服类主要有两种排序：一是"衣"类在先，按"×衣"＋"黹屯（纯）"＋"×市（韍）"＋"×黄/亢（衡）"＋"×舄"次序排列；二是"市（韍）"类在先，按"×市（韍）"＋"×黄/亢（衡）"＋"×衣"＋"黹屯（纯）"次序排列。前一种排序最为常见，后一种排序较少，且其中尚未见"舄"出现。

从词义组合搭配关系来看，"黹屯（纯）"通常与"玄衣"固定搭配，并位于"玄衣"之后，《师𫠊鼎》铭（集成2830）有"玄袞、黼屯（纯）"；"黄"（衡）类只与"市"（韍）类固定搭配，位于"市"（韍）类之后；《元年师旟簋》铭（集成4279）有"丽般（鞶）"紧接"市（韍）""黄（衡）"之后。"市（韍）"类也常常单独出现。

词义组合分布的特点主要是：

1.表示整件衣服的词义在前，表示其局部部位的词义紧接在后；2.表示衣服特征、形制的词义在整件衣服词义前。

特点1　如"黹屯（纯）"指衣类的刺绣饰边，在衣领和袖口部位，是衣的一部分，紧接衣类之后；"黄（衡）""般（鞶）"是"市（韍）"的组成部分，紧接其后；鞞鞢（璲）、玉睘（环）、玉璲（琮）等饰品是"黄（衡）"的附属饰品，紧接"黄（衡）"之后。

特点2　如"玄""玄袞""䵼（织）"是命赐衣服类的形制特征，位于"衣"前起限定作用；又如在"朱市（韍）""赤⊘市（韍）""䜌（缁）市（韍）"中，"朱""赤⊘""赤""䜌"都是命赐"市（韍）"的形制特征和级别，置于"市（韍）"前起限定作用。"黄（衡）"类、舄类亦如此，"黄（衡）"类形制特征是分级别的，有"朱""同""紫""幽""忩（蔥）""素""金"，以及"丝黄（衡）"和"五黄（衡）"，舄类有"赤舄"，表示形制特征的词义居前。

表 4　器铭所见赐衣服类词义组合情况

序号	衣	市（韍）	屯（纯）	采／裏	黄（衡）	烏	出处
1.	冂衣						《复尊》西早
2.	亼衣						《叔夨方鼎》西早
3.	冂衣	市（韍）				烏	《大盂鼎》西早
4.	冂衣	市（韍）				烏	《麦方尊》西早
5.		市（巿）		采墨			《静方鼎》西早
6.		赤市（韍）			幽亢（衡）		《盠方尊》西早／中
7.		赤市（韍）			幽亢（衡）	赤烏	《盠方彝》西早／中
8.	玄衣	鈢市（巿）	裠屯（纯）		金亢（衡）	赤烏	《玥（伯师精簋》西中
9.	玄袞衣	幽市（韍）			幽黄（衡）	赤烏	《眚壶盖》西中
10.	玄袞衣	幽夫（韍）					《伯晨鼎》西中
11.	玄袞	赤市（韍）	緼屯（纯）		朱嵿（衡）		《师觐鼎》西中
12.	玄衣	赤市（韍）	裠屯（纯）		朱黄（衡）		《铺师嫠簋》西中
13.	玄衣	赤市（韍）	裠屯（纯）		朱黄（衡）		《裳盘》西晚
14.	玄衣	赤市（韍）	裠屯（纯）		朱黄（衡）		《走马休盘》西中
15.	散衣	截市（韍）			同黄（衡）		《询簋》西中
16.	散衣	截市（韍）			同黄（衡）		《趩觯》西中
17.	散衣	赤⊙市（韍）					《散伯簋盖》西中
18.	散衣	虩敉（韍）					《豆閉簋》西中
19.	散（楊）裘						《颁盨》西中
20.	玄袞衣			朱袞裏（爆裣）		赤烏	《吴方彝盖》西中
21.	玄衣	赤市（韍）	裠屯（纯）		幽黄（衡）		《牧簋盖》西中
22.	玄衣	赤市（故）			紫黄（衡）		《敉方鼎》西中
23.	散衣	赤市（故）			幽黄（衡）		《免簠》西中
24.		赤市（韍）			幽黄（衡）		《觌簋》西中
25.		赤市（韍）			紫黄（衡）		《申簋盖》西中
26.		赤市（故）			幽黄（衡）		《吕服余盘》西中
27.		赤市（韍）			幽亢（衡）		《趞簋》西中
28.		赤市（韍）			朱黄（衡）		《师瘨簋盖》西中

续表

序号	市（巾/佩）	柔（贲）	市（韍）	黄（衡）/亢	睾緣 玉环 玉琮 / 中旱（裳）	玄衣 黹屯（纯）	赤舄	出处
29.			市（韍）					《殷簋》西中
30.			赤市（韍）	朱黄（衡）				《宰兽簋》西中
31.			赤○市（韍）	幽亢				《望簋》西中
32.			赤○市（韍）					《楚簋》西中
33.			赤○市（韍）					《免簋》西中
34.			赤○市（韍）					《昌鼎》西中
35.			赤○市（韍）					《利鼎》西中
36.			赤○市（韍）					《扬簋》西中
37.			赤○市（韍）					《卫簋》西中
38.			赤○市（韍）					《师毛父鼎》西中
39.			赤市（韍）	朱黄（衡）	睾緣 玉环 玉琮	玄衣 黹屯（纯）		《庚季鼎》西中
40.			朱市（韍）	心黄（悤衡） 中旱（裳）		玄衣 黹屯（纯）		《师酉簋》西中
41.			戠市（韍）	朱黄（衡）				《番生簋盖》西中
42.			戠市（韍）	问黄（衡）				《廿七年卫簋》西中
43.			戠市（韍）	问黄（衡）				《免尊》西中
44.			戠市（韍）	问黄（衡）				《免卣》西中
45.			戠市（韍）	问黄（衡）				《咎簋》西中
46.			戠市（韍）	素黄（衡）				《七年趞曹鼎》西中
47.			壮市（韍）					《辅师嫠簋》西中
48.			赤市（韍）	朱黄（衡）				《燮簋》西中
49.			戠市（韍）	朱黄（衡）		玄衣 黹屯（纯）		《即簋》西中
50.			戠市（韍）	幽黄（衡）		玄衣 鞔屯（纯）		《虎簋盖》西中
51.			戠市（韍）	问黄（衡）		玄衣 黹屯（纯）		《师至父鼎》西中
52.		柔（贲）	戠市（韍）	朱亢		玄衣 鞭屯（纯）		《师道簋》西中
53.				朱黄（衡）	柔（贲）親（襯）	玄衣 黹屯（纯）		《王臣簋》西中
54.	仲（巾/佩） 市（戴）			较亢				《二祀颓簋》西中
55.	仲（巾/佩） 市（戴）			丝亢				《瓜卣盆》西中
56.							赤舄	《师虎簋》西中
57.							赤舄	《十三年癲壶》西中

续表

序号	衣	屯	市	鞶饰	黄	佩/舄	出处
58.	玄衣	黹屯（纯）	赤市（韍）		朱黄（衡）		《颂壶》西晚
59.	玄衣	黹屯（纯）	赤市（韍）		朱黄（衡）		《颂鼎》西晚
60.	玄衣	黹屯（纯）	赤市（韍）		朱黄（衡）		《此鼎》西晚
61.	玄衣	屯（纯）黹	赤市（韍）		朱黄（衡）		《趩鼎》西晚
62.	玄衣	黹屯（纯）	赤市（韍）		朱黄（衡）		《裘鼎》西晚
63.	玄衣	黹屯（纯）	赤市（韍）		朱黄（衡）		《善夫山鼎》西晚
64.	㲻衣		赤◇市（韍）			赤舄	《卌咨簋》西晚
65.	玄袞衣						《蔡簋》西晚
66.	玄袞衣					赤舄	《卌三年逨鼎》西晚
67.	玄衣	黹屯（纯）					《无异鼎》西晚
68.	玄衣		赤◌（衽）①				《㪯簋》西晚
69.			赤市（韍）		幽黄（衡）		《伊簋》西晚
70.			赤市（韍）	丽鞶（鞶）	同黄（衡）		《元年师旋簋》西晚
71.			赤市（韍）		朱亢（衡）		《卹簋》西晚
72.			赤市（韍）		幽黄（衡）		《南宫柳鼎》西晚
73.			赤市（韍）		幽黄（衡）		《逑盘》西晚
74.			赤市（韍）		同夒黄（衡）		《鄃簋》西晚
75.			朱市（韍）		朱黄（衡）		《师𩵦簋》西晚
76.			牵（贲）		怂黄（悤衡）	玉环　玉瑹	《毛公鼎》西晚
77.					朱黄（衡）	玄衣　黹屯（纯）	《害簋》西晚
78.			戠		朱黄（衡）	赤舄	《柞钟》西晚
79.			赤市（韍）		五黄（衡）	赤舄	《师兑簋》西晚
80.			市（韍）			赤舄	《望盨》西晚
81.	（乃祖）巾				五黄（衡）		《元年师兑簋》西晚

① ⑰字从"衣"内之形似"壬"，本文释"衽"，即衣襟，上衣交领。通常释作"社"，马承源主编《铭文选》释"衮"。

第四节　赐车马及其附件饰件

一、"车马"类物品及其附件饰件的主要义位

（一）表示"车马"结构主体的义位

1. "车"

器铭有"金车"（见《毛公鼎》《保员簋》《吴方彝盖》《三年师兑簋》等铭）、"驹车"（见《兮甲盘》《伯晨鼎》等铭）、"佃车"（见《克镈》等铭），还有"公车""戎车"等。但"公车""戎车"不出现于"赐休"辞句，而见于"率征""胜俘"语境（如《多友鼎》《禹鼎》铭）。

"车"指称"舆轮"总名。"车""马"经常连语，是一个词组。有些铭辞，如《师同鼎》铭（集成2779）"孚（俘）车马五乘、大车廿、羊百"，其中"车马五乘"与"大车"并举，此"车马"之"车"与"大车"之"车"所指不同。"大车"之"车"表示舆轮的通称，而"车马"之"车"表示"车马"的一部分。又如《麦方尊》铭（集成6015）有"劑（赍）用王乘车马"，此"车""马"组合在一起是词组。

有些铭辞，如《繁卣》铭（集成5430）"赐家彝一臂（肆）、车马两"，《小臣宅簋》铭（集成4201）"赐小臣宅画册（干）、戈九、赐金车、马两"，其中"车马"仍是词组。西周器铭中常常"马两"单独出现，而不与"车"组合，如傧赠类词义组合中即出现"马两"，《荫簋》铭（集成4195）有"宾（傧）章（璋）一、马两"，《小臣守簋》铭（集成4179）有"宾（傧）马两"。傧赠"马两"，不必同时赠车舆，这是傧赠与命赐的差异。

在同一义类的词义组合系列里，"金车"常与"马"分离出现，如《毛公鼎》铭"……金车……马四匹"，《吴方彝盖》铭"赐……金车……马四匹"，以及《三年师兑簋》《牧簋》等铭，均属此类辞例。由此可见《繁卣》《小臣宅簋》铭中的"车马"是词组，"车"指称有轮车舆，"马"指称牵引车舆行进的乘驭之马。

因此，从铭文词义组合分布来看，西周时代"车马"这类行载交通工具概念是用"车""马"词组表示的，并非一个词。器铭中"马乘"可单独出现，如《公臣簋》铭（集成4184）"赐汝马乘、钟五、金"，《格伯簋》铭（集成4262）"格伯取良马乘于佣生"。"乘马"亦可单独出现，如《虢季子白盘》铭（集成10173）"王睗（赐）乘马"。从铭辞来看"车马"这种成套马驭车舆，在西周人的语义认知上"车"和"马"是两个分立的指称。

2."马"

用于引拉驭乘车舆的"马"与骑乘之"马"，指称是同一的。器铭中"马"既可与"车"同现于所赐车舆词义系列中，又可单独出现。"马"的单位词（量词）有"匹""乘""两"，位于"马"之后，"匹"偶尔用于"马"之前，如《曶鼎》铭有"匹马束丝"，但"匹"已发生变义，不表示马的数量单位，用作词缀，意义较虚。"匹"指单个马数量单位，而驭乘马为双数，故赐休"车马"之"马"的赏赐数常为"四匹"。铭文中出现词组"马匹"则是省略了数字"一"的单匹马。"乘"表示驭车之马的单位，用于驭车的四匹马称"一乘"。"两"则指用于驭车的双马单位。

3."驹车"

学者对"驹车"有多种解释，今从马承源《铭文选》释"軥车"，即"钩车"，指称车舆前阑曲形者之"车"，文献见《礼记·明堂位》："钩车，夏后氏之路也。"郑玄注："钩，有曲舆者也。"孔颖达疏："钩，曲也。舆则车床。曲舆，谓曲其前阑也。"器铭有"马四匹"与"驹车"组合，见《兮甲盘》铭（集成10174），《塑盨》铭（集成4469）则有"赐……驹车……马四匹、鋚勒"，其中"马""驹车"应为所赐"车马"的组成部分，若谓"驹"是驾车之"驹"，则与所赐"马"重复，不合逻辑，因而释作"軥车"更合理。

4."佃车"

双音词"佃车"见于《克镈》《克钟》。学者有释"佃车"即"田车"者，意为猎车（见郭沫若《两周金文辞大系·释文》下编第133页），今从此说。《诗·小雅·车攻》有"田车既好，四牡孔阜."《铭文选》谓："田车也就是木路。《周礼·春官·宗伯·巾车》：木路，前樊鹄缨，建大麾，以田，以蕃国。"①

（二）"车马"结构装置类主要义位

5."較"

"較"即"较"，器铭习见"奉（贲）較"（《三年师兑簋》《牧簋》《塑盨》等铭），又见"奉（贲）緟較"（《番生簋盖》《毛公鼎》等铭），"桒（贲）畃（帱）軙（较）"（《彔伯威簋盖》铭）等词组。"較"（较），指车箱两旁板上的横木。《说文·车部》："较，輢上曲钩也。"《后汉书·舆服志上》刘昭注引郑玄曰："较者，车高槛木也。"②又《周礼·考工记·舆人》："为之较崇"郑玄注："较，两輢上出式（轼）者。"可知，车箱两旁为輢，輢上高出的曲钩或槛木扶手为"较"。"较"前有"奉（贲）""奉（贲）緟""桒（贲）畃（帱）"等词语修饰。"奉较"是指有贲饰花纹的较，"奉緟较"指较上有緟索编纹花饰，"桒（贲）畃（帱）较"则指包着绘有纹饰之革的较。③

6."畃"

"畃"表示"靯"，《说文·革部》："靯，车轼也。"西周器铭有"朱虢（鞹）畃（靯）"（《番生簋盖》《师克盨》《牧簋》等铭），其中"虢"表示"鞹"，《说文》谓："去毛皮"，是指熟皮革的一种。"朱虢"修饰"畃（靯）"，指朱色皮革所包之"靯"。《诗·大雅·韩奕》有"鞹靯浅幭"毛传："鞹，革也；靯，轼中也。""靯"当指车轼中部。传世文献中"靯"字也作"靶"，《玉篇》《集韵》均训作"车轼中靶"，《说文》段注曰："靯，车轼中把也。"指车轼中段的把手处。

---

① 陈初生：《金文常用字典》，第 783 页。马承源主编：《商周青铜器铭文选》第三册，第 213 页。

② （南朝宋）范晔：《后汉书》，（晋）司马彪《后汉书志》，中华书局 1965 年版，第 3642 页，注（九）。

③ 马承源主编：《商周青铜器铭文选》第三册，第 118 页。

7. “鞃”

金文“鞃”还有“靳”“斴”“靳”“靳”等形，为其字形异写，马承源《铭文选》释“轼”。在器铭中“圅”“鞃”相连，常出现“朱虢（鞹）圅（鞃）、鞃”见《师克盨》《塱盨》《牧簋》等铭，又有“𡘇（贲）圅（鞃）朱虢（鞹）鞃”见《彔伯𢦏簋盖》铭。看来“圅”“鞃”可连在一起称说，又可分称，两者关系密切，且《诗·大雅·韩奕》毛传训“鞃”为“轼中”，判定“鞃”当为“轼”。《说文·车部》：“轼，车前也。”又《文选·左思〈魏都赋〉》李善注：“轼，车横覆膝，人所凭也。”[1]“轼”指称车前覆膝的部分，“鞃”专指轼中部高出的把手部分，二者一为整体，一为局部。“鞃”“轼”分别指轼中和轼。西周器铭将“圅（鞃）”“鞃（轼）”分列，其实是突出了车轼的“圅（鞃）”部，即轼中，并特别突出了“圅”的形制。

8. “冟”

“冟”即传世文献中的“幂”。金文以“冟”字表示“幂”（幎），指车之盖幭，亦即车盖。此说为郭沫若提出，学者从之。“幂”是覆盖物的通称，可覆盖于器皿物体之上，《周礼·天官·幂人》谓幂人之职是“掌共巾幂”。“幂”的功用见《仪礼·乡饮酒礼记》“尊绤幂”郑玄注：“幂，尊巾也。”此为覆尊之“幂”，《仪礼·公食大夫礼记》又云：“簋有盖幂”，此为覆簋之“幂”。此外《周礼·天宫·序官》有“幂人奄一人”郑玄注：“以巾覆物曰幂。”这些是“幂”的具体词义所指，泛指覆盖之巾或布皮等，在车舆上为车盖。传世文献中“幂”表车盖者，如《诗·大雅·韩奕》：“鞹鞃浅幭”孔颖达疏：“幂为覆盖之名。”“幭”即“幂”，这里指车盖，与金文同例。

器铭常出现“虎冟”，如《毛公鼎》《吴方彝盖》《番生簋盖》等铭，指虎皮做成的“幂”。还有“虡冟”“盠冟”见于《九年卫鼎》铭。“虎冟”指虡皮制的幂，“盠冟”指豨皮制的幂。这些“幂”均指称车盖。

① （南朝梁）萧统编，（唐）李善注：《文选》，上海古籍出版社 1986 年版，第 279 页。

9.“帷”

“帷”指车帷。《文选·枚乘〈七发〉》:“如素车、白马、帷盖之张。”器铭车马类词义组合中常有“冟(幦)”“帷”连语,如《九年卫鼎》铭(集成2831)有“虎冟(幦)、希(貔)韦(帷)”,《伯晨鼎》铭(集成2816)有“虎韡(帷)、冟”,其中“冟”(幦)指车盖,“帷”指车盖下面的车帷,二者关系十分清晰,与《七发》“帷”“盖”所指相类同。《九年卫鼎》之“希帷”,“希”即“貔”,指的是一种长毛兽,用在“帷”前作修饰词,则指用长毛兽皮所制之“帷”。《伯晨鼎》铭中的“帷”与“冟”均为虎皮所制。

10.“里(裏)”

“裏”的本义是衣服内里层,泛指衣、帐巾、覆盖之物皮、织品的内层一面,在车马类词义组合中指“幦”(幠)或“帷”内里。铭文有“熏(纁)里”,如《毛公鼎》《吴方彝盖》《三年师兑簋》《牧簋》等铭有“虎冟熏(纁)里”,指虎皮制成的“幦”,其内里燻色。《彔伯威簋盖》铭为“㝎里”即“朱里”,朱色之里。《伯晨鼎》铭为“衮里幽”是绣有花纹的内层里面,且为幽色(黝黑色)。

11.“衡”

在车马类词义里“衡”指车辕前端的横木。古代文献多有释义,《汉书·扬雄传上》:“因回轸还衡?”颜师古注:“衡,辕前横木也。”又《庄子·马蹄》:“夫加之以衡扼。”陆德明《释文》:“衡,辀前横木缚轭者也。”器铭屡见“逪(错)衡”词组,“逪”为“错”之借字,《说文·金部》:“错,金涂也。”指涂金饰,嵌纹。此“逪(错)衡”义为错有纹饰的车衡,见诸《毛公鼎》《番生簋盖》等铭。传世文献有“错衡”,如《诗·小雅·采芑》:“约轵错衡”毛传:“错衡,文衡也。”此与金文同例。

12.“轭”

“轭”即“軶”,金文作“〈image〉”形,指用马、牛驾车,以扼制其领的器具。《周礼·考工记》:“軶长六尺”郑众曰:“谓辕端压中领者。”《说文·车部》:“軶,辕前也。”杨倞《荀子·正论》注亦称“軶”为“辕

前"。其实"辕前"是笼统的说法。朱骏声《文说通训定声》谓："辕
峏之楇皆名軶，以其下缺处为钩，所以扼制牛、马领而称也。""軶"只
是辕前横木上所缚扼制马、牛领部的器具，《庄子·马蹄》陆德明《释
文》将"衡"与"軶"分得十分清楚。西周器铭习见"右厄（軶）"，如
《三年师兑簋》《番生簋盖》等铭。关于"右軶"之"右"为何义，尚无
定说。

今按：先秦文献有"右牵"一语，如《礼记·曲礼上》："效马、效
羊者右牵之。"孔颖达疏："马羊多力，人右手亦有力，故用右手牵掣之
也。""厄"有扼制之义，与"牵"语义相似，用手厄牵牛、马，后来制成
器具以代之，大概"右厄"与"右牵"义近。此释为推测，仅供参考。

（三）车马主要附件装置类词和义位

13. "轸"

《周礼·考工记》序曰："车轸四尺"郑玄注："轸，舆后横木。"《说
文》亦谓："轸，车后横木也。"指的是车体后面的横木。但《考工记·辀
人》又曰："轸之方也，以象地也。"段玉裁《说文解字注》则谓："浑言
之四面曰轸，析言之輈轵所尌曰軏，輈后曰轸。"这是将"轸"的泛指与
专指区别开来。"轸"专指车厢底部后面的横木，泛指车厢底部四面的横
木。西周器铭仅见《番生簋盖》（集成 4326）一例：

"赐……车、电轸、奉（贲）缚较、朱䩛（鞞）、䵎（靬）斳（轼）……"

其中"轸"与"较""䵎"排列，前后次序，可推测此"轸"为车
"輈"后之"轸"，在车厢后面。"电轸"之"电"，据马承源主编《铭文
选》释"斑"，"木斑"为轸之材，即用木梃所制之"轸"。[1]

14. "轉"

《说文·革部》："轉，车下索也。"又《释名·释车》："轉，缚也。在
车下，与舆相连缚也。"金文"轉"，即文献中的"轉"，是指缚牢车舆与
辕的革带，属车马装置附件类。器铭出现"画轉"（见《番生簋盖》《师克

---

[1]　马承源主编：《商周青铜器铭文选》第三册，第 226 页。

盨》等铭)，指彩饰的“轉”。

15.“輴”

“輴”，即“轉”。“轉”字见《说文·车部》，指车伏兔下的车带，后缚于轴，前缚于衡，是车马装置的附件之一。西周器铭有“画轉”，指彩饰“輴”，常与“画轉”组合出现。“輴”与“轉”都属索缚革带类，归于车马装置附件。

16.“膺”

“膺”指缚于马胸前的马带。《诗·秦风·小戎》：“虎韔镂膺”毛传：“膺，马带也。”器铭有“金雁（膺)”，“雁”是借字，见于《师訇鼎》《毛公鼎》等铭，是指金色（铜色或铜饰）的当胸马带，属于车马革带附件之一。

（四）车马类装置中的重要配件义位

17.“嶂”

“嶂”即“踵”，在车马类词义中表示“牵踵”，是车马装置部件的一种。《周礼·考工记·辀人》：“去一以为踵围”郑玄注：“踵，后承轸者也。”是指车輈（辕）之后端承受车箱横木的部件，“踵”套在车辕后端，为铜制方筒之形。西周器铭称“金踵”，即铜制之踵，见于《毛公鼎》《番生簋盖》等铭，金文“童”字，为“踵”的假借字。

18.“豙”

金文“豙”字，徐同柏释“柅”，学者多从此说。“柅”表示车轮制动之器，《易·姤》有“系于金柅”王弼注：“柅者，制动之主。”孔颖达疏引马融曰：“柅者，有车之下，所以止轮，令不动者也。”“柅”本表示木制的车轮制动之器，器铭中说周王赏赐以“金柅”，是青铜柅，属上乘“柅”，规格高。“豙”（柅）见《毛公鼎》《番生簋盖》等铭，是车马类中轮车装置的重要机关部件。

19.“甬”

在器铭车马类词义组合里，“甬”字即传世文献中的“筩”，指车轭两端的筒形铜套，属于车马装置的附件。郭沫若释金文车舆之“金甬”为

"金锸"，并征引《汉书·舆服志》"乘舆，龙首衔轭，左右吉阳筩"，又以"凡辒车以上，轭皆有吉阳筩"为证。"金甬（筩）"为青铜筩。

20. "簟茀"

"簟茀"作"簟弼"，见《番生簋盖》《毛公鼎》铭。传世文献，如《诗·小雅·采芑》有"簟茀鱼服"，又《诗·大雅·韩亦》有"簟茀错衡"郑玄笺："簟茀，漆簟以为车蔽，今之藩也。""簟茀"是车舆配件之一。

（五）车马类中表示马辔首部位的义位

马辔首配件义位

21. "勒"

《说文·革部》："勒，马头络衔也。"朱骏声《通训声定》："勒为衔之所系，故曰络衔。"指的是有衔的马辔。西周器铭常见"攸（鋚）勒"（《谏簋》等铭）、"金勒"（《师痕簋盖》等铭），其中"勒"指马勒。"勒"是御马乘骑的主要附件、配件，是马辔首的主要组成部分。

22. "镳"

器铭中"麃"字，即"镳"，见《九年卫鼎》铭。"镳"指马衔在口外两旁露出的部件（部分）。《说文·金部》训"马衔"，《急就篇》卷三颜师古注引："镳者，衔两旁之铁。"若细分词义，"镳"与"衔"有别。西周时"镳"为青铜制品，所以器铭称"金麃（镳）"。"镳"与"勒"系连，是御马的重要配件。

马辔首饰件义位

23. "鋚勒"

"鋚勒"与"勒"不同，是两个词，两个不同的义位。"勒"指马头络衔，是有衔的辔；而"鋚勒"指马辔首的垂铜饰。传世文献多见此词，也作"鞗革"，如《诗·小雅·蓼萧》："鞗革冲冲"孔颖达疏："鞗革，辔首垂也。"《汉语大词典》将"鞗勒"释为"马络头的下垂装饰"，[①] 这一解释

---

① 《汉语大词典》第 716 页。

是正确的。"僐勒"与"勒"在指称上有分别。"鋚勒"在西周器铭中出现较多，可作赏赐物品，出现于赐休车马词义组合系列，或处于其他赐休词义组合中。

（六）车马类中表示其他附件的义位

这类附件义位，不只属于车马类词义组合，从类别上也可归属其他义类。

24．"箙"

"魚葡"，即"魚箙"，仅见《毛公鼎》铭，指鱼形、饰有鱼纹的箭袋，出现于赐休车马类词义组合中。"箙"为箭袋，可归入弓矢、兵械类，见于传世文献者，如《诗·小雅·采薇》有"象弭魚服"，"象弭"是弓的一种。《小雅·采芑》又有"簟笰鱼服"，则出现于车马件系列，与《毛公鼎》铭同例。"箙"为弓矢、兵械之件，也可作为车马附件进行赏赐。

（七）"车马"附属"鋚旂"

25．"鋚"

"鋚"指能发出似鸾鸟鸣叫声的铃。作为"车马"附属品，"鋚"指"车马"上之鋚铃。"车"为"车马"主体，天子君主之"车"有"鋚"，称鋚车、鋚驾。《说文·金部》曰："鋚，人君乘车，四马镳，八鋚铃，象鸾鸟声，和则敬也。""鋚"不只附属于"车马"，古代文献还见"鋚刀"，"鋚"指刀上铃。但"鋚"铃系车是西周至后世的一种车马制度，"鋚"又是旌旗之铃，周代以旂、鋚旂与舆服一并作为册命职官等级的标志，所以"鋚"与"旂"连称，见《颂壶》《弭伯师耤簋》《散簋盖》等铭。

26．"旂"

《周礼·考工记·辀人》有"龙旂九游"郑玄注："交龙为旂，诸侯之所建也。"又《说文·方人部》："旂，旗有众铃，以令众也。"可知"旂"是"旗"的一种，上系众铃，属于旌旗类。西周王政以"旂"为赏赐之物，常与服制、车舆、马匹一起赏赐，作为彰显功业和等级的重要标志之一。在典籍中，"旂（旗）"有专指和泛指之别。在西周器铭中"旂"是专指用法，即系有众铃之旗，封赐级别高者旂上之铃为"銮"，称"銮旂"。

27."铃"

西周器铭已有"铃"字，或借"令"字表示"铃"。《说文·金部》谓："铃，令丁也。从金从令，令亦声。""铃"为旌旗上挂的铃铛，见《班簋》《番生簋盖》《师袁簋》等铭。所谓"旗有铃令，以令众也。""铃"与"令"是同源字，"铃"不只是单纯的饰物，有"命令"的语义成分，有语义的象征作用。

二、赐休"车马"词义组合类聚的分类与分布

（一）赐休"车马"词义组合类聚，根据词义出现和指称关系分为五类。

1. 出现"车""马"及其各种配件、附件的词义组合，如：

（1）"金车、桼（黍）緟较、朱虢圉（靳）鞃（轼）、虎宣（幂）、熏（纁）里、右厄（轭）、画轉、画轎、金甬（笭）、造（错）衡、金踵、金豪（梶）、约、盛、金簟弼（茀）、魚箙（箙）、马四匹、鋚勒、金嚘、金膺、朱旂、二铃。"《毛公鼎》（集成2841）

（2）"金车、桒（黍）幃较、桒（黍）函（靳）朱虢（鞃）鞃（轼）、虎宣（幂）宷（朱）里、金甬（笭）、画轎、金厄（轭）、画轉、马四匹、鋚勒"《录伯簋盖》（集成4302）

（3）"金车、桼（黍）較（较）、朱虢（鞃）函（靳）鞃（轼）、虎宣（幂）、纁里、右厄（轭）、画轉、画轎、金甬（笭）、马四匹、鋚勒。"《三年师兑簋》（集成4318）

（4）"金车、桼（黍）函（靳）朱虢鞃（轼）、虎宣（幂）、纁里、桼（黍）較、画轉、金甬（笭）、马四匹、鋚勒"《吴方彝盖》（集成9898）

（5）"车、电轸、桼（黍）緟较（较）、朱閶（鞃）、函（靳）鞃（轼）、虎宣（幂）、纁里、造（错）衡、右厄（轭）、画轉、画轎、金糞

（蹲）、金豪（柲）、金鞏弸（弭）、鱼葡（箙）、朱旂旜、金芫二铃"《番生簋盖》（集成 4326）

（6）"驹车、奉贲较、朱虢（鞹）、商（靯）斳（轼）、虎冟（幂）、缜里、画轉（轉）、画輴、金甬（筩），朱旂，马四匹、銮勒，索（素）戋（钺）"《师克盨》（集成 4467）

（7）"驹车、奉（贲）较、朱虢（鞹）、商（靯）斳（轼）、虎冟（幂）、缜里、画轉（轉）、画輴、金甬（筩）、朱旂、马四匹、銮勒"《塑盨》（集成 4469）

（8）"驹车、画呻（绅）、帱爻（较）、虎帷、冟（幂）𥛁里幽、銮勒、旂五旂"《伯晨鼎》（集成 2816）

2. "车"与"马"组合，如：

（1）"赐汝……车、马"《大盂鼎》（集成 2837）

（2）"车、马两"《繁卣》（集成 5430）

（3）"赐克佃车、马乘"《克镈》（集成 209）

（4）"赐金车、马两"《小臣宅簋》（集成 4201）

（5）"马四匹、驹（辀）车"《兮甲盘》（集成 10174）

3. 只出现"马匹""马"，如：

（1）"伯懋父赐召白马"《召尊》（集成 6004）

（2）"公赏作册大白马"《作册大鼎》（集成 2758）

（3）"懋父赏御正卫马匹自王"《御正卫簋》（集成 4044）

（4）"王赐乘马"《虢季子白盘》（集成 10173）

赏赐马匹、马乘者，或出现于不同类属的词义系列中，或单独出现。西周器铭中赏赐马匹十分常见，且可以不出现在赐休服舆车马类仪式之中。赐休马匹、马乘的程序分严格和随意两种。

4. "金车"：

（1）"犀公赐保员金车"《保员簋》（近出 484）

（2）"矢公赐同金车、弓、矢"《同卣》（集成 5398）

（3）"橘伯命厥臣献金车"《献簋》（集成 4205）

6. 车马的附属配件组合，如：

（1）"赐汝……銮旂、鋚勒"《颂壶》（集成9731）

（2）"赐汝……銮旂、太师金膺、鋚勒"《师虤鼎》（集成2830）

（3）"赐汝……銮旂、鋚勒"《师颖簋》（集成4312）

又见《弭伯师耤簋》《询簋》《颂簋》《訇壶盖》《伊簋》等铭。或为"旂""鋚勒"，如《吕服余盘》《害簋》等铭。

"銮旂""旂"与其他类属词义组合，见《扬簋》《申簋盖》《殳簋盖》《廿七年卫簋》《何簋》《庚季鼎》等铭，"銮旂"随赐衣服类一起出现。又如《辅师嫠簋》《走马休盘》等铭，"旂""銮旂"随赐衣服和兵械组合出现。这些情况绝大多数在西周中、晚期出现。有单独赏赐"銮旂"者，如《恒簋盖》《善鼎》等铭。

"鋚勒"与其他类属词义的组合，如《盠方尊》《师酉簋》《弭叔师察簋》《南宫柳鼎》等铭。"鋚勒"也单独出现，见《谏簋》《师瘨簋盖》等铭。

（二）赐休"车马"物品词义的出现和组合分布分析

从词义出现的历时情况看，赏赐"銮旂""旂""鋚勒"，绝大多数见于西周中、晚期铭文，包括第1类与"车""马"及其附属品一起出现的情况，第5类与其他类属一起出现或单独出现的情况。第1类"车马"其及各种附属物品组合出现于西周中、晚期。而只有第2类和第3类，只出现"车""马"的情况见于西周早、中、晚三期。所以从词义出现和组合的历时角度，可以认为赏赐"车""马"在各期都是比较常见的，在西周早期尚未形成复杂程式化的赐休"车""马"仪式。而在中、晚期程式化已经形成，物品内容详细、复杂，且有比较固定的次序。从历时关系看义位的义域分布，"车""马"两类分布最广，其他附属物件，如"銮旂""旂""鋚勒"，仅占部分（中、晚期）历时义域。

从词义分布的共时角度看，赐休词义系列中组合能力最强的是"马"类，可用作单独赏赐之物，亦可与"车""车马"附属物件组合出现。作为单独赏赐物，"马"类出现次数比较多。其次是"銮旂"（或"旂"）"鋚勒"，可单独作为赏赐物，亦可与"车马"物品组合出现，还可与其他非"车马"类物品组合出现。与非"车马"类物品组合出现，仅限于赏赐衣服类和兵械类，而"马"类的组合分布范围大于此。再其次是"车"类，也可单独作赏赐物，但单独出现情况少于"马"类、"銮旂"（或旂）"鋚勒"。"车"类与其他词义组合，一般局限于"车马"类及其物品属件的词义组合，或只与"马"类组合，即上列1、2两类情况。赐休的"车马"类附属物品，除"銮旂""旂""鋚勒"以及"金膺"可以不与"车""马"组合出现，其他各项只在"车""马"词义序列中出现。

以上情况表明：一方面，当器铭词义组合系列中出现"較（较）""圅（鞃）""斳（轼）""䡇（幎）""厄（轭）""韅""鞃""膺""笰""衡""豪（枙）""踵"等物品时，总是随赏赐"车马"——即表示"车马"主体的词义一起出现，同时还记述这些所赐车马部件附属物品的形制和特征。而"銮旂""鋚勒"尽管也是"车马"类附属品，却可以单独赏赐，用作彰显功勋和权利、地位级别的标志。

另一方面，从语义认知上看，"车马"附属件、配件与车体、马体的游离程度不同，其词义出现的自由程度也不一样。"較""圅（鞃）""斳（轼）""䡇（幎）""厄（轭）""韅""鞃""笰""衡""豪（枙）""踵"是车体组成部分或装置，离不开车体。这里所赏赐的"车"是"车马"之"车"，御马与车组成一个整体，"韅""鞃"属缚索、革带类，是"车马"必不可少的配件，起到紧固车马整体装置的作用。这些装置配件离不开车体与马体的组合，游离性较弱，因而反映到词义组合序列中。"銮旂""鋚勒"是"车马"的重要附属件，但是与车体、马体的游离性较其他部件强些，可以单独作为赏赐之物。

在赏赐"车马"词义序列中，与车体、马体的游离度最弱的是"里（裏）"。"里"出现时必有车"䡇"出现，"䡇"（幎）是车盖，"里"为车"䡇"内里一层，在认知上，"里"依附于"䡇"。䡇之"里"出现则车

"冟"（幂）必出现，并且"里"只在"冟"后出现；而车"冟"（幂）出现时其"里"不一定出现，如《九年卫鼎》铭有"虎冟（幂）希（豾）徫（帷）"，而不见其"里"，说明"冟"是不必依附于"里"的，前者自由度大于后者。游离度弱者还有"盫（軓）"和"斳（轼）"，只要有车"盫"出现，其后伴随"斳"，两者自由度相等。可知"軓"与"轼"是紧连的两个部分，"軓"是车轼中把高出的部分，"轼"为连在"軓"下面积较大的部分，传世文献将"轼"释作车前的覆膝横木（板）。"軓"与"轼"虽然连为一体，但在上古时代是车马的两个重要标志部分，形制和装饰很讲究。

据以上分析，将赐休"车马"物品词义按组合分布的自由度排列：

词义组合的自由度大小反映了义位在铭文中的分布义域的大小。从上面分析可以看出，自由度大的义位，如"马""车"，其分布义域较广；反之，分布义域则较小。

但是，此仅就西周器铭而言，超出此范围情况会有所不同。如"里（裏）"在铭文中只见于"车马"词义系列中，表示"幂"（车盖）之"里"；而在周代汉语中，"里"不仅指车冟（幂）里层，还指其他覆盖物（皮、织品）的里层，在两周传世文献里可以见到这些用法。"里"在当时是比较常用的义位，其义域要大得多，自由度大于"车""马"类物品中的许多名词义位。同样，"冟"在周代并不专指车盖，而泛指器皿或有容积物体的覆盖物。

所以，要区分器铭词义分布与西周汉语词义分布两个层次，分析器铭词义分布、义域与当时汉语词义分布、义域的相同和差异，以便找出器铭词义系统的语义条件、语用特征，在词义的有限范围与各类文献语义条件上探索历史词汇语义问题。

　　从词义分布的自由度和义域大小来说，铭文中"宦""里"自由度小，义域较窄，与铭文中有限的赐休语义内容有关；另外，也受当时认知方式的限制。作为"车""马"部件、装置词义，在器铭中与在西周词义系统中的义域大致相同，如《诗·大雅·韩奕》有关于西周"车马"类词义组合："簟茀错衡……钩膺镂锡。鞹鞃浅幭，鞗革金厄。"这对于器铭中"车马"类物品词义有重要的书证作用。传世文献及释义材料，其语义知识背景大于铭文，从而可以求证传世文献与器铭词义在指称上是否一致。许多词义在书、器上虽然可以互相求证，但对词义进行解释时却要依靠古代文献的训诂材料。如"簟笰"的分布信息与铭文并无差别，"轭"在传世文献中有"金轭"（《诗·韩奕》）、"折轭而摧辕"（刘向《九叹》）等，传世文献中"轭"分布范围大于器铭。而传世文献有关"簟笰""轭"的训诂释义，使我们明确了器铭中这两个词的意思。

三、赐"车马"类物品、配件、饰件组合次序

　　西周中、晚期器铭中，表示赐休的车马物品、部件等词语出现较多。不论是中期还是晚期，这类词语都位于"金车""车""驹车"之后，依次排列。不同的是，中期各铭文中车马物品出现的位置有所不同，而晚期基本上是相同的。

　　例如，西周中期《彔伯彧簋盖》铭（集成4302）中"车马"之后列在最前端的是"桒（贲）襾（帱）較（较）"，"金甬（筩）、画辄、金厄、画轉"位于"朱虢（鞹）靳（靰）、虎冟（幂）窠（朱）里"之后，"金厄"位于"画辄"和"画轉"之间。而中期其他器铭则有不同，如《吴方彝盖》铭（集成9898）"桒較（较）"位于"桒商（鞃）朱虢（鞹）靳（靰）、虎冟（幂）、熏（纁）里"之后，"金甬"位于"画轉"之后；在《牧簋》铭（集成4343）中"画辄"则位于"桒较"和"朱虢（鞹）商（鞃）靳（靰）"之间，位置在车马物品的前端。见"表5"：

表 5　西周中期器铭中车马物品排序举例

车类	金车	金车	金车	驹车
纵向排序	蓁鬲（帱）軾 蓁（贲）函（鞃） 朱虢（鞹） 斳（軾） 虎冟（幂） 窠（朱）里 金甬（筩） 画鞀（鞗） 金厄（軛） 画轉 马四匹 鋚勒	蓁（贲）函（鞃） 朱虢（鞹） 斳（軾） 虎冟（幂） 熏（纁）里 画轉 蓁（贲）較 金甬（筩） 马四匹 鋚勒	萃较（较） 画輯（轎） 朱虢（鞹）函（鞃） 斳（軾） 虎冟（幂） 熏（纁）里 旂 余（駼）马四匹	画呻（绅） 韠（帱）爻（较） 虎帷冟（幂） 竝里幽 鋚勒 旂五旂
器名	《彔伯冃簋盖》	《吴方彝盖》	《牧簋》	《伯晨鼎》
王世	穆王	恭王	恭王	孝王

　　这种情况至西周晚期有所改变——在"金车""车""驹车"之后，赐休车马物品内容更加繁复、详细，排列位置较为固定。根据晚期铭文这些词语出现情况，将其次序举例如"表6"：

表 6　西周晚期器铭中车马物品排序举例

车类	金车	车	金车	驹车	驹车
		电轸			
	桼緟较（较）	—	桼较（较）	—	—
	朱鞃园（鞃）斯（轼）	—	—	—	—
	虎冟（幂）纁里	—	—	—	—
		趙衡			
	右厄（轭）	—	—	—	—
	画轉	—	—	—	—
	画鞃	—	—	—	—
	金甬（筩）	—	—	—	—
	趙衡				
纵向排序	金踵	—			
	金豪	—			
	豹（约）晟（盛）				
	金篹弼	—			
	鱼箙	—			
				朱旂	
	马四匹	—		—	—
	攸勒				
	金巘				
	金膺		—	—	—
	朱旂	朱旂旜			
		金荟（枋）			
	二铃	—			
				索戈（钺）	
器名	《毛公鼎》	《番生簋盖》	《三年师兑簋》	《师克盨》	《塑盨》
王世	宣王	孝王	孝王	孝王	孝王

第五节　赐休干戈甲胄类词义组合类聚

一、赐干戈甲胄类主要义位

（一）戈兵类及其局部、饰件义位

1."戈"

"戈"是一种长柲（柄）横刃兵器。"戈"盛行于殷周，是当时最基本、普遍的长兵器，因而在词义概念上成为长柄兵器的上位义位，从类别上形成戈类。这反映在造字上许多长柄兵器名从"戈"造字，《说文》立"戈"为部首说明"戈"为上古基本词汇语义类别。

西周器铭有戈器者约 1200 例（自名"戈"有 1100 多例），其中记赏赐"戈"者有《小臣宅簋》《小盂鼎》《麦方尊》《臧簋》《虡簋》《师道簋》《伯晨鼎》《昌鼎》《弭伯师耤簋》《师奎父鼎》《王臣簋》《询簋》《走马休盘》《辅师嫠簋》《县改簋》《五年师旋簋》《害簋》《师獸簋》《袁鼎》《袁盘》《逆钟》等铭。

2."臧"

马承源主编的《铭文选》释"戈内"，[①] 今从其说。戈由戈头、戈柲（柄）等几个部分组成。戈头分"援""刃""胡""内""阑"等部分，古代的戈常有雕饰，多在戈的"内"部。西周器铭多见"戈瑂（雕）臧"，当指雕饰着花纹的戈"内"，如《师奎父鼎》《询簋》《走马休盘》等铭记有赏赐"瑂（雕）臧"之"戈"。

《周礼》云："戈广二寸，内倍之，胡三之，援四之，已倨则不入，已句则不决，长内则折前，短内则不疾，是故倨句外博重三锊。"宋代王昭禹《周礼详解》卷三十六："故戈广二寸……特其胡内之接柲，有独长于戈之内半寸而已，故内三之则凡长四寸有半寸矣，援五之则其长七寸有半寸与内之长亦共尺有二寸而已。"这些资料使我们能够详悉周秦戈兵的形

---

① 马承源主编：《商周青铜器铭文选》第三册，第 134 页。

制尺寸。

3.“柲”

金文“必”字即“柲”，是指戈柄。“必”为“柲”的初文。铭文中有“歆必”，如《询簋》《袁盘》《无叀鼎》《走马休盘》等铭，“歆”当为“緱”的借字，《说文·糸部》：“緱，刀剑緱也。”是指刀剑柄把所缠之索。“歆必”即“緱柲”是缠索之戈柲。

4.“沙”

西周器铭屡见“彤沙”，见《询簋》《袁盘》诸铭。又作“彤屡”，见《师獣簋》铭。“沙”即“緌”之借字，“緌”指戈兵内端所系缨络，释者也称其表示“苏”或“绥”①。“彤沙（緌）”是指赤红色的“绥”（緌），为戈饰。

（二）弓矢类义位

5.“弓”；6.“矢”

西周器铭中弓矢类词的义位主要有“弓”“矢”“弭”“毊”。有单称“弓”“矢”者，如西周中期《静卣》铭记周王赏赐静“弓”，《同卣》铭记周王赏赐同“弓、矢”。还有“弢”“𢎺”，即“彤弓”和“彤矢”，见《应侯见工钟》《宜侯夨簋》等铭。“弢”是“彤弓”合文写法，“𢎺”为“彤矢”合文写法，分别指赤红色的弓和矢。“旅弓”“旅矢”见《宜侯夨簋》《伯晨鼎》等铭，指旅色（黑色）之弓、矢。还有“矢束”，即“矢一束”，见《不�簋盖》《昌鼎》《敔簋》铭。此外，屡次出现“弓＋数字”和“矢＋数字”。

7.“弭”

《尔雅·释器》：“弓有缘者谓之弓，无缘者谓之弭。”郭璞注：“弭，今之角弓”。又《礼仪·既夕礼》：“有弭饰焉。”郑玄注：“弭，以骨角为饰。”周代的“弭”是指末两端川骨镶饰之弓，“象弭”见《师汤父鼎》铭，所谓“象弭”，即用象骨镶饰两端的弓。

---

① 马承源主编：《商周青铜器铭文选》第三册，第150页，又见郭沫若《殷周青铜器铭文研究》。

8. "騺"

"騺"即"銍"，马承源主编《铭文选》释带翼的骨镞[①]。据《说文》训"銍，到也。"段注："会意，至亦声。""至"志矢之"志"，声音相近，当读为"志"，又据《尔雅·释器》："骨镞不剪谓之志"。《仪礼·既夕礼》云："志、矢一乘"郑玄注："志，犹擬也，羽射之朱。""銍"（或作"志"）是"矢"的一种。如《师汤父鼎》铭（集成2780）："王乎宰雁（应）赐口弓、象弭、矢、騺（銍）、彤欮（干）"。

（三）干类

9. "干"

"干"即"盾"的另一称法。金文写作"Ψ"，或写作"♠""丗"。《方言》卷九："盾，自关而东或谓之瞂，或谓之干；关西谓之盾。"器铭有"金丗（干）"，即青铜盾，见《小盂鼎》铭；有"画丗（干）"是指有雕饰花纹的盾，见《小臣宅簋》铭；有"彤欮（干）"，是指赤色的"干"，见《师汤父鼎》铭。

10. "盾"

《说文·盾部》："盾，瞂也。所以扞身蔽目。"《五年师旋簋》铭（集成4216）有"盾、生皇、画内"，其中"生皇"为盾首的羽饰，"画内"之"内"读为"芮"，音"如"字，是系楯之缓。"画内（芮）"指用于系盾的彩缓。[②]"盾"与"干"是同义词，同一概念名称不同。

11. "櫓"

《十五年趞曹鼎》铭（集成2784）有"虎盧"，"盧"假借为"櫓"。"櫓"，《说文·木部》释"大盾"，又《左传·襄公十年》曰："而蒙之以甲，以为櫓。"杜预注："櫓，大楯。"马承源主编《铭文选》将"虎盧"释为"蒙虎皮的大盾"。[③]《十五年趞曹鼎》铭中既有"櫓"又有"干"，可见"櫓"与"丗"（干）是有区别的，"丗"（干）为小盾，"櫓"为大盾。

① 马承源主编：《商周青铜器铭文选》第三册，第148页。

② 马承源主编：《商周青铜器铭文选》第三册，第187页。

③ 马承源主编：《商周青铜器铭文选》第三册，第143页。

（四）甲胄类

12."虤"

金文"虤"读为"皋"。《左传·庄公十年》："蒙皋比而先犯之。"杜预注："皋比，虎皮。""虤"为虎皮甲。《小盂鼎》铭有周王赏盂"画虤（皋）"一套，指的是有彩饰的虎皮甲。西周器铭中还有单称的"虤"（皋），见《曶鼎》《伯晨鼎》铭。

13."亝"

金文"亝"即"甲"。唐兰《史征》释"亝"为甲胄之甲的本字，从衣、丁声。……甲作十、作田，不能省为丁。今小篆作中，是中之误，《三体石经》可证。"① "亝"见《虞簋》铭（集成4167）"赐亝、胄、干、戈"。西周器铭又有"画　虤（皋）一、贝胄一"（《小盂鼎》铭），"虤（皋）、胄、冊（干）、戈"（《曶鼎》铭），与此铭"亝、胄"词序相类，知"亝"，"虤"均属甲类。

14."胄"

"胄"指头盔。《说文·冃部》："胄，兜鍪也。"段注："古谓之胄，汉谓之兜鍪，今谓之盔。"周代称作战用的头盔为"胄"，有"贝胄""青铜胄"等，据传世文献和出土实物可知其制作、装饰材料和形制。《诗·鲁颂·閟宫》："贝胄朱绶，烝徒增增。"毛传："贝胄：贝，饰也。"孔颖达疏："胄，谓兜鍪，贝非为胄之物，故知以贝为饰。"西周器铭有"贝胄"见于《小盂鼎》铭，即指贝饰的胄。铭文又有不加修饰词的"胄"，如《员鼎》和《虞簋》铭均为单称之"胄"。

15."簪"

《五年师旋簋》铭（集成4216）有"易（锡）鞶"，马承源主编《铭文选》将"鞶"释作"簪"，即"簪笠"，甲胄之兜。"簪""兜"音近义通。② "易"字借作"钖（锡）"，《广雅·释器》曰："赤铜谓之钖"。"易

---

① 唐兰：《西周青铜器铭文分代史征》，第320页。
② 马承源主编：《商周青铜器铭文选》第三册，第187页。

（钖）冑（篜）"即指赤铜制的兜盔。

（五）其他兵器类

16."厹"

金文以"九"字借作"厹"，见《十五年趞曹鼎》铭。"厹"指的是三棱（矛），《诗·秦风·小戎》："厹矛鋈錞"孔颖达疏："厹矛，三隅矛，刃有三角。"对"厹"矛之形作了描述。

17."殳"

一种长丈二尺，无刃，一端有棱的长兵器。《说文·殳部》曰："殳，以杸殊人也。《礼》：'以积竹，入觚，长丈二尺，建于兵车，东旅贲以先驱。'"《诗·收风·伯兮》："伯也执殳，为王前驱。"可知"殳"这种长兵器属车兵器。"殳"见《十五年趞曹鼎》铭。

二、赐休兵甲类词义组合

（一）词义出现及组合情况分类

1类，"戈"与戈部位、饰件的词义组合：

（1）"戈琱威、彔必（缑柲）、彤沙（緌）"《询簋》（集成4321）

（2）"戈琱威、歇必（缑柲）、彤沙（緌）"《无叀鼎》（集成2814）

（3）"戈琱威、歇必（缑柲）、彤沙（緌）"《袁盘》（集成10172）

（4）"戈琱威、歇必（缑柲）、彤沙（緌）"《袁鼎》（集成2819）

（5）"戈画威、歇宓（缑柲）、彤緌"《师道簋》（新收1394）

（6）"戈琱威、彤沙（緌）、彔必（缑柲）"《走马休盘》（集成10170）

（7）"戈、彤沙（緌）、琱威"《辅师嫠簋》（集成4286）

（8）"戈画威、廖必（缑柲）、彤沙（緌）"《王臣簋》（集成4268）

（9）"戈琱威、彤沙（緌）"《害簋》（集成4258）

（10）"戈琱威、彤涞（緌）"《弭伯师耤簋》（集成4257）

（11）"戈琱威"《师㝬父鼎》（集成2813）

（12）"玄周（琱）戈"《麦方尊》（集成6015）

2 类，多种兵甲类的词义组合：

（1）"十五易（锡）簦，盾，生皇、画内（芮），戈琱葳、歌（缑）必（柲）、彤沙（緌）"《五年师旋簋》（集成 4216）

（2）"弓一、矢百、画韍（皋）一、贝胄一，金冊（干）一、葳戈二"《小盂鼎》（集成 2839）

（3）"弓、矢、虎盧（櫓）、九（卆）、胄、冊（干）、殳"《十五年趞曹鼎》（集成 2784）

（4）"韍（皋）、胄、冊（干）、戈、弓、矢束"《昌鼎》（铭图 02395）

（5）"衣（甲）、胄、干、戈"《虔簋》（集成 4167）

（6）"赐盛弓、象弭、矢臸（矬）、彤欮（干）"《师汤父鼎》（集成 2780）

（7）"彤弓、彤矢、旅弓、旅矢、冎戈、韍（皋）胄"《伯晨鼎》（集成 2816）

（8）"画冊（干）、戈九"《小臣宅簋》（集成 4201）

（9）"睗（赐）用弓、彤矢，其央；睗（赐）用戉（钺）"《虢季子白盘》（集成 10173）

（10）"赐汝冊（干）五，錫（赐）戈彤屚（緌）"《逆钟》（集成 62）

3 类，弓、矢词义组合：

（1）"赐戠弓、矢束……"《戠簋》（集成 4099）

（2）"赐……彤弓一、彤矢百、旅弓十、旅矢千"《宜侯夨簋》（集成 4320）

（3）"赐汝弓一、矢束"《不嬰簋》（集成 4328）

（4）"赐同……弓、矢"《同卣》（集成 5398）

（5）"赐彤（彤弓）一、彤（彤矢）百"《应侯见工钟》（集成 107）

4 类，单独出现"弓""矢""干"，如《静卣》（集成 5408）等铭。

（二）赐休兵甲类词义组合分布分析

从词义出现和历时分布看，赐休兵甲类义位出现、分布不均衡，大致情况是：

1."弓""矢"二义位在西周早、中、晚期都出现，且出现次数较多。"弓"既可以作为赏赐物单独出现（如《静卣》铭），也可与其他赏赐物品一起组合，多数情况是"弓""矢"相连出现。

2.甲胄类词义在西周早、中、晚期都出现，但出现次数较少。

3."戈"作为单独赏赐物品见于西周早期的《麦方尊》铭，后在中、晚期多以"戈""瑂戚""歇必（缑柲）""彤沙（缕）"组合形式出现，有时"瑂戚""歇必""彤沙"有省略。"戈"在西周早、中、晚期都出现，在赐休词义系列里义位可单独出现，也可与其他兵甲类词义组合出现，出现次数比较多。

从共时关系来考察，赐休兵甲类词义分布的位置次序大致是：

1.不同类的兵甲词义排列次序并不固定——如当"弓、矢"类，"衣（甲）、胄"或"缑"（皋）类，"冊"（干）或"盾"类，"戈"类排列在一起时其类别次序并不固定。"弓""矢"有时排在最先，有时排在最后；"缑（皋）""胄"多在前面，《伯晨鼎》铭则排在最后，在赏赐兵甲类词义组合中，"冊（干）""盾"类、"戈"类多位于词义序列的中部。

2.同类的兵甲词义排序比较固定，"弓""矢"出现时，"弓"总在前，"矢"在后；"甲胄"类总是"甲""缑（皋）"在前，"胄"在后；"干戈"类总是"干"或"盾"在先，"戈"在后。

3.表示同一器物的有关义位，通常是整体称谓在先，局部或饰件在后。如"戈"，有"瑂戚"，有"歇（缑）必（柲）"，有"彤沙"，总是"戈"在先，后列出"瑂戚""歇必""彤沙"；又如"盾"，通常是"盾"在先，后列出"盾"的饰物"生皇"和局部"画内"。

从词义分布义域看，在赏赐兵甲类词义中，首先，义位"戈"在所占语义分布范围最广。一是"戈"前可有限定词，如"锡戈"（《逆钟》铭）、"玄周（瑂）戈"（《麦方尊》铭）、"戚戈"（《小盂鼎》铭）、"𠂤戈"（《伯晨鼎》铭）；二是"戈"后有数词，表示所赐戈之数，如"戈二"（《小盂鼎》铭）、"戈九"（《小臣宅簋》铭）；三是从整体物件与局部、饰件语义关系看，"戈"有下位词义"瑂戚""歇（缑）必（柲）""彤沙（缕）"，形成了"戈"的小型词义类聚系统。

其次，义位"弓"和"矢"的分布范围较"戈"小些，"弓""矢"前可有修饰性词，如"彤弓""彤矢""旅弓""旅矢"，其后有数量、单位词，如"弓一""矢百""矢束"。

再次，"繶（皋）""胄""丗（干）""盾"，前可有修饰性词，如"画繶（皋）""金丗（干）""画丗（干）""贝胄"等；其后可有数量词，如"繶（皋）一""贝胄一""金丗（干）一""干五"等。此外"䇓（簜）""盧（櫓）""厽""殳""盾"在西周器铭赐休词义中较少见，但其在义类地位上，与"弓""矢""戈""干""甲""胄"处于同等地位，只是语义分布范围小，出现少。处于下位义的义位"戚""必（柲）""沙（緌）"，仅管出现次数较多，但所在义类系统中的地位低，语义分布组合多是同例重复，范围也不大。处于下位义的"皇""内"仅出现一次，在义类系统中是低级别的，分布范围小。

将这些义位的分布域情况图示如下：

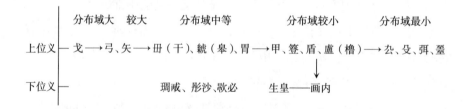

器铭中记述赐"戈"时，详述其局部形制和饰件，这种记述在西周中、晚期铭文中重复出现，格式较固定，而为其他赏赐兵甲类铭文所不及。赐"戈"类词义组合在赐兵甲类词义组合类聚系统中占有主要位置。在赐休类词义组合中，赐"戈""琱戚""歌必""彤沙"位于赐衣服之后，属于册命、命职赐休内容的一部分。所以，词义排序较固定，各铭记述赏赐"戈"类内容大致相同，可知赏赐"戈"兵属于一种例行的命赐仪式。

（三）"戈"后跟"琱戚""歌必""彤沙"词义组合

赐"戈"词义组合常见格式是"戈琱戚、歌（緱）必（柲）、彤沙"，而《辅师嫠簋》铭为"戈、彤沙、琱戚"。"琱戚"在"彤沙"之后，将此例与其他赐"戈"辞例对照，可以说明"戈瑈戚"应切分为两个词。其他器铭辞例均为"瑈戚"在"彤沙"之前。此例无"歌必"，"戈"后"瑈戚""歌必""彤沙"的排列次序在各铭文中反复出现，应该说不是偶然的，它反映了西周时人们的语义组合习惯，实质上是当时的语义认知在起作用。从认知来看，"戚"为"戈头"的一个部位，"必"为戈头下的柄，这两个部分都是"戈"兵体本身的部位。"沙"（绥）是系在戈头内缘处的缨络（流苏），并不属于"戈"的本体的部位，属于外加饰件。从组合次序上看，词义先从"戈"的本体部位到外加饰件，描述本体部件时则是从上部到下部的顺序进行排序。这样就构成了一个小型的赐"戈"类词义组合系统。

第四章 册命司任职词义组合
类聚的主要义位

第一节 义位的出现与组合条件

西周器铭常见册命、命司任职词语组合，通常出现于册命铭辞和命司任职、赐服秩铭辞系列，可统称为"册命司任职"铭辞系列。考察这类铭辞系列，探讨册命司任职词义组合的分类及其义位出现的条件，可以辨析册命和司任职等动词义位的分布、地位、性质，义位的组合聚合关系，以及职官名与职事关系等问题。由于西周金文职官问题复杂，词义系统庞大，所以从词义组合类聚角度，选取册命、命司任职词义组合类聚进行考察分析，易于理清册命和司任职词义系统。

一、册命司任职铭辞系列的三种情况

西周器铭中册命司任职铭辞系列大致分为三种情况：一是辞句系列中所命之职只见职官名；二是辞句中出现职官名、职事内容或司辖职事；三是辞句中所命之职只见职事内容或司辖职事。

第一种铭辞系列，仅见职官名，不出现职事内容或所辖范围。例如：

（1）"王各（格）于大室，康公右卻智……曰：用司乃祖考事，作司土（徒）"《卻智簋》（集成4197）

（2）"荣伯入右辅师嫠，王呼作册尹册命嫠曰：更乃祖考司辅"《辅师

叜簋》（集成4286）

　　两辞仅见职官名"司土（徒）"和"司辅"，可知册命的官职名，不足之处在于辞句未提供官职的职能、职事内容。

　　第二种铭辞系列，出现册命职官名、命司任职事的内容、所辖职官或范围，例如：

　　（3）"王曰：截，命汝作司土（徒），官司藉田"《截簋》（集成4255）

　　（4）"王呼尹氏册命曶曰：更乃祖考，作冢司土（徒）于成周八自（师）"《曶壶盖》（集成9728）

　　（5）"王若曰：蔡，昔先王既令汝作宰，司王家；今余唯䲹（申）就（就）乃命，命汝眔曶：靅疋（胥）对，各死（尸）司王家外内……司百工，出入姜氏令"《蔡簋》（集成4340）

　　（6）"王若曰：趩，命汝作䜌自（师）冢司马，啻（適）官仆、射、士"《趩簋》（集成4266）

　　（7）"王呼内史史𢀛（寿）册命扬。王若曰：扬，作司工（空），官司量田甸，眔司立（居），眔司刍，眔司寇、眔司工史（事）"《扬簋》（集成4295）

　　例（3）—（6）所记册命某臣"作"某职官，有"司徒""冢司徒""宰""䜌师冢司马"，后跟册命司职内容，或列出所辖职官职事。例（6）"啻（適）官仆、射、士"是冢司马所统领、管辖之职。例（7）"司空"，官司"量田甸"职事，并兼"司立（居）""司刍""司寇""司工史（事）"。

　　《牧簋》铭记周王册命"牧"职官职事着重对"牧"的职权提出具体要求：

　　"王若曰：'牧，昔先王既命汝作司士，今余唯或䧢改，命汝辟百寮……以今鹘司，匐（服）厥罪，旨（稽）故。'"（集成4343）（见图版5）

　　"嗣士"旧释"司土（徒）"，"士"据字形辨别应为"士"，张亚初、刘雨纠正为职官"司士"，[①] 李学勤也持此说。"旨故"，李学勤释"稽故"

---

① 张亚初、刘雨：《西周金文官制研究》，中华书局1986年版，第38—39页。

指"查问其缘故"的意思。此段按李学勤解释较为合理（个别处可商榷），大意是：牧已任司士，王册命并扩大其权限，命他以法绳治群臣百僚，对于当时朝中出现不合法律的事情，王要求牧进行考察，使违法者伏罪，查明其原因。①

此类器铭对于研究西周职官极有价值，可探究职官名义位的性质和内容，结合西周器铭中相关职官所司职内容，辨其职事内涵，对于探讨职官、职事功能、范围，以及职官名义位的外延和分布义域等有重要价值。

第三种铭辞系列，不见册命职官名，只记命司职事内容或所辖职官。例如：

(8)"王呼史墙册命师酉：司乃祖，啻（適）官邑人、虎臣：西门尸（夷）、𩁹尸（夷）、秦尸（夷）、京尸（夷）、𢆷身尸（夷）"《师酉簋》（集成 4288）

(9)"王呼内史吴册命师𤞷，曰：……命汝官司邑人师氏"《师𤞷簋盖》（集成 4284）

(10)"王呼史年册命望：死（尸）司毕王家"《望簋》（集成 4272）

(11)"王呼内史音命殷……王若曰：殷，令汝更乃祖考友，司东啚（鄙）五邑"《殷簋》（近出 488）

例中动词"司"后跟名词或名词性词组，表示所司辖范围、内容或属官。

这种铭辞虽然只记职事内容，但结合相关铭文可推知所命司职事与职官名的关系。如据恭王时器《师酉簋》铭可推知"邑人、虎臣"与其后的"××尸（夷）"的职属关系。《询簋》铭（集成 4321）云周王命询"適官"，所司为"邑人、先虎臣、后庸：西门尸（夷）、秦尸（夷）、京尸（夷）、𩁹尸（夷）、师笭侧新口华尸（夷）……"。懿王时器《师询簋》铭（集成 4342）称"师询"，与询簋器主"询"为同一人，是《师酉簋》铭中师酉的后人（《铭文选》认为师酉与师询是父子关系②），可知职

----

① 见《中国史研究》2003 年第 2 期。

② 马承源主编：《商周青铜器铭文选》第三册，第 175 页，注 22。

官"师"为世袭。《师西簋》《师询簋》铭中册命不记职官名，实际上称
"师某"，即某人职官名，《询簋》《师西簋》中命司职能大致相同，是命
"询"继其先人师西之职事。《师询簋》又云："率以乃友捍御王身"，这与
"司邑人""虎臣"职事相类，具有周王卫戍部队的功能。[①] 所以，结合相
关铭文考察可以看出"师"的职名与职事的关系。从众多铭文材料来看，
"师"有统帅周王卫戍部队的职能，仅"师"职事的一个方面。

以上三种铭辞系列多出现于西周中期晚段器铭，以第二、三种最常见。

二、册命司任职词语组合的语义条件

西周器铭所见册命司任职词义组合系列，或记事或记言。铭文通例
为记述事件的程序性过程，有确定时间、地点。周王呼使臣$_1$册命臣$_2$，
有册命职官、命司任职内容，以及赐服秩车马銮旗等。有些器铭记述命赐
过程比较完整，例如《望簋》铭（集成4272）：

"唯王十又三年六月初吉戊戌，王在周康宫新宫。旦，王各（格）太
室，即立（位）。宰訊（倗）父右望入门立中廷，北卿（向）。王呼史年册
命望：死（尸）司毕王家。赐汝赤⊗市、銮，用事。望拜稽首，对扬天子
不显休。"

此铭记述命赐时间"王十又三年六月初吉戊戌"旦时，地点在周康宫
新宫太室，命赐过程有五部分：一是王格至于太室，即位；二是被册命者由
某臣"右"入门，立于中廷（即位于中庭），面向北；三是王呼臣某进行册
命；四是册命、命司职官和职事的内容；五是列出命赐服秩和物品；六是受
册命者拜手稽首，对扬天子之休。这五个部分构成了册命赐服程序内容。

许多器铭中只见册命赐服程序的某几个部分。无论哪种情况，册命
赐服过程既是事件也是程序，在某一时间、某一地点出现特定人物，发生
同类或相同形式的活动和行为。由于其事件由连贯的几个活动组成，又处
于特定时间、特定地点之中，所以称为"场景"。根据语辞、篇章的语义

---

① 参见张亚初、刘雨《西周金文官制研究》，第5页。

环境类型可划分为多个语义场景，而册命赐服事件场景在语义环境、条件上大致是相同的。

具体分析，命司任职词义组合是册命赐服语义场景的组成部分，其出现是有语义条件的：

首先，册命词义所指人物和行为活动，是在周王册命赐服事件中出现的，这一活动是该事件系列的一项内容。"册命"为动词性词组，在铭文中有"王＋呼＋臣₁（史／尹氏／尹某／内史等）＋册命＋臣₂"格式，兼语句式，为该事件序列中的王令宣册而册命部分。

其次，册命职官、职事、司辖属官等内容均是"册命曰"之后的铭辞，不与记事铭辞处于相同的语义表述层面上，而是处于记言铭辞之中。这类铭辞的特点是通常以"王若曰""王曰""册命曰"引出册命的职官名、职事、司辖属官等内容，是言"曰"的具体内容。某臣宣读册书时，称述周王册命内容，因此称"王若曰：……"，省简形式记作"王曰：……"，或"册命曰：……"，或省"曰"字，只记"册命……"，"命……"，其后内容实际上仍是记述宣读册命书中的内容，属于记言。这类记言铭辞嵌套于记事铭辞之中，两者语义表述层次不同。所以，命司职官的具体内容出现的语义条件与"册命"活动的语义条件不同，前者在记言铭辞中出现，后者在记事铭辞中出现。这是通常情况。例如：

（1）"王呼史秦册命山。王曰：山，命汝官司饮献人于暑，用作宪，司贮"《善夫山鼎》（集成 2825）

（2）"王呼史虢生册命颂。王曰：颂，命汝官司成周贮二十家，监司新寤（造），贮用宫御"《颂鼎》（集成 2827）

（3）"王呼入（内）史曰：册命虎，曰：觑，乃祖考史（事）先王，司虎臣，今命汝曰：更厥祖考，疋（胥）师戏司走马驭人眔五邑走马驭人，汝毋敢不龠（善）于乃政"《虎簋盖》（近出 491）

又如《番生簋盖》铭（集成 4326）以作器者番生口吻记言番生"帅型"祖先、王命，事服周王之心，并记周王册命其职事、赏赐其服舆。虽不记命赐场景，却仍属册命赐服礼仪事件。

由于册命职事处于上述语义场景条件中，它与诸侯（非周王）命司职事有所不同，所以将其区分开。诸侯命臣司职铭辞，如西周晚期《师獸簋》铭云：

"伯和父若曰：师獸，乃祖考又爵于我家，汝右（有）唯小子，余令汝死（尸）我家，敔司我西扁（偏）、东扁（偏）仆驭、百工、牧、臣、妾，东（董）载（裁）内外"（集成4311）

虽为命司职事之辞，但命者为"伯和父"，受命者为"师獸"，负责伯和父家政，可知"师獸"为地方诸侯之"师"。

又如《公臣簋》铭：

"虢仲命公臣：司朕百工，赐汝马乘、钟五、金，用事。公臣拜頧首，敢扬天尹丕显休"（集成4184）

是说虢仲命公臣司百工职事并赐休，公臣是虢仲的臣下。

这类命司职事铭辞亦有"右某入，立中廷"环节，但不出现"册命"词语组合。西周中期《卯簋盖》铭：

"荣伯呼命卯曰：甀（载）乃先祖考死（尸）司荣公室，昔乃祖亦既令乃父死（尸）司莽人……今余唯命汝死（尸）司莽宫、莽人"（集成4327）（见图版6）

此铭与周王"册命职事"的语义环境有所不同，但是对于研究西周金文职官词义系统极有价值，可将册命司任职词义组合与诸侯命司职事词义组合比照，进行互补研究。

第二节　册命司任职词义组合类聚的动词义位

西周器铭册命司任职词义组合系列由两部分铭辞构成：前一部分是册命词义组合，后一部分是命司任职词义组合。在前一部分册命词义中，主要动词义位是"命"，另有《免尊》铭（集成6006）以"王蔑免历"一语直接引出命赐内容和册命职官"司工"，属特例。与册命相关的动词义位还有"呼"，形成周王呼臣₁册命臣₂的格式。此外，相关词语还有"受某臣书",如《免簋》(集成4240)等铭,其中"书"为册命书。后一部分铭辞记述册命司任职内容,动词义位主要分为册命动词义位"命"和司任职动词义位两种。册命动词义位仅有"命",司任职动词义位有"司""官""作""备(備)""啻(適)""更""疋"(胥)等。另有表示司任职意义的动词性词组,如"官司""用司""死(尸)司""覭司""监司""覭疋(胥)""覭官司"等。

册命语句中动词义位"命"与"册"组合为"册命"词组,是册命语义主题的标志。司任职词义组合则由"司""官"等动词义位与表示职官、职事的义位或词组义共同标志其类。

一、册命动词义位"命"

西周各期器铭均记有册命职官职事内容,册命语句往往伴随命赐服秩、车舆、銮旗、弓矢和秬鬯等词语系列,具有明显的格式化特征。册命职官职事语句必有册命动词"命"。西周早期器铭以"令"字表示"命",自中期前段始多见"命"字,但仍常用"令"字表示"命"。

《仪礼·丧服》郑玄注:"命者,加爵服之名,自士至上公凡九等。"所谓"加爵服之名"乃是汉儒对"命"的解释,实质上"命"是西周初形成的周王以册书宣嗣王位、宣命诸侯、授予公卿臣正职官和服秩的一种制度,两汉及后来朝代沿用此制。

《周礼·春官·司几筵》曰:"凡封国、命诸侯,王位设黼依……"其中动词"命"表示册命爵职,即后来所释"加爵服之名"。

先秦传世文献有"册命",如《尚书·顾命》:"王麻冕黼裳,由宾阶隮。……入即位。……太史秉书,由宾阶隮,御王册命,曰:'……命汝嗣训……'。"孔颖达疏引郑玄曰:"太史东西,于殡西南而读策书,以命王嗣位之事。"周成王临近崩殂,命召公、毕公率诸侯辅助将即王位的姬钊(康王),因而作《顾命》,其中所说"册命"是指宣册命继嗣王位。

"册命"不限于册嗣王位,通常指周王册命诸侯、公卿和臣正。传世文献中"册命"亦作"策命",《周礼·春官·内史》:"凡命诸侯及孤、卿、大夫，则策命之。"郑玄注："郑司农说以《春秋传》曰：'王命内史兴父策命晋侯为侯伯。'策谓以简策书王命。"意思是说"以简策书王命"继而宣策而命诸侯、公卿大夫等爵位、职事。郑注引据《左传·僖公二十八年》所载春秋时周襄王册命晋侯（晋文公）之事："王命尹氏及王子虎、内史叔兴父策命晋侯为侯伯，赐之大辂之服，戎辂之服，彤弓一，彤矢百，玈弓矢千，秬鬯一卣，虎贲三百人。曰：'王谓叔父，敬服王命，以绥四国。纠逖王慝。'"对照西周器铭，显然春秋时期的册命直接承袭了西周礼制。

册命是西周时期重要的政治礼仪制度和典礼活动，凡器铭记述此类内容大多语句规范、格式固定，词和词义的选用固定，形成铭辞通例。西周器铭记载册命职官职事内容颇为丰富，结合传世文献，可透彻分析册命动词义位"命"的语义构成和特征，释解其内涵。

（一）义位的辨别

1. 先秦时期"命"作动词通常用于肯定语气，既表示呼命、使令，也表示册命职官、命司任职。两者语义相关，都可用于兼语句。

从使令动词"命"与册命动词"命"同现一个兼语句，可以看出两者差别：

（1）"王命尹册命申：更乃祖考疋（胥）大（太）祝官司丰人罘九戏祝"《申簋盖》（集成 4267）

前一动词"命"为使令动词，后一动词即"册命"之"命"是册命动词。在西周器铭中"册命"严格说是词组，尚未固定成词。这一点将在后面论述。

铭辞王呼命臣$_1$册命臣$_2$，使令动词通常用"呼"：

（2）"王呼作册尹册令（命）柳"《南宫柳鼎》（集成 2805）

动词"呼"表示呼使、命令。比较《申簋盖》铭"王命尹册命申"与《南宫柳鼎》铭"王呼作册尹册命柳"，前一个"命"是使令动词与"呼"同义可替换，后一个"命"则不可，仅限册命义。

2. 考察册命动词义位"命"，有一个值得注意的问题："命"表示周王以册（策）书仪式命职诸侯臣正，与表示诸侯公伯命职臣属，是同一义位还是区分为两个义位？关于义位的划分，笔者在甲骨文义位研究中曾提出：应依据客观语言的实际情况（辞例依据原则），以语句中词义组合关系及其组合结构方式所形成的类聚关系是否定型为根据。而词义的语义构成，则体现出语句中该词义与其他词义的组合关系、语义和语法组合结构方式、语义成分、语义特征要素（或语义要素），可以通过辨析各词义构成中语义语法结构关系、语义成分和义素是否类聚定型，来判别义位的区分与归并是否得当。① 这一甲骨文义位归纳的重要方法，同样适用于西周器铭义位归纳。

首先，从共时词义关系看，西周时期"命"表示周王册命和表示诸侯命职，均含有上级对下级命职之义，语义极其接近，似乎可以归纳为一个义位，但细审器铭，情况并不相同。西周金文中"册命"组合仅出现于有周王在场的命职语境中，如：

"王在周康昭宫。旦，王格太室，即位。宰引右颂入门，立中廷。尹氏受王令（命）书，王呼史虢生册令（命）颂。王曰：颂，令（命）汝官司……赐汝玄衣黹纯……"《颂鼎》（集成 2827）

西周金文时常省简，不出现"册"，在句子结构的"册命"位置上单用册命动词"命"，但铭文中必记有周王在场，"命"依然是册命动词。如：

"王在周新宫，王格太室，即位。士成右殷立中廷，北向，王呼内史音令（命）殷：'赐毂、朱衡'，王若曰：殷，令（命）汝更乃祖考友司东鄙五邑。"《殷簋》（铭图 05305）

"命"也表示王命某人侯于某封国（某地），前句是"王命……曰"，后句为命某人侯于某封国或某地的具体内容：

（1）"王命虞侯矢曰：鄵侯于宜"《宜侯矢簋》（集成 4320）

（2）"王命柜（垣）侯伯晨曰：嗣乃祖考侯于柜（垣）"《伯晨鼎》（集成 2816）

---

① 王晓鹏：《甲骨刻辞义位归纳研究》，商务印书馆 2018 年版，第 85—94 页。

与梅赜《古文尚书·蔡仲之命》"（王若曰……）予命尔侯于东土"相类同。另有《吴虎鼎》铭（近出 364）记述了周王命付吴虎封疆之事。这类"命＋某人＋侯＋于＋某封国或某地"仍属册命，"命"为册命动词。

西周器铭中还有诸侯公伯"命"其臣属任司职内容，但凡这类铭句都不使用"册命"组合，而仅用"命"，且铭文命职语境中未记有周王在场。例如：

（1）"雁（应）侯命曶曰：司朕走马、驭"《曶簋》（铭图续 0437）

（2）"唯九月初吉甲寅，皇君尹叔命射司贾，乃事东（董）征其工"《射壶》甲（铭图 12443）

诸侯的重要卿臣需由周王册命，而诸侯亦可命职下属，但不绝出现"册命"组合，也就是说诸侯命职其臣属不行册命仪制。《礼记·王制》曰："大国三卿，皆命于天子。下大夫五人，上士二十七人。次国三卿，二卿命于天子，一卿命于其君。下大夫五人，上士二十七人。小国二卿，皆命于其君。下大夫五人，上士二十七人。"所记命职制度与器铭内容吻合。《说文·册部》谓："册，符命也，诸侯进受于王者也。"虽然释"册"之本义未必确然，但其所谓符命之"册"为王受命诸侯之用，说的即是周制。可见，西周时期"命"既有周天子举行的册命礼仪，又有诸侯等对其臣属非册命性质的任命。春秋礼崩乐坏，诸侯亦可册（策）命其臣属。许倬云将春秋时诸侯册命臣下与西周时周王册命不加区分，混而为一，①实不可取。在这一点上，杨宽较为谨慎，仅论为西周时周王之册命制度。②

尽查西周器铭，比较周王册命赐服诸侯臣正与诸侯公伯命职臣属的铭辞，其中出现的词语有差别——"册命""授命书"（或"授某书"）"受命册""受册"仅出现于有周王在场举行册命的语境中，而不见于诸侯公伯命职臣属铭辞。如下表所列：

---

① 许倬云：《西周史》（增补二版），三联书店 2012 年版，第 185—186 页。

② 杨宽：《西周史》（下），上海人民出版社 2016 年版，第 872—877 页。

表7　西周器铭周王册命语句系列中"册命""命"等词语出现情况

A. 册命赐服者周王		授册命书、王呼某执册命进行册命某仪式					命职服内容	词组"受命册""受册"
		授册命书	王呼某	册命某	（王）曰	命汝 赐汝	任司职事、赐服类词语	
有词组"册命" **王在场：**	1		王呼某	册命某	曰/王若曰/王曰	命汝	任司职事、赐服类	
	2		王呼某	册命某	曰/王若曰/王曰	命汝	任司职事、赐服类	受册
	3	尹氏受王命书	王呼某	册命某	王若曰/王曰	命汝	任司职事、赐服类	受命册/受册
	4	王授作册尹书	僷	册命免	曰	命汝	任司职事、赐服类	
王在……	5		王呼某曰	册命虎	曰/王若曰/王曰	命汝	任司职事、赐服类	
王格……	6		王呼某	册命某	王曰		赐服类、任司职事	
（王）即位……	7		王呼某	册命某	曰		任司职事、赐服类	
	8			册命某	王若曰		任司职事、赐服类	
	9		王呼某	册命某		命汝	任司职事、赐服类	
	10		王呼某	册命某			任司职事、赐服类	
王在……	11		某	册命某			任司职事、赐服类	
	12		王命某	册命某			任司职事、赐服类	
	13		王呼命某	册命某			任司职事、赐服类	
	14		王呼某	册申命某	曰		任司职事、赐服类	
	15		王呼某	册命某	曰	赐汝	服类	

续表

序号		王呼某	册命某	日	赐汝	命职服内容　任司职事、赐服类词语	无词组"受命册""受册"
16	王在宗周,大室……	王呼某	册命某		赐汝	服类,任司职事(或无)	
17	王格于康宫……	王	册命某	日	赐汝	服类,任司职事	
18	王在成周大室……	呼某	册命某		赐汝	服类	
19		某	册命		赐(汝)	服类	
20		某	册命矜		赐	鋚,命邑于……	
21		某	册命楚			服鋚,任司职事	
22		某	册命某	王曰	赐汝	服类,任司职事	
23		某	册命某		赐汝	服类,命任司职事	
24		命某	册命某	日	赐汝	服类,命任司职事	
	B. **册命赐服者** **周王**	王呼臣₁进行册命臣₂ 王命臣₂	命某	(王)日	命汝 赐汝	命职服内容 任司职事、赐服类词语	
25	无词组 "册命"	王呼某	命某			赐服类	
26		王呼	命某		命汝	服类,任司职事	
27	单用 动词"命"	王	命某	日		任司职事,赐服等(或无)	
28			命某	王若曰/王日	命汝	任司职事	
29		王	命某		赐汝	服类,任司职事(或无)	
30	王在场:	王	命			任司职事,(命汝)赐服类	
31			命某			服类,赐服类	

...

续表

王在……/	32		命某	曰		任司职事，王曰：赐汝服类
王格……	33			王若曰/王曰	命汝	任司职事，赐服类或其他
即位……	34	王	命某			"侯于"某地
"命"的主语为"王"	35	王	命某			服类
	36	王	增命某		命汝曰	任司职事，赐服类
	37	王				服类
	38	穆王	巢命曼	曰		任司职事，赐弓矢车等

表8　西周器铭诸侯公伯命职赏赐语句系列中词语出现情况

命职者非周王		无词组"授（册）命书"、"册命"			（诸侯）曰	命职的内容		无词组"受命册""受册"
		某诸侯呼（某）	诸侯公卿	"命"某		"命"汝	任司职事，赏赐类词语	
诸侯或公卿等	1		某侯或某伯	命某	曰		任司职事	
	2	某伯呼		命某	曰		任司职事，赐玉章马匹土田等	
	3				某若曰	命汝	任司职事，赐戈干金等	
	4		某公赐某	命某			任司职事	
	5		某公或君某	命某			任司职事	
	6		某	命某			任司职事	
	7		某	命某			任司职事，赐马匹钟金等	

　　义位是词汇语义系统中最小词义单位，划分义位应当精密、详审、严格，能体现某一时代义位的系统性，反映出义位的特定内涵和时代特性。册命有特定时代的礼仪制度内涵：西周册命制度限定了命授职服者只能是"王"（即"天子"）；同时，仪式性的执册宣册限定了册命动词义位"命"的性质。因此，西周时"命"表示册命，是特指的册命动词义位，应与一般性的命职义位区分开。

　　其次，关于"命"表示帝王命赐爵职服秩的特定册命礼制涵义，古代典籍及训诂有专门阐述或解释，有助于分析和理解"命"的词义。

　　例如，《周礼·春官·序官》："典命"郑玄注："命，谓王迁秩群臣之书。"贾公彦疏补充郑注云："凡言命者，皆得简策之命秩次也。命出于王，故云命谓王迁秩群臣之书。"

　　郑注与贾疏为我们分析"命"的词义构成，提供了主要的语义要素（简称"义素"）：一是"命出于王"，即由王（天子）授命，记作［王］/

[天子]〈[出命者] / [授命者]〉；二是册书（即册命书）仪式环节，记作 [册书]；三是"迁秩群臣"或"命秩次"，即晋迁臣正职官服秩，记作 [命] ＋ [群臣] ＋ [迁秩] / 秩次]。

器铭和传世文献记述册命内容经常省略"册"（策）或"册（策）书"及相关词语，但是，依据史料记述而还原，执册（策）、宣册（策）、"王曰"确为册命仪式的必要环节。册命包括天子命职事、命赐服秩、车舆、銮旗、弓矢和秬鬯等。

如《诗·小雅·采芑》："服其命服，朱芾斯皇，有玱葱珩。"朱熹传："命服，天子所命之服。"①

刘向《说苑·修文》则谓："有功者，天子一赐以舆服弓矢，再赐以鬯，三赐以虎贲百人，号曰命诸侯。"②

在西周册命语境中，命授职服者（呼使进行册命仪式者）或"命"的施事是周王（天子），"命"之必有仪式环节为册（策）书。"命"表示册命有其特定语义内涵，故不同于一般性质的任命义。

再其次，从词义历史发展来看，周代以后的"命"既表示广义的任命，也表示特指的册命义位。但任命并不等于册命，两词义在历史时代分布上有差别，故应分为两个义位。动词"命"表示任命常见于传世文献，其主语不一定为天子、帝王，而任命也不具有册命性质，故此"命"仅表示任命，而非册命，应区分为不同历史时期的两个义位。③

（二）"册命"组合与"命"

1. 现有西周器铭中"册命"连语出现 115 次（据吴镇烽《铭图》和《铭图续编》著录统计）。有的学者将西周时期出现的"册命"列为词，④

---

① （宋）朱熹集注：《诗集传》，中华书局 1958 年版，第 116 页。

② （汉）刘向撰，向宗鲁校正：《说苑校正》卷十九，中华书局 1987 年版，第 486 页。

③ 《汉语大词典》未作区分，显然是一个缺失。见罗竹风主编：《汉语大词典》第三卷"命"，汉语大词典出版社 1989 年版。

④ 黄志强、杨建桥：《论汉语词汇双音节化的原因》，《复旦学报》（社会科学版）1990 年第 1 期，第 98 页。

但是尽查两周诸器铭及传世文献，可以看出其组合并未固定，中间可加其他词，故"册命"仍为词组。

如西周中期《覣簋》铭（铭图05362）有："王呼作册尹册龗（申）令（命）覣"。

"册"与"命"中间加"龗"，"龗"字，吴镇烽《铭图》释"申"。《尚书·尧典》："申命羲叔宅南交。"孔传："申，重也。""申"训"重"，有"再""又"或"重申"之义，作副词。器铭常有词组"申命"，如《引簋》铭（铭图05299）："王若曰：引，余既命汝更乃祖鼐司齐师，余唯龗（申）命汝。赐汝……"其中"既命"与"龗（申）命"对举，副词"龗（申）"有"重"或"再"义。《吴虎鼎》铭（近出364）有"王令（命）善夫丰生、司工（空）雍毅龗（申）刺（厉）王令（命）……"，王呼命两臣，重申（先前）厉王命吴虎之封土。由"申命某"和"申……命某"来看，《覣簋》铭"册申命覣"的"册"与"申命覣"之间略有停顿，即"册而申命覣"，组合结构为"V（册）＋申＋V（命）＋N（覣）"。

再看传世文献，《礼记·祭统》云："史由君右，执策命之。"其中"执策命之"意指"执策宣君王命而命之"，"策"即"册"。此"执策命之"与《覣簋》铭词组"册申命"联系来看，"册命"组合仍具有一定灵活性。

"册"（策）与"命"组合表示"册而命"，是两个动词组合，属并列结构词组。《周礼·春官·内史》："凡命诸侯及孤、卿、大夫，则策命之。"郑玄注："策谓以简策书王命。"郑注将"策"作独立解释，"则策命之"之"命"与"命诸侯"之"命"前后相应，"命"是单独成词的。

在"执策命之"和"则策命之"中，"策""命"均为动词。"执策命之"指执策宣君王命而命之，"则策命之"即（则）策而命之，是指以简策书王命而命之。由此来看，《覣簋》铭"册申命覣"即指"执册宣册而再命覣"。

同时，器铭中"册命"出现于"王呼臣₁册命臣₂"语句，而不用于宣读册书"曰"后的引语中，亦即引语中仅单用动词"命"，作"（余）命汝……"，而不用"册命"。此现象很值得注意，说明"册命"组合表述的是周王呼使作册尹或内史等执册宣王命而命某职服的仪式行为，该词组结构描摹了作册尹或内史执册宣王命而命职服的实际仪式过程。"（王）曰"后引语中的"命"则是册命书所记周王命职、赐服内容的原文。"王呼臣₁册命臣₂"之后通常是"（王）曰"及其命书引文"命汝……"，前句中"册命"与后面的"曰：命汝……"语义前后承接连贯，表明前句中"册命"的涵义是执册宣王命而命之的意思。词组"册命"实际上是对"执册宣王命而命（之）"涵义的缩简表达，表述的是进行册命的仪式行为。

可见，"册命"为词组。其成词约至西汉晚期，或写作"策命"，见于《汉书》《汉纪》《三国志》等史籍及后来文献。

2. 西周器铭中"册"可与动词"赐""赉"组合，"册赐"出现9次，"册赉"出现2次，此"赐""赉"表示赏赐，而非册命。

"册赉（赉）"见于《卌二年逨鼎》甲乙二铭，"赉"即"赉"，表示赐义，"册赉"词组指册命而赏赉，其后仅限所赏赐的物品、土田等，非职官类。而"册命"的宾语，即所册命内容是职官职事。试比较《卌二年逨鼎》铭与《卌三年逨鼎》铭的不同：

"王呼史减册赉（赉）逨，王若曰：……赉（赉）汝秬鬯一卣、田……"《卌二年逨鼎》甲（铭图02501）

"王呼尹氏册令（命）逨，王若曰：……昔余既令（命）汝……龘（申）臺（就）乃令（命），命汝官司历人……"《卌三年逨鼎》甲（铭图02503）

周王"册赉（赉）"用以表彰逨承其祖考功德而胜伐玁狁的功绩，赏赉秬鬯与田地。

这种赏赉又见《尚书·文侯之命》："王曰：父义和……用赉尔秬一卣鬯、彤弓一、彤矢百、卢弓一、卢矢百、马四匹。"

《文侯之命》所述册命并非授爵职，而是周平王嘉奖、表彰晋文侯姬仇（字义和）的显德与功绩。

"册赐"亦别于"册命"。"册命"的宾语既可以是所册命的职官名或司任职事，也可仅为服舆、銮旗类，而"册赐"（或单用"赐"）宾语仅限服舆、銮旗类，并非职官名和司任职事（见《走马休盘》《七年师兑簋盖》《癲盨》等铭）。"册命"是册命职官服秩的礼制，命赐服秩实际上也是册命职事，有些西周器铭出现"王呼某册命某，赐汝（某人）某服……"，其中"命"是册命，"赐"是命赐，"命"与"赐"是不同的概念。器铭常见"册赐某人服舆"应是省简表达形式。可见，西周时"命"作为册命动词，词义中兼有册命职官职事和册命赐服的涵义，其语义涵盖范围大于"赐"，可代替"赐"用于表示命赐之义。但反过来，动词"赐"不等于"册命"，并不具有册命职官涵义，不能代替"命"的用法。

周王、诸侯赏赐臣属即是命令，因此在西周器铭中赏赐服舆、物品、土地、人员等用法上"赐"用如"命"，"命"亦如"赐"；但是表示册命职官职事时只用"命"，不用"赐"。虽然在传世文献中"赐"用如"命"，其宾语有职官、爵职，如《周礼·春官·小宗伯》："赐卿、大夫、士爵则傧。"郑玄注："赐，犹命也。"但是，很难说《周礼》此句是西周时的语句，或为非规范用法——总之，就西周时的真实语料器铭来说，其中未见"赐"的宾语为职官职事。随着词义的发展，至春秋时"赐"具有更广泛的含义，可用如"命"表示王君命赐——既可表示命赐职官，也可表示命赐物品或其它。

西周以后，册命动词"命"的近义词还有"封"。在西周时期动词"封"不具有授予爵位职官的意思，"封"在《周易》中指聚土（以植树），乃其本义，在《周礼》中指封国，如《春官·司几筵》有"凡封国、命诸侯"，即所谓"制畿封国"或"制其畿方千里而封树之"。至春秋早期，"封"已有王君将爵位、土地等赐予人的意思，主要指封某人于某地或封某人爵职，如《左传·昭公二十九年》："实列受氏姓，封为上公。"杜预注："爵上公。"《礼记》也有"行赏，封诸侯，庆赐遂行"。这一时期"封"又引申为诸侯国君将职官职务授予臣属的用法（见春秋早期《复封壶甲》

铭①)。

从词义发展看，册命动词义位"命""赐""封"存在断代分布的差异，如下表所示：

表 9　册命动词义位断代分布差异

义位出现时期及文献		册命动词义位 （册命职官嗣位）	赏赐动词义位 册命赏赐／非册命赏赐	非册命性质的 命职动词义位
西周时期	西周器铭	命	（册）赐$_2$、（册）赉赏	命、授
	传世文献	命、赐$_1$（用如"命"）		
春秋战国	器铭或 传世文献	命、封	赐$_2$、赉、赏	命、拜、授
两汉时期		命、策（册）命、策（册） 策立、封 赐$_1$（用如"命"）		

西周器铭中册命动词仅用"命"，西周以后文献中既有"命"也有"赐""封"。册命动词处于历史演变中，其词汇、词义系统的构成和断代分布存在着差异。

至两汉，除册命动词"命""赐"之外，词组"册（策）命"定型为词。同时，动词"策"具有了册（策）命的意思（见《史记》《汉书》等），成为册命动词，还出现了"策立""封""封拜"等册命动词。"策立"用于册命太子和皇后，"封"用于册命爵职（诸王列侯）、赐名号、封国、封地（邑），"封拜"则统指封爵授官。两汉是统一的封建中央集权制，施行册命制，由汉帝册命重臣，郡国并行。这一时期的册命动词较之两周丰富了许多，其内容分化而具体，各有专用。

（三）册命动词"命"的词义内涵和语义构成

义位的语义构成分析不仅反映词汇层面（词汇储存状态）的词汇语义关系，也反映隐含的词源义要素，而且还应当反映词义在语句中（词

---

① 吴镇烽：《铭图》22 卷 412 页，12447。

的使用状态）的动态组合搭配、分布特征、语法意义、语义关系等语义构成情况。因此，分析义位的语义构成并非是单维、单层次的，可从多维角度和不同层次进行分析——这有助于全面认识词的语义构成，解释词义内涵，揭示义位在当时义位系统中的特性。由于西周器铭中册命动词"命"有其重要词义内涵和义位性质，有必要从词源义要素、词义在语句中的组合分布关系、词位的义位关系等不同层次和角度分析其语义构成。

1. "命""令"原为一字，商代甲骨文有"令"字，表示"使令"。从商周器铭中可以看到，大约商末及西周早期，由"令"的本义"使令"引申分化出表示天君或帝王"口出、言命"的一层意思，即表示天之制命、天子王君诏令（命）和天子册命一类的意义，同时从"令"字分化而新造"命"字，用以表示这些引申义，"命"（明纽耕部）、"令"（来纽耕部）分化为两个词。西周早期器铭尚无"命"字，但已有以"令"字表示的"命"的词义，至西周中期"命"字出现并渐增。"命"既是"令"的派生字，也是"令"的派生词，因此"命"的词义中含有遗传义素[令]。

此外，段玉裁《说文解字注》："命者，天之令也。"朱骏声《说文通训定声》谓："在事为令，在言为命。……令当训使也，命当训发号也。"从"令"分化出"命"字（词）表示"天之令"、天子君王发号、言出诏命，与"名"的音义密切相关，如《左传·桓公二年》："夫名以制义"孔颖达疏："口出为名。"东汉蔡邕《独断》卷上则释："出君下臣名曰命。"解释了君王发号、言出之"命"与"名"的关系。《广雅·释诂三》："命，名也。""命""名"古音均在明纽耕部，上古文献中二字可通假。古人早已认识到两者内在的语义联系，如《荀子·正名》："实不喻然后命"杨倞注曰："命，谓以名命之也。"黄生《字诂·名》释曰："以声相命曰名。"等等，诸释说明了"名"与"命"之间的音义联系，"名"为名称，以"指实"而明辨事物，"命"则为命名。

从词源来看，"命""名"二词古音同纽同部，音近义通，实为同源词。《左传·成公二年》："唯器与名不可以假人"杜预注："名，爵号。"
即爵位名。由词源关系和语义认知来分析，册命之"命"的词义应隐含词
源义素［名］，即源义素。

"命"隐含的词源义素［名］，蕴含于册命所赋予的职官名分和服秩
班列意义中。在器铭的册命语句系列中，册命动词"命"后跟任司职官职
事和赐服、车马銮旗词语组合系列，命赐之服、旗等在颜色、纹饰等形制
方面显然有等级（或可能属于爵序范畴），① 以彰显诸侯服秩和臣正级别。
《左传·僖公二十三年》所谓"策名委质"，虽是春秋时作君主之职臣需要
书名于策（册），以明确主从臣属所系关系，但由此可知西周时周王册命
也将受册命者之名、职名服秩等书于策（册）上。《仪礼·丧服》郑玄注：
"命，加爵服之名。"实际上"加爵服之名"即"命秩次"，就是以册命制
度形式授予诸侯臣正职次和名分。西周时期王室贵族极其重视职位等次的
名实关系，正如《荀子·正名》云："爵名从周，文名从礼。""……制名
以指实，上以明贵贱，下以辨同异，贵贱明，同异别。"又《释名·释言
语》谓："名，明也，名实使分明也。""名"声训"明"，其义在"分明"。
就政治制度来说，周王命赐诸侯臣正职官权位，即以"名实"辨分明，作
用在于"辨等列"，这正是"策名"和"加爵服之名"在政治礼制上的重
要作用。西周册命制是周王命人将命职服内容书写于册书，并由专臣宣
读，其实质是"以名命之"的一种政治制度。册命确定了受册命者的位次
服秩，同时以制度形式明确了其职权名分。

因此，从词源义分析，册命动词义位"命"隐含两个词源义素层次，
如下所示：

① 西周器铭册命司任职事语句中未有与后世完全相当的爵称、爵序，傅孟真先生曾提出
西周无五等爵序。除册命任职事语句系列外，西周器铭有极多"公""侯""伯"之
称。"公""侯""伯"同现一辞时（"侯""伯"出现极多，"公"略少）排序固定，有
班列等级，应与爵称、爵序有关。"公""伯"依次出于同一铭句，"诸侯"与"侯""田"
（甸）"男"则依次出现在同一铭句。西周早期《荣簋》铭有"侯服"，属服制系列。可
知西周爵位与服制是不同序列，其爵称和服制大概与后来所说五等爵和五服制不完全
一样，有学者已指出这一点。

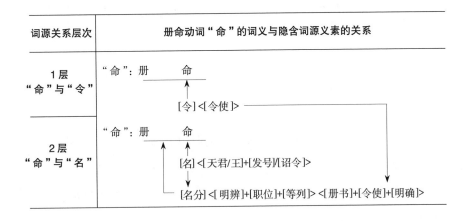

综上分析，册命动词"命"的词义中隐含［令］和［名］的两个层次词源义素，其中［名］下层隐含［名分］〈［明辨］＋［职位］＋［等列］〉和〈［册书］＋［令使］＋［明确］〉，为深层（里层）义素。

2.在器铭语句组合关系上，册命动词"命"和词组"册命"是册命辞句系列的显著标志，可以通过分析"命"与其他词语的组合搭配关系、聚合关系及其语义特征、语法意义，来分析"命"的词义构成和语义要素。

A类语句系列。"册命"组合及相关词语的语义关系可用于辨析"命"的词义构成。如前述，西周器铭中"册命"组合仅出现于周王在场的命赐职服语境，其语句格式大致如下：

a.（王在……／王格……（即位）……）＋"王＋呼（命）＋臣₁＋册＋命＋臣 2"（＋曰／王曰……）

b.（王在……／王格……（即位）……）＋"呼（命）＋臣₁＋册＋命＋臣₂"（＋曰／王曰……）

c.（王在……／王格……（即位）……）＋"王＋册＋命＋某臣"（＋曰／王曰……）

另有《戚簋》铭（铭图续 0450）："王在成周太室，单伯入右戚，散史册命戚，王曰：……"，格式为：

d.（王在……）＋"臣₁＋册＋命＋臣₂"（＋王曰……）

《吕簋》铭（铭图 05257）："王格太室，册命吕。王若曰……"，格式为：

　　e.（王格……）＋"册＋命＋某臣"（＋王若曰……）

《免簋》铭（集成 4240）："即令（命），王授作册尹者（书），卑（俾）册令（命）免，曰：……"，格式为：

　　f.（王在……王格……即命，王授作册尹书）"俾＋册＋命＋某臣"（＋曰……）

《师虎簋》铭（集成 4316）："王呼内史吴，曰：'册令（命）虎。'"格式为：

　　g.（王在……格……（即位）……）＋"王＋呼＋臣₁"＋"曰："＋"册＋命＋臣₂"（＋王若曰／王曰……）

《亲簋》铭（铭图 05362）："王在周，格太室，即位，司空遒入右亲，立中廷，北向。王呼作册尹册龠（申）令（命）亲，曰……"，格式为，

　　h.（王在……格……即位……）＋"王＋呼＋臣₁＋册＋申＋命＋臣₂"（＋曰……）

以上格式 a、b、f、h 为兼语句式，b 省略主语"王"，f 省略兼语"作册尹"。前文已论，此兼语句中的"册""命"为动词，在"册命臣₂"组合中构成"V＋V＋N"结构的词组。

兼语臣₁的谓语由词组"册命臣₂"构成，动词"册"与"命"之间有停顿，即"册（执册、宣册）＋（而）命臣₂"，句子的语义关系为：

王	呼	臣₁	册	命	臣₂
施事₁＋行为₁［使令］		＋受事₁＆施事₂＋行为₂［执册］［宣册］		＋行为₃［册命］	＋受事₂

A 中格式 a 主语与兼语的语义关系是致使关系（目前学者一般按兼语句 V₁"呼"的语义类归为致使类型兼语句），王呼令臣₁使其执册、宣册而命臣₂。格式 d 中"俾"训"使"，省略了"俾"的宾语臣₁（作册尹），句义是周王令使（作册尹）册而命"免"，致使关系明显。据此类器铭后均有臣₂"对扬天子（王）命（休命／丕显休命／休／丕显休）"辞句，可

确知授命臣$_2$职事者是周王。也就是说，在语义逻辑关系上，臣$_1$只是被王呼使而执册宣王命仪式的执行者，以传递王对臣$_2$的册命内容，实际授命（即"出命"）臣$_2$者应是周王，标记为（授命者／出命者）[王]。正因如此，格式 a 兼语句不能单用 V$_2$ 册命动词"命"（即无"王呼臣$_1$命臣$_2$"），而必须出现词组"册命臣$_2$"，以准确表达王呼臣$_1$执册宣王命而命臣$_2$的意思。

在 A 类语句系列中，册命动词"命"的词义分析如"表10"。

B 类语句系列。除"册命"组合外，册命动词"命"单用于如下格式：

a. 在"王曰"（或王若曰／曰）后直接引述册命内容，构成兼语式"S$_{(余)}$／或省略＋V$_{1(命)}$＋OS$_{(汝)}$＋V$_{2(任司职动词)}$＋O$_{(职官职事)}$"，或其后跟有赐服类语句，其中 S"余"是周王自称，因句前有"（王）曰"，故经常省略主语"余"；

b."王曰"（王若曰／曰）后直接引述册命内容："V$_{(赐)}$＋O$_{1(汝)}$＋O$_{2(服类舆旗等词语)}$"，后跟兼语式"S$_{(余)}$／或省略＋V$_{1(命)}$＋OS$_{(汝)}$＋V$_{2(任司职动词)}$＋O$_{(职官职事)}$"；

c. 兼语式"S$_{(王)}$＋V$_{1(命)}$＋OS$_{(某臣)}$＋V$_{2(任司职动词)}$＋O$_{(职官职事)}$"；

d."S$_{(王)}$＋V$_{(命)}$＋O$_{1(某臣／汝)}$＋O$_{2(职官职事)}$"式；

e."S$_{(王)}$＋V$_{(命)}$＋O$_{(某臣／汝)}$"＋"曰："＋"V$_{(赐)}$＋O$_{(服类车旗等)}$"＋"V$_{(任司职动词)}$＋O$_{(职官职事)}$"（或无），器铭偶见此格式，是"王呼（令）某臣册命某臣，曰……"的省简式。

以上情况中册命动词"命"的主语（施事）为"余"或"王"（或省略），亦即不与"册"组合而单用"命"时，其主语（施事）仅限"余"或"王"，记作"[册命]〈（施事）[王]〉"。

在 B 类语句系列中，册命动词"命"的词义分析如"表11"。

表10　器铭词义组合关系中册命动词"命"词义分析之一

"命":[册命]义素 / (行为)语义成分	王	呼	臣$_1$	册	命	臣$_2$	曰：	余	命	汝	任司职事赐服等
"命":[册命]义素	[周王]/[天子]　[册命者]	[呼令]	[某臣]　[作册内史]/[作册尹]等　〈[受王呼使者][执行仪式者]〉	[执册][宣册]　〈[执行][宣读][仪式]〉	[册命]　[某臣]	[某臣]　[受册命者]		[周王]/[天子][王自称]　[册命者]	[册命]	[某臣]　[受册命者]	[任司]+[职事][命赐]+[服秩]　〈[受册命][职事][服秩]〉
(行为)语义成分	(施事$_1$)　(册命)	(行为)	(受事$_1$)(施事$_2$)	(行为)　(册命方式)(册命仪式)	(行为)　(受事$_2$)(受册命)	(受事$_2$)(受册命)		"命"的(施事)(册命)	(行为)	"命"的(受事$_1$)(受册命)	(受事$_2$)(受册命任司职事、册赐服秩内容)

表 11　器铭词义组合关系中册命动词"命"词义分析之二

"命"：[册命] 义素　(行为)语义成分	王 / 余	命	汝 / 某臣	作 / 司…… 任司职动词	职事 职事、服秩等	赐 服等……
	[周王] / [天子] [王自称]	[册命]	[某臣]	[担任] / [司辖]	[职事] [服秩]	[册赐] ＋ [服秩]
	[册命者]		[受册命者] [任司职事者]			
(行为) 语义成分	(施事₁)	(行为₁)	(受事₁) (施事₂)	(行为₂)	(受事₂)	……
	(册命)		(受册命者)	(受册命任司职事、册赐服内容)		

3. 在"命"的词位义系统中，主要动词义位有：a."使令"，b."册命"，c."命职"。

动词"命"表示册命义位与表示使令义位的主要差别在于：前者"命"的主语（施事）是"王"，语义成分和义素标记为（施事）[王]，"命"后跟"某人＋任司职动词＋职官职事"兼语短语，或"某人＋职官职事"，所命授的是职官职事；后者"命"的主语（施事）不限于这种身份，标记为（施事）[王] / [诸侯公卿等官员]〈[上级]〉，"命"后跟兼语短语"某人＋非任司职动词＋人 / 事"，是非任司职事短语。

"命"表示册命义位与一般性命职义位的差异在于：前者"命"的施事（授命者）为 [周王] / [天子]，"命"可与"册"组合。后者"命"的施事为 [诸侯] / [公卿]〈[上级]〉，而非周王，义素标记为 [－王] / [－天子]，并且"命"不与"册"组合，即此类语句中无"册命"词组。

此外，在不同词的义位类义系统中，西周器铭中的册命动词仅有"命"。

（四）"命"的义位特性

据以上词义分析可以看出册命动词义位"命"的一些重要特性。

从"册""命"组合关系中可以分析出义位"命"的组合特征和语义要素，"册命"组合以"册"制约、限定了"命"的词义内容，与"册"

组合的册命动词仅见"命"。同时，册命者只能是周王，标志着"命"作为册命动词义位具有唯一性。

"命"的词源义有天子王君号命和"名""明"之义，册命动词"命"隐含使被命职者的地位名分明确化的语义要素。"命"的这一词义深层内涵在当时义位系统中具有唯一性，因此，其语义的功能和价值也就具有唯一性。

在词汇义位聚合关系上，西周器铭中册命动词仅有（或仅使用）"命"，在册命动词义位（系统）中只有或只使用"命"，"命"是西周时表示册命的专用动词义位。在不同词的义位类义关系（系统）中西周器铭册命动词仅有"命"，表明"命"在册命动词系统的唯一性。这是册命动词义位"命"的性质和显著特征。

册命动词义位"命"的唯一性体现于器铭句子组合关系中：册命者必为周王；命司职官职事组合关系固定，语句程式化；在周王呼令某臣执册宣册而命职的语句中，必有"册命"组合，"命"必有册书环节，词语固定，句子格式化、程式化；"册命"组合意味着，册命职官服秩以礼仪制度形式使被册命者地位秩次明确化。"册"对"命"的语义制约或规定是制度性的外现——册命必有受册、宣册环节，在重大典礼场所太室、太庙授册并宣册是仪式化的象征，表明被命者的职官、服秩是由天子以册书正式确定的，具有合理和合法性。这些反映的正是西周器铭在词语和义位使用上的语言制度性：记录或表示册命职官服秩、命司职事时，册命动词仅使用"命"。

二、司任职动词义位

司任职动词是指表示具体执掌、担任某职官、职位或承担某职事的动词，通常出现于册命之后的司任职语句序列。司任职动词出现于西周器铭册命记言语句，引言为册命书原文，可知是当时官方用语，以司职和任职两类动词义位为主，根据各义位语义侧重不同，以及在词义组合关系和义位类聚关系中的分布、地位不同，可将这些义位分为五类。

（一）A 类，主司、主任职动词义位"司"，表示主司和主任职官职事。

金文"𤔲"（嗣）字，亦作"𤔲"（嗣）等形，用为司职动词时，表示"司"，即居某职位而执掌、主管其职事，在西周器铭中是通用性的司职动词义位，适用范围广。先秦传世文献中，"司"的常用动词义位表示主司职官职事。《诗·郑风·羔裘》："邦之司直"毛传："司，主也。"又《国语·楚语下》曰："颛顼受之，乃命南正重司天以属神。"韦昭注："司，主也。""司"表示主管、执掌职事，指任某职官而有主管此职事的权力，这一义位在西周器铭中使用非常普遍。

"司"可单用，后跟职官、职事名词或名词性、动词性词组，表示主司职事，例如：

（1）"命汝司乃祖旧官小辅鼓钟"《师𫘧簋》（集成 4324）

（2）"王呼作册尹册命：柳，司六师牧阳大囗，司义夷阳佃事"《南宫柳鼎》（集成 2805）

"司"后可以跟职官名，表示主任职官如：

（1）"师田父令余司囗官"《小臣传簋》（集成 4206）

（2）"更乃考𤔲奠（甸）师氏"《吕簋》（铭图 05257）

"司"前可加名词"官"（官职）：

（1）"王呼史虢生册命颂。王曰：颂，命汝官司成周贮"《颂簋》（集成 4332）

（2）"王若曰：扬，作司工，官司量田佃、眔司立、眔司刍、眔司寇、眔司工（空）事"《扬簋》（集成 4295）

"官"与"司"组合，"官"为名词，意即官职，所谓"官司"意为"官职是司掌……"，用以说明"司"为职官之"司"。

"司"前可加"死（尸）""𤔲""用""监"等词，限定司职性质。如：

（1）"王呼史年册命望，死（尸）司毕王家"《望簋》（集成 4272）

（2）"王命：死（尸）司王家"《康鼎》（集成 2786）

（3）"王呼作册内史册命师𫘧，𤔲司保氏"《师𫘧簋盖》（集成 4277）

（4）"王册命尹，赐盠赤市、幽亢、攸勒，曰：用司六师、王行，三有司——司土（徒）、司马、司工（空）。王令盠曰：覭司六师眔八师执"《盠方彝》（集成9899）

（5）"王呼命尹封册命伊：覭官司康宫王臣、妾、百工"《伊簋》（集成4287）

（6）"监司新造贮用宫御"《颂簋》（集成4332）

例中"死"（尸）"覭""用""监"与"司"组合，有其特定含义。

"死"表示"尸"，有"主"的意思，"尸"又写作"屍"。《说文》："屍，终主。"吴大澂《字说》曰："引申之凡为主者皆为屍。《书》：'太康尸位'，亦当作屍位，言太康主天子之位，犹言太康即位也。"①在传世文献里"尸"有"主"义，见《尚书·康王之诰·序》。《诗经》亦有此义，如《诗·召南·采蘋》："谁其尸之，有齐季女。"毛传："尸，主。"郑笺云："主设羹者，季女则非礼也。"又《尔雅·释诂上》："尸，主也。"此"尸"指主持职事。西周《师㝬簋》铭（集成4311）"余令（命）汝死（尸）我家……"中"死"（尸）即单用为此义。

西周器铭中"死"（尸）与"司"组合，"司"本身即有主持、掌管之义，前加"死"（尸）字，强调主要负责的方面。因此，在器铭中"死（尸）司"的含义是主要司管某种职事的意思。

金文"鶼"（覭）字（字形多有变体，此处省），周法高释"兼"之古文，②"兼"从又持二禾之形，出现于春秋时期（如《邾王子钟》铭）。马承源将"覭"释为"汲"之本字，通作"报"，有引持、摄取之义，"覭司"犹主管之义。③李学勤先生（2013年）据新发现材料释读为"總"，④颇具道理。"覭"字说释仍有较大争议，给词义辨析带来困难；不过可以

---

① （清）吴大澂：《字说》，台北艺文印书馆1975年版，第32页。

② 《金文诂林》卷七，第4528页。

③ 《商周青铜器铭文选》第三册，第142页。

④ 李学勤：《由沂水新出盂铭释金文"总"字》，清华大学出土文献研究与保护中心编《出土文献（第三辑）》，中西书局2013年版。

肯定的是，"勬司"之"勬"的用法是限定"司"，大致表示某司职责任或某职能性质。

"监"与"司"组合，见同铭《颂鼎》《颂簋》《颂盘》《颂壶》诸铭，意为监管，《颂簋》等铭说周王命颂官司成周贮廿家，同时负责监管"新造贮"。"监司"侧重监察管理。《善鼎》铭（集成2820）出现"命汝……监𤔲师戍"，独用"监"仅此一例，仍然表示监司之义。《仲几父簋》铭（集成3954）有"诸侯、诸监"，此名词"监"表示周王派监司地方的职官，地位很高。

"用"与"司"组合。从句子表层意思看，"用＋动词"表示"以（因之）做某事""用以做……"，金文习见。"用司"指以（之）司某职事。"用"虽然是介词（介词省略宾语），但实际上起到连接前后语义的作用。

（二）B类，任职动词义位"作"（出现11次）、"啻"（適）（9次）、"備"（同铭4次），表示担任某职官职事，侧重任事、担当，后跟职官名或职事而未见爵称和爵序。B类司职动词义位构成一个小的义位系统，其中"作"出现频率最多，为其主要义位。

"作"

在西周器铭中，"作"是多义词，具体到司职词义组合中，表示担任某职官的意思。《尚书·舜典》有"伯禹作司空。"此"作"即担任某职官义：

（1）"王若曰：扬，作司工（空），官司量田佃"《扬簋》（集成4295）

（2）"命汝作司土（徒），官司藉田"《𢽾簋》（集成4255）

（3）"王呼尹氏册命𠭯，曰：更乃祖考作冢司土（徒）于成周八师"《𠭯壶盖》（集成9728）

动词"作"后通常跟职官名称，仅见《由鼎》铭（铭图02453）为"命汝作服"：

"王曰：由，命汝作服。赐汝金车、旂、⊘火（赤）、幽黄（衡）"

"備"（備）

"備"即"備"（备）字，表示但任某职官，仅见于《元师年旟簋》

铭（集成 4279）：

"王呼作册尹册命师旋，曰：備于大左，官司丰还左右师氏"

此铭"大左"为职官名，动词"备（備）"表示担任职事。先秦传世文献中"備"与"服"字通，训"服"（服事、服任）。马承源据释"備"通"服"，意为"服事于大左这个官职，即职掌大左。"① 传世文献中"备（備）"有表示动词任职、担当之义者，如《国语·鲁语下》："鲁其亡乎！使僮子备官而未之闻邪？"② 此"备官"指充任官职。《汉书·翟方进传》："以为身备汉相，不敢踰国家之制。"③ 其中"备"有位居、充当之义。

"啻"

器铭中"啻官"之"啻"通"适"字，"啻""适"上古音同声，先秦传世文献中"啻""适"通假。"啻"用作动词"适"，训"得"、训"当"（适当），表示得当。《尚书大传》卷二曰："一适谓之攸好德，再适谓之贤贤，三适谓之有功。"郑玄注："适犹得也。"晋代葛洪《抱朴子·审举》曰："古者诸侯贡士，适者谓之有功，有功者增班进爵。"④ 由此理解，器铭所谓"啻（适）官"具有得当、（符合）担任某职官之义。例如：

（1）"王呼史墙册命：师酉，嗣乃祖，啻（适）官邑人、虎臣……"《师酉簋》（集成 4288）

（2）"册令（命）虎，王若曰：虎，载先王既令（命）乃祖考事，啻（适）官司左右戏緐荆……"《师虎簋》（集成 4316）

（三）C 类，继任职动词义位"更""嗣""俦""餝"，通常用于继任先祖职位职事。其中"更"出现最多（26 次），"嗣"（7 次）、"俦"（5 次）、"餝"（3 次）使用较少。

---

① 《商周青铜器铭文选》第三册，第 199 页。

② 徐元诰：《国语集解》，中华书局 2002 年版，第 194 页。

③ （汉）班固撰：《汉书·翟方进传》卷 84，中华书局 1964 年版，第 3417 页。

④ 转引自《汉语大词典》10 卷"适"字条，第 1161 页。

"更"

"更"是两周时期表示继任职位的常用词（或标准词），在西周器铭中出现比较频繁，写作"𣆕"（夏）。"更"训"继"、训"代"，意指继父祖位职。西周中、晚期器铭记周王册命臣下职官，多为继任先祖职事。例如：

（1）"王呼作册尹册命㲋，曰：更乃祖考司辅"《辅师㲋簋》（集成4286）

（2）"王曰：克……昔余既命汝，今余唯䍙憙乃命，命汝更乃且祖考，𤰈司左右虎臣"《师克盨》（集成4467）

《说文·攴部》段注曰："更训改，亦训继。"又《左传·昭公十二年》有"子更其位"杜预注："更，代也。""更"训"继"、训"代"，指继父祖位职、接续其职事，或指接替（即代）某人职位（见《恒簋盖》铭）。

器铭有"更某服""更祖考服"，如：

（1）"王呼内史册令（命）趩：更厥祖考服，赐趩织衣、䌖（缁）𩎟、同衡、旂"《趩觯》（集成6516）

（2）"王令毛伯更虢城公服，屏王位"《班簋》（集成4341）

由此显示出"更"与服制的关系，西周职官属内外服制，即文献所谓周代服制职官系统。

据先秦典籍文献和金文来看，"更"是两周时期表示继承父祖或先辈位职或代替某人职官位的标准用词。

"嗣"

后嗣继祖先事，用"嗣"，写作"嗣"或"台"，《师酉簋》（集成4288）：

"王呼史墙册命：师酉，嗣（嗣）乃祖，啻（适）官邑人、虎臣……"

"嗣"在金文中多表示继王、君位，也表示继任臣祖先之职。传世典籍中"嗣"训"继""续嗣"，《左传·襄公三年》"晋侯问嗣焉。"杜预注："嗣，续其职者。""嗣"不仅用于表示嗣先君先祖位与职，也常表示继任祖先事业，如《尚书·洪范》："鲧则殛死，禹乃嗣兴。"说的是禹继承其父业并加以振兴。

"俏"（肖）

《豆闭簋》（集成4276）有"俏"字：

"王呼内史册命豆闭。王曰：闭……用俏乃祖考事，司窒舮邦君"

"俏"字，《铭文选》释"肖"，以《广雅·释诂》"肖，法也。"而言"俏乃祖考事"，即效法祖考任官用事，亦即承继其祖官职。[①] 今从此说，将"俏"（肖）视为册命继任祖先职事类词义。

"馓"（養）

《害簋》（集成4258）有"馓"：

"王册命害曰：……用馓乃祖考事，官司夷仆、小射、底魚"

"馓"，即"養"，《玉篇·食部》："養，守也。""養"本表示奉养，"奉"有奉守之义，用于职事，则为奉守祖先职事，有继任的意思。

（四）D类，司职辅助类动词义位"胥""左（佐）右""左（佐）"。"胥"出现28次，"左（佐）右"（14次），"左（佐）"（3次），非职官正职，侧重辅助某人某职，但就其所承担职事可称"司"某职事，亦即D类司职动词＋某人某职之后，可用"司……"说明其辅助承担的具体职事内容。

"胥"

金文以"疋"字（或"楚"[②]）表示"胥"，有相佐、辅助之义，作动词，如：

（1）"王呼作册尹册命师晨：疋（胥）师俗，司邑人，唯小臣、膳夫、守、[友]、官、犬，眔奠人、膳夫、官、守、友"《师晨鼎》（集成2817）

（2）"王呼内史尹册命：师兑，疋（胥）师和父，司左右走马，五邑走马"《元年师兑簋》（集成4274）

（3）"王曰：善，昔先王既命汝佐疋（胥）彙侯……命汝佐疋（胥）

---

① 《商周青铜器铭文选》第三册，第160页。

② 见《弭叔师察簋》铭（集成4253）。

夔侯，监夒师戍"《善鼎》（集成 2820）

在"命＋某人＋疋（胥）＋某人某职"格式中，"疋（胥）"后面的"师和父""师俗""夔侯"是周重臣或诸侯。

陈梦家认为"疋"读"胥"，有辅位之义，陈氏举《尔雅·释诂》"胥，相也。"又举《广雅·释诂》"由、胥、辅、佐、佑……助也。"《方言》卷六曰："胥、由，辅也。"郭璞注云："胥，相也，由正皆谓辅持也"为据。[1] "胥"出现于司任职事词语组合中，侧重辅助某臣职事。

"左（佐）右"；"左（佐）"

表示协助、辅职的动词义位还有复音词"左右"，见《同簋》《庚季鼎》二铭。

《同簋》铭（集成 4271）："王命：同，左右吴大父，司场、林、吴（虞）、牧……世孙孙子子左右吴大父……"

《庚季鼎》铭（集成 2781）："伯俗父右庚季，王赐赤⊗韍……曰：用左右俗父司寇。"

"左（佐）"与"疋"组合，如《善鼎》铭有"佐疋（胥）夔侯"。

陈梦家举《广雅·释诂二》"相"与"左右""助"同训，器铭所谓"命某左右某"，指的就是册命辅佐职事，与"胥"的职能大致相类。

（五）E 类，主政治义类动词义位"尹""辟"。二词出现于命司职语境时，接近司职用法，但其义侧重治理，指在总体上的主理政务。

"尹"作动词时，训"正"、训"治"，"正""治"同义。"尹"的词义侧重主政而治理，宾语受事泛指政事。"尹"作名词，表示官名"尹"或某官之长。

例如，《矢令方尊》铭（集成 6016）：

"王令（命）周公子明保：尹三事四方，受卿旟（事）寮。"

"辟"，作动词，训"治"，表示君王或位高掌权者的统治和治理，宾语受事是总体意义上的政务、政事。《牧簋》铭（集成 4343）："命汝辟百寮"。

---

[1] 陈梦家：《西周青铜器断代》（六），《考古学报》1956 年第 4 期。

西周器铭中"尹""辟"很少用于册命司职语句,"尹"见《矢令方尊》《矢令方彝》二铭,"辟"见《牧簋》铭。

以上五类动词义位均在命司职事词语组合中,通常在"命"后,也常省略"命",前者如《师兑簋》《善鼎》《免簋》《番生簋盖》《师馋簋》《载簋》《颂簋》《师瘨簋》《荣簋》《牧簋》等铭;后者如《扬簋》《辅师馋簋》《伊簋》《无叀鼎》《盠方鼎》《害簋》等铭。未省略"命"者,铭辞当属册命书中内容,是记言语句,与其前记事语句中的"册命"之"命"处于不同的语义层面。

此外,义位有临时变义情况,如《矢令方尊》铭有"王令(命)周公子明保……受卿旂(事)寮。"其中动词"受"表示接受管理之义,随文临时变义,不应归入司职动词义位。西周器铭中还有类似变义情况,对后来义位发展有一定影响,应值得注意。

三、司任职动词义位组合特点

(一)册命动词"命"之后接有司任职词义组合,往往连续出现几个司任职动词。司任职语句由"命"引出,或省略"命",造成司任职动词义组合兼语式和连动式两种句式:

(1)"命汝作司土(徒),官司耤田"《载簋》(集成4255)

(2)"命汝疋(胥)周师司馘(林)"《免簋》(集成4240)

(3)"今余命汝啻(適)官,司邑人、先虎臣、后庸:西门夷、秦夷、京夷、夔夷"《询簋》(集成4321)

(4)"命汝觏司走马"《三年师兑簋》(集成4318)

(5)"今余唯帅井(型)先王命,命汝更乃祖考,啻(適)官司左右戏繁荆"《师虎簋》(集成4316)

(6)"王呼尹氏册命智,曰:更乃祖考,作冢司土(徒)于成周八自(师)"《智壶盖》(集成9728)

(7)"王若曰:扬,作司工(空),官司量田佃"《扬簋》(集成4295)

(8)"册命师旂曰:备于大左,官司还左右师氏"《元年师旂簋》(集

成 4279）

司任职词义组合的显著特点是：无论句前有无"命"，语句中可以出现几个司任职动词，后面的司任职词组对句首司任职词义补充说明。上举《载簋》铭中"作"属于 B 类任职动词义位，表示任职、担当，后接词组"官司"，"司"为 A 类司任职动词义位，表示主管。"官司耤田"是对前面"作司徒"的补充。《免簋》铭中"胥"是 D 类司职动词义位，表示辅助司职，后接"司歠"加以补充。《询簋》铭中"啻（适）"属 B 类司职动词义位，表示就任、适职，后接"司"，"司邑人、先虎……"是对前面"啻官"的补充说明。再看《师虎簋》铭，"更"属于 C 类司职动词义位，表示继任祖先职事，后接"啻官"和"司"两类动词义，"司左右戏繁荆"是对"啻官"的具体说明。

此外，《扬簋》铭司任职语句前无"命"，但其语义表达的仍是"命司"，其中"作司工"，后接"官司量田佃"，"作"是 B 类任职动词义位，"官司量田佃"补充说明"作司工"职事。同样，《元年师旋簋》铭中司任职语句前未出现"命"，"备于大左"后接"官司还左右师氏"补充说明"备于大左"，后又有动词"左右"属 D 类司职动词义位，表示辅佐职事，补充说明其前"大左"职。

有些司任职词义组合中出现多个司任职动词，构成并列结构，后面的动词性词组与前面的动词性词组是并列或承接关系，而非补充关系。例如：

（1）"余既命汝疋（胥）师和父，司左右走马，今余唯纎（申）橐（就）乃命，命汝毂司走马"《三年师兑簋》（集成 4318）

（2）"曰：用司六自（师）王行三有司……王令盉曰：龏司六自（师）眔八自（师）廾"《盉方彝》（集成 9899）

（3）"王曰：克……昔余既命汝，今余唯纎（申）橐（就）乃命，命汝更乃祖考，龏司左右虎臣"《师克盨》（集成 4467）

例（1）中"胥……司……"与后面的"毂司走马"有语义承接关系。例（2）"曰"后"用司……"与"王令盉曰"后的"龏司……"是并列关系。例（3）"更乃祖考"职事与后接"甀司"职事是承接关系。

上举司任职动词组合关系图示如下：

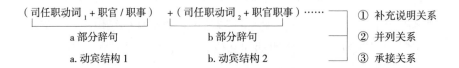

图中 a 部分辞句与 b 部分辞句的组合关系，即司职动词 1 与动词 2 之间的组合有三种关系：b 补充说明 a，b 与 a 并列关系，b 与 a 承接关系。

当 a 部分辞语与 b 部分辞语是补充说明关系时，a 部分的司职动词义位往往是有语义侧重的司职义位，b 部分司职义位是"司"属 A 类通用性义位。a 部分与 b 部分关系，除并列关系外，其他两种关系有一个共同的特点，即 a 部分的司职动词义较 b 的侧重性更强一些。如《师克盨》《曶壶盖》等铭，a 部分用"更"，b 部分用"司""作"等词，"作"也是有侧重性的司职词义，但"更"较之侧重性更强，用于表示继任祖先职事这一特殊司职。

（二）在组合关系上，B、C、D 类任职动词＋职官名，其后通常有 A 类司职动词"司""官司……"词语组合系列，构成如下格式：

"作＋某职官"＋"官司……（具体职事内容或范围）"

"备于＋某职官"＋"官司……"

"啻（适）官＋某职官"＋"司……"

"更/俙/鳟＋父祖职事"＋"司……"

"更＋父祖职事"＋"啻（适）官……"或"更＋父祖职事"＋"作＋某职官……"

"疋（胥）＋某人（或某职官）"＋"司……"

"左右＋某人（或某人职官）"＋"司……"

如果按 A、B、C、D 类司任职动词＋职官职事的语义内容具体程度及其组合关系排列，则有如下顺序：

　　　C类"更／偝／餴"＋父祖职事＋

　　　　　　D类"胥／左右"＋某人或职官＋

　　　　　　B类"作／备于／啻（適）官"＋某职官＋

　　　　　　A类"司／官司"＋职官职事

　　在司任职动词＋职官职事的词语组合中，A类司职动词＋职官职事最具体，A类司职动词的词义概括范围最大、义域最广；其次是B类任职动词＋职官职事，较为具体；再其次是D类任职动词＋职官职事；C类"更／偝／餴／嗣"＋父祖职事，较为笼统，所以其后多跟有A、B、D类司职动词＋职官职事词语组合对所继任职事进行具体说明。

　　另外，在组合分布上，动词"尹""辟"的宾语是总体政事类或卿寮政务，不见"尹""辟"与A类、B类、C类、D类动词义位组合的情况。

　　以上考察司任职动词义位组合关系和特点，有利于辨析各义位的性质、分布、义域，以及义位在司任职动词义位系统中的位置。

四、司任职动词义位聚合系统的结构特征

　　司任职动词义位分布于司职和任职两方面，覆盖西周职官职事的各种司辖类型，形成了司任职动词义位聚合系统。这些义位既有区别又有紧密关联性，语义分布、地位和作用有一定差别，与之搭配的宾语语义类别也有差别。

　　（一）从《周礼》和西周器铭中动词"司"的使用情况看，"司"是西周时期表示主管职官职事具体内容或范围的常用动词，其义位义域较广，组合能力较强。

　　在组合关系上，首先，"司"前常加"死"（尸）"飙""官""监"等词，用于修饰和限定"司"。"司"前加"尸"意在强调主持掌管权限，"司"前加"飙"则着重强调总揽主管范围，"司"前加"官"，即"官司"强调在官职位置和权限上执掌其职事，"监"与"司"组合则标明"司"所执掌的权利性质在于"监管"。这类组合关系说明义位"司"的义域较广，前加限定词将宽泛的执掌范围限定，负责职事具体化。

其次，常见"用司"连语，"用"作介词表示由（此）、因（之）（省略了指代前者），有别于"死"（尸）"飘""官""监"，其语义作用有三方面：一是标记册命的所司职事的用途，即含有由此用以掌管、管理某职事的意思；二是起到承接前后语义的作用，"用"语义指向前面出现的册命赐服之事，以承接后面所司职事的具体管辖内容；三是对限定、明确所"司"权限起强调作用，即表示用以司辖何种具体职事。

特定语境中有特定的语义内涵，在《盠方尊》铭"命司"语境中，"用司"之"用"语义指向前面出现的册命之事，从而将器铭前部的"册命"辞句与后面的"命司职事"辞句"六师、王行、三有司"连接起来，显示出连贯的语义关系，标明用以执掌六师、王行、三有司等具体管辖范围。这种"用司"连语出现于册命先记赐服类后接司职的语序之间。《率鼎》《师奎父鼎》等铭也属于这类情况。

其三，司职动词"司"的宾语范围十分广泛：有行使职事类动宾词组，有职官、职事、典常和威仪类名词或名词性词组，还有王家、族氏、诸侯、师众、卿士、虎臣、小臣、里人、邑人、奠（甸）人、百工等各阶层人，邑、鄙、封国、土田、场圃、陂、林、虞、牧、某族群某方（见《伯硕父鼎》铭图 02438）等词语。考诸器铭和先秦传世文献，可以认为西周时期大凡职官职事类名词和名词性词组均可作"司"的宾语。

"司"前可加"死"（尸）"飘""官""监"等修饰、限定词，"司"的受事涵盖当时所有职官职事。而 B 类（"作""备""啻"）、C 类（"更""嗣""俅""餗"）、D 类（"胥""左右"）司职动词前一般不加限定词，充当各词宾语的职官职事范围不如"司"的宾语宽泛。从义位组合能力可以看出，"司"是通用性的司职动词义位。

从词汇聚合关系看，西周时期司职动词"司"的近义词有"尹""辟"，但"司"与这两个义位的性质和作用不同。"司"是西周时期表示担任某职官而主管具体职事的通用词，这一点以《周礼》"司"的用法最为普遍和显著，各类主管职官职事均冠以"司"。古代典籍训诂中"司"训"主"，又训"管""理"或"掌事"。故其义素可分析为：[主]（行为）

〈[掌管]　＋　[职官] / [职事]〉。

　　"司"又训"治"，孙诒让《札迻·穆天子传郭璞注》谓："司，古与治通。"[①]因主管而有治理义，故"司"包含着居位某职主管而治理的语义内涵。"司"指主管某职官职事，执掌的是具体职事或政务，在西周器铭册命司任职语句系列中，是通用和常用的司职动词。"司"侧重职官的主管权力，所司为各级、各种职官职事，无论其等级高低，可以管人、管物、管事，涵盖大小职事政务，范围很广。

　　与"司"比较，动词"尹""辟"均表示"正"（治义），词义内涵与"司"不同。"尹""辟"共同之处在于三个方面：一是统言治理或管理总体政务，二是不用作表示担任职官以主司具体职事，三是指周王命其公卿高官管理、治理政务，所命者非一般官员。在器铭册命司任职语句中，司任职动词通常用"司"，很少用"尹"和"辟"。"尹""辟"只出现在册命或命职最高层职官语境中，具有一定特殊性，而不是通用的司职动词义位。

　　从使用频次来看，"司"在西周器铭中出现约计 190 次，是命司任职事语句中出现最多的动词义位，而 B、C、D 各类司任职动词以及"尹""辟"等词出现频次远不及此。因此"司"的义位性质概括为：不仅是常用、通用的司职动词义位，也是主要的司任职动词义位。

　　西周器铭中 A 类司职动词义位以"司"为主，作为通用和常用的司职动词义位，在 A 类司职动词义位系统中具有唯一性。这一点与器铭册命动词只使用"命"相似。

　　（二）在聚合关系上，A、B、C、D、E 五类义位类聚不仅分类型，也分层级。B、C、D、E 类与"司"均有对应性的语义关联。司职动词的通用义位是"司"，具有较强的概括性。其他司任职义位侧重于某一语义方面，却可以用"司"来补充说明或概括。在司任职语句中，同时出现几个司任职义位时，前后有补充说明关系、并列关系、承接关系。在有补

---

① （清）孙诒让：《札迻》，中华书局 1989 年版，第 375 页。

充说明关系的组合中，前部分（a 部分）词语是侧重性强的司职义位，后部分（b 部分）都可用"司"来补充说明前部分（a 部分）。"司"也可以出现在并列关系、承接关系的组合中。在这些组合关系中，"司"都可以出现在后接的 b 部分。此外，并列组合关系中前后 a、b 两部分都出现"司"。

E 类主政治义动词"尹""辟"与"司"近义，但在西周器铭中不具有"司"的义位通用性质，"尹""辟"不是典型的司职动词，处于司任职动词义位聚合系统的边缘地带。且"司"具有主持、治理具体职事的涵义，与"尹""辟"义域交叉。在组合关系上"尹""辟"分布域不及"司"。

"司"表司职、执掌，是概括性的司职动词义位，其分布范围较广，指称义域覆盖了其他司职动词义位，图示如下：

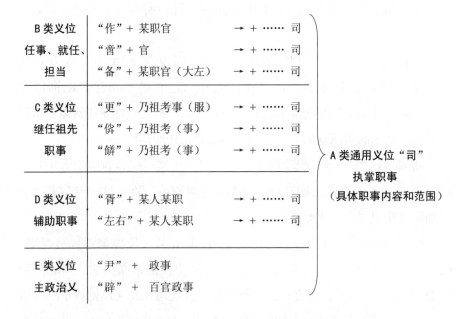

据上述，将司任职动词义位类聚系统的结构表示如下：

表 12　器铭中司任职动词义位类聚系统结构

义位类型		义位分布及其义域大小			
A类	司职、主管（执掌职事）	司			
B类	任事、就任（某职官）	作		啻	备
C类	续接、继任（祖先职事）	更		嗣	伿　餴
D类	辅助（职事）	胥		左右	佐
E类	主政治义（政务）				尹　辟

　　此图表中带阴影的单元格表示"司""作""更""胥"，分别是各类义位中的主要义位或常用义位，表格面积比例代表了分布义域大小和地位的重要程度。A 类义位"司"在司职词义类聚系统中是通用义位，对其他义位有概括作用，故遍及其他单元格及其周围。同时"司"与各义位存在互补关系。

第五章　祭祀词义组合类聚的主要义位

第一节　祭祀铭辞分类及其词义组合方式

一、西周金文祭祀内容

西周器铭记述方式有记事和记言，此亦两种文体，杨树达《积微居金文说》已有阐说。器铭在记事和记言中有关于祭祀的事件和内容。此外，西周器铭中有关祭祀的内容和祭祀类词语大多数分布于记名铭辞（标记或署记族氏、族徽、祖先或受祭者、作器者或器主等专名）、作器铭辞以及祝嘏铭辞之中。

（一）记事中的祭祀内容

彝铭多记载已发生的祭祀活动和仪式。这类铭文不仅对于研究周代祭祀活动极有价值，也是研究祭祀类词义系统的主要材料。

在铭辞分布上，记述祭祀事件的铭辞多位于整篇铭文的前部。例如，西周中期《刺鼎》铭（集成 2776）：

"唯五月，王在衣（殷），辰在丁卯，王啻（禘），用牡于太室，啻（禘）卲（昭）王，刺御。王赐刺贝卅朋，天子万年，刺对扬王休，用作黄公尊鬶彝，其孙孙子子永宝用。"（见图版 7）

这篇铭文先记时间，周王所在地点和进行禘祭之事，位于全铭前部，是《刺鼎》铭记事的主要部分。后又记王赐刺贝朋之事。此铭讲述周王禘祭是已发生的事件，有时间、地点。同时，依据其语义内容所反映的真实事件，辨别禘祭与"禘"的词义对应关系，在语义上可确定其词义值——即词义的概念内涵与外延，以及义域等。

又如，西周早期《士上卣》铭（集成5421）：

"唯王大龠（禴）于宗周徟饔葊京年，在五月既望辛酉，王令士上眔史寅殷于成周，昚百生（姓）豚，眔赏卣、鬯、贝，用作父癸宝尊彝。臣辰册》。"

全铭先记述周王进行禴祀这一重大活动，并记事件时间和地点。接下来记叙"士上"在成周殷见天子，会同百官而受赏之事。此铭记述后一事件发生的时间是以周王禴祀活动为时间坐标，也就是说，其时间以重要国事发生为标志，进而表明周代禴祀的重要性。此外，从已发生事件到概念，再到词义"禴"，三者对应关系十分明确；所以，通过铭文所记真实事件——禴祀，来辨认禴祀的概念，可确定当时"禴"的词义内容。

有些器铭中祭祀词语位于记事铭辞系列中部。这一部分铭辞同样是记述祭祀内容的主要材料。例如，《小盂鼎》铭（集成2839）先记"八月既望，辰在甲申，昧爽，三左三右多君入服酒，明，王各（格）周庙……"，再记"盂"因出征告捷而献俘馘之事。铭文中部记"燎庙"，后又记王在周庙进行祀典：

"……王呼□□[龏伯]令盂以人馘入门，献西旅□□入燎周庙……王各（格）庙，祝祉（延）□□□邦宾丕霝（祼）□□□[用]牲，啻（禘）周王、□[武]王、成王、□□□卜（或"祭"）有戕（臧），王霝（祼），霝（祼）述，赞邦宾……"

《小盂鼎》铭因锈蚀较重，字迹漫漶多处不易辨清，但其中表示祭祀的"霝""啻"等字依稀可见，① "霝"即"祼"，"啻"表示"禘"。这段文字记录了西周早期征胜献俘、告祭先王祀典的重要史实，因而被学者视为重要史料。由于其记叙祭祀仪式连贯，从词义组合角度探讨西周祭祀词义组合类聚极有价值，可对照其他铭文祭祀词语进行研究。其中"霝

---

① "有戕"之前另有一字模糊，所遗字迹释"卜"，唐兰释"祭"。

（祼）""用牲""酓（禘）"词义组合反映了祀典仪式，这些词义在祭祀类词汇语义系统中的地位、关系、分布情况如何，需待探究。

《夨令方尊》铭（集成 6016）中的祭祀词语也位于全铭中部。铭文先记八月甲申这一日周王命周公子保"尹三事四方，受卿事寮"主持政事，又记"令夨告（祮）于周公宫"，此为祮祭，后又记甲申、乙酉二日明公用牲祭祀之事：

"……丁亥，令夨告（祮）于周公宫。……甲申，明公用牲于京宫。乙酉，用牲于康宫。咸既，用牲于王。明公归自王，明公赐亢师鬯、金、小牛，曰：'用褀（祓）。'赐令鬯、金、小牛，曰：'用褀（祓）。'……"

此铭"用牲"和"褀"（祓）均属祭祀词语。"用牲于王"之"王"字迹较模糊，但仔细看来仍可辨为"王"字。[1] 所谓"用牲于王"，唐兰《史征》释"当在王城中的王社"，"王"（王社）与"京宫""康宫"均属用牲祭祀的地点。[2] 今从此说。这段铭文提供了重要的词汇语义信息：一是"用牲"属祭祀词语，"告"（祮）为祀典动词；二是"告"于某宫，"用牲"于某宫某处。从词义组合类聚看，"告"与"用牲"在祭祀词义类聚中居于何种地位？"告"祭处所，"用牲"处所，形成祭祀场所词义聚合，西周器铭中记载有哪些祭祀地点、场所，与祀典活动类型有何关系等，是需待探讨的问题。此外，器铭提供了已发生祭祀活动、事件，对于求证传世文献中祭祀类词义内容及词义关系提供了重要依据。

（二）记言中的祭祀内容

彝铭记录言语，包括直接引语和间接引语。记言内容有些涉及祭祀，言述已发生的祭祀事件，如晚商《四祀𠦪其卣》铭（集成 5413）：

"乙子（巳），王曰：'障（尊）文武帝乙宜。'在召大庭……"

"王曰"之后的直接引语是商纣王言说的内容，王说：进行"尊文武帝乙宜"祭祀活动，地点在"召大庭"。此铭"障"（尊）为祭祀动词，这

---

[1]　有的学者因"用牲于"后铭刻模糊，将铭文释为"用牲于明公……"。

[2]　唐兰：《西周青铜器铭文分代史征》，中华书局 1986 年版，第 211 页。

种用法频繁出现于商周器铭。①

西周器铭已大量出现记言铭辞系列，但记言中实际发生的祭祀事件数量较少，西周早期《沈子它簋盖》铭（集成4330）是其中一例：

"它曰：'捧（拜）頴（稽）首，敢䬗卲（昭）告朕吾考，令乃鶰沈子作緎于周公宗，陟二公，不敢不緎休同，公克成妥（绥）吾考，以于显显受命……'"（见图版8）

"緎"字表示一种祭祀行为，马承源主编《铭文选》释"匓"，也写作"餉"，并谓《集韵》："餉，《说文》'饱也，祭祀曰厭匓。"② 铭中"陟"亦为祭祀动词，在上古传世文献里"陟"有"陞"义，表示以祭品升献享孝祖先、神祇。《沈子它簋盖》铭所记言告之事，是已发生的事实。"令乃鶰沈子作緎于周公宗"之后接着说"不敢不緎"，透露出沈子已做"緎"祭的信息。这类记言引语是叙述语气，叙述已发生祭祀事件，与记事铭辞一样也具有指称事件的语义真值。

记言铭辞系列所记祭祀内容还有一种情况，即引语为祈使语气而非叙述语气，要求或告知作器者或相关者应当进行某种祭祀活动。在西周器铭中，这类铭辞比有叙述语气的引语辞句多。前举《矢令方尊》铭，"明公"赐休"亢師"和"令"二人，并嘱咐用来进行祓祭。单从语言内容不能推断"祔"（祓）祭已发生过，这种祈使语气要求某人做什么，提供的语义信息是希望或要求某种事情发生，从话语表达层面看，不一定对应于客观事实（不一定真实发生，或有可能在作器之后才发生）。因此，这类铭辞在表达语义方面有别于记事铭辞和叙事语气的记言铭辞。

不过仅就祭祀动词"祔"（祓）来说，它反映了西周实际存在的"祓"祭概念，该词义具有真值性。这类记言中的祈使句，多以"用"字开头，为此类铭辞的标志，构成"用＋祭祀动词＋……"格式。如《大簋》铭

---

① 商代器铭出现"尊""宜"连语（如《康方彝》铭），这种情况又见于西周早期器铭（如《作册矢令簋》和《貉卣》铭），却不见于西周中、晚期器铭。可进一步分析、比较商周两代器铭中祭祀动词"尊"的联系和区别。

② 见《商周青铜器铭文选》第三册，第57页。

（集成4165）：

"……王在奠（郑），穧（蔑）大历，赐努（犅）羊（骍）犚（牭），曰：'用蒂（禘）于乃考。'……"

铭文中"蒂"（禘）与前举《刺鼎》《小盂鼎》铭"禘"祭是同一概念，在反映"禘"祭类行为活动的真实性方面是一致的；但在此铭中祈使句"用蒂（禘）于乃考"，在言语层面上不能推断"禘"祭已经发生，而仅为一种要求和希望。在词汇语义研究层面上，祈使句言辞与记事或叙辞语气的记言内容具有同等重要价值。此铭祭祀词语"蒂（禘）于乃考"与它铭中"蒂（禘）邵（昭）王""蒂（禘）周王、[武]王、成王"等形成"禘"祭词义组合类聚，"禘"祭对象有共性，成为一组词义类聚。

记言铭辞系列中的祈使句，表达的是希望、要求某人（某些人）进行某种祭祀活动，而组成祈使句语的词、词语部分则真实反映了当时存在的祭祀概念和事实。

（三）记名铭辞、作器铭辞和祝嘏铭辞中的祭祀内容

记名铭辞，是器铭中标记族徽、族氏，署记器主或作器者、受祭者或受器者等专名的铭辞，以词或词组形式独立成辞句。商末或周初《受祖己父辛簋》（铭图04139）内底铸铭5字"受祖己、父辛"，表明此器为"受"祀对象"祖己、父辛"而作，是祭祀"祖己、父辛"的专器。器铭又有大量"作＋祖／父／母／兄＋天干日名"铭辞，是说作某器用以祭祀"祖某""父某""母某""兄某"。因而可以明确：器铭只记"祖＋天干日名""父＋天干日名""母＋天干日名""兄＋天干日名"等专名，或记"文／剌（烈）祖""文／剌（烈）父""……母"等专名，是受祭者称谓。只记受祭者的器铭在殷商和周初极多。

许多作器铭辞中出现作器的祭祀对象，亦即受祭者称谓，如：

（1）"复用作父乙宝尊彝"《复鼎》（集成2507）

（2）"无致用作文父甲尊彝"《无致鼎》（集成2432）

（3）"用作文父丁宝尊彝"《臣高鼎》（近出335）

"父乙""文父甲""文父丁"都是受祭者。

署记受祭者的铭辞和作器铭辞，提供了祭祀对象称谓词语和祭祀信息。

许多作器铭辞中，既出现祭祀对象称谓词语也出现祭祀专用词语（祭祀动词等）。例如：

（1）"缶用作享太子乙家祀尊"《小臣缶方鼎》（集成2653）①

（2）"用作朕剌（烈）祖召公尝簋"《六年召伯虎簋》（集成4293）

其中"享""尝"为专用祭祀动词，"祀"为通用祭祀动词。例（1）以"享太子乙家"限定了尊鼎的祭祀对象，例（2）祭祀动词"尝"限定该"簋"器用作"烈祖召公"的"尝"祭之簋。

有些作器铭辞在"作……某器"中间只出现祭祀动词，如《大师虘豆》（集成4692）"大师虘作登（烝）尊豆"等铭。值得注意的是，在《大师虘豆》铭中，作器铭辞后紧跟有"用卲（昭）洛（格）朕文祖考，用旃（祈）多福，用匄永命……"这是带有祭祀词语的祝嘏辞，形成带有祭祀词语的"作器铭辞＋祝嘏铭辞"系列。

像这类作器铭辞后紧跟祭祀词语或祝嘏辞带有祭祀词语的器铭很多，其词语组合格式固定。可将作器铭辞与祝嘏铭辞两类合起来加以考察。器铭如：

（1）"吕伯作厥宫室宝尊彝簋，大牢，其万年祀厥祖考"《吕伯簋》（集成3979）

（2）"宁肇諆（其）作乙考尊簋，其用各（格）百神，用妥（绥）多福，世孙子宝"《宁簋盖》（集成4022）

（3）"作祖考簋，其龘（羍）祀大神，大神妥（绥）多福，瘨万年宝"《瘨簋》（集成4170）②（见图版9）

---

① 《小臣缶方鼎》属晚商铜器。

② 按：《卫簋》"日夙夕用乼醒（馨）香羍祀于厥百神"为习语，还见于《獄簋》一式（铭图05275）、《獄簋》二式（铭图05315），其中"羍祀于厥百神"与《瘨簋》"龘祀大神"中"羍""龘"用法相同。推测"龘"释读为"羍"。《说文》有"羍"字："羍，孰（孰）。从亯、从羊。读若纯。一曰鬻也。""羍"训"孰"，"孰"字即"熟"的古字，"孰"（孰）字从羍、丮，表示加热炊煮食物至可食程度。春秋自名"羍"器（如

（4）"用作朕文考宝尊簋，余其万年宝，用享于朕文考辛公，用匄得屯（纯）盉亘命霝（令）冬（终）"《师道簋》（铭图 05328）

（5）"用作鸞彝，用享孝于耤（前）文人……降余康"齌"（虔：鲁）屯（纯）右（祐）通泉（禄）永命"《卅二年逨鼎》甲（铭图 02501）①

（6）"姬鸞彝，用糦（烝）用尝，用孝用享，用匄眉寿无疆，其万年子子孙孙永宝用"《姬鼎》（集成 2681）

例（1）"大牢……祀厥祖考"位于"吕伯作厥宫室宝尊彝"之后，例（2）"其用各百神"是祭祀类内容，位于作器铭辞和祝嘏辞之间，其他几例的祭祀词语或位于作器铭辞和祝嘏辞之间，或在两辞句内。例（6）虽不见"作"字，但"姬鸞彝"实指作器，仍为作器之辞，其后"用糦（烝）用尝，用孝用享"是祭祀享神的祝辞，"用匄……"是祈福嘏辞，"鸞""糦（烝）""尝""孝""享"为祭祀动词。

这种带有祭祀词语的"作器铭辞＋祝嘏铭辞"组合，在西周器铭为通例，汇聚了常规性的祭祀内容，包含着丰富的祭祀信息，可将格式相关的词义组合进行比较，以辨析"祀""祭""亯""孝""登""尝""鼙"等祭祀动词的分布关系。

作器铭辞与祝嘏铭辞连接，表达作器的祝愿用意。作器铭辞表达作器者作某彝器有何目的，或用于祭祀祖先考妣等，或用于孝享父母、宾客、朋友等。祝嘏辞具有鲜明的祝愿语气，铭文常说"匄眉寿""匄永命令终""匄百福"，表达了通过作宝尊、彝器以享祭祖神的意愿。祝嘏铭辞表达祝愿，在辞句前经常出现"用"和"其"二词。例如，西周中期《瘐

《齐侯敦》集成 4639），后来写作"敦"（食器名），"鼙"读作"敦"。"鼙祀"之"鼙"字在《说文》中解释的词音词义都十分明确，但究竟是后来哪个词？或者后来被废弃？还有待探究。此处按《说文》释读为"鼙"。另有后造字"燉"读"敦"声，炊器中食物加水煮烂，与"熟"近义，而与"鼙"何种关系待考。

① 按：此铭"齌"（虔），从又网、从虍（虎）亦声，即"虞"字初文。《说文》谓"虞，从力从冊，虍声。"段注："谓拘之以索也，于冊义相近。"篆文"虞"从力从冊应是金文"齌"形符"又""网"的讹变。"虞""鲁"古音同（来纽鱼部），此处"齌"释读为"鲁"，作"康鲁"为西周习用词组。

簋》铭（集成4170）：

"瘋曰：……作祖考簋，其虀（韋）祀大神，大神妥（绥）多福，瘋万年宝。"

此铭祝辞中有祭祀词语"虀（韋）祀"，"其"是语气副词，表示意愿语气，嘏辞表达了希望"大神"能绥予多福。

辞句前有时单用"其"，有时"其""用"连用，如《作乒方尊》铭（集成5993）：

"□作厥穆穆文祖考宝尊彝。其用夙［夜］享于乒大宗，其用匄永福，邁（万）年子孙［宝］。"

有时省略"其"，"用……"仍有希望、意愿的语气。如《虘钟》铭（集成88）：

"虘作宝钟，用追孝于己伯，用享大宗……"

"用"有"用以做……"的意思，含有意愿语气，不过比"其"的祈愿语气略弱，更有实在做事或如愿以偿的意味。"用"字开头的祝嘏辞在西周器铭中使用较多，与前述记言祈使句中的"用"一样均为表达意愿、祈使的句头标志。区别在于"用"在祝嘏辞表达作器者自己的意愿和目的，而记言祈使句多为上级对下级的一种希望或要求。

从铭文整体来看，作器铭辞与祝嘏铭辞组合在一起表达的是一种作器意愿和目的。虽然记述"作某器"是已发生的事，但在表达作器意愿和目的辞句上并未记已发生之事，包括祭祀类活动内容（不代表铭文产生后不发生这类祭祀活动）。而祭祀类词汇语义所表示的概念或事件类别实际存在于西周时期，这与前述记言祈使句铭辞中的祭祀类内容是一样的。也就是说，祭祀类义位及其概念在当时是客观存在的。正因为如此，我们从义位类别上进行词义系统的研究，而非拘拟于某一铭辞中的具体词义。

对器铭祭祀类词义组合类聚进行考察，可从上述五种铭辞系列中提取祭祀词义组合片段。

首先，这种词义组合片段有其出现的条件，受语义环境制约，需要专门考虑。"语义场景"类别是句子或段落、铭篇表达的一种事件场景式的语义类型，为词义组合关系提供了典型语义环境，对词义组合片段起到管辖、制约作用。就祭祀类词义组合来看，"语义场景"多见于记事铭辞系列，所记祭祀事件有时间、地点、举行祭祀者和祭祀行为活动，或出现受祭祖先神祇、祭祀程序等。在这类辞句系列或段落铭篇中，祭祀类词语与相关词语组合，其分布互为条件；而且常常有几个祭祀类动词出现，相连接或前后对应，可以辨析其词义聚合关系及其所表示的祭祀活动（或行为）的关系。此外，有非语义场景条件。由于受到铭文辞句表达目的和语义内容的影响，有些祭祀类词义组合格式化、固定化，词义组合大多重复，其词义分布条件相同。如祝嘏辞中的祭祀词义组合大多是"享""孝"二词的重复组合，出现频繁，其词义分布情况类同。祭祀类词义组合片段出现条件有类别差异，将祭祀类词语所在铭辞进行分类是必要的。通过划分铭辞类型，可以对祭祀类词义出现、组合的情况、分布特点等有一个综合、明晰的认识，而不仅仅以出现频次作为衡量词义在系统中地位的标准。

其次，将西周器铭辞句分为各种类型，易于全面搜集祭祀类词义组合片段，考察词义分布的各种条件或语境，用整体分布的观点去描写、考察词义组合类聚。这与词义系统性研究的观点一致。

例如，"享""孝"二词。在作器和祝嘏铭辞中"享""孝""尊"等动词使用十分频繁。"享""孝"可同时出现于一个辞句中，如《姬鼎》铭（集成2681）有"姬鸞彝用孝用享"，《梁其壶》铭（集成9716）有"梁其作尊壶，用享孝于皇祖考"。"享""孝"二词亦可单独出现，如"享"，出现于《单吴生豆》铭（集成4672）："单吴生作羞豆，用享"。"享"还可与其他重要祭祀动词连用，如《段簋》铭（集成4208）"用作簋，孙孙子子万年用享祀"。"享""孝"后有祭祀对象，如《杜伯盨》铭（集成4450）有"杜伯作宝盨，其用享孝皇神祖考"，在这类用法中"享""孝"对象为先祖、先父、先妣等。"享""孝"后常有"于某宗"或"于宗室"（见《师器父鼎》集成2727等铭）。

"享""孝"与其他词义的关系，以及在词义系统中的性质如何，待进一步探讨。一是考察它们在作器、祝嘏铭辞以及记事、记言铭辞系列中出现、分布情况，以弄清二词在何种语境中使用较多，何种语境使用较少；二是与其他祭祀词语相比较，区别其词义构成中的语义特征；三是对二词概念义、语法义、语用义等方面进行详细勘查、对照。

二、祭祀类词义组合情况考察

从记事、记言铭辞系列以及作器和祝嘏铭辞中分离、提取祭祀类词义组合片段，对词义组合进行考察，根据词义出现、组合情况可将其分为几种情况：（1）几个祭祀动词或祭祀用词连续出现；（2）某祭祀动词单独出现，祭祀动词后有祭祀地点、场所；（3）某祭祀动词单独出现，又有表示祭祀对象的词语；（4）某祭祀动词单独出现，而无场所、对象。下面分别讨论这几种情况。

（一）几个祭祀动词或祭祀用词连续出现

在这种词义组合中，有宗族性质的祭祀场所，或有祭祀对象，与几个祭祀动词组合。

1. 祭祀动词后有宗族性质的祭祀场所，如"宗室""宗庙""某宗""宗"：

（1）"师器父作尊鼎，用享孝于宗室"《师器父鼎》（集成 2727）

（2）"其万年子子孙孙永宝用享于宗庙"《南公有司鼎》（集成 2631）

2. 祭祀对象位于祭祀动词之后，如：

（1）"唯九月初吉癸丑，公酌祀。雪（越）旬又一日，辛亥，公啻（禘）酌辛公祀。衣（卒）事亡眈（尤）"《繁卣》（集成 5430）

施祭者为"公"，祭祀动词"酌"，后祭祀动词"啻（禘）""酌"连接出现，"啻（禘）"指禘祀活动，"酌"则侧重祭祀的具体方式（形式），祭祀对象为"辛公"。"衣事"即"卒事"，是完成祭祀之事的意思。祭祀类词义组合片段为"公酌祀"和"公啻（禘）酌辛公祀。衣事"。

（2）"王各（格）庙，祝征（延）□□□邦宾不（丕）霁（祼）

□□□［用］牲，啻（禘）周王、□［武］王、成王、□□□卜（或‘祭’）有戕（臧），王禀（祼），禀（祼）述，赞邦宾”《小盂鼎》（集成2839）

此铭可隶释的祭祀词语片段为“王各（格）庙”，“丕禀（祼）”“用牲”，“啻（禘）周王、□［武］王、成王”，“王禀（祼），禀（祼）述”。若“卜”（或“祭”）字释祭祀动词，则“卜有戕”亦为祭祀词语片段。祭祀词语片段连接在一起，反映一个连续的祀典过程，记叙较其他铭文更详细。有的学者考证此铭中施祭者为周康王，祭祀对象是周王、武王、成王、列祖、先王。

（3）“王啻（禘），用牡于太室，啻（禘）卲（昭）王，剌御”《剌鼎》（集成2776）

组合片段“王啻（禘）”“用牡于太室，啻（禘）卲（昭）王”，祭祀词语有动词“啻”（禘）和动宾词组“用牡”。施祭者“王”，禘祭对象是“昭王”。

（4）“遘于四方迨（会）王大祀，祐（祐）于周”《保卣》（集成5415）

记述太保（召公奭）受周成王赏赐，因造此彝器之时，正遇四方诸侯汇集参加成王大型祀典活动，助祭于周先祖。此铭祭祀词语片段“四方迨（会）王大祀，祐于周”，其中祭祀动词是“祀”“祐”。在此“大祀”活动中，有四方诸侯会合参加，主祭者为周王。可知“祀”祭规模大，有四方诸侯参与，并在祀祭过程中进行助祭活动。

（5）“我作禦（禦）〼祖乙、妣乙，祖己，妣癸，征（延）礿絜二母。咸，畀遣祼（祼）二，〼贝五朋”《我方鼎》（集成2763）

动词“作”、祭祀动词“禦（禦）”“〼”连接为一组。后接“礿”“絜”一组祭祀动词。作祭者“我”，“禦”“〼”的对象是祖乙、妣乙、祖己、妣癸。“礿”“絜”对象是妣乙、妣癸。

（6）“它曰：……令乃鴅沈子作綹于周公宗，陟二公，不敢不綹休同，公克成妥（绥）吾考……”《沈子它簋盖》（集成4330）

从记言中可辨知，作此器时沈子已作"綴"祭周公宗和"陟二公"的祭祀活动。两个连续的祭祀动词"綴"（裪）和"陟"，"綴"（裪）祭对象是周公，"陟"祭对象，经学者考证为配祭的二公，是鲁公伯禽和考公酋。①

（7）"癲曰：……敢作文人大宝协和钟，用追孝醬（饗）祀，卲（昭）各（格）乐大神，大神其陟降"《癲钟》（集成247）

祭祀动词"醬（饗）""祀"连语，后连接动词"卲（昭）""各（格）"，在本铭亦为祭祀类词义。"醬（饗）""祀""昭""格"对象是"大神"。

（8）"癲曰：……作祖考簋，其醬（饗）祀大神，大神妥（绥）多福"《癲簋》（集成4170）

此铭祭祀词义组合信息有二：一是"醬（饗）""祀"二词连用，所祀对象称"大神"；二是本器（簋）为"祖考"（作器者的祖、父）而作，是用于尊享祖考的彝器。

（9）"王祀于天室，降。天亡又（佑）王，衣（殷）祀于王丕显考文王，事喜（饎）上帝"《天亡簋》（集成4261）

此铭记叙武王进行一系列祭祀活动。祭祀动词有"祀""衣（殷）祀""喜"（饎）。"衣（殷）祀"是一种隆重的祭祀活动，"事喜（饎）"亦为祭祀活动。周武王先在"天室"进行祀典，后"衣（殷）祀"文王，并"事喜（饎）上帝"。此铭不仅是极重要的史料，且对于考察西周初年的祭祀词义组合也具有重要价值。

3.祭祀对象称谓词语位于祭祀动词之前或出现于前辞

在有些铭辞中，祭祀对象并不位于祭祀动词之后，而在其前，或在本句前辞中已出现。例如：

（1）"井（邢）姬晫，亦列祖考麦公宗室，又孝祀孝祭"《弭伯鼎》（集

---

① 马承源主编：《商周青铜器铭文选》第三册，第57页。此段铭辞"綴"（裪）祭与"陟"祭的关系待进一步研究。

成 2676)

"孝"有"敬"义,连接二个祭祀动词"祀"和"祭"。"孝祀孝祭"的对象在此句前已出现。

(2)"史喜作朕文考翟(禴)祭,伾日唯乙。"《史喜鼎》(集成 2473)

"翟"借为"禴",表示一种祭祀方式,即禴祭。所祀对象为"朕文考",即史喜的父考,在"翟(禴)祭"前出现,对"翟(禴)祭"起到限定作用。

此外,多个祭祀动词连续出现的词义组合,还有不见祭祀对象或场所的情况。例如:

(1)"有髭(祡)、粪(烝)祀无敢醵(扰)"《大盂鼎》(集成 2837)

(2)"禽祝(祝),禽又(有)啟祝(祝)"《禽簋》(集成 4041)

(3)"姬鬻彝,用糦(烝)用尝,用孝用享"《姬鼎》(集成 2681)

例(1)祭祀动词"祡""粪(烝)""祀"连语,并无祭祀对象、处所出现。例(2)祭祀动词"啟""祝(祝)"连语。例(3)为作器、祝嘏辞片段,"用"连接多个祭祀动词"糦(烝)""尝""孝""享",不出现祭祀对象和地点。

(二)辞句中出现单个祭祀动词的情况

器铭里只出现一个祭祀动词的情况比较常见。单个祭祀动词常与祭祀地点、处所或祭祀对象组合。

1.单个祭祀动词与祭祀地点或处所组合

(1)"唯王大禽(禴)于宗周"《士上卣》(集成 5421)

(2)"唯王初秦(祓)于成周"《盂爵》(集成 9104)

(3)"唯成王大秦(祓)在宗周"《献侯鼎》(集成 2626)

(4)"王秦于成周"《圉甗》(集成 935)

(5)"唯周公于征伐东尸(夷)……公归,禀于周庙"《塱方鼎》(集成 2739)

例辞中有"于"或"在"引介祭祀地点、场所。例(1)"禽"表示祭祀动词"禴"。例(2)—(4)祭祀动词"秦"(祓)表示祓除之祭。例(5)

"禀"为进献之祭，祭祀在周庙举行。（祭祀动词详见第二节）。

（6）"王在成周，徏（延）武王禩（裸）自蒿（镐）"《德方鼎》（集成2661）

祭祀动词"禩"表示"裸祭"，"蒿"（镐）①为先前裸祭武王的地点，"成周"是延续禩（裸）祭武王的另一地点。

（7）"□作厥穆穆文祖考宝尊彝，其用夙〔夜〕享于厥大宗"《作乎方尊》（集成5993）

（8）"虎用作文考日庚尊簋……夙夕享于宗"《虎簋盖》（近出491）

（9）"南公有司督作尊鼎，其万年子子孙孙永宝，用享于宗庙"《南公有司鼎》（集成2631）

比较例（7）（8）（9）可知此"宗"是祭祀场所，专属宗族性质，"大宗"指嫡嗣宗庙。

2. 单个祭祀动词与受祭对象称谓词语组合，这种情况较常见，如：

（1）"用禘（禘）乃考"《大簋》（集成4165）

（2）"獣叔伯（信）姬作宝鼎，其用享于文祖考"《獣叔鼎》（集成2767）

（3）"吕伯作厥宫室宝尊彝簋，大牢，其万年祀厥祖考"《吕伯簋》（集成3979）

（4）"作册嗌作父辛尊……豐（铸）彝，用作大禦于厥祖〔妣〕、父母、多神"《作册嗌卣》（集成5427）

（5）"升于厥文毁（祖）考"《客簋》（集成4194）

（6）"瑂我父作交尊簋，用享于皇祖文考"《瑂伐父簋》（集成4048）

3. 有的祭祀动词在辞句中作定语修饰彝器名词，如：

（1）"太師盧作羹（烝）尊豆"《大师盧豆》（集成4692）

（2）"用作朕剌（烈）祖罍（召）公尝簋"《六年召伯虎簋》（集成4293）

---

① "蒿"从马承源释读为"镐"，指镐京，见《商周青铜器铭文选》第三册，第26页。

（3）"作文父宗祀尊彝"《作文父宗祀鼎》（西清续鉴甲编 01.33）

《大师虘豆》铭"鞲（烝）尊豆"为偏正词组，"鞲"（烝）限定"尊豆"。《六年召伯虎簋》铭"尝簋"为偏正词组，"尝"为祭祀动词作定语，限定"簋"。《作文父宗祀鼎》铭"祀尊彝"为偏正词组，祭祀动词"祀"限定"尊彝"。

除以上几方面，辞句中还出现单个祭祀动词，而无祭祀地点场所或祭祀对象等词语。总的来看呈现多样化。

第二节　祭祀动词义位类聚系统

一、器铭中的祭祀动词义位

西周器铭中祭祀动词有"祀""祭""禘""烝""尝""禴"（即"礿"）"祠""祼""祿/奉（祓）""酌""升""禋""柴""禦""喜（糦）""叙""🜚""享"。此外"陟""降"与祀神活动一起使用时，也有祭祀类词义性质。

这些动词以"享""孝"出现最多，"祼""禴（禘）""烝""尝""祀""祿/奉（祓）"次之，"禴""禦""酌""升""禋"只见几次，"柴""叙""🜚""祠""喜（糦）"只见一次。由于器铭受限于出土情况和传世器的保存状况，这些动词的分布并不完全代表西周时代祭祀动词的全貌，同时，祭祀动词的出现与使用还受到西周器铭的功用、性质等因素制约。因此，探讨器铭中祭祀动词聚合系统的结构、义位的地位、性质和义位关系，还需要结合传世文献中的词义使用和分布情况。

从词汇语义角度分析西周器铭祭祀动词义位的特点，主要有以下两点：

（1）祭祀类词汇常有动词和名词两种用法，同一个"词"（词形）既可用为祭祀动词义又能用为祭祀名词义，传统上"祭名"这一称谓，适于概括这两种用法；（2）大致来看，器铭中的祭祀动词义位可分为专用的祭祀动词义位和非专用的祭祀动词义位两大类。其划分标准：根据是否用为专类祭祀和与其他专类祭祀词义的语义关系（指称义与指称义之间的关系）来划分。这里考察其中主要的祭祀动词义位。

（一）专用祭祀动词义位

A.通称类祭名——动词义位"祀""祭"

1．"祀"

西周器铭中的"祀"表示祭祀活动的通称。此义位常见于上古传世文献，《尔雅·释诂下》曰："祀，祭也。"先秦时代以"祀"为国家举行的年常祀典，谓之"国之大事"。商代一年中各种祭祀周行一讫，称"一祀"，故以"祀"纪年。

《论语·为政》云："周因于殷礼，所损益可知也。"西周初至中期，纪年常称"祀"，如《大盂鼎》《段簋》等铭。"祀"亦表示一年内四时（季）各种祭祀的通称。所以，纪年称"祀"与周行一年的祭祀活动称"祀"，语义有关联，仍如商代一般。《说文·示部》谓："祀，祭无已也。"《玄应音义》对此有解释，卷二"祠祀"注云："祀，祭无已也。谓年常祭祀洁敬无已也。"在词义上"祀"概括了一年常祭活动。周代以"祀"为国之大事，为礼法制度，故有"祀典"之称。《礼记·祭义》郑玄注："祀典，谓祭祀也。"是以"祀典"概括各项祭祀活动，这与"祀"的概念是一样的。在周代各种具体祭祀活动，都可以称作"祀"，如《易·困》曰："利用享祀，征凶无咎。"此"祀"是通称祭祀活动。

西周器铭中，"祀"即此类用法，是一个义位。如《天亡簋》铭："王祀于天室"，《吕伯簋》铭："其万年祀厥祖考"，均属此种用法。

2．"祭"

"祭"亦为各种祭祀活动、祀典方式的通称，在西周时是一个基本常用的义位。《说文·示部》释："祭，祭祀也。"指各种具体祭祀活动都可统称"祭"。《尔雅·释诂下》对此有明确解释："禋、祀、祠、蒸、尝、禴，祭也。"《尔雅》对"祭"的概括大致不错，但其中"禋、祀、祠、蒸、尝、禴"各词都表示专指的祭祀义位，而非通称义位，比"祭"的义域小，而非相当。

"祭"除用于通称外，还用于专指。如《中说·天地》："有祭焉，有祀焉。"阮逸注引《周礼》："祭天曰祀，祭地曰祭。"《左传·桓公五年》孔颖达疏："周礼：天神曰祀，地祇曰祭，人鬼曰享。对则别为三名，散则总为一号。"暂不论《周礼》及孔疏所说"祭天曰祀"和"祭地曰祭"对周代"祀""祭"专指解释是否准确，仅从"祀""祭"各种用法可以看出，二词在当时确有统指和专指之别。

"祭"一词在西周器铭中出现较少，《虢伯鼎》铭有"孝祀孝祭"，以"孝"字连接"祀""祭"二动词，等于说"祀祭"，泛指各类祭祀活动，"祭"是统指义位。《史喜鼎》铭有"史喜作联文考翟（禴）祭"，其中"翟（禴）祭"为词组，"翟"（禴）本身表示一种专门的祭祀，"祭"在专名之后应是祭祀活动的共名，即统指义位。先秦典籍中"祭""祀"二词常连语，本是各有专指的单音词，后来成为复音词，泛指各种祭祀活动。

B.殷祭（大祭）类动词义位——"禘""殷祀"

3."禘"

《尔雅·释天》："禘，大祭也。"西周时"禘"祭是指一种大祭。《礼记·大传》郑玄注："凡大祭曰禘，谓郊祀天也。"而《说文·示部》又训"谛祭"，所谓"祭祖考以审谛其祖所自出"。

"禘"祭从规模上看是大祭，何谓"大祭"？按《诗·周颂·雝序》郑玄笺的说法是："大于四时而小于祫"，《左传·僖公八年》孔颖达疏解释为："禘，大祭也。言其大于四时之祭，故为三年大祭之名。"解释"禘"祭是大于四时（四季）各祭而三年一度的祭祀。当然也有说"禘"为五年大祭之名。总之，古代训诂多将"禘"祭解释为大于四时祭的一种大祭活动。这类大祭或称"殷祭"（按："殷"有"盛、大"之义），包括"禘"祭与"祫"祭。《礼记·曾子问》曰："而后殷祭"孔颖达疏："禘、祫者，祭之大，故亦谓之殷祭。"言即此意。

"禘"从概念内涵和祭祀目的看是"审谛祖所自出"，自西周中、晚期而后即为"审谛昭穆"。所以，传世典籍记述西周"禘"祭是在太庙或太祖庙中举行的，受祀对象为先王、先公、太祖、祖考。如《诗·周颂·雝序》谓："禘大祖也。"又《礼记·明堂位》曰："以禘礼祀周公于大庙。"在《春秋·僖公八年》则有："禘于大庙。"指的就是这种情况。

西周器铭所见"禘"与传世文献用法一致。如《小盂鼎》铭有"王各（格）庙……用牲，啻（禘）周王、□〔武〕王、成王"，《剌鼎》铭有"王啻（禘），用牡于太室，啻（禘）邵（昭）王"。西周时以太室为宗庙上屋或中央之室（说释见于《尚书·洛诰》孔传及孔颖达疏），所以，"禘于太室"亦即禘祭于太庙或宗庙。

但是，"禘"祭在殷商时代表示祭天帝，与西周的概念有所不同。这一点从甲骨卜辞中可以看出。《礼记·祭义》："春禘秋尝"郑玄注："春祭者，夏殷祀也，周以禘为殷祭，更名春祭为祠。"郑玄认为商代以"禘"为春祭，这是从时季上讲的，与祭天帝并无矛盾，所谓商代之"禘"为春祭并非不可能。但清儒以为商代有四时之祭，"禘"为四时之夏祭，实属无稽之谈。以出土文献看，商代历年只有春秋二季，甲骨文中所记"禘"祀多为祭天帝。由于甲骨文中所记"禘"祀范围、方式与周代有别，概念因而有别。所以，应将西周的"禘"与商代的"禘"视为同一词在不同时代的两个义位。

4."殷祀"

目前所见西周器铭记载"殷祀"者极少，但其性质很重要。西周早期重器《天亡簋》铭记述："乙亥，王有大礼。……王祀于天室……衣（殷）祀于王丕显考文王。事糦上帝……"武王初基举行殷祀文王的重大仪式，可知殷祀性质非同一般，是一种国家重大祭祀活动。"殷祀"是大祭通称，包括具体祭祀方式（仪式环节），从《天亡簋》铭可知其包括有"事糦上帝"具体仪式环节。

C.四时之祭名——器铭所见的"禴""烝""尝"

5."禴"

"禴"是周代四时（季）祭祀之一，夏祭曰"禴"，典籍中又写作"礿"。《诗·小雅·天保》有"禴、祠、烝、尝"，是将四时祭祀名并举，毛传曰："夏曰禴"。西周器铭中出现"禴"祀，是否为"夏祭"呢？西周早期昭王世器《士上卣》（同铭器《士上盉》）："唯王大龠（禴）于宗周……在五月既望辛酉"，从周正时季来看当在夏季"五月"。又周初（或殷末）器《我方鼎》铭有"征（延）礿禜二母"，"礿""禜"之祭在殷商甲骨卜辞中常见。此"礿"未必相当于周代的"禘"（礿）祭，《我方鼎》铭中祭祀对象是"祖乙、妣乙、祖巳、妣癸"，祖、妣均用日名称呼，仍然沿用商族习惯。另一器《史喜鼎》铭有"翟祭"，并且记录祭祀时间"厥日唯乙"，有学者释为"禘祭"，此"禘"祭性质可再商讨。

6. "烝"

"烝"，金文有"尝（登）、尝（煮）"等形。在传世典籍中，作为周代四时（季）祭之一，"烝"指"冬祭"。如《诗·小雅·天保》："禴祠烝尝"毛传训："冬曰烝"。又如《诗·小雅·楚茨》郑玄笺云："冬祭曰烝"。《公羊传·桓公八年》谓："烝者何？冬祭也。"可见周代"烝"祭指的是"冬祭"。再看西周器铭，记载"烝"祭一词者有《大盂鼎》《姬鼎》《大师虘豆》《高卣》《段簋》等铭。但指称烝祭事件者（已发生的烝祭）仅有《高卣》《段簋》二铭。《大盂鼎》铭的"烝"祭是泛泛而言，并非具体指某一次烝祭事件，而《高卣》《段簋》铭的"烝"祭都记有发生时间：

（1）"辰在庚申，王靥（饮）西宫烝"《高卣》（集成5431）

（2）"唯王十又四祀十又一月丁卯，王鼏毕登（烝）"《段簋》（集成4208）

《高卣》铭的"烝"祭在十二月，《段簋》在十一月，按周正为冬季。可见传世典籍所说"烝"祭为周之冬祭不误。结合《土上卣》铭中"禘"祭所在时间（周正五月，夏季），不仅可证典籍所谓周代"冬祭曰烝"之说，也可推知典籍所记周代"祠""尝"时季不误。像《高卣》《段簋》《土上卣》铭所记祭祀事件及其发生时间，是与典籍互证的重要材料，也是求证词义的依据。

7. "尝"

西周"尝"祭指四时（季）祭名之一，即秋祭。传世典籍多有记载和解释，如《诗·小雅·楚茨》："以往烝尝"郑玄笺曰："秋祭曰尝"，《小雅·天保》也有"尝"祭之名，毛传："秋曰尝"，《诗·鲁颂·閟宫》有"秋而载尝"。西周器铭虽有"尝"祭之名，却未记其时季，如西周晚期《姬鼎》铭（集成2681）曰："姬齍彝，用糦（烝）用尝，用孝用享"，《六年召伯虎簋》铭（集成4293）曰："用作朕剌（烈）祖召公尝簋"，不记"尝"祭时间（铭中虽有"六年四月甲子"这一时间，为记事或作器时间，而非作器辞中"尝"祭时间或"尝簋"使用时间）。不过，《姬鼎》铭中"糦（烝）""尝"对举，与典籍中常有的"烝""尝"对举相合。从器铭中"烝"祭为冬祭可推知"尝"祭就是周代的秋祭。

此外，周代"祠"祭是否见于器铭尚待考论。西周早期《商尊》铭（集成5997）有"帝司赏庚姬贝卅朋"，此"司"字有释"祠"通作"祀"者[1]，则本铭"司"为祭祀动词，可将"帝司"释为"禘祀（或祠）"。金文"司""后"二字形近，也有将"司"释为"后"者，"帝司"则为"帝后"[2]，那么将《商尊》铭释读为"帝后赏庚姬贝卅朋"也讲得通。此铭"司"字如何释读有待于进一步探讨。

D. 以祭祀方式命名的祭名——祭祀动词义位"祼""酚""升""禋""柴""袼"。

8."祼"

"祼"表示祼祭，是周代主要祭祀礼之一。《说文·示部》"祼"训"灌祭"，以祭祀方式命名并释词义。《周礼·春官·大宗伯》郑玄注对此解释说："祼之言灌，灌以郁鬯，谓始献尸求神时也。"祀祖神、祭先王于宗庙，行灌鬯礼是西周重大祀典的一项仪式。《尚书·洛诰》记载新都洛邑建成，周成王在新邑举行烝祭，其过程有一项仪式就是"王入太室祼"。

祭祀的祼礼仪式以圭瓒酌秬鬯，灌地以降神。"祼"作为一种祭名，其语义不仅包括"灌鬯酒"行为，还包括祼器和秬鬯成分在内。而"灌"

---

① 见马承源主编《商周青铜器铭文选》第三册，第34页。

② 见吴镇烽《铭图》11791。

的行为动作是礼仪活动的中心。从这一点可以看出，典籍所谓"祭名"这一称名很有道理，不仅包括祭祀行为（在语句层面为祭祀动词），还包涵相关的名物、礼器，"祭名"既可用作祭祀动词，还可用为祭祀名词——指称某类祭祀事件。再看《周礼·春官·大宗伯》有"凡祭祀、宾客，以时将瓒果"，其中"果"即"祼"的借字（前人已指出《周礼》中的"祼"多作"果"字），"将瓒果（祼）"是祭祀活动中的一项祭礼仪式。同时，单行祼祭礼的情况也是存在的。《周礼·春官·大宗伯》谓："以肆献祼享先王，以馈食享先王，以祠春享先王，以禴夏享先王，以尝秋享先王，以烝冬享先王。"诸享祭并列而言，可知单行"祼"用以享祭先王。

西周器铭有"祼"祭，如早期《德方鼎》铭（集成 2661）：

"唯三月王在成周，征（延）武王福（祼）自蒿（镐）……"

"福"字，或释"福"，实为"祼"字古文，唐兰指出应是灌祭，即"祼"①。此铭记成王在成周沿用镐京所行武王祼祭礼。

另有《何尊》铭（集成 6014）：

"唯王初䢃（迁）宅于成周，复禀珷（武）王豊（礼），福（祼）自天。"此铭"天"即"天室"，是说成王迁成周新邑，复举行以前在天室所行武王祀礼和祼祭。与《德方鼎》铭相似，成王仍沿用武王祼祭礼。

9. "酻"

"酻"是荐酒祭祀祖神的一种方式。"酻"字不见于传世文献，甲骨卜辞多见"酻"字，表示一种祭祀方式。甲骨文"酻"字从酉，从彡或彡（左右无别），孙诒让认为"酻"为酒祭。李孝定《甲骨文字集释》释为酒祭专名②，徐中舒《甲骨文字典》中释"荐酒之祭"③。"酻"字见于西周器铭，作动词，出现于祭祀词语组合中，例如：

① 唐兰：《西周青铜铭文分代史征》，中华书局 1986 年版，第 70 页。
② 李孝定：《甲骨文字集释》卷 14，台北"中研院"专刊影印本 1965 年版，第 4399—4400 页。
③ 徐中舒主编：《甲骨文字典》，四川辞书出版社 1998 年版，第 986—987 页。

（1）"雪（越）若二月侯见于宗周，亡述（尤），迨（会）王飨荼京，酊祀"《麦方尊》（集成 6015）

（2）"唯九月初吉癸丑，公酊祀，雪（越）旬又一日辛亥，公畜（禘）酊辛公祀"《繁卣》（集成 5430）

"酊"作祭祀动词，表示祭祀活动中行荐酒礼，与灌祭之"裸"有别。《繁卣》铭记举行"禘"祀礼时有"酊"祭，应为祭祀活动中的一个仪式（祭祀方式）。

10."禋"

"禋"是周代祭祀先祖、先王和天神的一种方式。《说文·示部》云："禋，洁祀也。一曰精意以享为禋。从示，垔声。禋，籀文从宀。"《说文》对"禋"祀的解释有两说。古代典籍训诂还认为"禋"是以烟气升天的一种祭祀，如《周礼·春官·大宗伯》："以禋祀祀昊天上帝。"孙诒让《正义》："禋、烟声类同，故升烟以祭谓之禋祀。"三种解释不一致。究竟哪一说释更合乎西周禋祀事实呢？西周器铭有"燕祀"，见西周早期《史墙盘》铭，此"燕"字从火，而与籀文"禋"接近。甲骨文、金文偏旁火后来变作"土"者屡见不鲜，如"葵"字本从火，后从土作"堇"。可知金文"燕"字即变为籀文"禋"，是"禋"之古文写法。"禋"字最早从火旁，与火有关。阮元《经籍纂诂·真韵》以史晨奏铭"以烟祀"和三国时曹魏《受禅表》"烟于六宗"为证，认为"禋"本为"烟"祀。东汉郑玄已有此说，《周礼·春官·大宗伯》郑玄注："禋之言烟；周人尚臭，烟，气之臭闻者"，与金文"燕"祀相合。大概"禋"表示洁祀是汉代后期人们赋予"禋"的新含义，而汉代早些时候则释"敬"，如《诗·大雅·生民》有"克禋、克祀"毛传曰："禋，敬也。"《周礼·春官·大祝》："凡大禋祀肆享"郑玄注："禋礼，祭天神也。"其实正是"精意以享"祖先、天神之说。可以推测，"禋"最早的涵义是以烟升天祭祀，后演化为精意敬享祀，由"精意以享"在祀神方式和仪式上衍生出"洁清以祭"的习惯，图示如下：

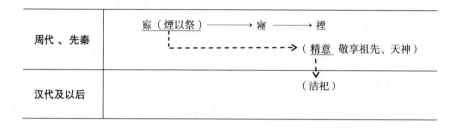

周代、先秦	禋（煙以祭）───→ 禋 ───→ 禋 ┈┈┈┈┈┈┈┈┈┈┈┈┈→（精意 敬享祖先、天神）
汉代及以后	（洁祀）

对于周代"禋"祀，此处释义采用"煙"祭之说。

西周器铭所见"禋"祀有两处，一为《史墙盘》铭，一为《穌史屍壶》铭。《史墙盘》铭追述文、武、成、康、穆各王丰功伟业，以及当世恭王之圣明，然后叙史牆先祖、先父之绩业。其中说到"義（宜）其禋（禋）祀"，表达了举行"禋祀"祭先祖的意愿、祈望。《穌史屍壶》铭（集成 9718）则云："穌史屍作宝壶，用（禋）祀于兹宗室……"其中""字当为"禋"，即"禋"。此辞属祝辞，表达作器祭祀目的。二铭所记"禋祀"，无法通过铭文知其祭祀时间和方式，但据传世文献可释为"精意享祀先祖天神"，或释其祭祀方式为"煙"祭。

11. "紫"

"紫"是祀祖神的一种祭祀方式，即所谓烧柴燎祭天神（包括先祖、先王）。《说文·示部》："紫，烧紫樊燎以祭天神。"这种祭天方式很古老，《尚书·舜典》与《史记·五帝本纪》均曰："……至于岱宗，紫。"当然后者记述来源于前者，这一说法应有其依据。殷商时"紫"是十分普遍、成熟的祭祀方式，从甲骨卜辞出现众多"紫"祭可以推知。西周器铭仅见《大盂鼎》铭有"紫"祭："有紫燕（烝）祀，无敢醊（扰）"，将"紫""燕"二"祀"并列，言指祭祀。

12. "祰"

"祰"指告祭，祭祀方式为祷以事告于祖神。甲骨文、金文多用"告"字表示"祰"。西周器铭记载"祰"祭有《矢令方彝》（集成 9901）《何尊》（集成 6014）铭。《矢令方彝》铭的祰祭是矢将周王命周公子明保尹三事四方，受卿士寮之事祰祭于周公庙。《何尊》铭的祰祭是成王将营建洛邑事祮祭上天。再有西周早期《相侯簋》铭（集成 4136）："相侯休于厥臣殳，赐帛金，殳扬侯休，告（祮）于文考"，《麦方尊》铭（集成 6015）："唯归，扬天子休，告（祮）亡尤，用舝（恭）义（仪）宁侯"，记述的是将某事告祭于祖神。

13."祟"

"祟"是进献禽牲之祭，属祭祀方式。"祟"字像以手持隹（鸟禽、鸡类）献享之形，从示，用为祭祀动词。此字不见于古代字书和传世文献，但甲骨卜辞习见，金文仅见《塑方鼎》铭（集成 2739），与甲骨文同形。甲骨卜辞中"祟"表示荐物牲，不局限于鸡禽。而西周早期《塑方鼎》也不能确知"祟"祭的具体内容，铭云："唯周公于征伐东尸（夷）……公归祟于周庙。"铭辞所记"祟"祀于周庙之事已发生，是一项具体的祀礼活动。

14."糦"

"糦"表示一种享食祭祖方式，金文写作"喜"，见西周早期《天亡簋》铭："事喜（糦）上帝"。传世文献中"糦"是大祭，亦表示"黍稷"，此祭可能采用以食享祭方式。

以祭祀方式命名的祭祀词还有"叔""𤔲"，见于《庚姬尊》铭，此铭当为殷族铜器。在商末周初之际，其祀典属殷族系统，殷商甲骨卜辞常见"叔""𤔲"二祭名，所以不列入西周祭祀系统。

E. 有特定祭祀目的的专项祭名——祭祀动词义位"祓""禜"。

15."祓"

"祓"，金文写作"𢎙（奉）""禷（禳）"等形，表示除灾求福的祭祀。《说文·示部》："祓，除恶也。""祓"有祓除灾恶之义，同时也有祈求福祐的意愿。《玉篇》："祓，除灾求福也。"又《史记·周本纪》云："周公乃祓斋，自为质，欲代武王，武王有瘳。"张守节《正义》："祓谓除不详求福也。"《史记》这一段记述了具体祓除疾恶病灾的祭祀活动。"祓"也可用于其他场合，如《左传·定公四年》有"尹以军行，祓社衅鼓。"军队征行时，祓祭社神，除灾求吉。"奉"字表"祓"祭在甲骨卜辞中已出现，有除灾求福之义。金文除"奉"字，又造"襣"字，专表示祭祀用词。

《矢令方彝》铭（集成9901）有"曰：用襣"，"襣"即"祓"字。此句"曰"后之言是祈使语气，非记事，单从此句无法知道"襣"（祓）祭方式和特点。

西周早期《盂爵》铭（集成9104）："唯王初奉（祓）于成周"，又有《献侯鼎》《圉簋》《叔簋》等铭，记王"奉"祭之辞均位于器铭篇首，可见"奉"（祓）祭的重要性，故器铭可以"奉"（祓）祭事件作为本铭其他事件和作器的时间参照。"奉"（祓）祭事件多见于西周早期器铭，大概西周初建"奉"（祓）祭频繁，与当时社会尚未安定有关。

此外，西周器铭中"襣"（祓）还与"寿"连语，如西周中期《癐钟》铭有"用襣（祓）寿"，仍属祭祀祈求范畴。"襣寿"一方面祓除病灾，一方面祈求长寿，通常在祭祀中表达这种意愿。与"祈"比较，"襣"（祓）偏重祭祀行为，非仅心理祈愿。甲骨卜辞中求雨常用"奉"（祓），此种祈求在祭祀活动中进行，与西周"襣"（祓）祭相似。动词"祈"较早脱离祭祀活动事件，可单纯表达心理"祈愿"。因此，"襣"（祓）表示除灾与祈求，应是一个义位，是同一祭祀行为（或活动）包含的两个方面，不专门表示心理祈愿。

16."禦"

"禦"表示迎侍（进献）祖神的祭祀。传世文献多用"御"字表示"禦"，此"御"有迎迓、迎持祖先、神祇之义。如《诗·小雅·甫田》："以御田祖，以祈甘雨。"郑笺云："御，迎也。"是指"禦"祀田神之义。又《列女传·辩通·赵津女娟》："御鳌受福"王照圆补注："御，读为迓。"甲骨卜辞常见"禦"祭，其后多跟受祭对象（祖神），当为迎持之祭。西周器铭中"禦"后亦多为受祭对象，如早期《我方鼎》铭："我作祂（禦）祭祖乙、妣乙、祖已、妣癸"，与甲骨卜辞用法相同，此为商族彝器，所记遗存殷商祭祀的某些特点。《作册嗌卣》铭则云："曡（铸）彝，用作大禦于厥祖妣、父母、多神"，此"禦"祀应含有迎持、祭祀之义。另一厝王时期器《猷簋》铭（集成4317）云："猷作鼐彝宝簋……猷其万年，蠿实朕多袖（禦），用蕤寿，匄永命"，此辞"禦"与《列女传·辩通·赵津女娟》的"御蠻受福"用意相类，是在"禦"祀之中迎求神祇、祖先并祈求赐予福寿的意思。传世文献"禦"表示祭祀者，如《逸周书·世俘解》："王遂禦循追祀文王。"朱右曾《集训校释》："禦，祀也，盖祀天即位也。"而与"循"一并出现，有特定的具体含义，即迎侍、顺迎而追祀之义。"禦"在传世文献中还表示"禁止"义，此非殷商西周"禦"祭系统。后世的"禦"祭大概是因为除表示迎逆之义外，还表示抵御，以"抵御"义赋予"禦"新的含义，即被除灾祸之祭。

（二）非专用类祭名

非专用类祭祀动词有"享""寿""升""糟"。

17."享"

"享"用作祭祀动词，表示献酒或祭牲等物以奉祖神，在传世文献中使用频繁。"享"表示享献进奉时，可用于祖神，亦可用于生人，如《周礼·考工记·玉人》曰："诸侯以享天子。"《易·大有》曰："公用享于天子。"都是享于生人，此"享"指"献于上"，《说文·食部》段注："毛诗之例，凡献于上曰享，凡食其献曰飨。""享"指下进献上，与"飨"义有别，但古书也常以"享"表示"飨食"之"飨"。金文已有"享""飨"用字、用法上的区别，如《麦方鼎》铭有"用乡（飨）多者（诸）友"，用"乡"（飨）字，而在献祀祖神和下献上时用"享"字。"享"更多用于享祖神，如《诗·小雅·信南山》有"享于祖考"，《周礼·春官·大宗伯》有"以肆献祼享先王"，又《诗·小雅·楚茨》："以享以祀"郑笺曰："享，献也。"此"享"，或训"祀"，或训"献"，总的来说有祭祀之义。但这种祭祀的具体内涵是献享之祭，对祖神享祀在殷周时代被认为属于下进献于上，由于其受享者是祖神而非生人，使用频繁，是上古常用义，所以可划分为一个义位，以别于"享"生人的用法。但从词位来看，"享"神与"享"生人是同一词的两个义位。"享"这一词位不是专用的祭祀类动词，其义位有表示祭祀用义的，也有表示非祭祀用义的；故将其与专用祭祀类动词区分开，单列一类。

在西周器铭中，"盲"（享）表示祭祀，出现频次较高，超过其他祭祀义位。早期如《应公鼎》（集成2553）"用凤夕齍享"等铭，而多数出现于西周中、晚期作器、祝嘏铭辞中，形成"其子子孙孙永宝用享""子子孙孙永宝用享于宗/室""用享于某宗""用享于某祖/考"等习语。"享"也表示下对上献享于生人，如《威方鼎》铭（集成2824）："厥复享于天子"，《克罍》（太保罍）铭（近出987）："唯乃明，乃鬯享于乃辟，余大对乃享"等。器铭中动词"盲"（享）有此二义位，与传世文献的两义位用法类似。

18."孝"

"孝"表示祭祀类词义时，与"享"近义，有善事、奉侍祖神之义。在传世文献中，词位"孝"有多个义位。本义如《说文》训"善事父母者"。又有常用义"享祀"祖神，实际上是由善事、顺奉父母之义引申为善事，顺奉先祖、考妣，并采用享祀的方式。《诗·周颂·载见》："率见昭考，以孝以享。"周成王祭祀其先父武王，用"见"，像顺奉、善事在世父王一样。周人心目中的神界与人界可以沟通，反映在语义上则将表达人世间的语义内容移至神灵世界。动词义"孝"就属于这种情况。西周早期《麦方尊》铭："觐孝于井（邢）侯"，邢侯为作器者之辟侯，为当世生人。又《大克鼎》铭云："觐孝于神"，"孝"的对象是神而非当世生人。可见"孝"于生人和神灵能互用。因此，"孝"表祭祀时，含有善事顺奉、受祭者的义素，区别于"享"，两者非同义词，为近义词，在奉祀祖先、神祇的行为侧重点上两者有所不同。《诗·小雅·楚茨》："苾芬孝祀，神嗜饮食。"马瑞辰《传笺通释》："享祀亦谓之孝祀。"马氏又云："孝与享同义。"细分词义，不完全准确。《楚茨》全篇以"孝孙"之称对应"孝祀"，在"享""孝"用法上选词精意，显出两者区别。

西周器铭多有"享孝"连语，其词义各有侧重，西周晚期《兮熬壶》铭（集成9671）："其万年子子孙孙永用享孝于大宗"，《杜伯盨》铭（集成4450）："杜伯作宝盨，其用享孝皇神、祖考"等，此类铭辞格式大同小异，"享孝"出现于作器和祝嘏辞，习成套语。也有单用的"孝"。如《癸簋》铭有"用孝于宗室"，《此簋》铭有"用孝于文神"。还有"用孝用享""用享用孝"等习语，与《载见》"以孝以享"的用法相当。西周器铭有时还用"考"字表示"孝"，为孝祀之称，与上举铭辞"孝"是同一词义。

值得注意的是，西周中期后段《乖伯归夆簋》铭（集成4331）有"用好宗庙"，其中"好"字学者多释为"孝"的借字。"好""孝"上古声纽相同，韵部幽、宵旁转，语音接近，认为"好"借作"孝"是正确的。不过，这种假借并非偶然。"好"有"畜"义，"孝"有善事父母和顺善之义。《释名·释言语》："孝，好也。爱好父母，如所说好也。"又《礼记·祭统》谓："孝者，畜也。""好""畜""孝"音近义通，语源相同，均有善好之义。此铭"用好宗庙"可证"好""孝"通用，也说明"孝"祀与"享祀"略有区别。"孝"侧重于"顺善"，"享"侧重于"献飨"。

19."升"

作为祭祀用词，"升"表示祀典活动中登献之祭。《礼仪·少牢馈食礼》："乃升羊、豕、鱼三鼎"，是升登献祭牲以祭。又《礼仪·士冠礼》："若杀，则特、豚、载合升"郑玄注："凡牲皆左胖，煮于镬曰亨，由镬而实于鼎谓之升。"亦指祭祀中登献祭牲行为。

西周器铭所见"升"字用为祭祀动词者，如《客簋》铭（集成4194）："王蔑客历，赐牛三，客既拜稽首，𢻻（升）于厥文祖考。"客以周王所赐三牛用于"升"祭祖考，周代"升"献祭品不仅有牲体还有彝器等。

二、祭祀动词义位组合分布特征和性质

西周祭祀类动词义位并不都见于器铭，且见诸器铭者出现不均衡，这给考察西周器铭祭祀动词义位的性质、特征带来局限。只有结合传世文献中词义组合分布情况，才能对这类词义的性质、特征和关系进行全面分析。

（一）"祀""祭"分布情况、特征及其性质

"祀"，作祭祀动词，可充任的语法成分有谓语、宾语，还可作定语。作谓语，如《天亡簋》铭有"王祀于天室"，《吕伯簋》铭有"其万年祀厥祖考"。作宾语，如《彔伯鼎》铭有"孝祀孝祭"，《曶鼎》铭有"曶其万年用祀"。作定语，如《小臣缶方鼎》铭有"缶用作享大子乙家祀尊"等。

除单用外，"祀"可与其他祭祀动词组合，通常位于其他祭祀动词之后。例如，《麦方尊》铭的"酓祀"。"酓""祀"均为祭祀动词，"祀"居后。《天亡簋》铭："衣（殷）祀于王丕显考文王"，"衣"借为"殷"，表示"殷祭"，"祀"居后。此外还有"禋祀"见《史墙盘》《盠史朏壶》二铭，又有"柴、燕（烝）祀"见《大盂鼎》铭，"鼗（章）祀"见《瘨簋》铭。

祭祀动词"祀"的这种用法应为泛指义位。"祀"前的动词为专项祭祀动词，与"祀"形成固定的"专项祭祀动词／祭名＋祀"格式。

传世文献亦有"专项祭祀动词／祭名＋祀"格式，如《周礼·春官·大宗伯》："以禋祀祀昊天上帝"，第一个"祀"为名词，第二个是动词，"禋祀"为"专项祭名＋祀"格式，名词"祀"是祭祀共名，动词"祀"则是泛指的祭祀活动。结合传世文献可以看到，"祀"在周代一直用为祭祀类动词或祭名通称。《左传·文公二年》谓："祀，国之大事也。"可说明其义位的性质和地位。

"祭"，在西周器铭中出现不多，从词义组合关系看，"祭"可与专项祭祀动词构成固定格式，"祭"居后，即"专项祭祀动词／祭名＋祭"。这一组合特点与"祀"相类。如《史喜鼎》铭："史喜作朕文考翟（禴）祭"，又《我方鼎》铭："我作祌（禦）𩰫祖乙、妣乙、祖己、妣癸"，"𩰫"字有人释为"祭"。此外，《彔伯鼎》铭"孝祀孝祭"，其中"祭"与"祀"地位相当、性质相类。器铭仅此几例。

再看传世文献，《易·象》曰："东邻杀牛，不如西邻之禴祭实受其福。""禴"为专项祭祀动词，其后是泛指的动词"祭"。"祭"还可作定语，

其分布情况与"祀"大致接近。从《诗经》来看，有"祝祭"（《小雅·楚茨》）、"助祭"（《周颂·烈文传》）、"告祭"（《周颂·时迈序》）。"祀"，《诗经》有"禋祀"（《大雅·生民》）、"郊祀"（《周颂·昊天有成帝·序》）、"享祀"（《鲁颂·閟宫》）。周代典籍称"祭事"（《周礼·春官·宗伯》），也称"祀事"（《小雅·信南山》）。从《周礼》来看，《周礼》中"祀"单独作谓语的情况较多，"祀"作为祭名也可与其他词语组成偏正词组，如"大祀""元祀""小祀""禋祀""柴（祡）祀""阴祀""望祀""阳祀""典祀""郊祀"等。"祭"有单独作谓语的情况，也可作祭名与其他词组成偏正词组，如"春祭""夏祭""牧祭""丧祭""命祭""衍祭""共祭""大祭"等。但总的来说，西周时代无论是器铭还是传世文献，"祭"用在专项祭祀动词或祭名后表示泛指的组合用法，不如"祀"普遍，只是到了春秋战国以后，"某某祭"的说法才逐渐增多，而西周时期多称"某某祀"。《周礼》《礼记》中所见"某某祭"多为春秋战国以后的习语，后来训诂释义多用"曰某祭"解释专项祭祀名称。可见从殷末至西周初"祀"用作泛指的祭祀非常普遍，其词义概括能力和组合能力大于"祭"。

　　由于西周初年（特别是商族遗胄）沿用殷商主要祭祀词语，只在专项祭祀词语用法上有所改变，"祀"是商代的祭祀通名，表示一年各种祭祀活动的通称，有各祭祀活动周而复始之义，乃至引申为纪年之"祀"。周初"祀"保留了这种用法，既是祭祀通名，又是纪年名词。各祭祀活动可通称"祀"，作为国家礼制，称"祀典"。而"祭"在商代（本表示荐牲以享祖神）已表示泛指的祭祀活动或行为。殷商甲骨文词义系统中"祭"是单义词，只用于祭祀类词义，"祀"为多义词，除表示泛指的祭祀活动，还表示祭祀类名和纪年两个名词义位。可知"祀"在商代是一个常用基本词，其表示祭祀通名的义位已有引申义。西周初年"祀"与"祭"二词使用大致如商代，"祀"和"祭"的使用阶层主要是王室、诸侯方伯等贵族。西周以后，"祭"的用法日趋普遍，组词能力加强，其使用层次逐渐由上层社会普及民间。

（二）"享""孝"在词义组合分布上的特点及性质

"享""孝"二词并非专项祭祀动词或祭名，但使用频繁。这主要是由于二词表达了祭祀活动普遍存在的一些进献、奉侍行为。

"享"表示荐享（献牲、酒等可食饮祭品）祖神。"享"祭在绝大多数专项祭祀活动中是必有的仪式或环节。这一点《周礼》讲得比较清楚，《周礼·春官·宗伯》云："……以肆献裸享先王，以馈食享先王，以祠春享先王，以禴夏享先王，以尝秋享先王，以烝冬享先王。"郑玄注："宗庙之祭有此六享。"贾公彦疏："享，献也，谓献馔具于鬼神也。"《周礼·夏官·大司马》又云："入献禽以享烝"。这些专项祭祀均有"享"献之礼，分布范围很广，使用频繁，在语义上可与各层级的祭祀类词语组合搭配，如"享祀"（见《段簋》铭、《易·象》），"巡狩祭享"（见《逸周书·周月解》），"享礿""享烝"（见《周礼·夏官·大司马》），以及"裸享""祠春享""禴夏享""尝秋享""烝冬享"等。因而"享"带有普遍性的祭祀语义成分，亦即其组合分布特征。这种分布特征使"享"在表示祭祀类词义上涉及范围接近于"祀"和"祭"。周代传世文献，如《诗·小雅·楚茨》："以为酒食，以享以祀。"而《易·涣·象传》云："先王以享于帝立庙……"此"享"与"祭""祀"二词的泛指义位比较接近。

但是，"享"又不同于"祀""祭"。"享"偏重于以食馔、酒醴、牲体供奉而祀，不仅可与"祀""祭"组合构成"以享以祀"之类的格式，还可与专项祭祀动词组合，如《诗·小雅·信南山》有"是烝是享"，有"享于祖考"，是祭以酒醴骍牡的意思。西周《姬鼎》铭"用糦（烝）用尝，用孝用享"，与《信南山》的用法大致相同。

再看"孝"，在祭祀用词上表示善奉、顺奉祖神。这一词义可与表示专项祭祀供奉神祖的词义组合搭配。对举行祭祀者来说，祭祀祖神的礼仪需有顺善、敬奉的态度和心意，即"孝"意，在西周时代主要用于"孝"祀祖先、考、妣。由于祭祀活动中供奉祖神需要顺善、敬奉，故"孝"在组合分布上多与"享"结合在一起，其分布范围较广。尽管"孝"词义分布较广泛，但其词义功能附着于"祀""祭"，随"祀""祭"的语义而显出祭祀的顺奉态度。"孝"有时单独使用，语义与"享"比较接近，但侧重点与"享"不同，这一点前文已述。"孝""享"二词组合极常见，上古传世文献中"享""孝"连语，如《易·象》："王假有庙，致孝享也。"其中"孝享"是敬善奉享之义。《诗·小雅·天保》："吉蠲为饎，是用孝享，禴祠烝尝，于公先王。"此"孝享"与前用法相同，从诗句看出，"享"以供食馈，适用于"禴、祠、烝、尝"各种专项祭祀，这也是"孝"的适用范围，器铭习称"享孝"。又有"以孝以享"见《诗·周颂·载见》，器铭则称"用孝用享"（见《姬鼎》《丰伯车父簋》等铭），亦称"用享用孝"（见《仲禹公簋》《伯梜虘簋》《仲簋盖》等铭）。

"享""孝"在词义组合上有两种现象值得探讨：

一是金文习语"用享用孝""用孝用享"，多见于西周中、晚期，"用享孝……"仅见西周早期《祖日庚簋》铭。此类习语多位于作器、祝嘏辞中，表达作器用于享孝祖神的目的。其语义来源与作器功用有关，作器者特用"享孝"表达祭祀宗祖的意愿，是宗族世袭制和子孙嫡袭其宗的观念积累，而西周早期这种积累较中、晚期薄弱。这或许就是"享孝"用语早期不及中晚期盛行的一个重要原因。

二是器铭中"孝""享孝"前可与"追"组合，"享孝"前可与"夙夕""夙夜"等组合；而单用的"享"前少与"追"组合，多与"夙夕""夙夜"等组合，单用的"孝"则相反。前面分析过"享"表祭祀时，有供奉饮食祭品之义，其语义成分是"供奉"，包含"长时段"的频仍行为——可以说"享"不仅表达"供奉"状态，还有一种让祖神享用的意味。含有这种语义成分的词义需要与表示长期时段的词义组配，像"夙夕""夙夜""朝夕"等表示"日夜""日日夜夜""天天"这类表示长期频仍的词语，可与之搭配。"孝"则表示顺善、敬奉，可用于生人（如父母等），也可用于祖神、先考、先妣。在西周中、后期，作器者多为西周早期被分封者的后裔，作器享祀先祖、宗庙可称"孝"。"孝"词义扩展，受事对象不仅是现世祖辈、父母，还通过祭享去敬"孝"先人，因而在祭祀词语组合中，"孝"可与动词"追"搭配。"追孝某祖某考"等铭辞表达以祭祀"追养、继孝"某祖考，其中"追"有"祭尽其敬"之义，是敬词。但是金文学者多释"追孝"为"追念先人美德"，此释本从王念孙、王引之说而来。王念孙《读书杂志·史记学六·太史公自序》按语："《大雅·文王有声》：'遹追来孝'。孝者，美德之通称。"又《经义述闻·通说上·孝》王引之按语："《尔雅》：善父母为孝。推而言之，则为善德之通称。……《大雅·文王有声》：'遹追来孝。'遹，辞也。来，往也。言追前世之善德也。前世之善德，故曰往孝。即所谓'追孝于前文人也'……"王氏父子释"遹追来孝"之"孝"为"美德通称"，追前世美德，此释不错。但若以此推释"追孝某祖某考、某神"就错了，"来孝"之"孝"是名词，表示善德、美德；"追孝某祖考神"的"孝"是动词，表示孝祀之义，两义不同。西周器铭有"用追享孝"见《善夫梁其簋》铭，有"用追孝䵼（韋）祀"见《癲钟》铭，此二铭中"孝"均为"孝祀"之义，而非"善德"之说能解释通的。器铭中的"追"有"追养先世"的含义，又含有极尽其敬的语义成分。俞樾《群经平议·尚书三·文侯之命》按语："'追孝于前文人'追孝，犹言追养继孝也。"又《论语·学而》有"慎终追远"何晏《集解》云："追远者，祭尽其敬。"文献还有"追享"之语，见于《周礼·春官·司尊彝》："凡四时之间祀，追享、朝享"郑玄注："追享，谓追祭迁庙之主。"由此知"追"有"追祭""祭尽其敬"、追养而继享之义。西周器铭"追孝某祖／某考／某神"等语表示的正是这种含义。

当"享"与"孝"组合时，所谓"享孝""孝享"指在祭祀享献方面而顺善、敬奉，既可与表示"长时段"频仍性词语搭配，也可与"追"搭配。

（三）专项祭祀词义组合分布情况

"禘"的分布情况。从祭祀活动的规模来看"禘"祭大于四时之祭，属大祭，但是从义类级别上看，"禘"祭属于专项类祭祀，需将义类级别与祭祀实际规模大小区分开。"禘"可以单独作谓语，如《诗·周颂·雝序》："禘大祖也。"器铭有"用畲（禘）乃考"之辞（见《大簋》铭）。"禘"也可与"大""酌""祀"等词组合。

专项祭祀动词都可以在辞句中作谓语，如"禴"，《土上卣》铭有"唯王大禴（禴）于宗周"；"烝"，《段簋》铭有"王鼎毕登（烝）"；"尝"祭，《孔子家语·曲礼公西赤问》有"孔子尝，奉荐而进"等，均为专项祭祀动词作谓语之例。其他专项祭祀动词"祠""祼""祝""祓""酌""禋"等亦如此。在词义组合上，这些专项祭祀动词通常位于"祀"前，有时也出现在"祭"前，"祀""祭"为祭祀通称。

专项祭祀动词，还可与某些标志其"专"的词义组合。例如"祠"，常与"祷"组合为"祷祠"，《周礼·春官·小宗伯》："大灾，及执事祷祠于上下神示。"《春官·宗伯》则云："春祠、夏禴……秋尝、冬烝……"皆其例。又如，"祓"祭与"除"组合，"除"有除灾祸之义，对"祓"有补充说明作用，在组合中有标志"祓"祭功能之用，如《春官·宗伯》："女巫掌岁时祓除、衅浴。"再如，"禦"祭与"共"（供）组合，《左传·昭公十二年》："唯是桃弧、棘矢、以共禦王事。"其中"禦"有迎献而祭之义，"共"为供奉，二词同现。《管子·山权数》有"将御神用室"，其中"御"即"禦"，表示禦祭，与"将"组合，此"将"表示将养、供养之义。禦祭与"共""将"二词组合，"共""将"标志禦祭的专有含义——用供奉、侍献的方式来迎祀祖神。又如《逸周书·世俘解》："王遂禦，循追祀文王。"从其中"循追祀文王"可以看到"禦"与"循"的关系，通过禦祭循通人神世界以祭祀文王，禦祭表达了迎祀祖神的目的。

"祰"（器铭及传世文献多用"告"字表示）分布情况，可单独作谓语，表示祰祭，如《尚书·金滕》云："（周公）植璧秉珪，乃告大王、王季、文王。""告"还与标志其专祭的词组合，如《逸周书·大匡解》："……及某曰以告于庙。""告"即"祰"，此句前已述王作《大匡》之事，介词"以"后的宾语内容，即王作《大匡》之事在前已交待，故省略宾语，"以"标志"祰"祭是以某事告神之祭。"祼"可单独在句中作谓语，也可与"鬯"或"秬鬯"组成动宾词组，一起作谓语，还可与"瓒""裸玉"等词组合。"鬯""秬鬯""瓒"，以及裸玉"珪""璋"对"裸"都有补充和标志作用，此前章已述，不再赘言。

另，"柴""禋"等词，通过古代训诂释义材料及句中用法可知其表示的是专项祭祀动词。"酌"字不见于传世文献，只能通过金文辞例、甲骨卜辞等材料进行考察分析。与"祀""祭""享""孝"比较，专项祭祀词义出现较少，语义分布范围较小，这正是专项祭祀词义组合分布的特点。

从词的语法意义方面也可看出专项祭祀词义与"祀""祭"的差别。专项祭祀词多用为动词义，较少用名词义，而"祀""祭"二词可作动词，亦可作名词。"享""孝""升"则大多用为动词，极少用作名词，可单独作谓语表示祭祀活动；但"享"可与专项祭祀动词组合，也可与"祀""祭"组合构成"享＋专项祭祀"，以及"享祀""享祭"等词组。"孝"则多与"享""祀"组合，"升"也可与"祀""享"组合。

从词义组合关系中分析出义位分布义域的大小——从大到小依次为：祀＞祭＞享＞孝＞升＞褅＞其他专项祭祀义位。

三、祭祀动词义位聚合系统的结构

（一）器铭中祭祀动词义位类聚

祭祀动词义位反映了西周时代的祭祀活动，"褅"和四时祭，是从常祀时间周期和规模上划分的重要祀典；"裸""柴""禋""酌""祝""祰""祓（祐）"，是从祭祀方式上划分的专项祭祀；"祓""禦"是从祭祀目的方面划分的专项祭祀。"享""升"表示祭祀活动中荐献祭品，"孝"表示祭祀中顺善、敬奉的行为或态度。周期性的常祀和许多专项祭祀里都有"享""孝""升"。"褅"和四时祭中常有专项祭祀仪式介入。当时所有祭祀活动通称"祀"，有时也称"祭"。从义位类聚看，这些义位构成了一个层级系统。"祀""祭"是各种祭祀通称，具体祭祀各有专名。

从时间周期和规模看，"褅"祭属周期长的常祀，规模盛大。"褅"见于西周器铭，殷祀还有"祫"，为三年一次的大祀，"祫"见于传世文献而不见于西周器铭。"禘"祭活动也包含"祫"祭的成分，即"合群庙之主，祭于大祖庙。"（见段玉裁《说文解字注·示部》）。西周器铭显示出这种情况，《小盂鼎》铭："王各（格）庙……啻（禘）周王、□［武］王、成王"，此"禘"祀是将文王、武王、成王祫祭于周太庙。四时祭是周期性常祀，周期短于"禘"祭，规模也小于"禘"祭。专项祭祀可以在"禘"和四时之祭中举行，而非常祀或周期性的祭祀。专项祭祀若在常祀中举行，其规模从属于"禘"祭或四时祭，因而规模小于常祀，或者说只是常祀中的一项活动。专项祭祀亦可单独举行，属临时性祭祀活动，规模小于常祀。"享""孝""升"的献奉活动分布于常祀和临时专项祭祀中，其荐献、敬奉的行为从属于各种祭祀活动，因而是普遍现象。

（二）祭祀义位聚合系统的层级结构

西周祭祀类词义指称（或概念）与当时的祭祀活动属于不同范畴。指称是表示世界现象（精神和物质）或现实的语义方式，而祭祀活动是客观世界、人类社会中存在的现象。根据对客观祭祀活动的概括程度和所指类别，指称可分为泛指和专指两大类。

"祀"和"祭"是泛指，二者概括范围遍及所有专项祭祀。"禘"、四时祭、"祼""柴""禋""酌""祝""祐（祐）""祓""禦"，从指称来看，都属于专指，概括范围仅限于本项祭祀活动。仅管有些专项祭祀分布于其他专项祭祀中，但其指称概括的仍然是专项祭祀的性质和特征。"享""孝""升"三个义位指称的不是专项祭祀，或者说三者概括的不是严格的"祭祀"概念，而是祭祀活动中的献享、敬奉行为；所以既非泛指的祭祀概念，亦非专指的祭祀概念，但又与各种祭祀活动发生关系，在指称上虽然属于祭祀类范畴，却应当划分为单独的指称类别。"享""孝""升"三者指称祭祀中的献享、敬奉行为或态度，与泛指祭祀和专指祭祀都产生语义关联。

指称义是义位语义构成的主要部分，根据各义位指称义之间的关联性，可将西周器铭祭祀义位联系为一个聚合层级系统。如图所示：

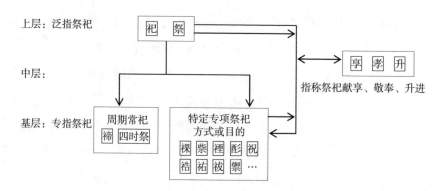

在此义位系统中，"祀"分布最广，概括能力强，与其他祭祀类词义组合能力最强，专指类祭祀词义及"享""孝""升"可与之组合为"某祀"格式。"祀"能充当的铭辞句子成分有谓语、宾语、定语。因此，"祀"是西周器铭祭祀动词义位系统的核心义位，大概也是西周时代祭祀义位系统的核心义位。其次，"祭"尽管在器铭中出现很少，但其分布特征足以显示出泛指性质，可作宾语、谓语，可与专项祭祀词语组成"某祭"格式。"祭"是祭祀义位系统中的重要泛指义位。再其次，专指的专项义位是构成祭祀类义位聚合系统的基本单元。专指的专项祭祀义位是关联其他祭祀义位的单元项，处于系统层级结构的基层，其指称义是祭祀类义位系统的主要语义要素，起到勾连上层泛指义位和中层"享""孝""升"的作用。

上述为西周器铭祭祀义位聚合系统的层级结构，对此义位系统还需要从义位的性质、地位、分布情况以及语义范围大小等方面进行分析，以求对此系统中的各义位有一个清晰的认识。

从义位性质看，"祀""祭"为泛指义位；"禘"、四时之祭"祠""禴""尝""烝"为专指的专项祭祀义位，属于常祀周期性祭祀；"祼""紫""禋""祰""祝""酹""祓（祐）"等为专指的专项祭祀，属于以方式为特征的祭祀；另有"祓""禦"亦为专指的专项祭祀义位，属于以目的为特征的祭祀；"享""孝""升"是指称祭祀活动中享献、敬奉、升进行为的义位，属于从属性祭祀义位，或者说是享献、升进类祭祀义位。若从义位在系统中的地位来看，"祀"是核心义位，"祭"是次核心义位。专指的专项义位属于基础义位。"享""孝""升"属于祭祀类的边缘义位。

从义位出现、组合分布看，"祀""享""孝"在器铭中分布最广，出现较多，而在传世文献中"祀""祭""享"分布较广，出现较多。专项祭祀的义位"禘""祼""祓"在器铭和传世文献中出现较多。"禴""告（祰）"及其他专项祭祀义位次之，"酭"仅见于器铭（以及甲骨卜辞），这类祭祀义位在分布上有一个特征——通常只作动词。不同的专项祭祀义位可同时出现于语句中，形成并列组合关系。通过分析这些义位的指称义及其出现分布情况，可知义位在聚合系统的地位和义域大小，列如下表：

表 13　器铭中祭祀动词义位的地位、义域、出现情况

类别	从属性义位		泛指义位		专指义位（专项祭祀）									
					大祭		四时祭			方式			目的	
义位	升	孝享	祭	祀	殷	禘	祠	禴尝烝	祼柴	禋祰祝祓	酭	祓	禦
地位	边缘	基本常用	次核心	核心	基本		基本		基本			基本	
			基本常用										
义域	小	大	大		小		小		小			小	
出现情况	少	多	文献多器铭少	器铭多	文献较多器铭一次	文献较多器铭较少	文献较少不见于器铭	少	文献较多器铭较少	少	不见于文献	较多	少

第三节　祭祀对象义位

一、表示祭祀对象的主要词语

西周器铭中表示祭祀对象的词主要有"祖""考""父""妣""母""大宗""小宗""神""天""上帝""某王""某公""君""某伯""姑""公"等，习语和词组有"文神人""前文人""大神""多神"等。其中"某王"指专名义位"周王""武王""成王"等，"某公"指专名义位"昭公""鲁公""攸公""辛公"等，"某伯"亦指专名义位，如"龚（恭）伯""犀伯"

"邵伯"等。

表示祭祀对象的词（或词语）多位于祭祀动词后，构成动宾词组，如"其万年祀厥祖考"（《吕伯簋》铭），"克其用朝夕享于皇祖考"（《善夫克盨》铭）等。也有出现在祭祀动词前的，如"列祖考夌公宗室，又孝祀孝祭"（《虢伯鼎》铭）等。像这类情况，祭祀对象词语通常分布于祝嘏铭辞、有祭祀动词的作器铭辞和祭祀语义类型辞句中。

就目前所见器铭来看，祭祀对象词语多出现在无祭祀动词的记名铭辞和作器铭辞中，前者如"祖辛"（《祖辛簋》铭），后者如"作父辛彝"（《作父辛彝簋》铭）。这种现象，一是与殷周青铜彝器的功能对应其铭文语义有直接关系，[①] 二是与称谓词语组合形式或记名词语有关（如天干日名与祖、父考等称谓的组合形式）。在此语境下，只出现称谓词语而不见祭祀动词，也能辨别出祭祀对象词语。

二、祭祀对象词义组合形式

在西周彝器功用性方面，施祭者、作器者（或器主）通过作器、用器以孝祀祖神，祭祀对象与施祭者、作器者之间有直接的语义关联。实际上，西周器铭中祭祀对象的名称就是施祭者、作器者对其祭祀对象的直接称谓。所以，器铭中表示祭祀对象的义位更适于从施祭者或作器者对其称谓来划分类别，可分为：A.祖先、已故父母或亡故亲属称谓类，如"祖""妣""父""考""母""姑""兄""公"（祖辈或父辈）等；B."大宗"、宗嗣称谓，以及"某宗"世系宗庙；C."王""公"（爵称或上公）"辟""君""伯"以及行第和私名等称；D."前文人""文神人"等为先人敬称；E."天""上帝"以及"神""大神"等神祇综合称谓。

A.祖先、已故父母称谓

1."祖"

"祖"初文"且"，甲骨文频见。金文多形，表示先祖，是祭祀对象。

---

① 参见第七章有关内容。

这是殷周时的基本常用义，《说文》所训"始庙"涵义大致与之相当。殷周器铭中"祖"用为祭祀对象，可专指祖父（或祖父辈男性亲长），也可通指先祖。

前一义在器铭常见，如：

（1）"用作大禴于厥祖妣、父母、多神"《作册嗌卣》（集成5427）

（2）"作朕祖日辛、朕考日丁尊彝"《马方彝》（铭图13538）

后一义如：

《㽙簋》铭（集成4153）："㽙作皇祖益公、文公、武伯、皇考龚（恭）伯蠿彝"，"祖"后所列"益公、文公、武伯"是作器者"㽙"的三代先祖，由古及近依次排列。

至春秋时期，这种排列方式依然如故，春秋早期《秦公钟》铭（集成262）："秦公曰：我先祖受天命，赏宅受或（国），刺＝（烈烈）邵（昭）文公、静公、宪公，不坠于上"，铭中"秦公"指秦武公，① "文公、静公、宪公"是其直系连续三代的祖和父，由古及近，宪公是武公的父亲。关于春秋时秦国文公、静公、宪公的关系，《史记·秦本纪》记载很清楚："（秦襄公）十二年……卒。生文公。""文公太子卒，赐谥为竫公。……竫公子立，是为宁公。"（"竫公"即"静公"，"宁"字是"宪"之误）《史记·秦始皇本纪》又说："襄公立，享国十二年……生文公。文公立……五十年死……生静公。静公不享国而死，生宪公。宪公享国十二年……"

春秋齐国器《鎛鎛》（集成271）有如下次序：

"皇祖圣叔……皇祖有成惠叔……皇考遴（跻）仲"

祖××	→	祖××	→	父考××
曾祖（辈）		祖父（辈）		父（辈）

铭曰："……齐辟鼛（鲍）叔之孙，遴（跻）仲之子鎛，作子仲姜宝鎛……用享用考（孝）于皇祖圣叔、皇妣圣姜，于皇祖又（有）成

---

① 马承源主编：《商周青铜器铭文选》第四册，第606页，917秦公钟一，

惠叔、皇妣又（有）成惠姜、皇考遪（跻）仲、皇母……。鼍（鲍）叔
又（有）成惌（劳）于齐邦……"，其中提到作器者"鬵"是鲍叔之
孙，"鲍叔"指齐桓公时齐国大夫鲍叔牙，"鲍叔有成劳于齐邦"与称
谓"皇祖有成惠叔"相合，可知"皇祖有成惠叔"即"鬵"的祖父鲍叔
牙。《铭文选》认为"皇祖圣叔"即《国语·齐语》韦昭注所说鲍叔牙
之父"鲍敬叔"，① 皇祖圣叔、皇妣圣姜是作器者"鬵"的曾祖父和曾祖
母。可见此"祖××……祖××"排序并非同一祖辈（即同祖辈兄弟关
系），而是先辈与下一辈关系的排序。这种排序关系仍是商周表记方式的
遗续。

　　用为祭祀对象的"祖"前常有修饰词"皇""文"。此"皇"当如典籍
和字书训"大"、训"美"，即表示"伟大"。"文"，《逸周书·谥法》谓：
"道德博厚曰文"，《国语·晋语九》有"文祖襄公"韦昭注："文，言有文
德也。"这种用法的"文"表示厚德美善。有时还用"剌（烈）""圣"等，
同样是表示尊崇的修饰词。

　　"祖"前常用"先"，有时用"高"，偶用"亚"。此"先"指已故前
辈（祖、父考和前世王、君等），"先祖"则泛指父辈以上祖先。

　　西周器铭中"高祖"与"先祖"接近，泛指祖先，而非指某代或确
定的几世祖先，如《逨盘》铭（铭图 14543）列举历世祖先，依次出现多
个"高祖"称谓。西周以后"高祖"词义有了变化，如春秋至汉代传世文
献中有"始祖"（或远祖）、"曾祖之父亲"以及开国汉帝庙号等义。不同
时段词义变化不同，而且同一时段存在一词多义现象。周秦时"高"有
尊贵、高尚之义，称"高祖"确含有对"祖"的尊崇，如《癫钟》（1 式）
铭（集成 246）有"追孝于高祖辛公、文祖乙公、皇考丁公"，但在这一
语义层面又与"皇"有所区别，这一点可从《逨盉》铭（铭图 14777）"皇
高祖单公"和春秋器《邓公孙无殹鼎》铭（铭图 02403）"用追孝朕皇高
祖"两句看得出来："皇高"连语修饰"祖"，"高"侧重历世"祖"的早

---

① 马承源主编：《商周青铜器铭文选》第四册，第 534 页，843 鬵镈。

先地位。①

至于"亚祖"（指具有明确词组关系，而非图形组合式的文字或标记关系），在器铭中出现不多，但凡出现者大多前有"高祖"（或"先祖"），即与"高祖"一起出现时总位于"高祖"之后，如下例：

（1）"高祖、亚祖、文考"《瘨钟》（2 式）（集成 247）

（2）"皇高祖单公……皇高祖公叔……皇高祖新室仲……皇高祖惠仲盠父……皇高祖零伯……皇亚祖憨（懿）仲……皇考龚（恭）叔"《逨盘》（铭图 14543）

（3）"高祖……乙祖……亚祖祖辛……文考乙公"《史墙盘》（集成10175）

（4）"皇高祖师娄、亚祖师夆、亚祖师襄、亚祖师仆、王父师彪于（与）朕皇考师孝"《𧽊鼎》（铭图 02439）

这种排序很明显是祖世早晚关系，"高祖"泛称更早的祖先，并不拘于某一辈，与之对举"亚祖"指较晚的祖辈，同样不拘于某一辈。特别是《𧽊鼎》铭中依次出现几个"亚祖"位于"高祖"后、"王父"前，此"王父"当如《尔雅·释亲》所训"父之考为王父"，父之考指祖父，结合铭文中前后组合关系可知"王父"是"朕皇考"的父辈（父之考）。进而可推知"亚祖"泛指晚近的祖辈，而非专指某一祖辈。

另有《南宫乎钟》铭（集成 181）记作"先祖南公、亚祖公仲、必父之家"，此铭后句又有"用作朕皇祖南公、亚祖公仲"，前作"先祖南公"后作"皇祖南公"。显然敬词"先"与"皇"语义侧重不同，"先"侧重"祖南公"早先世祖的重要地位，"皇"侧重其伟大与尊隆性。两者各司其义。推而广之，西周时代"先""高""亚""皇""文""刺（烈）"等敬词在铭文中反复出现，用法明确，其语义功能应有明确区分。

---

① 吴镇烽解释"高祖"在商周时期不是某一代先祖的专称，并认为"高祖"只是一种尊称，"高"字与"皇"字同样是对"祖"的一种尊隆之词，周王可用，一般贵族也可用（见吴镇烽《高祖、亚祖、王父考》，《考古》2006 年第 12 期），这种观点显有不足。

2. "妣"

甲骨文"妣"表示先祖配偶。殷周器铭指已故祖母（祖母辈）或祖母辈以上的女性祖先，先祖配偶称"妣"，与"祖"相对，这保留了殷商称谓。如晚商《緋作父乙簋》铭（集成4144）有"用作父乙宝彝，在十月一，唯王廿祀，劦日，遘于妣戊、武乙奭（奭）"等。西周器铭如：

"用夙夜享孝于厥文祖乙公，于文妣日戊"《威方鼎》（集成2789）

西周早期《我方鼎》铭（集成2763）有"我作祠（禴）𡘇祖乙、妣乙、祖己、妣癸，延祊繫二母"，此铭将诸祖、诸妣并列祭祀，祖乙、祖己的配偶分别尊称为"妣"（与天干日名组合），统称"母"（先辈女性亲长）。

又有"祖妣"连语：

"用作大禴于厥祖妣、父母、多神"《作册嗌卣》（集成5427）

春秋战国器铭，"妣"仍指已故祖母。看下例：

（1）"用享用孝于其皇祖、皇妣、皇考、皇母"《复封壶》（铭图12447，春秋早）

（2）"以享以孝于大宗、皇祖、皇妣、皇考、皇母"《陈逆簋》（集成4630，战国早）

3. "父""考"

殷商器铭中亡父称"父"，西周器铭因其续，而以早、中期使用较多。此"父"称指已故父亲或父辈（即父亲同宗的兄或弟），通常有三种组合格式：

a. 与天干名组合的固定格式"父＋天干日名"，如：

（1）"羊，父甲"《羊父甲觥》（集成9266，晚商）

（2）"木，父丙"《木父丙簋》（集成3168）

（3）"作父戊宝尊彝"《御正卫簋》（集成4044）

b. "父＋日＋天干日名"

（4）"作父日乙宝䵼（罍）"《陵父日乙罍》（集成9816）

c. 与天干日名和敬词组合的固定格式"文／皇＋父＋日（或省）＋天

干日名"，如：

(5)"作文父日乙宝尊彝"《能匋尊》（集成5984）

(6)"作文父丁齍彝"《君夫簋盖》（集成4178）

西周晚期器铭仍有亡父称"父"，如《鼒甗》铭（铭图03356）"作父壬宝旅彝"，此"父"作祭祀对象称谓。又如《穆父盨》铭（铭图05670）"用享用祀，用糦□于□□父母"。甚至春秋器铭偶称亡父为"父"，如春秋早期《郜谴簋》铭（集成4040）有"用追孝于其父母"。

甲骨文和殷周器铭语义各侧重其特定功能性，又因受出土遗存方面的限制，语词出现、分布的局限性较大。在已见甲骨文中"父"用为亡父之称，殷商西周器铭亦如此。传世西周文献中"父"指称父亲时，并不特别区分已故还是在世，而是两种情况的统称，① 如《诗·小雅·正月》："父母生我，胡俾我愈？"《蓼莪》："哀哀父母，生我劬劳。……无父何怙？无母何恃？……父兮生我，母兮鞠我。"古人称"父母者，人之本"（语自《史记·屈原贾生列传》），"父"表示父亲，既可指亡故者也可指在世者，这正是殷周时的基本义。

已故父亲同宗兄或弟也称"父"，见器铭者如晚商《祖日乙戈》铭（集成11403）。父辈多位兄或弟统称"诸父"，如《诗·小雅·伐木》有"既有肥羚，以速诸父"，《黄鸟》有"言旋言归，复我诸父"，甲骨文中则有"多父"称谓。

春秋战国器铭中"父"用指在世父亲和父辈男性亲长，如春秋早期《上曾大子鼎》铭（集成2750）有"父母嘉（嘉）寺（持）多用旨食"，战国晚期《鄝陵君王子申豆》铭（集成4695）有"㠯（以）会父隹（兄）"等即是。

查征先秦出土文献，亡父称"考"最早见于西周初期器铭。武王时器《天亡簋》铭（集成4261）有"衣（殷）祀于王不显考文王"，成王时器《何尊》铭（集成6014）有"尔考公氏"，都是对亡父的尊称。就器铭

---

① 这里从祭祀对象角度探讨其称谓，所以有必要辨明已故者和在世者的称谓用法，下同。

来看，这一用法自周初始见，尔后渐增，至中期已十分普遍，晚期（及春秋战国）则绝大多数器铭用"考"。

可以说，西周器铭中"父"和"考"用作亡父之称是并存的，只是早期多用"父"，中、晚期主要用"考"。早期至中期"父""考"并行时，还出现两称合用的组合，如下例：

（1）"作文考父辛宝鼎"《禽鼎》（集成 2408）

（2）"作文考父癸宝鼜彝"《禹盘》（铭图 14516）

比较"父""考"词义，有明显区别："父"是父亲或父亲同宗兄或弟的基本称谓，而已知器铭所见"考"专用亡父尊称，可独用而不加尊崇类修饰词语，如上举《何尊》铭，或用修饰词语加强对其尊崇，如《天亡簋》铭"丕显考"，以及"文 / 皇 / 剌（烈）/ 帝＋考"等组合。

据传世文献及器铭可知，"考"仅指父亲，不指父辈同宗亲长。同时，"考"在传世先秦文献也作生称，如《尚书·康诰》有"子弗祇服厥父事，大伤厥考心"，《酒诰》有"奔走事厥考厥长"。虽然《礼记·曲礼》谓："生曰父曰母……死曰考曰妣"，但是，《尔雅·释亲》释"父为考，母为妣"郭璞注引据《尚书》及《苍颉篇》"考妣延年"等例，用以"明此非死生之异称"。这种情况已为当今训诂学者所知，金文学者也注意到这一点，如杜廼松认为这反映了古人对父母生称也作"考妣"[①]。从上举《尚书·康诰》语例看，"父""考"并举，并不区分生死之称，那么《易·蛊》孔颖达疏所谓"对文，父没称考；若散而言之，生亦称考"就不成立了。尽管如此，这些语例和训诂材料对"考"的词义研究都有价值，可能存在一些未知层面（如上举"考"的语例是周代的实际用法，还是讹误所致？）。而且两周器铭未见此用法，其语例有待进一步探讨。以上考察的是两周时"考"的词义，大约自汉代"考"专用亡父尊称。

4."公"

殷周时"公"是多义词，有表示先祖和父亲（父辈）的用法，如殷

---

① 杜廼松：《论西周金文父祖宗亲辈分称谓》，《故宫博物院院刊》2010 年第 3 期。

墟甲骨文和先秦典籍有"公""多公""先公"，属祭祀对象。西周早期
《沈子它簋盖》铭（集成4330）中受祭祖先称"公"："周公""二公""先
公""己公""多公""公"，称法格式较全面。另有西周中期《作父丁盂》
铭（集成10313）称"宗公"，指宗庙先公①。西周时"公"的这一用法，
通常是对具有宗族长或邦君地位的先祖先父的尊称。

"公"可作亡父尊称，亦可作在世父亲尊称。器铭见亡父尊称，如西
周早期《伊生簋》铭（集成3631）"伊生作公母尊彝"，此"公母"指父
亲和母亲。"公"可与"父"或"考"组合称谓亡父，格式如：

（1）"作文考乙公宝尊彝"《彔彧卣》（集成5420）

（2）"作朕文考甲公宝䵼彝"《卫簋乙》（铭图05369）

（3）"禴（禘）酌辛公祀……作文考辛公宝尊彝"《繁卣》（集成
5430）

接近殷墟甲骨文"侑于父甲公、兄壬"（屯南95）语例。

"公"可作先祖（祖父、祖辈或上代先祖）尊称，如《沈子它簋盖》
铭中祖先称"公"多次。也有"祖"与"公"的组合，格式同上：

（4）"作朕文祖辛公尊鼎"《师晨鼎》（集成2817）

（5）"用夙夜享孝于厥文祖乙公"《彧方鼎》（集成2789）

只作"公"与天干的组合，或为上式省简，如《周㝅壶》（集成
9691）、《史丧尊》（集成5960）、《薛尊》（集成5928）等铭。

"祖""父"称谓加称"公"时，表尊称，并用以复指，表明世系嫡传
的宗族君长身份，从《鄅比鼎》铭（集成2818）"作朕皇祖丁公、皇考更
（惠）公尊鼎"，可以看出这一点。

5."母"

殷周时，"母"是多义词，除表示前辈女性亲长等义外，基本义是母
亲（父亲的配偶）和母辈（母亲辈的女性亲长）的通称，包括在世和已

---

① 《作父丁盂》铭谓："作父丁宝盂，其年永宝，用禀（享）宗公。""先公"亦见于典籍，
如《诗·大雅·思齐》"惠于宗公，神罔时怨，神罔时恫。"毛传："宗公，宗神也。"
孔颖达疏："宗公是宗庙先公。"从诗意看，此用法训"先公"与《作父丁盂》铭同。

亡故者。已故母亲称"母"，沿用至战国器铭。不过其称谓组合格式有断代变化，早先（殷商至西周中期）"母"与天干日名组合，或"文/皇＋母＋天干日名"式：

（1）"作母辛"《光觯》（集成 6427，晚商）

（2）"作文母乙彝"《子口寻鼎》（铭图 01781）

（3）"朕文考甲公、文母日庚……用作文母日庚宝尊鬣彝"《戜鼎》（集成 2824）

西周中、晚期"皇/王/文＋母"渐成主导格式：

（1）"用簋（饋）王父、王母"《伯康簋》（集成 4160）

（2）"仲叔父作朕皇考遟伯、王母遟姬尊簋"《仲叔父簋》（集成 4102）

（3）"作其皇考、皇母告比君鬣鼎"《谌鼎》（集成 2680）

（4）"作皇母尊簋"《话簋》（集成 3840）

其组合格式的断代变化如同"父"或"考"。

称父亲配偶为"母"，有生身和非生身者，如西周晚期《史伯硕父鼎》铭（集成 2777）："史伯硕父追考（孝）于朕皇考釐仲、王女（母）、泉女（母）尊鼎"。但西周器铭中，这种列出享孝父考多位配偶"母"的情况较少见（此铭可能有特定用意），通常只列父考的一位配偶（大概是称说者的生母）。此外"母"还指母辈女性亲长，如春秋器《郜召簋》铭（近出 526）有"者（诸）母"之称，与"诸父"称法相类。

以上称谓词语有三点值得注意：

一是"祖""妣"称谓，已故父亲、父辈尊称"父""考"，已故母亲、母辈尊称"母"，与后来《礼记·曲礼》所说"生曰父曰母……死曰考曰妣"，《尔雅》所谓"父为考，母为妣"，不完全相同，异同之处，据器铭可知。

二是器铭常有"祖考"连语，是指称"祖先"还是指称祖父和先父二人？传世文献见"祖考"连语，如《诗·小雅·信南山》有："祭以清酒，从以骍牡，享于祖考。"其中"祖考"虽可理解为"祖先"，但是，西周器铭既有"祖考"连语，亦多有同辞分称之例，如"用享皇祖、文考"（《竈乎簋》铭）之类，"祖""考"还可以单独在不同辞句出现，可见西周时期"祖""考"是两个词，称"祖考"通常指称的是先祖和先父。

三是器铭还有"父母"连语，如《作册嗌卣》《穆父盨》《郱遣簋》等铭。但不见"考""母"连语现象（其组合式仅如《伯康簋》《仲戯父簋》等铭，是"考"称谓组合＋"母"称谓组合）。这种现象值得进一步探讨。

其他亲属称谓

7."姑"

"姑"常指丈夫之母，记作"姑1"。传世文献有"先姑"称谓，如《国语·鲁语下》有"吾闻之先姑"韦昭注："夫之母曰姑，殁曰先。"此称"先姑"为丈夫已故之母。作为祭祀对象的"姑"在商代器铭中已出现，通常与修饰性的标记词语"文"、天干日名等结合。如殷器《妇闖甗》（集成922）铭曰："妇闖作文姑日癸尊彝"，称"文姑日癸"表祭祀对象，其义昭然，指"妇闖"丈夫的先母。西周早期依然，如：

（1）"姬作厥姑日辛尊彝"《姬作乎日辛鼎》（集成2333）

（2）"用作厥文姑宝尊彝"《庚嬴卣》（集成5426）

另有《顀卣》铭（集成5389）："用飨于乃姑宓（閟）"，"姑"前虽未有标记性词语，但从前句出现"母辛"及前后语义内容可知此"姑"是"婦嫚"的婆母，作器者"顀"称"母辛"，作器者应是"婦嫚"的丈夫。

"姑"指丈夫之母，那么与之对应的"公"则指丈夫之父。传世文献中也连称"姑妐"，如《吕氏春秋·遇合》："（女父母）于是令其女常外藏，姑妐知之"，《尔雅·释亲》谓："（妇）称夫之母曰姑。"西周器铭有"姑公"连称，如：

（1）"用享考（孝）于姑公"《遲盨》（集成4436）

（2）"欵叔欵姬作伯媿媵簋，用享孝于其姑公"《欵叔欵姬簋》（集成4062.2）

《屖盨》铭说"屖"为其女"姜澳"作盨器，并记铭嘱"姜澳"以器享孝其公婆。《獣叔獣姬簋》铭记"獣叔、獣姬"夫妇为其长女"伯媿"作媵嫁之簋，用作"伯媿"享孝公婆的彝器。二铭所称"姑公"，作器时应该是在世的。

"姑"是多义词，器铭中"姑"还表示父亲或父辈的姊妹，不分已故和在世者，记作"姑$_2$"。如《伯庶父簋》铭（集成3983）"伯庶父作王姑凡姜尊簋"等，见于传世文献者，如《诗·邶风·泉水》："问我诸姑，遂及伯姊。"毛传："父之姊妹称姑。"此义后来成为常用义，直至今世。

8."兄"

"兄"指同父的年长男性或宗族（邦族）亲戚中同辈年长的男性，而不论其在世还是已故。《尔雅·释亲》所谓"男子先生为兄，后生为弟"，说的正是此义，泛指族亲男性，涵盖同父和同辈年长者。先秦文献有"父母兄弟"连语（如《诗·鄘风·蝃蝀》），有"诸兄"与"父母"对举（如《诗·郑风·将仲子》有"畏我父母……畏我诸兄"），具体指同父（或包括同母）之兄。亦有非同父的宗族兄长，如《诗·小雅·黄鸟》有"邦族""诸兄""诸父"对举，具体指邦族之兄。这些用法可归为一个义位。①

器铭中"兄"作祭祀对象，早先的格式如同"父"，是"兄"与天干日名组合：

（1）"作兄日癸旅宝尊彝"《史酨敖尊》（近出634）

"兄"用作生称，在器铭多次出现"诸兄""父兄"，与传世文献同，如：

（2）"用召（绍）者（诸）考（老）、者（诸）兄"《伯公父簋》（集成4628）

（3）"以飤父兄"《王孙叔諲甗》（铭图03362，春秋）

---

① 这里涉及义位归纳问题，同时，古代训诂材料对此义多有解释，《公羊传·隐公七年》："母弟称弟，母兄称兄。"《诗·小雅·常棣序》孔颖达疏："兄弟者，共父之亲，推而广之，同姓宗族皆是也。"《尔雅·释亲》："男子先生为兄，后生为弟。"

B. 祭祀对象——"大宗"和"宗"

1. 嫡嗣宗族之"大宗"

《诗·大雅·板》："大宗维翰"郑玄笺："大宗，王之同姓之适子也。"①《礼记·大传》郑玄注："别子之世嫡也，族人尊之，谓之大宗。"传世文献将周代嫡系宗族长子、长孙称为"大宗"，支系宗室子、孙称"小宗"。《礼记·大传》曰："有百世不迁之宗，有五世则迁之宗。"此为"大宗""小宗"之分。周代是宗法封建制社会，以"大宗"为"尊之统"②。周王室如此，国君、大夫等宗族亦如此，"宗族严格区分嫡庶，并且由此而形成了严密大宗与小宗的体系。"③从"尊之统"语义的另一角度来理解，"大宗"又是嫡嗣宗族所尊祀的祖神统系——即其祭祀对象层面。作为祭祀对象的"大宗"，指称嫡嗣宗族（室）之先祖，是嫡系宗室子孙所尊祀的正统。西周器铭有"大宗"，常置于祭祀动词"享"或"孝"之后，如：

（1）"其万年子子孙孙永用享孝于大宗"《兮熬壶》（集成 9671）

（2）"其用夙夜享于厥大宗"《作乓方尊》（集成 5993）

（3）"盥（铸）宝般（盘）鎣，用享于大宗"《周晋盉》（铭图 14793）

"大宗"还出现于动词"卲"（昭）之后，如《虘钟》铭（集成 88）有"用卲（昭）大宗"，昭显大宗是说昭显嫡嗣宗族先祖，更表明其含有宗族统系的意味。此类"大宗"均为祭祀对象之称。

2. "宗"

"宗"，《说文》谓："尊祖庙。"同祖为宗，"尊祖庙"的语义蕴含了祭祀对象，即同族姓所尊祀的先祖（庙主）。器铭有"享于宗"，此"宗"表示祭祀对象"宗庙先祖"，如《六年召伯虎簋》铭（集成 4293）："其万年子孙宝用享于宗"。在这种用法上，"宗"与"大宗"在辞句中所处位置相同，格式相同，均为"宣（享）于……"式。

---

① 按：古代典籍中"嫡子"又写作"适子"。

② 见《仪礼·丧服传》。

③ 见晁福林：《夏商西周的社会变迁》，北京师范大学出版社 1996 年版，第 268 页。

C.祭祀对象称谓中的周王、某公、辟、君、伯、行第及私名组合等词语

两周均以"先王"为前世周王通称，或作"辟先王"，作祭祀对象的铭例如：

(1)"享辟先王"《逨钟二》（铭图 15634）

(2)"用邵（昭）各（格）丕显祖考先王"《默钟》（集成 260）

除通称外，周王各有谥号专名。文王、武王、成王、康王、昭王、穆王、共王、懿王、孝王、夷王、厉王、宣王、幽王是西周各王谥号，见于传世典籍。器铭所见受祭者，如"文王"（《天亡簋》《周公作文王方鼎》铭）、"周王"（周文王）、"武王""成王"（《小盂鼎》铭）、"武王""成王"（《作册大方鼎》铭）、"成王"（《成王方鼎》铭）、"昭王"（《刺鼎》《鲜簋》铭）等。

关于"公"，前述先祖或先父尊称，侧重邦君或宗族长的身份地位。[1]进一步来看，受祭者"某公"，具体所指较复杂。

身份地位有上公官阶或爵位"公"，有封国之君（或采邑主）、氏族宗长，或几者兼有。例如，《沈子它簋盖》铭（集成 4330）："朕吾考令乃鵬沈子作綏周公宗，陟二公"，其中"周公"指周文王第四子姬旦，初封采邑在周，世称周公，后立庙称"周公宗"，后嗣之君亦有称周公的。成王初姬旦封国在鲁未就其位，长子伯禽去任鲁君。"二公"，《铭文选》认为是周公嫡子鲁公伯禽和嫡孙考公酋，是鲁国君，[2] 一说是鲁公伯禽和沈

---

[1] 按：据出土、传世文献及相关训诂材料来看，殷周时，"公"作尊称，主要用于 a. 王室贵族或邦族宗室子孙称呼其先祖、父辈；b. 称国君（或采邑主）、氏族宗长；c. 称官位、爵位之首者。这些所指有共同的语义成分，即国家宗族的或某公族的共同尊长者或宗祀之主。上古训诂材料中"公"可训"共"，"公""共"音近义通，是同源词，"公"的语源义是"共"。另《释名》释亲属谓："公，君也。""公"有"君"义主要是指从宗族世系角度来说的公共尊长。不过大约春秋战国时，"公"还作为彼此相呼的尊称和普遍相呼尊老之称，使用渐多，而自秦汉起更盛行于世。

[2] 见马承源主编《商周青铜器铭文选》第三册，第 57 页。

子父亲——沈国封国之君。① "周公"作为彝器享祀之称又见于西周早期《延盘》（集成 10067）和中期《柞伯簋》（近出 486）铭。"召公"见《六年召伯虎簋》（集成 4293）和《瑁生尊》（铭图 11816）铭。文王子姬奭，初封采邑"召"，成王时又任上公太保，称"召公"。"毕公"见《毕伯克鼎》铭（铭图 02273）"毕伯克肇作朕丕显皇祖受命毕公𩰥彝"。文王子姬高，周初受封于毕，为毕国君，称"毕公"。"南公"见《大盂鼎》铭（集成 2837）"作祖南公宝鼎"，此"南公"应是周文王子"冉季载"（聃季载），唐兰指出此"冉"或"聃"应作"南"，即"南季载"，在成王时任上公司空，"南"又是王畿内服的封国，称"南公"，"盂"是其嫡孙。后来《春秋公羊传·隐公五年》说："天子三公称公，王者之后称公。"反映了周代的实际情况。

"公"前加封国名，为其国主尊称，有些即封国爵位。如"鲁公"见《鲁侯熙鬲》铭（集成 648）"鲁侯熙作彝，用享𩰥厥文考鲁公"，鲁公指"𤞤"的父亲伯禽。"虞公"见《宜侯夨簋》铭（集成 4320）"作虞公父丁尊彝"，"夨"的先父是虞国君。"齐公"见《丰卣》铭（铭图 13253）"作文祖甲齐公尊彝"。

"公"前加谥为常例。如"穆公"（《邢叔采钟》《昊生钟》铭），"𨐈公"（《应侯再盨》《三年师兑簋》《曶壶盖》《芮伯壶》等铭），"叀（惠）公"（《鄦比盨》铭），"孝公、静公"（《姬寏母豆》铭），"卲（昭）文公、静公、宪公"（春秋器《秦公钟》铭）等即其例。

受祭者"辟"。"辟"是多义词，西周时常用义之一是表示王君称谓，而不论生称死称。受祭者"辟"指先王或先君，如《商卣》（庚姬卣）铭（集成 5404）"用作文辟日丁宝尊彝"。"君"指王君或封国君主，偶有"辟君"连语，如《孟姬𣄻簋》铭（集成 4071）"用追考（孝）于其辟君武公"。但器铭将"君"用作受祭者称谓极少见（或未有），而用称当世之君

---

① 唐兰认为是周公嫡后鲁公伯禽和沈国封国之君，分别是沈子的祖和父。见《西周青铜器铭文分代史征》，第 322—323 页。

更常见。

此外，祭祀对象还有称"伯"者。先秦时，称谓词语中的"伯"一是表示同辈长幼"伯（孟）仲叔季"排行之首，二是表示爵位或方伯之称。在铭句中"孟仲叔季"显然是行第字，而"伯"是行第还是爵称有时不易分辨。

以词语组合格式看，凡姓氏或私名前加"伯"（嫡称"伯"庶称"孟"）、"仲""叔""季"属长幼称名。一般男性贵族士大夫称名[①] 常见格式有"行第＋氏或私名＋父"，或简作"氏或私名＋父"，为通例，常见于器铭和传世先秦文献。变式有"[氏名]＋行第＋私名""[氏名]＋行第＋私名＋父""行第＋父＋私名"等多种。

"行第＋氏或私名＋父"作生称，也可称祭祀对象，前加祖先父考称谓，如《異卣》铭（集成5372）有"作厥考伯效父宝宗彝"，《善夫山鼎》铭（集成2825）有"作朕皇考叔硕父尊鼎"即其例。

用行第称名贵族女性，常作"行第＋姓"式，器铭与传世文献同例，作生称，也可称祭祀对象。如《叔皮父簋》铭（集成4090）称"文母季姬"。

"伯"为爵称，通常是封国（或氏）之后加"伯"，以及"封国（或氏）＋伯＋祖/父（考）""封国（或氏）＋伯＋祖/父＋天干日名"等格式，如：

（1）"作朕皇考郑伯、郑姬宝般（盘）"《袁盘》（集成10172）

（2）"伯和作召伯父辛宝尊鼎"《伯和鼎》（集成2407）

---

① 这里"称名"与"称谓"并不相同。"称名"是狭义概念，指用于称呼个人的专名词或词组，或为名（私名）/字，或为私名/字与姓氏、封国、行第、谥号、职位权称等的组合及其省简形式，等等。而"称谓"是泛指概念，从所指概括范围角度划分为通名称谓（如祖、妣、考、母、公、王等）和专名称谓（如武王、夨、应侯再、邢叔采等），从所指类别角度划分为亲属称谓、性别称谓、职能称谓以及地位阶层等称谓。对于专名称谓来说，包括称呼个人的专名（简称"称名"）等称谓类型。这里所谓"私名"也是狭义的，是专名中的一种，如"应侯再"的"再""邢叔采"的"采"都是私名。

（3）"叔鼏作己（纪）伯父丁宝尊彝"《叔鼏鬲》（集成 614）①

"封国（或氏）＋伯"组合中，"伯"有些是爵称，有些却是行第，或两者兼之？学者对此时常踌躇难辨。吴镇烽认为，西周金文中"伯"既是爵称又是行第首称，在周代嫡长子嗣君制中国君必是嫡长子，"故国名之后的伯，兼有诸侯称谓与行第称谓的双重意义"。② 此说有一定道理，待进一步求证。

"谥名＋伯"或"谥名＋伯＋天干日名"式也有类似情况，有些"伯"是爵称，有些是行第。如在《伯姜鼎》铭（集成 2791）"用夙夜明享于邵（昭）伯日庚"和《屐簋盖》铭（铭图 04286）"作鳌伯宝簋"中，"伯"字难辨爵称与行第，或可能两者兼有。若在相类称谓词语组合序列中，可从语例推知。例如，《冀簋》铭（集成 4153）有"作皇祖益公、文公、武伯、皇考鼒（恭）伯肃彝"，"公""伯"序列语例可知为爵称，或兼有行第性质而此式语序侧重爵称关系。又如《逨盘》铭（铭图 14543）有"朕皇高祖新室仲……皇高祖惠仲盠父……皇高祖零（靈）伯……皇亚祖懿仲"，可推知"零（靈）伯"为"谥名＋行第（伯）"，此式语序侧重行第关系。

"天干日名＋伯"式，从周族传统习惯看，此式日名作庙号，"伯"应为行第。如《史密簋》铭（近出 489）"作朕文考乙伯尊簋"，《虘钟》铭（集成 88）"用追孝于己伯"即其例。

"公伯"组合，见《不毀簋》铭（集成 4328）"作朕皇祖公伯、孟姬尊簋"，其中"皇祖公伯"是"不毀"的祖先，曾是宗族之主。"公伯"又

---

① 《叔鼏鬲》铭中"己"应为国名"纪"，见中国社科院考古所编《殷周金文集成释文》，香港中文大学出版社 2001 年版，第 502 页。按："己（纪）白（伯）父丁"又见《襚簋》铭（铭图 04548）"襚作己（纪）白（伯）父丁宝尊彝"。从器形、纹饰和金文字体看，大致属于西周中期前段，《叔鼏鬲》铭文字体与之时代接近，推测两铭"己（纪）白（伯）父丁"所指同一人。又"鼏"与"襚"（𧻹）义近，进而推测作器者似同一人，"叔鼏"即私名"襚"的字。

② 吴镇烽：《金文人名研究》，载氏著《金文人名汇编》（修订版）中华书局 2006 年版，第 459 页。

见《小臣宅簋》铭（集成4201），其中"伯懋父"又被称为"公伯"，可见此"伯"是行第。另《虞簋》铭（集成4167）有"朕匄君公伯……赐厥臣弟……虞弗敢望（忘）公伯休"，"臣弟"与"君公伯"对举，表明公伯是"公＋伯（行第）"格式。《不娶簋》铭称"公伯"与此同，"伯"是行第，"公"既是对祖先尊称，又表明身份地位。

关于"公氏""伯氏""季氏""叔氏"。此类组合中"氏"表示敬称，不区分生称与死称。如器铭中生者有"尹氏""师氏""保氏""公氏""侯氏""伯（爵称）氏"，是权职或爵称与"氏"组合；有"伯（行第）氏""仲氏""叔氏"，是尊长或亲属（行第）与"氏"组合。但此称法可用于已故者和受祭者，如"公氏"（《何尊》铭）、"皇辟伯氏"（《南姞甗》铭铭图03355）、"皇考叔氏"（《兑簋》铭）、"皇考季氏"（《霸兑簋》铭）。此类组合与"姓＋氏""国或氏名＋氏"以及"妇氏"不同，"氏"的含义不同。

至于受祭者为女性称名，除上述"行第＋姓"式外，还有"氏名（丈夫的氏或封国名）＋姓""私名＋姓"等式及其变式，以及"姓＋氏"式，如《更鼎》铭（集成2490）"娟（妘）氏"。"谥号（同丈夫谥号）＋姓"也是常见的组合称名，如《师𫐄鼎》铭（集成2713）"文考圣公、文母圣姬"，《麫镈》铭（集成271）"皇祖圣叔、皇妣圣姜……皇祖又（有）成惠叔、皇妣又（有）成惠姜"，《颂壶》铭（集成9731）"朕皇考龏（恭）叔、皇母龏（恭）始（姒）"等。此类格式亦有变式。

D. 祭祀对象"前文人"，周贵族对先人的敬称。

《尚书·文侯之命》云："汝肇刑文武，用会绍乃辞，追孝于前文人。"孔传曰："追孝于前文德之人。"西周器铭习见"前文人"一语，是固定词组，字面义为前世有文德之人，实为周代贵族对先人的敬称。《追簋》铭中"文前人"位于祭祀类动词"享""孝"之后，属祭祀对象。从称谓关系看，"前文人"是对前世文德先人的尊隆统称，非专称，故不同于以上A、B、C类，应单独列为一类。

E. 祭祀对象——天、上帝（帝）、神、大神

以上各类祭祀对象为祖先或周先王、先君、宗族先人、亲属等称谓，西周器铭中还有天帝神祇类名称。先祖也称为“神”，如在《𩰫史㞋壶》铭（集成 9718）中称“先神皇祖”。从称谓角度划分，对只称“天”“帝”“神”而不称祖、考、先王、先君的祭祀对象应单独列为一类。

“天”指上天，周人信奉“天”，以为有“天命”和“天威”（器铭和传世文献屡见），国运受配于天命。在周人观念体系中，天指上苍神界的整体，主宰着世道运行变化与朝代兴亡更迭的命运，周王为天之子，故称“天子”。以“天”为祭祀对象，西周早期《何尊》铭（集成 6014）：“唯珷（武）王既克大邑商，则廷告于天，曰：……䀠（视）于公氏，有爵（恪）于天，䛒（徹）命，苟（敬）享哉。”“告于天”似为祰天祭祀活动，“爵（恪）于天”指恪敬于天。“䛒（徹）命，苟（敬）享哉”是说徹晓天命而敬享于天。除此铭外，器铭极少见祭天行为或活动，而多出现“受天命”“恭夤天命”“用配皇天”“仰昭皇天”和“畏天威”一类词语。

器铭中祭祀对象还有“上帝”（或“帝”），如《天亡簋》铭（集成 4261）：“衣（殷）祀于王丕显考文王，事喜（糦）上帝”，所“糦”祀者为“上帝”。周初祭祀“上帝”沿袭商代传统，殷商甲骨卜辞祭祀上帝是常见的，殷商金文也有祭上帝的记录，如《二祀𠨍其卣》铭（集成 5412）：“既玑于上帝”（按：此铭合文  应为“上帝”，（帝）字形见殷器《四祀𠨍其卣》铭），“玑”字借表“祼”，即祼祀上帝。

周代信仰体系以“上帝”为至高无上之神，另一方面特别重视信仰“天”，这是与商代不同之处。“上帝”（或“帝”）亦可“受命”，掌握国运，《史墙盘》铭（集成 10175）有：“曰古文王，初敹（盭）和于政，上帝降懿（懿）德大甹（屏），匍有（佑）上下……上帝司（稷）尤保，受天子䋣（绾）命”，不过这在器铭中不如“天命”多见。比较起来，“天”与“上帝”是有区别的，试看《逨盘》（铭图 14543）：“文王武王达殷，膺（膺）受天鲁命，匍有四方，并宅厥堇（勤）疆土，用配上帝”，“天鲁命”

与"上帝"对举，以说明文王、武王受天命而配于上帝。又有《敱狄钟》（集成49）"先王其严在帝左右"等铭，称"在帝左右"，而无"在天左右"一类的说法，可见西周时人们心中的"上帝"指称具象、个体的上界最高统治者，而"天"指上界整体和整个大自然神性存在与运行。

西周祀神对象常有"神"的称谓，构成词组"大神""百神""多神""先神"等。但是从《敱钟》铭（集成260）中"皇上帝""百神"并列出现来看，"百神"不包括"上帝"。推知西周神祇系统中"上帝"高于"百神"，仍如商代一样，上帝为众神主宰，居止于所谓上苍"帝庭"。将"天"与"上帝""神"二词比较，"天"通常指上苍神界的存在和运行整体，而"上帝""神"指神界个体，"百神""多神"则是个体神的集合之称。

第四节　祭祀对象词义组合分布特征和聚合系统结构

器铭中生者称谓词使用比较灵活，"王""公"（权职或爵称）"侯""伯"（方伯或爵称）"辟""君"等，以及私名、行第字（人名称谓）既可独用又可与其他称谓词或尊词组成称谓系列；有时姓、氏（封国氏名）作人名称谓也可独用，这是一种省略形式，如"姜"（《作册夨令簋》《鲁侯盉盖》铭），"召"（《召卣》铭）等。但是，起修饰、限定称谓作用的尊词（即表尊崇隆敬的词）却不能独用，如"皇""丕显"等，须与生者称谓词组合出现。①

受祭者称谓在出现及组合形式方面比生者称谓严格，这是其分布的

---

① 按：祖先称谓词语不处于祭祀语境时，前面有时不加尊词，如《虎簋盖》铭有："册令（命）虎，曰：觳，乃祖、考事先王。……今命汝曰：更乃祖考……"《师克盨》铭有："王曰：克，余唯至乃祖考。……乃令汝更乃祖考……""祖、考"前未加尊词。而有时加尊词，如《孟簋》铭："孟：朕文考眔毛公遣仲征无需，毛公赐朕文考臣自氒工……"《虎簋盖》《师克盨》铭中"曰"后引语出自他人之口，而《孟簋》铭称"朕"，是"孟"自称其"考"，前加尊词。在大多数情况下，称他人祖先时，特别是上对下称，"祖""考"前可不加尊词，但自称其先祖时，都加尊词，只有个别例外。

主要特征，有如下几方面。

（一）"天""上帝""帝"（即上帝）能单独出现（无修饰词），亦可前加尊词作为一个称谓词语单独出现，如"皇天""皇帝""皇上帝"。有些受祭者人神称谓词偶尔单独出现，如"祖""考""父""妣""母""公1"（指称祖辈或父辈）"兄""姑1"（指称丈夫的母亲）"姑2"（指称父亲的姊妹）"神"等词；但其常例是前加"皇""文""烈"等尊词（或限定修饰成分），作为一个称谓词语形式单独出现。这里区分了"单独出现"和"某词加尊词、限定修饰词作为一个（单项）称谓词语单独出现"两种情况，对后面的分类分析是重要的。

"前文人"是固定词组，"前"如"先"义，与"文"都是尊词。

对于起修饰、限定作用的尊词来说，如"先""高""皇"（或"王"）"文""烈""丕显""帝"等，须与称谓词组合而出现。

有些称谓词则必须与其他称谓词组合出现，如天干日名和谥号。私名、行第字、姓、氏或封国称人名时通常也不单独出现，而与其他称谓词组成人名称谓（如前述例）。"祖""考""父""妣""母""公1""兄""姑1""姑2"等人神亲属称谓词通常与天干日名、或尊词、或谥号组成固定称谓格式。已故"王"前有谥号，并常加尊词"丕显""皇""先"，已故"辟""君"前亦有尊词。"公2""侯""伯"常与封国名氏名组成固定称谓格式。

（二）受祭者称谓词语的严格组合关系

1.单项称谓词语中的组合格式固定。亲属称谓词"祖""考""父""妣""母""兄"与天干日名组成"祖/考/父/妣/母/兄＋日（或省）＋天干日名"的固定格式。日名是已故或受祭人神亲属称谓的标志词，仅限于人神宗世称谓。

尊词与称谓词组成固定格式"尊词＋称谓词"，如"皇祖/考""文祖/考""皇天"等，其词义组合具有严肃、郑重和尊隆的特点。在作器铭辞和有祭祀动词的辞句（祭祀类铭辞）中，受祭者称谓词前通常有尊词，特别是祖先、父考、母妣等称谓词语前有尊词，确为此类铭辞的例规。

谥号与称谓词组成固定格式"谥号＋称谓词",如"昭王""釐公""懿仲"。西周时代谥号是周王、诸侯、贵族已故者称谓的标志词。①

由私名、行第字组构成人名称谓时,按尊称已故者固定格式,如贵族妇名有"行第＋姓"式,贵族男名有"氏名或封国名＋行第""行第＋私名＋父""行第＋氏"("叔氏""季氏")、"爵称或职官＋行第"("侯叔")等式。这些称谓格式有完整、规范的特点,比起省简和随意的生称用法严格得多。

2. 有些称谓中词的组合格式虽有变动,但词义组合关系是固定的。

如"公"(祖辈或父辈),作"天干日名＋公"("辛公""甲公")或"日＋天干＋公"("日癸公"),天干日名在"公"前;也作"公＋日＋天干"("公日辛""公日己")。

3. 当用多个称谓词语来称谓某受祭先人时,称谓词语组合形式固定,即遵循严格的组合顺序。例如:

同类称谓组合,"考"与"父"(父亲)组合,"考"在前,如"尊词＋考＋父＋天干日名"式;权位与职称或爵称组合,如《孟姬淯簋》铭(集成4071)有"其用追孝于其辟君武公",其中"辟君武公"是权位与职爵的组合,指称同一人。

不同类称谓的组合,如"尊词＋祖/考＋国名＋公/侯/伯""尊词＋祖/考＋谥号＋权位职称/爵称"式;又如"尊词＋祖/考＋氏名或国名＋排行/私名""尊词＋祖/考＋排行＋私名＋父""尊词＋祖/考＋谥号＋排行/私名""尊词＋祖/考＋排行＋氏"等式。此类格式总是"祖""考"称谓在前,其他称谓在后。

还有"父"称(父亲或父辈)与爵称、权职称谓组合,"父"称在后:"封国名＋公/伯＋父＋天干日名"式("虞公父丁""己(纪)伯父丁""召伯父辛")。

---

① 按:关于西周谥号是生称抑或死称是有争议的,或认为初为生称而自西周中期形成死称谥号制度。但据器铭记述语义分析,西周初已有死称谥号制。

祖先、亲属称谓与君主卿爵、排行、私名等各种称谓组合，两种称谓指称同一先人，是同位关系，但前后次序固定。

4. 多位受祭先人的称谓词语出现于同一辞句，有固定排序。例如：祖先、已故父母出现于同一辞句，按先祖、妣、考（父）、母的称谓词语次序排列，祖在前妣在后，祖在前考在后，考父在前母在后①。如《彧方鼎》铭（集成2789）："用夙夜享孝于厥文祖乙公，于文妣日戊"，《鬲比盨》铭（集成4466）："作朕皇祖丁公、文考叀（惠）公盨"，《作册嗌卣》铭（集成5427）："用作大禫于厥祖妣、父母、多神"，又如《癲钟》铭（集成246）："追孝于高祖辛公、文祖乙公、皇考丁公"，此铭中"高祖"与"辛公"指称一位祖辈先人，"文祖"与"乙公"指称另一祖辈先人，"皇考"与"丁公"则指称"癲"的父考。

按先祖世辈远近排列，《南宫乎钟》铭（集成181）有"先祖南公、亚祖公仲、必父"，《师宬钟》铭（铭图15266）有"朕皇祖太公、章（庸）公、㸚公、鲁仲、霥（宪）伯、孝公、朕剌（烈）考"。句法上是并列关系，而语义上是先后次序排列关系。通例是先辈在前，后辈在后；同辈受祭者男性在前，女性在后；同辈同性别，长者前幼者后。

但表示丈夫之母"姑"、之父"公"的组合却是女性"姑"在前，男性"公"在后。

祭祀多位先王，按王世先后排次，如《小盂鼎》铭所记禘祀周王（文王）、武王、成王，依次排列。

5. 父考与行第字组合时，行第首者出现嫡庶用法的分别，《谏簋》铭（集成4285）"文考叀（惠）伯"和《裘卫盂》铭（集成9456）"文考惠孟"即其例。

"公"与行第字组合时，行第字只作伯、仲、叔、季，不与"孟"组合，器铭见"公伯""公仲"之称，《滕虎簋》铭铭图04702有"皇考公命仲"。

---

① 春秋时器出现"母"在前"考父"在后，如《叔夷钟》铭（集成277）。

（三）受祭者称谓词语分布的辞句

1. 受祭先人称谓词语既出现于作器铭辞，也出现于记名铭辞、祝嘏辞和专项祭祀人神的铭辞中。

2. "天""上帝""帝"（即上帝）出现于祭祀类铭辞，而不出现于作器铭辞中。

3. "神"表示祖先人神时可出现于作器铭辞。"神"表泛指时，如百神、多神、大神等，通常出现于祝嘏辞"享""孝"之后，以及"禦""䢅（辜）祀"等祭祀动词之后。

4. "前文人""前文神人"多出现于祝嘏辞中动词"喜侃"之后，不出现于作器铭辞中。

（四）依据受祭者称谓词语的出现和组合分布，以及指称特点，可分如下几种情况：

1. 可单独出现的词，但其常例是有尊词或限定词修饰，自由度高（具有一定独立性），组合能力强；同时，可与天干日名组成一定格式的称谓——每一称谓相当一个专名，指称某一对象，表示一个义位。这类词虽为通名，却可与特定称谓组成专名。如亲属称谓词"祖""考""父""妣""母""公$_1$""兄""姑$_1$""公$_2$""姑$_2$"等。

2. 能单独出现的受祭者称谓词（可不加限定修饰词），自由度高（具有独立性），也可加尊词或限定词，组合自由；而且不与其他称谓（或称名）组合就能指称对象，即独立称谓。包括：

a. "上帝"（或"帝"）"天"；

b. 自然神和人神统称"神"——"百神""多神""大神""文神"；

c. 表示泛指的权职、地位称谓："王""先王"、上公和爵称，"公""君""辟"，以及"天君""皇君""皇辟""文辟日丁""辟王"等非专名称谓词语。

3. 习语，表示泛指概念。先人泛称"前文人""前文神人""文神人""文神"。

4. 有两个或两个以上的称谓或称名组成固定格式的称谓，表示专名，专指某一个对象。一个专名即一个义位。如：

"谥号＋王"："文王""武王""成王"等；

"封国＋爵称"："周公""召公""鲁公""庾公""滕侯""邢侯""郑伯""纪伯"等，是特定专名，指称某一人或此专名世袭关系的特定之人；

"谥号＋爵称"："孝公""静公""厘公""惠公""剌（烈）侯""宪伯"等，是特定专名，在器铭语用中由子孙尊其称而作规范性省略（如省封国、私名等）；

"天干日名＋爵称"："丁侯""乙伯"等，是特定专名，有规范性语用省略；

"天干日名＋职官"：如"丁师"等。

5. 有两个或两个以上的称谓或称名组成固定格式，是专名，通常附于亲属称谓或权职爵称之后，格式如：

"氏、封国名＋排行／私名"，"爵称＋排行"，"排行＋私名＋父"，"谥号＋排行／私名"，"排行＋氏"等式，是受祭者的称名。

6. 只能依附于其他称谓词出现的词。

已故者称谓标志词——天干日名、谥号或尊词，以及表示世系先后的"先""高"等尊词（尊词中兼有死称标志的词）。

从词义出现频次看，通观西周器铭，受祭者称谓"父"（父亲或父辈）出现近 1700 次，"祖"约 370 次，"考"约 260 次，"母"约 130 次，"公$_1$"（祖辈父辈兼有爵称）100 多次，"妣"近 30 次，"兄"30 次左右，"前文人""前文神人"（文神人）45 次，"神"14 次，"王$_1$"（已故周王）10 次，"姑"12 次，"姑公"3 次，"王$_2$"（诸侯国自称其君为王）3 次，"上帝"（帝）2 次，"天"1 次。其他固定组合格式中专名及天干日名、谥号、尊词等出现较多（数略）。

综上情况，组合自由程度以及指称特征可归结为：

第 1、2 类中，词的结合较为自由，第 3 类为习语，第 4、5 类为组合格式固定的专名称谓，第 6 类为不能独立出现的限定、修饰词。其义位分

析情况如"表14":

表14 西周器铭中受祭者称谓词的义位分析表

受祭者称谓词义位类别			义位	地位	指称范围义域	器铭出现情况
亲属称谓	亲属称谓词义位	世系亲属	父	常用基本	通名，可组成专名	近1700次
			祖	常用基本	同上	约370次
			考	常用基本	同上	约260次
			母	常用基本	同上	约130次
			妣	常用基本	同上	22次
			兄	常用基本	同上	21次
			姑₁	基本	同上	14次
			公₂	基本	同上	3次
			姑₂	基本	同上	2次
		宗亲共长	公₁	常用基本	同上	100多次
	权职称谓义位		王	基本	同上	少
			上公、爵称	基本	同上	少
			君	基本	通名	少
			辟	基本	通名	少
天帝神祇称谓	专名义位		上帝、帝	基本	专名	少
			天	基本	专名	少
	通名义位		神	基本	通名	多
习语称谓	表示一个义位		前文人、文神等	基本	通名	45次
固定组合表示专名	一个专名表示一个义位		专名4（略）	专用单独或附着其他	个体对象（受祭者）	数次或一次
			专名5（略）	专用	个体对象（受祭者）	数次或一次

续表

受祭者称谓词义位类别		义位	地位	指称范围义域	器铭出现情况
日名	日名义位	6（略）	专用 需与其他称谓词组合	组成专名 个体对象	出现较多
尊词	尊词义位	7（略）	需与称谓词语组合 起尊隆修饰作用	修饰通名或专名	出现较多

第六章　纪时词义组合类聚的主要义位

第一节　纪时义位

西周器铭中纪时词主要有"年""祀""月""正月""初吉""既生霸""既死霸""既望""翌""翌日""日""旦""昧爽""夕""今""昔"，以及纪日干支等。这些纪时词可分为两类：一是纪时时间单位，如"年""祀""月""日"等，通常与数字组合，也可表示时间频次；一是时间名词，表示某时间概念的名称，如"正月""初吉""既生霸""既死霸""既望""翌""翌日""旦""昧爽""夕""今""昔"等，有些表示纪时单位的词（如"年""月""日"等）也兼作时间名词。

"年"和"祀"是纪年单位，"月"为纪月单位。西周器铭中虽有纪日单位"日"，但以干支纪日为主，即用干支表示日名和日序，并结合月相名"初吉""既生霸""既死霸""既望"以表示历日。另有月相名"方（旁）死霸"，只见西周晚期后段《晋侯苏钟A乙》铭一例①。表示历日之词还有"翌"（或作"翌日"）。以下简述西周纪时词的义位。

（一）纪年单位"年"和"祀"

纪年单位词，在西周器铭中有"年"和"祀"。用"年"较多，通常格式是"隹（唯）+王+数字+年"/"隹（唯）+王+元+年"，或"隹

---

① 《晋侯苏钟A乙》（铭图15299）："既死霸壬寅……三月方（旁）死霸"。

（唯）＋数字＋年"/"佳（唯）＋元＋年"等，见 195 次。也时常用"祀"，记作"佳（唯）＋王＋数字＋祀"/"佳（唯）＋王＋元＋祀"式，不省略其中"王"字（战国器铭中有省略），见 19 次。西周器铭用"年"格式中有时不出现"王"字（或为"佳（唯）＋王＋数字＋年"省简式）。至于《尚书》和《逸周书》等传世文献，用"祀"纪年格式中多无"王"字，① 与战国器铭用例相类，这一点是值得注意的，可借助纪时格式习惯辨其语例时代。

此外，西周器铭篇首（偶在篇中或篇末）还出现"佳（唯）＋王 / 某大臣＋做某事＋［之］年"，有的后接月、月相、干支日。这种"……做某事＋［之］年"可以看作一种特殊纪年方式，出现 21 次。

"年"，本义指"谷熟"，引申为时间单位，殷商甲骨卜辞中以"年"作固定纪时单位，格式"数字＋年"，此用法未必同于后世纪年法，大概是"谷熟一周期为一年"。② 西周器铭通行以"年"为纪年单位，与后世用法大致相当，纪年词语之后多伴有纪月、月相以及干支纪日词语。

从辞句形式看，殷商器铭用"祀"纪时都是"佳（唯）＋王＋数字＋祀"式，并通常伴随纪月、干支纪日铭辞，铭辞主要涉及祭祀方面（如多日、劦日、翌日、祝于上下帝、遘祖先等）。可知，此"祀"确为纪年单位。另一方面殷商时代这一纪年单位与重要祭祀活动密切相关。目前已知殷商器铭仅见以"祀"为纪年单位，③ 且比甲骨卜辞中用"年"纪时格式严格。

"祀"本为祭名（一种祭祀活动），引申作祭祀共名，但有特定内涵，大概侧重表示一年各时祭祀活动遍行一周期及其往复循环。古代训诂材料将"祀"解释为"四时祭祀一讫"，揭示了"祀"表示各时祭祀遍行起讫

---

① 例如，《逸周书·武儆》："惟十有二祀，四月，王告梦。"

② 见徐中舒主编：《甲骨文字典》，四川辞书出版社 1998 年版，第 782 页。

③ 殷商器铭有"年"字，见晚商《小臣缶方鼎》铭（集成 2653）"王赐小臣缶渪积五年"，句子格式与当时通行的纪时格式明显不同，据辞义看，此"年"不同于后世所用纪年单位。

一周的内涵。因而从语源上将这一特定祭祀概念内涵与用作纪时单位联系起来，宜为合理。

仅就器铭看，西周早期"年""祀"格式并用，用"祀"式涉及记述事件多样，与殷商用"祀"式有别，不只限于祭祀活动。

（二）纪月单位"月"与月相名词

纪月单位（"纪月时间单位"简称）"月"，是从观察朔望月周期（或谓从朔至晦）而得来的一种纪时单位。古代中国的纪月单位"月"大约在商代或更早即已出现，传世文献多有说释。例如《尚书·洪范》记述："武王胜殷，杀受，立武庚，以箕子归。作《洪范》。惟十有三祀，王访于箕子。……五纪：一曰岁，二曰月……"孔颖达疏："二曰月，从朔至晦大月三十日，小月二十九日，所以纪一月也。"《洪范》记载箕子对周武王之言，说到"天乃锡禹洪范九畴，彝伦攸叙"，其中"一曰岁，二曰月……"讲的是"五纪"，即传说中的禹夏以及商代的历法。唐代孔疏则解释了其中的纪月单位。

在纪月方面，数字与"月"结合使用，构成"数字＋月"格式。此式在殷商卜辞中最为常见，周代建正之月与殷正不同，但周正纪月名称和格式承袭了殷商纪月格式的主要部分。殷商甲骨卜辞中记录每年第一月称"正月"，一年有十三个月，各月记作"数字＋月"。周正每年第一月亦称"正月"，并在年终置润月，这样一年出现十三个月，西周早期至晚期器铭都出现"十又（有）三月"（如早期《遣卣》集成5402、《中方鼎》集成2785、中期《牧簋》集成4343、晚期《吴虎鼎》近出364等铭）。西周器铭纪月格式，除"正月"外，各月记作"数字＋月"（十月以上作"十又一/二/三＋月"式），见350多次。晚后至春秋时期，有的诸侯国出现了专门的月名。

考察西周纪时义位，需详述月相名词。月相是以月光面的圆、缺、晦、明之相变化周期为纪日方法。传世文献有"初吉""哉生魄""胐""既生霸""既望""旁死霸""既死霸"，而西周器铭出现其中四项——"初吉""既生霸""既死霸""既望"，见约270次。另有"方（旁）死霸"仅见一例。关于月相名词的解释，有定点说、月相四分说（分段说）、点段结合说，本书采用点段结合的说法。记述事件涉及时间，时常标有月相，某月相后有系干支和不系干支两种情形，如果某月相是定点的，那么在历法上某月中的某一月相的日子是确定的，其后再系某日（干支）就多余了。像《吕方鼎》铭（集成 2754）"唯五月既死霸，辰在壬戌"一类表述，记某月相后又记日子在某，显然是说某月相的某日是什么。再看《元年师旋簋》铭（集成 4279）："隹（唯）王元年四月既生霸，王在淢应，甲寅，王各（格）庙……"先记年、月和月相，显然是大时间背景，这段时间王在某地，继而记述某一日"王各（格）庙"。因此，从词语组合方式看，可以推断语义关系上暗示了月相是"点段结合"的概念——有的事件发生在某月相及某一日，而有的事件过程则在某月相，应当是指持续于此月相中的几日。

　　"初吉"按月相分段说，王国维《观堂集林·生霸死霸考》认为"初吉"是阴历朔日（初一）至上弦月（初七或初八日）一段月相用以纪日。传世文献有"初吉"，如《诗·小雅·小明》："二月初吉，载离寒暑。"毛传："初吉，朔日也。"但毛传所释是定点说。西周金文大量使用"初吉"一词，与西周传世文献共存，这是当时实际存在的月相名词，所指日期、历日概念应当是固定的，只是后人解释有分歧。《夏商周断代工程 1996—2000 年阶段成果报告》（简本）提出："初吉"出现在初一至初十，是与所指"既生霸"之"以新月初见到满月"这一时段在月相上有时间的交叠，所以当以解释成初一至初七、八为宜。①器铭中"初吉"有系干支者，如《谏簋》铭（集成 4285）"隹（唯）五年三月初吉庚寅"；也有不系干支者，如《害簋》铭（集成 4259）"隹（唯）四月初吉"。两种格式都比较常见。

　　"既生霸"的"霸"字，传世文献又写作"魄"，《说文·月部》："霸，

---

①　《夏商周断代工程 1996—2000 年阶段成果报告》（简本），世界图书出版公司北京公司 2000 年版，第 28 页。

月始生霸然也，承大月二日，承小月三日。以月，霸声《周书》曰：哉生霸。"王国维解释为月未盛明时所发之光。①"既"表示已经，"既生霸"是一个词，单从字面义看是指月光面已出现至月光面未圆时一段时间的月相。其词义表示的是某月内纪日的一段时间，也就是从月上弦至望的一段时间，即阴历初八、九至十四、十五日。传世文献记有"既生魄"，如《尚书·武成》曰："既生魄，庶邦冢君，暨百工，受命于周。"孔传："魄生明死，十五日之后。"孔颖达疏："月以望云，望是月半，望在十六日为多，通常在十六日者，四分居三，其一在十五明。此言既生魄，古文言魄生明死，十五日之后也。"王国维《观堂集林·生霸死霸考》则谓："既生霸，谓自八、九日以降至十四、五日也。"②按其月相四分说，"既生霸"指阴历每月第八、九日至第十四、五日这段历日。传世文献中记"既生魄"者，还有《逸周书·大戒》："维正月既生霸，王访于周公"，西周器铭中则记有众多"既生霸"，有系干支和不系干支两种情况，前者如《十五年趞曹鼎》铭（集成2784）"隹（唯）十又五年五月既生霸壬午"等，后者如《公姞鬲》铭（集成753）"隹（唯）十又二月既生霸"等，但"既生霸"后不系干支的铭辞较少。

　　"既死霸"与"既生霸"构词格式相同，从字面意思看是月光面由盛明之圆已经逐渐缺少，由月下弦至晦一段时间的月相。其词义表示月内纪日，则指"阴历二十三日以后至晦日"。按王国维说法是"既死霸，谓自二十三日以后至于晦也……盖月受日光之处虽同此一面，然自地观之，则二十三日以后月无光之处，正八日以前月有光之处。此即后世上弦下弦之由分，以始生之明既死，故谓之既死霸。"传世文献也写作"既死魄"，如《逸周书·世俘》云："越若来二月既死魄，越五日甲子"，器铭有《颂壶》铭（集成9731）"隹（唯）三年五月既死霸甲戌"，属于月相名系干支的情况，此类较多。《柞伯鼎》铭（铭图02488）有"隹（唯）四月既死

---

①　王国维：《观堂集林·生霸死霸考》。

②　王国维：《观堂集林·生霸死霸考》。

霸"，属月相名不系干支的情况，这类情况在西周器铭中极少，目前仅见一例。

"既望"是一个词。词素"望"本为一个词，《释名·释天第一》："望，月满之名也。月大十六日、小十五日，日在东，月在西，遥相望也。"（参见《文选》卷三十李善注引《释名》及《初学记》引）。以月相而论，阴历每月十五或十六日，太阳西落时，月从东方升起；月西落时，太阳在东方升起，此月光面为圆满，从而释此月相为"望"。"既望"，从字面义看是月圆之后的意思，其词义据周历纪日，用以表示每月十五、十六日至廿二、廿三日这段历日。传世文献中，如《尚书·召诰》："惟二月既望，越六日乙未，王朝步自周，则至丰。"王国维月相四分说认为："既望，谓十五、六日以后至二十二、三日。"[①]西周器铭中"既望"有后系干支和不系干支两种情况。

（三）纪日单位"日"

"日"表示纪日时间单位，也表示时间名词，但在西周器铭中并不经常使用，只见三种情况：

一是作为纪日单位在计日方面或显示历日次第时使用。例如，西周早期《新邑鼎》铭（集成 2682）："［二］旬又四日，丁卯"，中期《繁卣》铭（集成 5430）："唯九月初吉癸丑，公酻祀。雩（越）旬又一日，辛亥"，此二铭中"日"都用来表示历日次第，并可推算出计日的天数。

二是表示"每日、日日"的意思，作为一种时间频次来使用。如西周中期《𤞷鼎》铭（铭图 02329）："其日朝夕用𪔫（享／饗）祀于厥百神，孙孙子子其永宝用"，晚期《乖伯归𢍰簋》铭（集成 4331）："归𢍰其蔑（万）年日用享于宗室"。

三是具体指某一日，格式"日＋［唯］＋天干（日名）"。西周中期《史喜鼎》铭（集成 2473）"史喜作朕文考翟祭，厥日唯乙"，又如《作长鼎》铭（集成 2348）"作长宝尊彝，日戊"等。

---

① 王国维：《观堂集林·生霸死霸考》。

（四）纪日名——干支

商周时代以干支作纪日名。西周器铭纪日用干支（或省作天干），可以计算历日。凡 330 多例。

（五）日内时间名词"昧爽""旦""明""夕"

"昧爽"，在殷墟甲骨文中已出现。又见于西周器铭 3 次，即早期《小盂鼎》铭（集成 2839）、中期《免簋》铭（集成 4240）和《龄簋》铭（铭图 05258）。"旦"字在殷墟甲骨文中出现较多，西周器铭已见 63 次，特别是中期前段到晚期器铭出现频繁。"昧爽"和"旦"表示日内时间，是早晨两段衔接时间。"昧爽"指天未大亮，黎明时分。"旦"，据《说文·旦部》："旦，明也。"又《玉篇·旦部》："旦，早也，朝也，晓也。"指太阳升起或天明的一段时间。《尚书·太甲上》有"先王昧爽丕显，坐以待旦。"讲的是商代之事，却完全是周人口气，其中"昧爽"与"旦"相对出现，显然是一日内在早晨的不同时段。《尚书·牧誓》云："时甲子昧爽，王朝至于商郊牧野。"当"昧爽""旦"二词单用时，统言之"朝"，若区别而言，则"昧爽"表示的时段在"旦"时之前。所以，《小盂鼎》铭"唯八月既望，辰在□□，昧丧（爽），三左三右多君入服酉（酒）。明，王各（格）周庙……"铭文记述日内时间时，"昧爽"在前一辞，"明"在后一辞，时间前后十分明显。此"明"即"旦"，《说文》释"旦"为"明"不误。

"夕"指日内傍晚时间，《说文·夕部》："夕，莫也。"指日落时段，与日出时段相对言。《诗·王风·君子于役》："日之夕矣，羊牛下来。"又《左传·昭公元年》云："尹子有时：朝以听政，昼以访问，夕以脩令，夜以安身。"其中"夕"较"夜"时间在前。"夕"见于西周器铭《穆公簋盖》（集成 4191）"王夕卿（飨）醴于大室"，《麦方尊》（集成 6015）"己夕，侯赐者（赭）钮（躧）臣二百家"，此"夕"应指日落时分，与"夙夕"（指早晚、日夜）词义有别，不是一个义位。

（六）十日单位"旬"

"旬"表示十日，纪日单位，一旬记作"旬"，一旬以上记作"数

字＋旬"。《繁卣》铭有"雩（越）旬又一日"，《新邑鼎》铭有"[二] 旬
又四日"即其例。仅见 2 次。

（七）时间名词"翌"

"翌"表示第二日，即明日，属于纪日时间名词。传世文献也写
作"昱"。《说文·日部》："昱，明日也。"段玉裁注："凡经传子史，翌
日字盛昱日之叚借，翌与昱立声，古文相叚借。"实际上"昱"是后
造字，甲骨文已有"翊""弱""翊"各形，金文亦出现"翊"字，皆为
"翌""昱"古文，是古今字关系。西周器铭中的"翊"字表示"翌"，意
为"第二日"，表示日序，见《麦方尊》铭"造王夒荠京彫祀，雩（越）
若翌日"，以及《小盂鼎》铭"雩若翊（翌）乙酉，□三事□□入服酉
（酒），王各（格）庙"，又见《霸伯盂》铭（铭图 06229）。

（八）时间名词"今""昔"

"今"表示"今日"，《说文·人部》："今，是时也。"西周器铭中
"今"出现较多，见 64 次，如《虎簋盖乙》铭（铭图 05400）有"今命汝
曰：更祖考……"又《询簋》铭（集成 4321）有"今余命汝啻（適）官司
邑人……"等。西周器铭中表示今日之词，除"今"外还有双音词"今
日"，但出现较少，见《县妃簋》铭（集成 4269）"其自今日，孙孙子子
毋敢望（忘）伯休"，以及《师询簋》铭（集成 4342）"今日天疾畏（畏／
威）降丧"等。

与"今"相对的词是"昔"。西周器铭除记事有纪时词语外，记言常
出现"昔""今"对举。"昔"表示往日，《玉篇·日部》："昔，往也。"器
铭见如《师克盨》铭（集成 4467）："昔余既命汝，今余唯䊸熹乃命……"
等。"昔"泛指往日，时间概念比较宽泛。早期《何尊》铭（集成 6014）
记言王诰出现"昔"。但西周中、晚期器铭记言中"昔"多与"今"对举
出现，形成一种模式，见 24 次。

第二节　纪时词义组合分布

总的来看，绝大多数西周少字器铭无纪时词语出现，多字铭文也有大量是无纪时词语的，对于已知西周器铭（除伪刻，约 6500 件）来说，有纪时词语的器铭不到器铭总数的百分之一，但却十分重要。下面只探讨有纪时词语的器铭。

纪时词"年"（或"祀"）"月"、月相名、纪日干支，在历史年代学中称历日四要素。历日四要素与周历王年之"王"、数字相结合组成完整的历日格式。从词义组合关系看就是"年""月"、月相名、干支日各词依次排列组合，所以历日四要素俱全的词义组合格式为"王＋数字＋年＋数字＋月＋某月相名＋干支日"。如果是某周王即位第一年，则称"元年"，格式为"王＋元年……"。周正每年第一月称"正月"。但是，西周器铭常省略四要素中的某个或某几个要素，许多铭辞用"年"格式将"王"字略去，这样就显现出纪时词义多样组合。当这些纪时词义组合出现于器铭篇首时，绝大多数在铭辞前加语气词"唯"（多以"佳"字借作"唯"）。

西周器铭纪时词义组合的分布大致有三种情况：

一是出现于篇首，由"佳"（唯）或"唯"引出；

二是除篇首有"佳"（唯）引出纪时词语外，篇中出现某月或某日名干支的纪时方式，或篇首无纪时词语，只在篇中出现；

三是篇末出现纪时词义组合——只在篇末出现的纪时词语，或者篇首和篇末分别出现月、日、年各部分纪时词语。

一、纪时词义组合位于器铭篇首

西周早期器铭篇首经常出现"佳（唯）＋王／某大臣＋做某事＋年，在某月＋月相名（或省略）＋干支日"组合格式。例如：

（1）"唯王大龠（禴）于宗周徟䊾莽京年，在五月既望辛酉"《士上

尊》（集成5999）

（2）"唯公太史见服于宗周年，在二月既望乙亥"《作册魋卣》（集成5432）

（3）"唯公太保来伐反尸（夷）年，在十又一月庚申"《旅鼎》（太保鼎）（集成2728）

但西周早期器铭篇首主要记月日，以"隹（唯）＋王（或省）＋某月＋月相名＋［辰在］干支日"或"隹（唯）＋某月……［辰在］干支日"等式为多，篇首极少出现"年"（有"年"或"王祀"的多位于篇尾，如《大盂鼎》《小盂鼎》铭）。至中、晚期，器铭篇首多以"隹（唯）＋王＋某年＋某月＋月相名＋干支日"及其省简式出现，历日四要素具全。例如：

（1）"唯王元年六月既望乙亥"《曶鼎》（集成2838，西中）

（2）"唯王七年十又三月既生霸甲寅"《牧簋》（集成4343，西中）

（3）"唯王五年九月既生霸壬午"《五年师旋簋》（集成4216，西晚）

此类格式有一种情况值得注意，即记述册命礼铭文中常出现"王在……旦，王各……"，记述册命礼的时间比较具体，不仅记到某一日，还记日内某时（即"旦"时）。看来作器者（或作铭者）认为，铭辞所记册命事件的具体时间非常重要，意在强调时间环节，凸显仪式性。例如：

（1）"唯三年三月初吉甲戌，王在周师彔宫。旦，王各（格）大室，即立（位）"《师俭簋盖》（集成4277，西晚）

（2）"唯五年三月初吉庚寅，王在周师彔宫。旦，王各（格）大室，即立（位）"《谏簋》（集成4285，西晚）

（3）"唯王廿又七年正月既望丁亥。王在周康宫。旦，王各（格）穆大室"《伊簋》（集成4287，西晚）

西周器铭日内时间除"旦"时外，还有"昧爽"一词，见西周中期《免簋》铭和早期《小盂鼎》铭。《小盂鼎》铭中还有"明"一词与"昧爽"连接。表示傍晚时分用"夕"，见《穆公簋盖》《麦方尊》二铭，未见有其他日内时间。因此，据目前器铭所知西周日内时间词较少，尚不能充分研究其日内时间系统。

有些器铭篇首部分的日名干支前加"辰"字，构成"辰在干支某日"，位于年、月或月相名之后，例如：

（1）"唯王二月既眚（生）霸，辰在戊寅，王各（格）于师戏太室"《豆闭簋》（集成 4276）

（2）"唯八月，辰在庚申，王大射在周"《柞伯簋》（近出 486）

记述事件发生时间，此种辞句属于记事铭辞系列，其主要目的在于记事，时间或纪时总伴随事件主要人物行为、活动，并有地点。

纪时词语组合大多分布于篇首，且常出现地点词语，这与记述事件先要介绍时间、地点的语义表达规则有关。所以，许多铭篇之首的纪时词语组合中，间以地点类词语。例如：

（1）"唯三月，王在宗周。戊寅，王各（格）于太朝（庙），密叔右趞即立，内史即命"《趞簋》（集成 4266）

此铭先记"三月"，王所在地点，再纪日"戊寅"，后述此日周王及臣下的行为、活动。又如：

（2）"唯十又二月，王初餐旁。唯还在周，辰在庚申，王旛（饮）西宫鳌（烝）"《高卣》（高卣盖）（集成 5431）

（3）"唯五月，王在衣（殷）。辰在丁卯，王啻（禘），用牡于太室"《剌鼎》（集成 2776）

这类铭辞格式固定，记述方式简易、程式化，其词义组合的类聚特征非常明显。

二、纪时词义组合出现于铭篇中

有些器铭的纪时词语位于篇中，如《作册矢令簋》铭（集成 4300）曰：

（1）"唯王于伐楚伯，在炎。唯九月既死霸丁丑，作册矢令隣宜于王姜……"

　　此铭篇首先记某一事件和发生地点，再记某时间与其发生的另一事件，前后事件关联，前事件是后事件的背景。又如：

　　（2）"尹令史兽立工于成周。十又一月癸未，史兽献工于尹……"《史兽鼎》（集成2778）

　　有些铭文篇首记前一事件而不出现其发生地，随后记某时间、发生事件，与前一事件有密切关系，前事件是后事件发生的前提：

　　（3）"公束盥（铸）武王、成王異（翼）鼎。唯四月既生霸己丑，公赏作册大白馬……"《作册大方鼎》（集成2759）

　　这类铭文记事，前后两个不同的事件，前一事件无纪时，后一事件都由某时间引出。往往前事件是后事件的前提或背景，后事件是作器的直接原因。此类铭文篇中纪时，是后一事件发生的时间。

　　另一种情况，有些器铭记述两个或两个以上相关事件或一组连续发生的事件，其记事时间也出现两个或多个。当前一事件有纪时，时间词语出现于篇首，接下来发生相关事件，其时间词语出现于篇中。在组合分布上，纪时词语是两组或多组词语系列。例如：

　　（1）"唯九月初吉癸丑，公酻祀。雪（越）旬又一日，辛亥，公啻（禘）酻辛公祀"《繁卣》（集成5430）

　　（2）"唯王十月，王在成周，南淮尸（夷）遱殳……王令敔追襊于上洛炶谷……唯王十又一月，王各（格）于成周太庙。武公入右敔（敔），告禽（擒）馘百"《敔簋》（集成4323）

　　（3）"唯十月，用玁狁放（方）興（兴），广伐京自（师），告追于王……癸未，戎伐筍。衣孚（俘），多友西追。甲申之屑（晨），搏于郕，多友右（有）折首执訊……丁酉，武公在献宫"《多友鼎》（集成2835）

　　（4）"唯廿又二年四月既望己酉，王歒（格）珋宫，衣（卒）事。丁巳，王蔑庚嬴历"《庚嬴鼎》（集成2748）

　　（5）"唯八月，辰在甲申，王令周公子明保尹三事四方，受卿旊（事）寮。丁亥，令矢告于周公宫，公令徢（延）同卿旊（事）寮。唯十月，月吉，癸未，明公朝至于成周……甲申，明公用牲于京宫。乙酉，用牲于康

宫。咸既，用牲于王"《矢令方尊》（集成 6016）

以上器铭记叙前后发生的相关事件，或是一系列连续发生的事件，记事纪时，以事件为中心，每事前引介时间。通常同一年发生的关联事件，省去纪年，只列某月；在不同月发生的事件，前后事件前各记某月份数（也有例外），如例（5），事件发生在同月者，前事件记某月，后事件只记某日。例（2）《敔簋》铭记述两件事，纪时辞语前均有"佳"（唯），前一事讲周王令敔追击南淮夷，后一事讲敔告擒而受赐休因作彝器。前事是后事的背景。两事件前均列出时间，是同年不同月发生的连续事件。例（5）情况类似，前事件是后事件的背景，两事件的纪时词语前均有"佳"（唯），后一事件直接与矢令作器有关。以上各铭既有连续事件，亦有相关事件，同铭各事件多在同年发生，或不同月，或同月不同日，时间分布较前几例复杂。

不同年发生的事件，如《曶鼎》铭（集成 2838）：

"唯王元年六月既望乙亥，王在周穆王太室，王若曰：……曶其万[年]用祀，子子孙孙其永宝。唯王四月既生霸，辰在丁酉，丼（邢）叔在異……"

此铭"唯王元年六月"指周懿王元年六月，后"唯王四月"指周懿王二年四月。

又如《乖伯归夆簋》铭（集成 4331）：

"唯王九年九月甲寅，王命益公征眉敖，益公至告。二月，眉敖至见，献賮（帛）。己未，王命仲俤（致）归（馈）乖伯貂裘（裘）"

"王命益公征眉敖"与"眉敖至见，献帛"于周王，两事相关，但不是连续发生的一组事件，两事件地点不同，活动的主要人物不同，事件性质也不同——只能说是相关之事。前一事件发生在"王九年九月甲寅"（即周恭王九年九月甲寅之日），后一事件发生在"二月"，指次年二月，即恭王十年二月。这种同铭记有不同年事件的纪年，第一个纪年出现"年"或"王年"，往往将后面的纪年省略，只出现月份。

三、位于器铭篇末的纪时词语

少数西周器铭，纪时词语组合出现于篇末。殷商铜器多将纪时年祀、月份组合置于篇末，或铭篇的中、后部，先纪月后纪年，时常将纪日干支置于篇首，纪时词语出现次序是日、月、祀。西周器铭改变了这种体例，纪时词语出现通常按年月日顺序，多将纪时年（祀）、月、日名干支置于篇首，同器铭中一组连续或相关的事件则分别将其纪时年、月、日分布于篇首和篇中，如前述例。

有些西周器铭也将纪年单位称"祀"，置于篇末或后部，承袭殷商体例。比较如下器铭，殷商器铭：

（1）"壬申，王赐亚鱼贝。用作兄癸尊。在六月，唯王七祀，三月羽（翌）日。"《亚鱼鼎》（近出339，商晚）

（2）"甲子，王赐宰孳商，用作父辛尊彝，在十月又二，遘祖甲，曶日，唯王廿祀。"《商鼎》（铭图02295，晚商）

西周器铭：

（1）"唯八月既望辰在囗囗，杳丧（昧爽），三左三右多君入服酉（酒），明，王各（格）周庙……雫若翌，乙酉，囗三事囗囗入服酉（酒）……唯王卅又五祀。"《小盂鼎》（集成2839，西早）

（2）"唯九月，王在宗周，命盂，王若曰……唯王廿又三祀。"《大盂鼎》（集成2837，西早）

（3）"唯三月初吉乙卯，王在周，各（格）大室。……唯王二祀。"《趞觯》（集成6516，西中）

（4）"唯二月初吉丁亥，王在周成大室。旦，王各（格）庙……唯王二祀。"《吴方彝盖》（集成9898，西中）

殷商器铭以篇首出现纪日干支，篇末或篇后部出现纪月、纪年（"唯王××祀"）为通例。某些西周器铭在篇首出现纪月日词语，而在篇末出现纪年"唯王××祀"，西周对商代纪时体例有继承亦有改变，最大的变化是出现月相名词。大多数西周器铭将纪时词语组合分布于篇首、篇中以及篇末（或后部），这一点来看，西周器铭纪时词语的出现、顺序及其分布有了重大改变，自成体例。

器铭篇首、篇中出现月、月相、干支日，篇末（或后部）出现纪年，各部分纪时词语分布如：

（1）"唯正月初吉庚戌，卫以邦君厉告于丼（邢）伯、伯邑父、定伯……卫其万年永宝用。唯王五祀。"《五祀卫鼎》（集成2832）

（2）"正月既望甲午，王在周师量宫。旦，王各（格）太室，即立（位）。……用作宝簋，虘其万年永宝用。唯十又二年。"《大师虘簋》（集成4251）

（3）"唯王初䍃（迁）宅于成周，复禀珷（武）王豊（礼），禩（祼）自天。在四月，丙戌，王享（诰）宗小子于京室……用作庾公宝尊彝。唯王五祀。"《何尊》（集成6014）

纪时词语只出现于器铭篇末或后部者较少，西周晚期《默簋》（集成4317）、《师询簋》（集成4342）等铭即其例。

纪时类词语出现于此铭文后部。特点是篇首以"曰""某曰""王若曰"始记言曰的内容，后记作器铭辞及祝嘏辞，最后（或后部）记时间。值得注意的是，西周中、晚期铜器有许多长铭，自开篇至后部为记言内容，构成铭文主体，最后记对扬、作器等铭辞，而通篇不出现纪时词语（如《史墙盘》《毛公鼎》等铭），形成一类以记言为主的铭文体例。

第三节　西周纪时词语组合中的"越"和"越若"

《尚书》《逸周书》有"越"字，古文献里也写作"粤"或"曰"，此三字可通用，前人已讲过不少。① 在两周金文里这些字常用"雩"字表示。

---

① 例如，宋代蔡沈《书集传》："曰、粤、越通，古文作粤。"清代邵晋涵《尔雅正义》对《释诂上》"粤，曰也。"做补释："粤与越通。"郝懿行《尔雅义疏》则云：《说文》引《周书》曰：'粤三日丁亥'，今《书》作'越三日丁亥'。"此外《今文尚书》《逸周书》还有"越若"二字连语，《召诰》篇有"越若来三月"，《世俘》篇有"越若来二月"。从《汉书·律历志》引逸《武成》"粤若来二月"来看，"越若"在先秦两汉文献里写作"粤若"。另有《尧典》《皋陶谟》二篇开篇"曰若稽古"一语，"曰"字，郑玄注

所以王国维《观堂学书记》云："雩、粤、越、曰古通用。"这固然是正确的。但问题在于：(1)"越""越若"① 用于时间词语前是什么词，表示何义；(2)"越若来三月"的"越若"与"曰若稽古"的"曰若"用法是否相同。

以往关于时间词语前"越""越若"的用法大致有三种观点：一种认为两者都是语气助词，如杨树达《词诠》② 和崔永东《两周金文虚词集释》③ 所举辞例及按语就持这一观点。另一种观点是将时间词语前的"越"和"越若"区分为不同用法，如王国维《观堂学书记》云："越，犹及也。《书》凡言越某日者，皆言逮及某日也。"④ 而以"越若"为语气助词。按王氏说法，"越若来三月"的"越若"与"曰若稽古"的"曰若"用法相同，均为语气助词。王氏之前已有学者提出此观点，如宋代朱熹、清代王引之（在《经义述闻》中）认为《尚书》"粤（越）若来三月"中"粤（越）若"是语助辞或语辞。王氏对此表示赞同，并征引《小盂鼎》"粤若翌乙亥"、《汉书·律历志》引《佚武成》"粤若来二月"、《汉书·王莽传》"粤若翌辛丑"三例以证朱子之说。⑤ 显然王氏是同意"粤若"为语助辞的，即把"粤若稽古帝尧"之"粤若"与"粤若来三月"之"粤若"都看作语气助词（或谓"语首助词"），在用法上无意。后来学者多信从此说。第三种是管燮初的观点，认为用于时间词语前的"越""越若"（西周金文作"雩若"）都是"次动词"，⑥ 也就是介词。管氏观点基本上是正确的，但未作论说。

系统考察典籍和两周器铭后，笔者认为时间词语前的"越""越若"的确是介词，而且在引介时间序列方面有其特殊作用和意义，它们分别

《古文尚书》本作"粤"，晋代梅赜《古文尚书》亦作"粤"等等，这些前人都已指出。可知古代典籍里"越""粤""曰"三字是可以通用的。

① 为了行文方便，只记"越""越若"，引文除外，下同。

② 杨树达：《词诠》，中华书局 1979 年版，第 445 页。

③ 崔永东：《两周金文虚词集释》，中华书局 1994 年版，第 45 页。

④ 王国维：《古史新证——王国维最后的讲义》，清华大学出版社 1994 年版，第 279 页。

⑤ 王国维：《古史新证——王国维最后的讲义》，第 232 页。

⑥ 管燮初：《西周金文语法研究》，商务印书馆 1981 年版，第 184 页。

位于时间词语前构成两个介宾结构,这是西周时期表示日序的一类纪时格式。

一、由"越"或"越若"引介的纪时词义组合格式

《尚书》中的"越"有时作语气助词;有时作连词,训"与";有时作介词,引介动作对象或动作涉及的某一方面,还引介事件、动作发生的时间,相当于介词"于"。金文里这些用法常常用同一个字"雩"表示。上古音"雩""于"同在匣纽鱼韵,属同音字。"粤""越"同在匣纽月韵,也是同音字。"与"在喻纽鱼韵,与前几个字音近。金文"雩"可以表示音同或音近的三个词,即连词、介词和语气助词。同样,古文献里"越""粤"也可以表示不同的几个词——或表示语气助词,或表示连词,或表示介词。"越若"亦有类似情况,无论在古文献里还是在金文里都既可以表示句首语气助词,也可以表示介词。

所以,从用字方面应当区分"越""粤""雩""曰"所表示的不同的词和词义,对于"越若""曰若""粤若""雩若"用字表词表义情况也应加以区分。这对理解、研究西周史料是很重要的。

通读《尚书》各篇、《逸周书·世俘》和西周金文,会发现时间词语前的"越"和"来某月""翼日干支"前的"越若"都不是语气助词,而是介词,并且有其特定的历日含义和作用。判定此类"越""越若"为介词的主要依据是它们在语义、语法结构中的位置、功能特征及其词义或语义内容。

(一)"越"用于"数字+日+干支"前

"越"用于"数字+日+干支"前,见于可信西周文献者有《召诰》《顾命》《逸周书·世俘》《汉书·律历志》引逸《武成》,见于西周金文者只有《繁卣》一器。此外梅赜《古文尚书》之《毕命》《武成》也有这种用法。

《召诰》开篇叙述道:

"惟二月既望,越六日乙未,王朝步自周,则至于丰。"

　　王引之《经传释词》卷二谓："越，犹及也。《书·召诰》：'惟二月既望，越六日乙未'言自既望及乙未六日也。"王氏此释是正确的，意思是说"从二月既望那一日起到乙未这一日，六天。"计日（计算天数）从二月既望这日算起，到第六日乙未日为止。

　　《召诰》接下来有：

　　"越若来三月，惟丙午朏。越三日戊申，太保朝至于洛，卜宅。厥既得卜，则经营。越三日庚戌，太保乃以庶殷攻位于洛汭，越五日甲寅，位成……"

　　《顾命》有：

　　"丁卯，命作册度。越七日癸酉，伯相命士须材。"

　　《逸周书·世俘》有：

　　"若翼日辛亥，祀于位，用籥于天位。越五日乙卯，武王乃以庶祀馘于国周庙……"

　　《汉书·律历志》引逸《武成》"越"写作"粤"：

　　"粤若来三（二）月既死霸，粤五日甲子，咸刘商王纣……"

　　"惟四月既旁生霸，粤六日庚戌，武王燎于周庙，翌日辛亥，祀于天位，粤五日乙卯，乃以庶国祀馘于周庙……"

　　《繁卣》铭（集成5430）有：

　　"唯九月初吉癸（辛）丑，①公酻祀，雩（粤／越）旬又一日辛亥，公啻（禘）酻辛公祀。"

　　从计日来看，"越＋数字＋日＋干支"指从紧接的上一日算起到某干支日为止，意为"到第几日干支某"，这是通例。其中"越"字表示"及、到"，而非"经过"之义。

　　再有《古文尚书·毕命》②：

---

①　"癸"字为"辛"字之误，见李学勤：《夏商周年代学札记》，辽宁大学出版社1999年版，第132页尾注。

②　梅赜《古文尚书·武成》虽有"丁未，祀于周庙……越三日庚戌，柴望，大告武成。"一句，但"三日"应当是"四日"之误。

"惟十有二年六月，庚午朏。越三日壬申，王朝步自宗周，至于丰……"

计日从庚午日起，到第三日壬申日。

除《毕命》篇首历日用"惟某年、某月、干支日、月相"格式外，其他篇首或篇中记叙完整，事件开始处用"惟某月、干支日、月相"或"惟某月、月相"格式（传世文献中"惟"也作"维"，即"唯"，金文写作"隹"），"越＋数字＋日＋干支"位于这类历日格式之后，形成叙事的日序格式——"惟（某年）、某月、（干支日）、月相……越＋数字＋日＋干支……"（按：某年、干支日有时各有省略，下同）。

（二）"越""若"连语用于时间词语前

"越"又用于"翼（翌）日干支"之前。如《召诰》"越翼日戊午"，《顾命》"越翼日乙丑"，《古文尚书·武成》"越翼日癸巳"。或用"若"，如《召诰》"若翼日乙卯"，《世俘》"若翼日辛亥"。这类单用的"越""若"都有"及、到"的意思。

"越"又与"若"连语，用于"翼（翌）日干支"之前，如《小盂鼎》铭"雩（粤/越）若翊（翌）乙酉"等，与"越""若"单用于"翼（翌）日干支"前是同一种用法。此种用法亦位于"惟（某年）、某月、（干支日）、月相"格式之后，或者位于"惟（某年）、某月、（干支日）、月相……越＋数字＋日＋干支……"的叙事日序序列之中。"翼（翌）日"训"明日"，计日，指从紧接的上一日算起的第二日。在这类叙事日序中，"越若/越/若＋翼（翌）日＋干支"与"越＋数字＋日＋干支"的计日方式是相同的，"数字＋日＋干支"指"第几日，干支某"，"翼（翌）日＋干支"则专指"第二日，干支某"。其中"越若"也表示"及、到"的意思。

（三）关于"越若来某月"

"越""若"连语，也用于"来某月"前。王引之《经义述闻·书·越若来三月》按语说："越若，语辞。"但是他在《经传释词》卷二又说："越若，亦及也。《召诰》：'越若来三月'言及三月也。"显然王氏的说法有自相矛盾之处。从成书时间来看，《经传释词》略晚于《经义述闻》，大概是由于王氏已感到"越若"释"语辞"不妥，便在晚出的《经传释词》里加以改正。从《召诰》行文来看，"越若来三月"也处在"惟（某年）、某月、（干支日）、月相……越＋数字＋日＋干支……"的叙事日序排列之中：

"惟二月既望，越六日乙未，王朝步自周，则至于丰。惟太保先周公相宅。越若来三月，惟丙午朏。越三日戊申，太保朝至于洛，卜宅。"

《逸周书·世俘》有：

"惟一月丙（壬）辰旁生魄（霸），若翼日丁（癸）巳①，王乃步自周，征伐商王纣。越若来二月②既死魄（霸），越五日甲子，朝至，接于商，则咸刘商王纣，执天恶臣百人。"

要判别"越若"是介词还是语气助词，还需弄清"来某月"的"来"表示何意。《经义述闻·书·越若来三月》王引之按语将"来"释为"至"；陈蓬衡《逸周书补注》也认为"来"表示"至"，"越若"是"语辞"；朱右曾《逸周书集训校释·世俘》则直引王氏说。大概由于"来"的常用义是"行来""至"，此处释"至"，合乎上下文义，文从字顺，没有什么不可以的，因此就将前面的"越若"解释为"语辞"。不过这里的"来"确非"至"的意思。传世文献③和出土文献里"来"经常在时间词

---

① 《世俘》中有些是可信的周初史料，但有后人篡改或传抄之误。现今学者多认为"丙辰旁生魄（霸）"当为"壬辰旁死霸"之误，"丁巳"为"癸巳"之误。按：此为可信的西周历日格式，虽具体干支可能有误，但计干支之间的天数无误。

② 《汉书·律历志》引《武成》"粤若来三月既死霸"中的"三月"，学术界多认为是殷历"二月"。可据材料有传世文献和近几年来西周历日研究成果等。参看《武王克商之年研究》（北京师范大学出版社 2000 年）有关文章，赵光贤《说＜逸周书·世俘＞篇并拟武王伐纣日程表》，唐兰《西周青铜铭文分代史征》，杨宽《西周史》等。根据这种观点，《逸周书·世俘》"越若来二月"即殷历二月。

③ 如《周礼·春官·宗伯》有"尝之日，涖卜来岁之芟；獮之日，涖卜来岁之戒；社之日，涖卜来岁之稼"。《吕氏春秋·季秋》有"为来岁受朔日"，《战国策·赵策三》有"来年秦复攻王"。传世文献有"来冬""来春"，也有"来月"，如孔颖达《礼记·曲礼上》疏："今月下旬筮来月上旬……虽士亦应今月下旬先卜来月下旬。""来月"与"今月"相对而言。此外《仪礼·特牲馈食礼》有"来日某"，《少牢馈食礼》有"来日丁亥"等。出土文献里也有这类"来"限定时间词语的用法。

语前起限定作用，表示从某时起的下一个时间，往往与"今"相对而言（如甲骨文、金文①）。"来岁""来年"与"今岁""今年"相对，指下一年，"来冬""来春"指下一年的冬天或春天。而"来月"与"今月"相对，指下一个月。王国维《观堂学书记》"越若来三月"一条下云："来，犹来年、来世之来。'来三月'者，谓下三月也。"② 这一解释是正确的。

"来某月"，见于传世文献者有两处，一是《召诰》"越若来三月"，一是《世俘》"粤若来二月"。看一下《召诰》：

"惟二月既望，越六日乙未，王朝步自周，则至于丰。惟太保先周公相宅。越若来三月，惟丙午朏……"

"来三月"是相对于"二月"而讲的，"来"显然是限定时间词语的，即指下一个月。再看《世俘》（见上引），"来二月"是相对于"一月"而讲的，"来"也表示下一个月。因此在这类时间词语前"来某月"的"来"与"翌"都表示时间次第，"越若"与"越"（或"若"）在"来某月"前和"翼（翌）日干支"前的用法相同，都是引介时间的。

在西周器铭里，"翌日"前加"雩若"的有西周早期《小盂鼎》和《麦方尊》铭。

《麦方尊》铭（集成6015）：

"迨王饗（馆）荠京酌祀。雩（粤）若翌（翌）日，在璧（辟）齧（雍），王乘于舟为大豊（礼）。"

此"翌日"指的是"迨王馆荠京酌祀"这一天的第二日，未记干支。

《小盂鼎》铭（集成2839）：

"隹（唯）八月既望，辰在甲申，昧丧（爽）……雩（粤）若翌乙酉……"

---

① 甲骨文里有"来岁"（合集9658正），"来岁"与"今岁"对言（合集641正），西周金文《曶鼎》铭有"来岁弗赏（偿），则付卅秭"。甲骨卜辞还有"来春"（合集9660）、"来日"（合集20911）、"来干支"（合集190正）、"来日干支"（合集21574）。甲骨文"来日"或"来干支"是指以"今日"为起点未来一旬或数旬的某一日。

② 王国维：《古史新证——王国维最后的讲义》，清华大学出版社1994年版，第279页。

"雩（粤）若翊（翌）乙酉"，记干支，指"甲申"日的第二天
"乙酉"。

金文"某月"前加"雩"（粤）见于西周早期《作册魋卣》《静簋》铭。[①]

《作册魋卣》铭（集成5432）：

"隹（唯）公大史见服于宗周年。在二月既望乙亥，公大史咸见于辟
王，辨于多正。雩（粤）四月既生霸庚午，王遣公大史……"

《静簋》铭（集成4273）：

"隹（唯）六月初吉，王在莽京。丁卯，王令静司射学宫，小子眾服
眾小臣眾尸仆学射。雩（粤）八月初吉庚寅……"

此二铭所记时间次序都是隔月的情况，"某月"前是不加"来"字的。
结合传世文献来看，"某月"前的"来"字确实有"下一个（月）"的意
思。其中"雩""雩若"用法相同，相当于典籍里的"越"和"越若"（管
燮初称"次动词"），与时间词语前的"于"或"在"的语义语法位置、功
能相类同，都作介词。

以上讲的三种情况中，"越""越若""惟"都用于时间词语前，位于
句首，但"越""越若"的词性与"惟"（唯）不同。"惟"（唯）是语气助
词，在历日要素前端，大多数位于西周文献或青铜铭文的篇章起首处（少
数位于篇中或篇末）；而"越""越若"引介连续事件中的时间，却不位
于开篇之首，表示从上一时间到下一时间的次序，有"及""至于"的意
思。同样，时间词语前的"越""越若"与"曰若稽古"的"曰（粤）若"
在词性、词义方面都不相同，后者是句首语气词，位于开篇之首。根据
词在句子语义、语法结构中的位置、功能特征及其词义内容来看，此类
"越""越若"应当为介词。

---

① 《麦方尊》铭有"雩（粤）若𠂤"，通常释"雩（粤）若二月"，唐兰《史征》释"雩
（粤）若元"。"𠂤"似为损坏字，或为不识字，难以辨识。从字迹看，释"二
月""元"都欠妥当。待考。

二、"越"或"越若"在日序里的特定涵义和作用

西周时期的纪时主要记王年、某月、月相和日名干支。纪时格式分繁、简，繁式有年、月、月相、日名干支，历日四要素俱全，并通常在历日要素最前端加语气词"惟"。简式则历日要素有所省简。将古文献与西周金文相比较，可知介词"越"或"越若"与时间词语构成的介宾结构，确属西周时期的一类纪时格式，通常处于"惟（或唯）年、月、月相、日名干支"格式之后，表示同年内一件事或一组事件的日序。纪日亦有繁式和简式，① 繁式有"越＋数字＋日＋干支"和"越若／越／若＋翼（翌）日＋干支"，简式省"越"为"数字＋日＋干支"和"翼（翌）日＋干支"，后者又省简为"翼（翌）日"。纪月日有"雩（越）＋某月＋月相＋干支"和"越（粤）若＋来某月＋（干支）＋月相"格式。在这类格式里"越""越若"有特定的功能和涵义，所以有无这两个词表示日序的方式和涵义会有所不同。

（一）在日序里的特定涵义和作用

"越""越若"用于时间词语前有其特定涵义和计日作用，主要表现在如下几个方面。

1. 显示相对日序的天数

如前所述，"越若／越／若＋翼（翌）日＋干支"和"越＋数字＋日＋干支"都处于"惟（或唯）某年、某月、干支日、月相"格式（其中惟（或唯）、某年、干支日或有省略）之后，构成叙事的纪时序列。从天数计算看，"越＋数字＋日＋干支"指从紧接的上一时间日算起，到第几日干支某，计日包括紧接的上一日和第几日干支某在内。"越若／越／若＋翼（翌）日＋干支"指从紧接的上一日算起，到第二日（翌日）干支某。同样，"越（粤）若＋来某月"和"雩（粤）某月"处于这样的叙事纪时序列中。从月份计算看，"越若＋来某月"指相对于紧接的上一月份而言，

---

① "繁式"和"简式"称法，见李学勤：《〈尚书〉与〈逸周书〉中的月相》（《中国文化研究》1998 年夏之卷），载氏著《夏商周年代学札记》，辽宁大学出版社 1999 年版，第 129 页。

到下一月为"某月";"零某月"指从紧接的上一月份到"某月",属隔月的情况。

在这种格式里,"数字+日"表示"第几日","翌日"表示"第二日","来某月"表示"下月为某月",均表示从紧接的上一时间算起的历日次第。

有时"数字+日+干支"前不出现"越","翌日干支"前不出现"越若",计日方式仍和上面的一样。但是比较起来,使用"越"或"越若",在格式上更规范些,表达的意思更加严格,更加完整。

但是,在古文献和西周金文里,有些连续的纪日只列干支,前无"越"或"越若",也无"数字+日",计日方式会有所不同。例如《穆天子传》(简称《穆传》),虽多夸饰,却略有西周穆王时史料的痕迹。用干支纪日,类似起居注,有干支前不系"数字+日"和"越"的情况,如:

《穆传》卷二:

"壬申,天子西征。甲戌,至于赤乌,赤乌之人□其献酒千斛于天子……曰天子五日休于□山之下,乃奏广乐。……己卯,天子北征……"

从甲戌日起到己卯日止共六天,所以文中"五日"不包括己卯日在内。

《穆传》卷四:

"丙寅,天子东征,南还。己巳,至于文山……曰□天子三日遊于文山,于是取采石。壬寅,天子饮于文山之下。"

从己巳日算起到壬寅日止共四天,文中"三日"不包括壬寅日在内。

在这类情况中计日不同于"越+数字+日+干支"或"数字+日+干支"格式。

2. 显示纪时序列中的时间次第

从字面意思看,在这样的叙事纪时序列中,介词"越"和"越若"都有"及""到"的意思,用于直接显示、着重强调事件发生的时间次第及承接关系,或直接显示对前后天数的计算。而对于前端未加"越"或"越若"的历日格式,一般不特别强调前后时间衔接关系,也不显示对天数的计算。如《世俘》：

"太公望命禦方来；丁卯，望至，告以馘、俘。戊辰，王遂禦，循自祀文王。时日，王立政。吕他命伐越戏方；壬申，荒新至，告以馘、俘。侯来命伐靡集于陈；辛巳，至，告以馘、俘。甲申，百弇以虎贲誓，命伐卫，告以馘、俘。辛亥，荐俘殷王鼎。"

单纯列出干支日，在字面上不能直接显示从某干支到某干支的天数，也不直接显示时间次第。所以，并不特别强调时间前后顺接关系及对天数的计算。

这类纪时方式在金文里较多，如《天亡簋》《静方鼎》《寓鼎》《多友鼎》《矢令方尊》《驹父盨盖》等铭。金文里还有些纪时跨年度，却不标纪年，时间跳跃较大。如《静方鼎》铭（近出 357）：

"隹（唯）十月甲子，王在宗周，命师中眔静省南或（国）相□𣪧应（居）。八月初吉庚申至，告于成周。"

此"十月"与"八月"应当不在同一年，[①] 在表达上两个时间的承接关系交代得不清楚。而"越"和"越若"格式在表达时间承接关系上是清晰的。

3. 对纪时序列中某时间起强调作用

除了字面意思之外，"越"和"越若"还有隐含的一层意思。《说文·于部》："粤，于也，审慎之词者。《周书》曰：'粤三日丁亥'。"大约指出了这层隐含的意思。桂馥《说文解字义证》引赵宦光曰："粤某日，言审定某日，犹卜吉某日之意。"《尚书》和《逸周书·世俘》所记的"粤某日"是否都是"卜吉之日"尚待考证；但是西周史官或作器者记述重大事件时，在时间词语前使用了"越"或"越若"，就意味着他们记事时是以隆重、恭敬的态度来对待这一时间的。

试看《世俘》《召诰》《顾命》《毕命》诸篇，"惟（某年）、月、（干

---

①《夏商周断代工程 1996—2000 年阶段成果报告》（简本），世界图书出版公司北京公司 2000 年版，第 28 页。

支日）、月相"与其后的"越若"和"越"类格式，记述的时间都是西周时期连续发生的重大事件——有武王伐纣，与商纣交战，燎于周庙告捷之事；有相宅，卜宅，营建新洛邑及周公书命庶殷之事；有成王崩，康王即位之事；也有"康王命作册毕公分居里成周郊"以加强对殷贵族管理之事。这些事件的时间是非常重要的，李学勤先生称其为"一种隆重的书法"①。记述者在时间词语前使用"越若"和"越"，对某事件发生的时间加以强调，隐含有"就在某时"或"等到某时"的意思。

再看器铭，《小盂鼎》铭记录了康王时伐鬼方告捷而举行献俘礼的历史事件，行文先介绍八月甲申日昧爽盂因出征告捷而献俘馘的盛况，然后记述"若翌乙酉"这日盂因战功受王赐休。"若翌乙酉"前用"雩"，表明作器者对庆赏之日异常重视。《麦方尊》铭先述背景事件及"迨王馆箐京彫祀"之事，然后叙述第二天（翌日）在璧雍，王乘舟举行大礼，射禽，邢侯乘赤旗舟随从并主管此事，并且受王赏赐的经过。细读《麦方尊》铭文，可知作器者是作册麦，铸造此尊用以扬显周王赏赐"麦之辟侯"（邢侯）之休美。"翌日"前用"雩若"表明作器者对该时间重点强调，并以隆重、恭敬的态度去记述这一天发生的事情。其他器铭如《作册魖卣》《静簋》等铭也有类似的情况。而时间词语前不加"雩"或"雩若"，相对来说作器者记叙时间的态度较为平和。

总之，"越若"和"越"纪时格式通常出现在"惟（或唯）（某年）、某月、（干支日）、月相"后面，记录的是重要事件的日序，强调其中某时间的重要性。

（二）两类不同的日序格式

由于"越""越若"在纪时里有其特定的功能和涵义，有无这两个词计算日序的方式和涵义会有所不同。所以，有些文献或器铭，在同篇的叙事日序里只列出某月、月相和日名干支，或单独列出日名干支，不出现

---

① 李学勤：《〈尚书〉与〈逸周书〉中的月相》，见氏著《夏商周年代学札记》，辽宁大学出版社 1999 年版，第 129 页。

"越""越若"以及表日序月序次第的数字、词语，应视为另一类表示日序的格式，而不是对"越""越若""数字＋日＋干支"的省简。这样看来西周时期主要有两类表示日序的格式，列表如下：

表 15　西周时期日序格式类型 A

格式编号	纪日	纪月、日（同年）	标记、显示日序次第次第
1	越＋几日＋干支		到第几日干支某
2		雩（越）＋某月＋月相＋干支	到某月某日干支某
3	若＋翌日＋干支		到第二日干支某
4	越若＋翌日＋干支		到第二日干支某
5		越（粤）若＋来几月＋（干支）月相	到下月某月（干支某）月相
6	翌日＋干支		第二日干支某
7	翌日		第二日

表 16　西周时期日序格式类型 B

格式编号	纪日	纪月、日同年	纪月、日不同年
1	……干支……干支……		
2		某月＋月相＋干支	
3		某月＋干支	
4			某月＋月相＋干支……（下年）某月（＋月相）＋干支

三、"越""越若"类日序格式的性质

"越""越若"类日序格式的性质这一问题，是由王国维的一段话引发而出的。王氏在《生霸死霸考》中首倡金文月相四分说，且加以系统阐述，并谓："初吉、既生霸、既望、既死望各有七日或八日，哉生霸、旁生霸、旁死霸各有五日若六日……"。[①] 但值得注意的是王氏下面的话："欲

---

① 　王国维：《生霸死霸考》，《观堂集林》（一），中华书局 1959 年版，第 21—22 页。

精纪其日，则先纪诸名之第一日，而又云粤几日某某以定之，如《武成》《召诰》是也。否则，但举初吉、既生霸诸名，以使人得知是日在月之第几分，如《顾命》及诸古器铭是也。"① 近十几年来，这一段话的后一部分又引起了学者们的关注。②

　　细读这段话，可知王国维的月相四分说是一种"点段相兼的月相说"。王氏认为，在这类"精纪其日"的日序中，先纪月相名也就是先纪某一月相的第一日，再以"粤几日某某"定该月相内的某日。从《召诰》《汉书·律历志》引逸《武成》《世俘》和西周金文来看，对于某月相名之后接连着"粤几日某某"这类情况，某月相名应是定点月相日，这样说大概不错。但是所谓"粤几日某某以定之"王氏并没有讲清楚，容易引来误解——"粤几日某某"格式好像是专用来定某一月相内日序的格式——其实不然。《召诰》"惟二月既望，越六日乙未"月相不系干支，历日从既望日算起到第六日乙未，按王国维的月相分段观点是"既望"第一日，"六日乙未"也应是既望时段的一日。与此同例可推知，《世俘》"惟一月丙（壬）辰旁生魄（霸），若翼日丁（癸）巳"中，丙（壬）辰为旁生霸的第一日，丁（癸）巳是旁生霸的第二日，等等。

　　但是，"越几日干支"和"越若/越/若翌日干支"并非只接月相名之后。如《召诰》："越若来三月，惟丙午胐。越三日戊申……越三日庚戌……越五日甲寅……若翌日乙卯……越三日丁巳……越翌日戊午……越七日甲子……"。又如《汉书·律历志》引逸《武成》："惟四月既旁生霸，粤六日庚戌……（若）翌日辛亥……粤五日乙卯……"。此句又见于《世俘》："时（惟）四月既旁生魄（霸），越（粤）六日庚戌……若翼（翌）日辛亥……越（粤）五日乙卯……"。从行文看，后面的月相名是被省略了，正表明"越（粤）几日干支"和"越翌日干支"是叙事日序的次第，

---

① 王国维：《生霸死霸考》，《观堂集林》（一），第 24 页。

② 见李学勤《〈尚书〉与〈逸周书〉中的月相》载氏著《夏商周年代学札记》，辽宁大学出版社 1999 年版，第 132 页。又见杜勇、沈长云《金文断代方法探微》，人民出版社 2002 年版，第 213 页。

并不必须与诸月相名连系而出现。如果按月相分段说的观点，在历日中这类格式所记日序属于诸月相范围；但在表达层面上，其性质是表示叙事日序系列中的时间次第。所以，这类格式不是专门用来定某月相内日序的。

探讨月相日序问题，应当区分两个不同的层面：一是西周时记述月相、干支以表达日序的实际语义内容；一是后来人们对它的理解和推算。月相分段说和定点说都属于后一个层面上的问题。审视"越""越若"类格式表达日序的涵义，无疑有助于进一步理解、分析西周日序的表达方式。

综上所述，西周书、器历日材料里，有介词"越（粤）"和"越（粤）若"分别用于时间词语前，构成表示叙事日序的格式。这类格式，"越""越若"有其特定涵义和作用，主要包括：显示相对日序的天数；显示纪时序列中的时间次第；对纪时序列中某时间起强调作用几个方面。在表达层面上，这类格式表示的是叙事日序系列中的时间次第，而不是专门用来定某一月相内日序的。弄清时间词语前的"越"和"越若"用法和涵义，对于理解西周时期表示日序的类型、特点，对于探究西周历日具有重要意义。

第七章　西周金文词义组合类聚与认知系统性

如第一章第三节所述，殷周器铭中成辞的词义组合（片段）具有相对独立、完整的语义表达和使用功能，从语言使用看，此即铭文作者所表达的语气相对完整的语辞片段，其中蕴含着铭文作者的语义认知信息。当成辞的词义组合片段在篇铭中或群铭之间形成类聚关系时，此类铭辞就显露出（某一或众多）作铭者在语辞使用上的定势意向。对于非成辞的词义组合片段来说，若其在群铭中呈现为固定类别的聚合，也表明作铭者们在选择和组织词语上具有群体的定势意向。

特别是西周器铭，在群铭整体上词语的组合关系更加趋于格式化，铭辞和整篇铭文辞句组织程式化尤为明显，由此呈现为语义表达的集体形式，其整体意向取势更加鲜明。而词义组合类聚现象则是铭辞组合关系格式化和组织体例程式化的基础性标志。

通观西周群铭，词义组合类聚现象反映出铭文作者在语言表达上定势意向性的基本面貌，展现其语义认知的基本形态——此为群体形态，具有系统性的特征。器铭词义处于动态组合的类聚关系中，其语用目的和功能性的语义认知特征随之凸显出来。同时，器铭个体与群体的差异和共性的交叉，以及个体之间的关联，则透露出认知形态的复杂信息；器铭与彝器实体系列、西周文化背景之间也形成了关联认知信息的多层复合体系。这些为探讨器铭的词义认知系统性提供了参照。

第一节　金文词义认知系统性：语义功能认知

一、语言的认知系统性

"系统"观念和方法是探究世界的一种方式，也是认知世界一种策略。依据语言活动和语言本身的固有性质、特征，将语言看作系统，视角可以是多样的——既可被看作具有结构系统性，亦可被看作具有认知系统性，如此等等。按照伦纳德·泰尔米（L.Talmy）的说法，系统可以是交叠模式（overlapping system models），语言的结构系统性与认知系统性是不同视角的交叠关系。

"语言的认知系统性"是指语言及其要素、组织方式等系统地呈现出的语言认知功能、内容和信息。包含两层意思：一是指某一时期的语言（口语和书面语），在使用当下所呈现的（语言使用者的）认知现象和属性，一是指后世研究者或解读者在自己时代的认知水平（或认知框架）下，对某一时期的语言已认识或能够认识到的语言认知层面。

语言认知系统性是语言使用者与语言关系的动态系统的一种特性，或者说是关于语言系统性的一个方面，它超越了语言本体层面的同质结构系统而转换为语言与人、世界知识之间交叠关系的大系统。因此，可以从认知系统视角去理解、说明和探究金文的词义系统性。语言认知系统性研究的不是个体心理层面，而是语言层面上所承载或显示的语言使用者与语言的一种关系——语言认知关系的系统性。这里"语言使用者"指语言使用者群体，研究核心是其语言认知的集体层面，而非个人的认知心理层面（个人的认知心理层面处于语言认知系统性研究的边缘和个体实例范畴）。

探究金文词义认知系统性，一方面，有必要发掘和提取储存状态下词汇系统中义位的指称义和系统义，揭示词汇语义所反映的概念体系、观念体系和认知体系。另一方面，针对使用状态下器铭语句中的词义，探究词义组织与语义环境、语言表达者的关系，剖析语言承载或显示的认知内容、功能和方式等，从而揭示语义认知在器铭词义及其组织上的表现和系统性。

语言使用者在铭文语言表达和理解中显露其语言认知的信息，而其系统性主要表现为诸多个体语言表达、理解之间的相互关联、相互作用而呈现的一致性和整体性——就西周器铭来看，就是在表达和理解层面上，诸多单个铭文之间相互关联、聚合呈现的一致性和整体性。

器铭语句中的词义处于使用状态，通过动态组合而在群铭之间形成聚合关系。因此，探究西周器铭所承载、传达的认知信息，就需要着眼于诸多单个铭文之间的关系；而发掘器铭词义组织的认知信息，就需要着眼于诸多单个铭文之间词义组合片段的集合关系，需要着眼于器铭中诸多词义组合片段之间的关系以及个体词义间的关系。此项研究具体操作的起点是考察器铭词义组织的聚合现象，从考察器铭中的词义组合类聚入手，通过对众多个体所表达、理解内容的整体性认知功能特征和规则进行考察和分析，以达到探究器铭词义认知系统性的目的。

与两周、秦汉传世典籍文献比较，西周器铭的语义内容和词语组织形式所呈现的"认知系统性"尤其明显——这与器铭的特定语义功能（如称祖德、嗣祖考、明宗法，对扬王君鲁休，记述作器、训诰、赏赐、蔑历、册命、征伐、功烈、约剂之事等）直接对应。器铭作者有意识地传达其语言认知的功能性，这不仅是个体现象，亦为群体现象。周王和封君的器铭被奉为模范，个体间相互模仿因而具有了集体认知合力，器铭从早期形态到固化表达模式的形成，系统地传达了语义认知的内容、方式和功能性。

青铜器铭语言以词、词义为基本组织单位，通过词义组合，层层组织，上升到句义、段落和篇章的语义整体。从词义关系到整个篇章语义，各层语义单位承载了不同级别的语义认知。而词义依然是语义认知基本层级和核心，以词义的组合关系为基点，从考察、分析词义组合类聚关系入手，能详细、全面地揭示铭文语义层级构成体系中的群体认知方式。

二、词义认知系统性与语义功能认知

从认知角度观察，可以发现西周铜器铭文群体具有凸显的语义功能和群体认知特征，通过考察词义组合类聚来探究词义认知系统性的研究，正是基于这一特征之上的。

语义功能的群体认知，简称"语义功能认知"，这是一种整体的语义认知特征——西周器铭作者群体有意图地显示语辞的语义功能，对器铭语义功能有自觉的群体性认知。

为了后面表述更明确、清晰，有必要先对"语义功能"和"语义功能认知"做简要说明。

（一）"语义功能"与"语义功能认知"

普遍来看，首先，语言的语义具有功能性，而且由于人类语言社群在使用语言的活动中表达和理解语义，所以，语义功能总具有目的性。语义功能提供了语言社群认知和共享语言意义的平台，语言社群成员之间交换认知语言意义的价值，实现了表意系统中的表达与理解的转化。

语义通过语义表征来实现其功能。语义表征包括：1.人类心智世界中的语义表征；2.外在于心智的语义表征——语言符号系统。

相对于心智世界来说，前者可称作内隐语义表征，后者可称为外显语义表征。在人类心智世界中，语义表征即某一社会群体成员共有的概念范畴、意象范畴、记忆储存的事类等心智内容和呈现形式，它以心智中蕴含的群体性知识体系、观念、信仰和价值体系为底层意识，以心智的关联、并行、组织、网络等方式呈现并且连接在一起。现代认知科学的成果提供了这方面研究的科学依据。

语言符号系统作为一种外显语义表征，起中介作用，以桥接语言使用者（表达者和接受、解读者）与语义、语义所反映或联系的世界及事物现象，从而在语言符号层面上，使语言社会群体达到语义的共享与交换。语言社群成员通过经验感知语义表征（心智世界语义表征和语言符号的语义表征），生成感性的和理性的语义表征意向。虽然普遍存在着个体成员之间的经验、感知语义表征的个性差异，但是，其认知的共享部分则是社会性、集体性的，这是语义功能所要实现的目标。语义功能是作用于语言符号系统（外显语义表征）与语言使用者及其所认识的世界事物之间的一种心智价值交换的能力，是语义表达者群体与其所表达的语义内容、形式的知性互动，凭借外显语义表征形式——语言符号及其表达式来标志意义系统是如何存在于语言中的，这样的语义表达中蕴含着语言使用者对语义系统的知识。

"语义功能认知"则不同于"语义功能"。语义功能普遍存在于语言符号系统之中，而语义功能认知是指语言使用者以及研究者、解读者对语言符号系统及其语义功能的认知的多个层面。

语义功能的存在、运行和实现是共时与历时的统一，它主要是语义内侧的各级语义单位组合关系、能力和在语义系统内部的功能作用。而语义功能认知，是在社会群体（互动）、语义表达（表达方式）、理解、意义功能之间发生的关系，具有语义内侧的共时性和历时性（从语言系统中要素的关系和运行角度看），但重要的是它的实现还具有人类认知活动历史性（从人类实践与认识过程的角度看），这种关系是在某语言社群中成员个体之间表达、理解、解读事件发生过程的链条关系中形成的，也就是说这是一种历史多元关系的汇合。换句话说，在认知视野下，虽然语言使用事件发生在某一历史时点，但对其语义及功能的认知中已渗透了先前集体性的认知活动和水平（认知框架），并以开放式多元互动面向未来的认知。

由此，上述观点可称为"语义功能历史认知观"。殷周器铭具有明显的语义功能及群体的认知特性，而以西周器铭最为突出。对于应用性和语义功能性较强的语料或文献（如甲骨刻辞和青铜器铭文等）来说，探索和发掘其群体的语义功能认知特性极有价值。

（二）词义认知系统性研究建立在语义功能认知观的基础之上。用语义功能认知的观点研究器铭词语组织的语义系统性，在操作方法论上是认知系统性的方法。

无论是探求心智世界的语义表征，还是揭示语言符号系统这种外显语义表征的运作规律，都需要进行认知研究。不同的是，前者借助认知心理学原理和手段进行材料的测算和分析论证，后者则采用认知语言学原理和方法进行研究。

在本书中，对语义功能认知的研究主要是在语言符号系统与语言使用者关系的层面上进行的，属于语言学范畴，并且是系统性的认知研究。语言符号作为一种表达媒介，是具有可感觉的物理性的能指与具有心智观念性的所指的结合，可以被语言社群成员们共同感知；所以，语言符号系统中的语义内容和语义表达、理解、传递等功能，既可重复也可验证，同时还可认知——这些是能够被语言使用群体共同感知的可重复和可验证的语义功能现象，形成了认知研究的可操作层面。

（三）以上简述"语义功能"和"语义功能认知"的概念和观点。①之所以提出"语义功能认知"，有两个原因：一是由于"语义功能认知"是"语言认知系统性"的立论基础之一（另一立论基础如前所述，是"系统"的认识世界、事物的方式和策略）；二是西周青铜器铭文具有凸显的语义功能认知特征与性能，亦即通过考察器铭语料，可以从整体上观察到西周器铭语言使用者有意凸显器铭的语义功能——当时的器铭作者与读者群体对器铭语义功能有自觉的认知。

器铭词义认知系统性研究的思路，是笔者在周遍考察器铭材料时，观察到凸显的语义功能及其群体认知的特征，才得以启动的。其中所谓凸显的语义功能，是指西周器铭语义内容的功用和性质方面。

（四）器铭的功用和性质

关于器铭的功用和性质，前人早已论及，古代典籍文献对此有所记述。下面结合殷周器铭作简要阐述。

1. 铭功

《礼记·祭统》："铭者，自名也。自名，以称扬其先祖之美，而明著

---

① "语义功能"和"语义功能认知"需有专门深入的论述，这里由于研究主题和篇幅所限，仅作简述。

之后世者也。"又云："铭之义，称美而不称恶……铭者，论撰其先祖之有德善、功烈、勋劳、庆赏、声名，列于天下而酌之祭器，自成其名焉，以祀其先祖者也。"并解释："夫铭者，一称而上下皆得焉耳矣。是故君子之观于铭也，既美其所称，又美其所为。"

《礼记·祭统》还记述了春秋卫国孔悝鼎铭的内容："……悝拜稽首曰：'对扬以辟之，勤大命，施于烝彝鼎。'"

对此郑玄注云："施，犹著也，言我将行君之命，又刻著于烝祭之彝鼎。"

关于"铭功"的含义，《左传·襄公十九年》载臧武仲论"铭"之说："夫铭，天子令德，诸侯言时计功，大夫称伐。"进而论道钟鼎彝铭具有"铭其功烈，以示子孙，昭明德而惩无礼"的功能效用。这些解释虽已浸染了儒家的思想和春秋时代人们对"称伐""铭功"的理解，却也涵存着以往西周上层社会彝器使用者的重要观念。

《墨子·问鲁篇》亦云："书之于竹帛，镂之于金石，以为铭于钟鼎，传遗后世子孙。"

"铭功"之用已被后世所认识，因而反复转述。

目前，西周器铭直陈作器"铭功"者仅见几例，西周早期重器《天亡簋》铭（集成4261）曰：

"……王祀于天室，降，天亡又（佑）王……唯朕又（有）蔑，每（敏）𠭯（敃、扬）王休于尊簋。"

此铭是说，作器者因有善功，周王蔑其功，作器者因此敬扬王赐恩休，将此铸铭于尊簋之上。

另《保员簋》铭（近出484）：

"唯王既燎，厥伐東尸（夷）。在十又一月，公反（返）自周。己卯，公在虞，保员逦，辟公赐保员金车，曰：用事。队于宝簋，用乡（飨）公逆涊事。"

其中"队于宝簋","队"借为"述"①，表示动词义"记述"，是说保员随"公"有功而受赐之事，故铸铭于宝簋。

先秦典籍零星记载作器以铭功烈的事迹，如《礼记·祭统》载卫国孔悝鼎铭，表达了作器功用和目的："公曰：……予汝铭，若纂乃考服。悝拜稽首曰：'对扬以辟之，勤大命，施于烝彝鼎。'"所载虽属春秋时代，却保留着西周作器铭功的传统。

据文献记载看来，铸铭的功用在于昭令德、记功烈，纂其考服、职事，遗传后世，以示子孙。

2."帅型祖考"

西周器铭常见作器者嗣先人职事基业自述祖考丕显功德威仪，以及"帅型祖考"业绩而虔敬效力于周王或其君主一类的语辞，这成为作器、铸铭者称美祖先、赞颂功德、"铭功作族"的重要内容。如《师望鼎》（集成2812）、《瘭簋》（集成4170）、《番生簋盖》（集成4326）、《叔向父禹簋》（集成4242）、《梁其钟》（集成187）等铭所载。周王或上层公卿要求臣属"帅型祖考"业绩，往往出现于器铭训语中，如《大盂鼎》（集成2837）、《毛公鼎》（集成2841）、《卌二年逨鼎》（铭图02501）、《询簋》（集成4321）等铭有"王若曰……"均为周王训诰重臣之言。《师𫺁簋》（集成4311）"白（伯）和父若曰……"是训诰命职之言。训诰语辞通常先叙某诸侯、卿臣的祖考功绩和美德，作为型范，要求赓续其祖考职事业绩而加以效仿。

3.铸记训诰言辞

训诰原指教导、告诫一类的言辞，《诗·大雅·烝民》："古训是式，威仪是力。"商周先祖和君王训诰遗留下来便是其后嗣者的遗典和法式，谨遵奉行，以威仪之言而能垂世立教。上古训诰之辞被记述下来遂成为一种古文体，《尚书序》云："足以垂世立教，典、谟、训、诰、誓、命之文，凡百篇。"《尚书》将训、诰并称，记有多篇上古训诰。

---

① 见第一章脚注。

铸铭训诰事件在西周早期已出现，如西周早期《史䱫簋》铭（集成4030）：

"乙亥，王誩（诰）毕公，廼赐史䱫贝十朋。䱫古（故）于彝，其于之朝夕监。"（见图版10）周王言诰毕公，随后赏赐史䱫，史䱫将此事铸铭于彝器。

4. "镇抚社稷"，维系宗法

彝器与铸铭一起还具有"镇抚社稷"、维系宗法制度的常恒作用。《左传·昭公十五年》："诸侯之封也，皆受明器于王室，以镇抚其社稷，故能荐彝器于王。"杜预注："彝，常也，谓可常宝之器。"即指宗庙常器。《汉书·五行志》将这段话引述为："诸侯之封也，皆受明器于王室，故能荐彝器。"颜师古注："彝器，常可宝用之器也。"颜氏指出"常可宝用"的性质，实际就是维系宗法制度的常恒作用。这是彝器、彝铭的主要功用之一。

5. 铸记册命、命赐的重要事件和内容

周王册命内容包括册命嗣位、册封诸侯、册命臣下职事，以及命服、命舄、命赐秬鬯、车舆马匹、銮旗、鋚勒、弓矢或吉金、朋贝等物品。按周制诸侯国君可命宗族和臣下职事，或命赐其物品。周王册命在典籍记载中可见一斑，例如《尚书·顾命》记册命礼制："太史秉书，由宾阶隮，御王册命。"《国语·周语上》记命服之事："襄王使太宰文公及内史兴赐晋文公命。"韦昭注："命，命服也。"又《说苑·修文》引《尚书大传》卷上谓："有功者，天子一赐以舆服、弓矢，再赐以秬鬯，三赐以虎贲百人，号曰命诸侯。"周王、诸侯国君命赐其下则多见于器铭。

周王册命或诸侯国君命职、赏赐宗室族人、臣下是重大事件，标志着受命赐者的政治权利及身份地位的确立和延续。因此，宗族或重臣卿士受命于君主，也铸成彝铭，以示其宗法地位和职权。西周器铭的主要内容之一即是记述册命、命职和命赐一类事件，这类铭文出现很多（详见第四章），可见其重要意义。另有《羌鼎》铭（集成2673）记："□命羌死（尸）司□官，羌对扬君命于彝，用作文考寰叔彝，永余宝。"此铭直接记述了国君受命臣属职事而铸于彝铭之事。

6."器以藏礼"

《左传·成公二年》讲到"器以藏礼"的作用：

"仲尼闻之曰：……唯器与名，不可以假人，君之所司也。名以出信，信以守器，器以藏礼，礼以行义，义以生利，利以平民，政之大节也。"《孔子家语》卷九也记载了孔子的这番话，王肃对此加以解释："器，礼乐之器；名，尊卑之名。……有器，然后得行其礼，故曰：器以藏礼。"其中包含有《左传·隐公五年》所谓："昭文章，明贵贱，辨等列"的礼制功能。

"器以藏礼"，就彝铭来说，指用于标注彝器礼制功能或记录礼事内容。绝大多数殷周彝铭有标记受祭者或作器用于宗祀而永宝用享的功能，这是殷周彝铭的共性。而晚殷至西周早期彝铭增加了赏赐内容，自西周早期出现献俘馘礼、册命赐服礼等内容。此后，记述周王受天命令德，诸侯重臣"帅型祖考"、称述功美，以及休命封赏和作器宗祀、尊享、子孙宝用等，为其主要内容。彝铭以铸称名（祖先庙号称谓等）、记名（器主名、族名等）、训诫、册命、命职、敬辞、"昭事"、祝嘏等为通例，所谓"勒铭示后，俾有彝式"，其意昭然，透过彝铭体式、套式通例，可以窥测其深层语义功能。

西周青铜乐器依形制主要有甬钟、镈钟、纽钟（西周晚期出现）、钲、句鑃、铃等。钟、镈铭文除了记名、记赏赐、颂功、训告、册命等内容外，还常有"卲格"宗庙祖先或神祇，"侃喜前文人"，用享、追孝祖先，祈赐福禄永命，以及"绥宾""乐宾"等套语，表达了礼乐的功用。《沇儿镈》铭（集成203）自谓和钟"中翰且扬，元鸣孔皇。孔喜元成，用盘饮酒，和会百姓。淑于威仪，惠于明祀。㦰（余）以晏以喜，以乐嘉宾及我父兄庶士"。《周礼·春官·大司乐》讲到乐舞：用以致鬼神示，和邦国，谐万民，安宾客，分乐序之，以祭、以享、以祀。这与铭文所记礼乐功用大体相当。青铜礼乐器及其铭文是表征周代礼制的主要形式。西周王室和贵族举行祭祀、飨食、燕射、军献、大丧等礼事时，奏鸣钟鼓镈磬、笙管、丝竹诸器，"金石以动之，丝竹以行之。"(《国语·周语》)礼辅以乐，礼与乐相得益彰。

7. 铸记约剂、示惩和刑书

典籍还提到器铭的"约剂"功用，《周礼·秋官·司约》载："凡大约剂，书于宗彝。"郑玄注："大约剂，邦国约也。书于宗庙之六彝，欲神监焉。"有些西周器铭记述了因约剂而铸铭，具有重要价值，如《倗生簋》铭（铭图 05308）约剂"典田"以铸器作铭为证。

还专有铭记处罚、诉讼等法制裁判之事的器铭，目的在于示惩。如《师旂鼎》铭（集成 2809）的军法处罚，铭记处罚原因和内容以示惩戒。根据现有西周器铭资料来看，这类铭文虽少见，但对于法制史研究具有重要价值。古代文献还提到周代器铭"铸刑书"的功用，见《左传·昭公六年》载春秋"郑人铸刑书"之事，《昭公二十九年》则有"以铸刑鼎，著范宣子所为刑书焉。"与"铸刑书"是一个道理。关于"铸刑书"，杜预注曰："铸刑书于鼎，以为国之常法。"

"约剂书于宗彝"、铭罚示惩、"铸刑书"都是体现周代法制的重要方式，彝器为国家重器、常器，铸刑书、约剂铸于彝铭，为的是维护"约"和"法"的永久常恒性。

另外，有些器铭（以战国器最常见），属于《礼记·月令》所谓"物勒工名，以考其诚"的性质。

以上引据典籍关于器铭功用和性质的记述，与铭文实物对照得以印证。总的来看，西周器铭的文体和内容，主要还是记名、训诰、祝嘏，铭明德、纪功赏、述功美、纂考服、帅型祖考、祭祀等列、用享宗庙。考察西周器铭，可以看到铭文昭德纪功，既有追述先王、祖先功烈之辞，亦有彰显当世器主自己功德之语。所记名、言、事，无论是先王先祖，还是当世器主，其功用在于昭德、崇孝、嗣服，继享宗祀，以"彝式"遗传后世，以示子孙。为的是传续勋劳，承袭宗法地位和权益。当然，在后世研究者来看，器铭还具有纪事存史等功用。器铭作为西周原始文献具有极重要的史料和文献价值，对后世研究者的认知也有重要意义。

（五）西周器铭及词义组织关系具有凸显性的语义功能，但不能无限制地将其夸大，其中的词义基本关系和语义关系的基本功能仍然是语义系统的主体部分。

总体来看，西周金文词义认知研究范围包括：储存状态下词汇语义和使用状态下的器铭词义关系。后者又包括：器铭词义关系和词义组织结构语义功能的认知研究，以及凸显性的语义功能的认知研究。认知系统性研究在考察器铭词义基本关系的基础上，发掘词义组织基本的和凸显性的语义功能及其群体认知情况。

把握住语义功能认知这一凸显的特性，不仅能明确研究器铭词义组织认知系统的理路，还有利于更加系统地、有效地研究铭辞构成、体系及其断代演变。同时，把握住这一凸显的特性，从认知系统性视角深入探讨词义组合类聚现象，也利于揭示各类铭辞的具体语义功用和性质。

三、语义认知与象征意义：铭文与彝器、纹饰

（一）铸造于西周时代的青铜器，或辗转流传而不知去向，或经不同时代出土、保存而见于当世。铭文属于历史语言文献范畴。一方面，这种出土历史文献语言，从本身的语义系统来看，是历史的、已经完成的和相对封闭的；另一方面，从后来不同时代的解读者和研究者角度来看，其语义又是开放的，被不同时代的认知框架重新认识和诠释。

重要的是，器铭研究者应反思、弄清自己所属时代的认知框架和观念形态是什么，同时，还需弄清西周时代认知框架和观念形态是什么。具体到器铭语义、词义系统研究，就是在不同认知框架的差异、交接与认知汇合中，发现当时语言认知的表征方式或显现路径，在深层次上探究其语言认知的构成要素和机能。

从系统性的角度分析器铭，不仅包括语言层面的系统性，还要考虑与某语言系统直接关联和非直接关联的各种外部意义环境的系统性。最直接的意义关联是器铭与其载体——彝器之间的关系。在殷周时代，青铜器体是王君、诸侯等社会上层权力和宗族地位的象征体，也是礼仪制度的象

征体，青铜器体系即是承载铭文意义的直接载体（或介质）环境。此外，铭文外部有更大的意义环境，包括考古遗存、考古文化层等，还包括铜器器型、纹饰、大小、组合关系、配列关系、数量等，以及传世文献语言和文献记载的知识背景（百科知识）、社会文化、历史事件等。这些对研究铭文语义认知至关重要，可参照外部意义环境来"透视"铭文语义认知形态。

器铭及其语义与相关层次、外部意义环境的关联包括：

1. 西周器铭关联的几个主要层次：

西
周
铜
器
铭
文

—— a. 商代器铭、春秋战国器铭等

—— b. 传世周秦文献、周秦时代其他出土文献——其他时代各类文献

—— c. 西周语言文字——其他时代汉语言文字

—— d. 青铜器体——青铜器形制、纹饰

　　青铜器群形制大小数量、组合配列等——青铜器功用、礼器使用制度

—— e. 考古出土的青铜器群关系——与考古出土其他器物的关系

　　遗址墓葬或窖藏关系、地层年代等关系

　　遗存后世的青铜器关系

—— f. 西周作铭者（个体和群体）、作器之主／器主

　　受器者／彝器祭祀的祖先或神祇

—— g. 西周王室、贵族、族氏等社会成员

　　后世传承和读解铭文者、研究器铭者

—— h. 西周社会文化、习俗制度、政治、经济、军事以及其他各方面

　　西周历史事件、人们的行为活动

　　相关物质和存在的现象

　　技术和知识体系

—— i. 西周社会价值观体系

　　思想观念体系或意识形态

　　西周时代知识背景和认知水平

　　后世传承读解铭文者、研究器铭者的知识背景、观念体系和认知水平

2. 西周器铭语义研究所关涉的主要语义和意义环境层次：

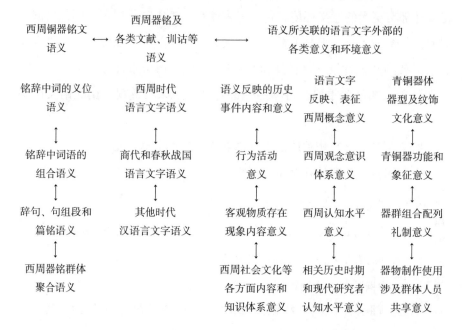

（二）史籍记载夏商周三代，彝器为国家重器。早期铸造的彝器有其特定的功用目的，在定国安邦、治理天下、以文德统一思想和教化臣民等方面起着重要的社会和政治作用。

《左传·宣公三年》记有："昔夏之方有德也，远方图物，贡金九枚，铸鼎象物，百物而为之备，使民知神奸。故民入川泽山林，不逢不若，魑魅魍魉，莫能逢之，用能协于上下，以承天休。"讲的正是早期彝器的功用。

前文述及器铭的功用和性质，彝器与铸铭结合，浑然一体，表征彝器有"镇抚社稷"、维系宗法制度等常恒作用。就彝器本身来看，它是国家宗庙常器，其宗庙祭祀尊用的功能用于标志祖先赐福、抚慰子孙、团结宗族的效用，使家国内外为之信服，在认知上产生强烈的敬畏感。同时，彝器本身的象征性即如《左传》所说"铸鼎象物，百物而为之备，使民知神奸"，彝器是器体形制与其象征意义的结合体，器体形制当然也包含着纹饰方面，《左传》杜预注云："象所图物，著之于鼎。"含蕴百物诸事之义理，用以震慑、传输、布道于天下臣民。《史记·武帝纪》亦云："禹收九牧之金，铸九鼎，象九州。"讲的也是这一道理。

青铜彝器可以说是一种象征性的媒介，它不仅在商代被认为具有沟通神祇的特定功能，在西周时代，人们更将其视为"用能协于上下，以承天休"的神圣尊器。彝器一方面标志着器主的等级身份和社会地位，另一方面用于宗庙祭祀、享祀祖神。彝器具有沟通上天与人间社会的媒介作用，意味着它可承"天休"、受天命，因而也就象征着对社稷和统治权利的顺应天命、合乎宗法的合理继承性——从祭祀功能来看，可以说青铜彝器具有维系宗族祭统伦序的作用。这种观念在西周时期已经相当明确了。因此，可以肯定，在认知上西周彝器是一种象征体（西语 symbol），是西周上层社会和器主群体表达权利、制度、祭享、功烈等意义的象征体符号，同时也是这种意义认知的物质中介。

就彝器纹饰来看，商周彝器纹饰在当时必有特定名称和明确的涵义，只因时间久远，文献散轶，丧失时名，淹没遮蔽了其确切的内容。近世关于鼎彝纹饰具象为何、寓意为何，说法不一，学界待作进一步考论。但是纵观彝器纹饰，可以推测其铸于彝器的大致寓意主要有两个层面。

彝器纹饰寓意之一是，兽面纹铸于彝器腹部表面主体位置或器体的整个主面，使彝器具有神兽的面孔，这使得彝器形态颇具神性与灵性。鼎彝重器中，方鼎有四足两耳，圆鼎有三足两耳，许多鼎彝仅铸兽面——特别是商代和西周早期的兽面纹，对称突出其一双巨目圆睁（无兽身与尾），使鼎彝不仅有足有耳，更夸张、突出其神兽的面孔，似乎彝器本身即如神兽一般，其对称庄严、整饬威仪、神秘狞厉，颇具神性与震慑力量。

殷商和西周早期，多数青铜彝器腹部不仅铸饰兽面，以鼻梁中线两侧突出两巨目和圆睁，而且还在两侧对称布列展开躯体，有耳，有角，有尾，或有爪。这种兽面纹的构图多视点，整个兽面纹占据彝器主面或主体位置。其兽面和躯体各部位造型为复合式，所塑造的神兽形态是群兽各灵瑞体像的综合体。《礼记·礼运》云："麟凤龟龙，谓之四灵。"兽面纹这种群兽瑞像的综合体特征正是将各种神兽的灵性融为了一体。在上古时代，人们心中的上天与神祇的概念较为抽象，其形为何？难以具象描画，而借此综合体的神兽形态以象征神祇，汇聚百物灵瑞。按后世民间的说法，这类聚群兽瑞像为一体的神兽是万兽征物、天地精灵，能通晓天意、判讼是非、举善除害，具有禳灾降福、辟邪护身的作用。可见，彝器兽面纹应属于聚群兽瑞像为一体的万兽征物、神兽精灵，可聆知天命，通晓世理。而铸有兽面纹的鼎彝重器也因此强化了神性与灵性，可承天命，以协天地而定国安邦，维系国家常运。

张光直认为，"青铜彝器是协助巫觋沟通天地之用的"，"其上所象的动物纹样也有助于这个目的。"①撇开是否有"巫觋"作用不论，仅就青铜彝器及其兽面纹饰来说，《左传》已明确讲述了彝器协通天地上下的功能。

兽面纹是一种固定的观念形态，表现为程式化的造型和构图，贯彻于殷商西周彝器纹饰中。许多动物纹饰的动物造型是侧身成双成对的，单看是两个侧身兽形，但整体看，则为两个对称、侧身面对面的兽形从正面视角形成的类似双目、双角的一副神兽面孔，透视焦点发生了转换。多体动物组合造型与兽面纹的构图可谓是透视的幻化，产生了视觉上的神奇、威严和诡秘的效果。例如，面对面成对的夔纹形态较为常见，从正面视角组成兽面纹。商晚期一具兽面纹鼎，除一对侧身面对面夔纹组成兽面纹，而其兽面纹的双角又由另一对小夔纹组成。商晚期的子爵由兽鸟合体的侧身纹一对组成兽面纹形态。商周时代配置型的兽面纹还在兽面两侧或上端，或体尾两端接连有夔纹、凤鸟纹等形。这些都是典型的复合型兽面纹。除成对夔纹组成兽面纹外，成对侧身鸟纹、成对侧身象纹、成对侧身虎纹等，也构成商周彝器兽面纹形态（见图版11）。

视觉幻化必然使人产生神奇感和神秘感，现代人如此，古人亦如此，

---

① 转引自朱凤瀚《中国青铜器综论》，上海古籍出版社 2009 年版，第 537 页，原文见张光直《商周青铜器上的动物纹样》，《文物与考古》1981 年第 2 期。

从而在认知上使人们对彝器产生敬畏和崇信。这种以侧体兽形成双对称而组构成正面视角的兽面纹饰，以其神奇诡秘的变幻，汇聚群兽征物瑞象，而使彝器富有神灵般的体征。其寓意目的仍然是使彝器具有神兽面貌，使彝器本身成为了神性的器体。

兽面纹旧称"饕餮纹"（此纹饰称名始于宋代），当代学者仍有沿用旧称的，如朱凤瀚先生《中国青铜器综论》中将"饕餮纹"划为动物纹饰类下的一种类型，也有些学者如马承源、陈功柔、张长寿诸先生以"兽面纹"之称取而代之。然则，《吕氏春秋·先识》提到："周鼎著饕餮，有首无身，食人未咽害及其身，以言报更也。"此说应该有所依据，作为先秦时代记载"周鼎著饕餮"的重要文献资料，我们不能忽略其应有的价值。"饕餮"的解释见诸典籍，如《左传·文公十八年》："缙云氏有不才子，贪于饮食，冒于货贿，侵欲崇侈，不可盈厌，聚敛积实，不知纪极，不分孤寡，不恤穷匮。天下之民以比三凶，谓之饕餮。"彝器所铸饕餮纹大概有警示、劝诫的寓意，亦有通天命的功能，可应天惩恶，同时也可慑服凶恶与邪虐。这种象征意义是对上述兽面纹功能的补充，其象征寓意的主旨在根本上都是一致的。至于辨清先秦典籍所谓"鼎铸饕餮"的纹饰样式，以及如何处理"兽面纹"与"饕餮纹"的类型名称关系及其对应形式，则是彝器纹饰类型学需要解决的问题，其划分标准可进一步探讨。

彝器纹饰寓意之二是，神兽或动物纹饰以及各种装饰性纹饰附于彝器之上，是作为彝器形制的附属装饰，这类纹饰表征、传输一定的象征意义和信息。

如龙纹（包括夔纹、蟠龙纹、团龙纹、交龙纹、双体龙纹等）在商周彝器纹饰中长期存在，是最重要的纹饰类型之一，多见于重要彝器。按《管子·水地篇》和《说文》等文献所讲，龙是幻化多变、能行于水陆游于天地之神。龙是华夏先民想象出来的集群兽瑞象为一身的神兽。《左传·昭公二十九年》："龙，水物也。"又《考工记·画缋之事》称"水以龙"。龙生于水，对水有掌控权，与农耕收成好坏、生活是否富庶和国运是否兴旺密切相关，因而成为中国古代王权、君权的象征。这一点已为人们所熟知。显然，彝器所铸刻龙纹象征权利至高与等级尊贵，亦有协通天地权正的作用。

又如凤纹，见于商彝，也是西周彝器常见的纹饰。《说文》谓："凤，神鸟也。"商代晚期凤鸟纹饰的形制已基本成熟，有凤冠和尾饰，西周初期至中期有一定变化发展，并盛极一时。西周凤纹更突出其华冠高耸、长尾飘逸上卷或下卷、羽翼纷扬的神鸟形态。

西周彝器的凤纹是尊贵的神性化身，蕴含着多层意义——不仅象征文德贤圣与礼乐教化，还预示和谐统一、美好太平的祥瑞景象。对此种涵义的解释屡见典籍，如《尚书·益稷》有："箫韶九成，凤皇来仪……百兽率舞。"凤来仪而百兽舞，寓意文德教化的作用。《孔子家语·好生》亦云："凤翔麟至，鸟兽驯德。"又《论语·微子》记孔子语："凤兮凤兮，何德之衰也。"讲的正是这一涵义。另一方面，文献中还提到凤鸟、鸾鸟飞翔来至象征天下太平安宁、王者有道的景象。《山海经·南次三经》："有鸟焉，其状如鸡，五彩而文，名曰凤凰。……是鸟也，饮食自然，自歌自舞，见则天下安宁。"《异物志》云："其鸟五色成文，丹喙赤头，头上有冠，鸣曰天下太平，王者有道则见。"

上古人们还认为凤凰、鸾鸟和鸣其音，和谐动听，如《左传·庄公二十二年》："凤皇于飞，和鸣锵锵"。《荀子·解蔽》引逸《诗》曰："凤凰秋秋，其翼若干，其声若箫。有凤有凰，乐帝之心。"《吕氏春秋·古乐》讲到古乐之凤律、凰律："听凤皇（凰）之鸣，以别十二律。"由此，凤纹见于西周青铜礼器的确含蕴礼乐仪序的特定意义，有些青铜乐器上附着凤鸾纹饰，显然意指礼乐奏鸣的和谐音律，体现了当时礼乐文化的认知观念。

彝器纹饰不仅表征、传输一定的象征寓意和信息，还彰显其审美意识与装饰性功能。兽面纹、龙纹、凤鸟纹、各类具体动物纹、兽体变形纹等除有其特定象征寓意外，还兼具审美装饰性质。而几何纹，如窃曲纹、云雷纹、涡纹（火纹）、鳞纹、波带纹、连珠纹、条形纹等纹饰更加抽象，其确切的寓意（或寓意渊源）尚待探寻，但其呈现的装饰性是显而易见的。各纹饰类别、形式在商周各时期出现的情况并不均等，有些长期存在，有些仅盛行一段时期。几何纹在纹饰构图的配置位置有所变化，有些配置于兽体造型的主纹之中，有些作辅纹或地纹。西周晚期至春秋战国，铜器上有些几何纹成为主纹图形，其装饰效果更加明显。即便是彝器纹饰的审美工艺也有其特定的象征性，纹饰的审美造型、内容和特点代表了青铜彝器的等级和器主的身份。同时，其纹饰类型的使用、制作工艺精美程度的区分与等级观念也不无关联。

总之，彝器纹饰所包含的寓意主要有以上两个层次，在功能上纹饰则具有象征寓意与审美装饰性相结合的双重功能。彝器纹饰表征的内涵及其审美装饰性与彝器器体之间是一种象征性的寓意关联，由纹饰造型附着、指向器体，形成了象征意义。

（三）从认知关系看，青铜彝器与其铭文存在一定的意义指向关联。铭文是语言文字符号，铭文中的徽标是象征性图形符号（亚文字），这些与彝器象征体一起形成了不同层次的表意体系，它们之间是异质层面的意义指向关系。这样的关系建立在当时人们的认知观念基础上。

彝器为象征之"体"，以"体"为用，所谓"钟鸣鼎食"，即用于荐宗庙、用于享孝、"宴喜"之器，以及用于"事鬼神""谐万民"① 的"元鸣"奏庸、和谐林钟等乐器，体现的是礼制、礼乐的形质和风范。

彝铭是附着于器体象征意义的表征② 之铭文，依彝器之"体"成文，以文记名、记言（如训诰等）、记事，以文标"谊"，以文达义、授义。对西周彝器使用者及宗族后嗣来说，在彝器与彝铭之间形成辨识、联想、记忆、追念等的认知关系，通过对彝铭文义的传达、接受、珍视、敬奉、祝颂，达到"秉德""帅型""显扬""崇孝""永宝用享"的彝器功能。"勒铭示后，俾有彝式"，铭文与彝器的风范、体式相应合，铭文凸显为程式

---

① 《周礼·春官·大宗伯》："以礼乐合天地之化、百物之产，以事鬼神，以谐万民，以致百物。"

② "表征"，英文 Representation，这里指对抽象的象征意义的体现，即对象征体认知的外显的、具体的意义表达。

化的辞句，彝器则以形制、纹饰、组合配列等定式而形成礼器制度。

西周彝器有制度、成体系——如列鼎制度和彝器组合配列关系，以及钟磬乐器的"乐悬"制度等，都是系统的宗法礼制意义的象征符号体制。它构成了铭文的直接的意义承载环境：彝器的象征体意义系统直接指向铭文语义系统。而这种意义指向，其实是西周上层社会、器主群体和作器者以其认知形态和水平在彝器与铭文关系上赋予了意义值，是其认知形态和水平的一种具体形式和体现。因而，在每一彝器与铭文关系中显露出认知的具体信息。

扩展开来看，有更大的意义环境将彝器的象征意义与铭文语义连接起来，形成意义指向关系。这就是西周时代的意义体系，在意义存在方式上它是由载义体系（包括物质、精神、社会三大承载储存意义的静态体系）和表义体系（主体以符号为中介的表义动态体系，如语言符号、象征符号、行为符号等）两个层次构成的。其中，从享有意义的主体来看，载义体系中主体的知识体系、认知体系、价值体系、意识形态等，与表义体系，从各层面，经过各自演进、增减、积累，在历史演化中相互作用（或渗透、整体融合，或部分分解、涤除）共同构筑而成。一定社会阶层的群体成员是享有意义体系的主体，其重要的认知能力之一，是习得、理解、享用公共意义体系，从而能够在公共意义体系的定义和约定下将抽象意义与某种具体形式联系起来，并学会语言的表达和解释方式——即语言群体成员通过具体的语义事件来为公共意义作注脚。

器主（或作器者）群体正是在西周上层社会公共意义体系下，各自定位其彝器象征地位和使用功能，并以器铭语义作为注脚。

第二节　金文词义的结构系统性与认知系统性

一、"本体"结构系统性

器铭词义组合类聚的面貌，词义之间的关系，以及义位在词义组织结构系统中的分布和构成情况，需要从结构系统性角度去全面考察、描写和分析——这是词义组合类聚系统研究的基本的、主要的部分。器铭词义组合类聚的其他研究——如认知系统性研究和语义文化研究均以此为基础。因此，本书第二至六章，通过考察器铭词义组合类聚现象，主要探究其词义的结构系统性。

对于器铭词义组合类聚系统来说，将其结构系统性研究与认知系统性研究比较，前者是这一系统的内侧和本体研究，后者是外侧和对此本体的透视研究。结构系统性的描述和分析方法是走向认知系统研究的基础，不能绕过这一基础环节，对本体结构描述和分析所得的数据，也是认知研究所需要的基本、重要的数据。

如果把系统的结构比作"实体"，那么，对系统的认知研究可比作"透视"。这一比喻说明，在器铭词义组合类聚研究中结构系统性与认知系统性存在差异和关联。而在实际研究中，需要对器铭材料进行科学的描述、分析和论证。

先看"本体"的结构系统性。以"作器"类铭辞（ZQ）为例加以说明。本书第二章第三节，对此类铭辞曾作初步探测。西周器铭中"作器"类铭辞约有 4660 多例，从中可以归纳出许多格式（主要格式见第二章）。

从结构系统性着手，不仅周遍地考察各式"作器"类铭辞中词（词义）出现的情况，还要详细分析个体词义之间的组合搭配关系，以及这类铭辞的表层和深层语义结构，概括出词义组合关系的小类，提取格式。

细审 4660 多例辞句中作器动词"作""铸"、某器类名或器名、祖先、称谓、限制、修饰性词语以及"宝""用""媵""自""肇"等词和义位，明确义位的语义内容，概括出义位的指称义和系统义，分析和描写这些义位在具体辞句中出现的位置、组合特征、分布等情况。

如动词"作"，在"作器"铭辞中表示人的行为"制作"，这是义位"作"的指称义，"作"与其他词组合搭配的语义特征，即实施是［人］［作器者］，受事是［青铜器］［物品］〈实体〉，在"作器"类铭辞中这些"作"的组合特征是典型特征，也是这类铭辞深层语义结构中的核心语义特征。在此类词义组合片段的表层结构上，作器者词项可以省略（出现在器铭其他位置），但在深层结构是不可缺少的范畴。

除了动词义位"作"，从"作器"类铭辞中归并出各种器名义位——"鼎""簋""簠""鬲""甗""豆""尊$_2$""彝$_2$""卣""爵""盨""盂""缶""罍""壶""盘""匜""盉"，以及"异鼎""会鼎""鬲鼎""盨""盨""盨簋"等；归并出器类名"彝$_1$""尊$_1$""器"的义位。汇聚"作器"类铭辞，器名义位形成纵向聚合关系，对其进行结构系统性分析需从聚合方向入手，描述出其层级（上、下位关系）关系和分布结构（详见第二章）。

二、对系统的"透视"

对于器铭词义组合类聚来说，认知系统性研究需要根据词义组合和聚合关系，各义位出现、分布、地位等结构系统情况，进行认知"透视"。这种"透视"从研究者的认知视域出发，测度语言现象与其使用者的表意、认知状态的关系——亦即测度器铭词义结构系统性、词义组织的语义功能与当时器铭使用者的表达、理解和共享等语义认知的关系。

（一）语义表达的认知

在铸写铭文方面，铭文作者的意图是明确的，铭文具有凸显的语义功能性，易于显露作者的语义表达的认知信息。探测、发掘语义表达认知的系统性以词语组织的结构系统性为基础，"透视"着眼点首先在于铭辞的语义构成、词义关系、义位分布等语言（语义）本身情况与器铭作者表达意图之间的关系，以及这种关系以何种方式表现为语言形式。这是认知测度的起始点。

具体到器铭，以"作器"类铭辞（ZQ）为例，有如下现象值得注意：

1. 在"作……某器"铭辞中，核心词项一定是此类铭辞的常项词，即动词"作"的出现已常量化，是典型的作器动词。同时，作器动词（如"作""铸"）对"作器"铭辞的语义和句子结构起主导或支配作用，决定了这种铭辞的类型性质。可以说，作器动词是"作器"铭辞的核心词项，对于出现率已常量化的"作"来说则既是核心词项也是常项词。

"作器"铭辞中的某器名、器类是其辞句结构中的固定成分，在句中结构位置固定、成分固定——充当"作"的受事宾语必定是器类名词。在"作器"铭辞中，器类名词是纵向（如彝、鼎、簋、盘、豆、盘盉、林钟等）的替换关系。器类通名"彝"的出现已是常量化，器名"鼎""簋"等出现频率极高，分别看作常量亦为不可，只是相对于动词"作"来说这些词是变量，所以，在"作器"铭辞中不宜看作核心词项，而应为常项成分。观测"作器"铭辞中某词的出现是常量还是变量，已进入认知考察。在观测中，核心词"作"和作为常项成分的器类名词十分醒目，是探究"作器"铭辞语义和认知信息的标记性词项。

2. 词义组合片段结构中的核心词，多为常用基本词（词义）或概括性强的典型词项（词义）。

如动词"作"，在西周时代是常用基本词，表示制造、制作器物是最常用义位，概括性极强。从周秦传世典籍来看，"作"在口语和书面语中使用十分频繁，用它表示"制造、制作"义，更加规范，义域宽广。其动词义位系统中既有表示制作具象器体、物体的义位，也有表示制作抽象事物（如制度等）的义位。同时，上古汉语中动词"作"也表示"兴""起""始""创制"。当表示制造器物时有"始造"的语义要素。西周器铭经常出现"肇作……"一类辞句，这里"肇"非语气词，而有"始"义，词义内涵蓄意开启。有些"作器"铭辞也写作"某启作……"，如《芮伯壶》（集成 9585）等，"启"有开始、肇启之义，在此用法上与"肇"同义，可知"肇"为肇始义。① "肇"常与"作"组合，可以察觉"作器"暗含"始作某器"一层深意，其实是作器者特意标记"肇作"彝器以传后世的认知意图。

单用"铸"字（不与"作"连用）表示铸器，或"铸""作"连用，"铸""作"出现于同器、同铭时，可对比其义域差异。如《晋侯对鼎》铭

---

① 器铭中此"肇"用法有时后跟语气词"其"，知"肇"非语气词，如《遂鼎》（铭图 01861）"遂肁（肇）諆作庙吊（叔）宝尊彝"，《屖父己尊》（集成 5953）"屖肁（肇）其作父己宝尊彝"等铭。《尚书·康诰》有"用肇造我区夏"，此"用肇造……"与器铭"用肇作"接近。故谓"肇"有开始之义，确切说是有意而开启或蓄意肇始。

（铭图02232）有"晋侯对作铸尊鼎"，《麦方尊》铭（集成6015）有"用作宝尊彝……唯天子休于麦辟侯之年铸"。显然，在此用法中"铸"的义域小于"作"。"铸"处于独一完整之辞，专指铸造铜器；而"作"某器之辞处于较大语境，前因后果，不仅表示"制作"某器，且语义上前后关联表示"制作某器，作为……之用"的含义，所以概括义域较广。动词"为"表示作器，如《师眉鼎》铭（铭图02315）"为宝器鼎二、簋二"，《叔趯父卣》铭（集成5428）"为汝兹小鬱彝"等，仅见几例。可见，西周器铭表示制作彝器的三个动词义位中，分布最广、使用最多的是基本词"作"。由此反映出西周人对于作器动词的认知和使用情况。

又如"作器"铭辞中器名多用通名"彝"。"彝"概括了各类青铜彝器，是殷周时代的常用词，书面语成分较强，用法频仍，作为"作器"铭辞中常项成分的常用词，出现位置稳固，表明了当时作器者对青铜器性质和主要功能的认识是极其明确的——"彝"为常恒性、制度性的礼器。

以上情况是对"作器"铭辞中词（词义）的地位、出现、分布、义域、结构位置等结构系统的认知审视，同样适用于其他类铭辞词义。

3. 使用义位典型变体，较少出现特殊用法。特别是核心词项和作为常项成分的词，各义位的众多变体绝大多数指称义同一，系统义同一。例如，"作器"铭辞中，个体词义绝大多数是典型义位变体。核心词项"作"有4660多例个体词义，指称义和系统义未有变化，可分析为：

作（器、物）:（行为）[制造] ＜（状态）[始] ＋（受事）[铜器]＜（性质）[器物]＋（特征）[功能][使用]＞……＞

指称义素　　系统义素1 ＋ 系统义素2 ＋ 系统义素3 ＋ 系统义素4 ……

指称义　　　　　　　　　　系统义①

① 词义（义位），包括实词和虚词的词义，其构成均可分析为指称义和系统义两部分（普通词汇学所谓实词词义的概念义和附加义与这里所谓指称义、系统义并不对等）。词义的系统义不仅包括语句中词义组合类聚关系形成的系统义，还包括词义在反映概念内涵和外延特征方面所具有的系统义。本图所列词义的"系统义"是前一种，且为一部分主要的系统义素。"……"表示未能列尽系统义素。

"作器"铭辞中"作"的指称义为制造，受事为某器物。依据辞句中词义间组合、聚合关系分析"作"的词义构成要素，其典型特征的义素也是具有固定、常恒关系的义素。从认知角度看，这样的词义结构和义素关系外显为典型化的词义。

在作为常项的器类名词中，"彝"绝大多数是通名，表专名者较少，表通名是基本义位。在"作器"铭辞中，除通名"彝"外，其他词特别是"鼎""簋""钟"等表示一种礼器名，均为西周器名的典型义位；在"作器"词义组合中，由于与其他词义搭配关系和位置是固定的，各词的义位变体没有变化，从认知看用法更为典型。

再看搭配词。出现在某器名前的"宝"等修饰词，是典型义位变体，"宝"在殷周时表示"珍贵"之义，做修饰语可说明玉器、彝器、贝货等的重要价值。但是，西周器铭的通常文例是"作器"铭辞后接"……永宝用"一类铭辞，"永宝用"的"宝"是动词，表示"珍藏、珍爱"之义。显然，"作……宝尊彝"的"宝"与此"永宝用"的"宝"是相对应而出现的，"宝"（珍贵的）与动词"宝"（珍藏、珍爱）前后共现，表示珍贵之义的"宝"用法上更具典型性。

"尊"的用法也具有典型性。器铭中"尊+器类/某器名"组合出现极频繁。《国语·周语》所谓"出其樽彝，陈其鼎俎"[①]之"樽"是指一种酒器，"樽"也作"尊"，与《周礼》"司尊彝"之"尊"义同。西周器铭中"尊"亦有表示酒器尊的用法（见第二章第二节）。但是器铭不仅习见"尊彝"连用，也常见"尊"用于"鼎""簋""簠"等器名前，其词义显然不是一种酒器，而应是尊持、尊奉之义，金文写作"障"，即显示出尊上持奉的形义，在器名前用作限定修饰语。殷商甲骨文有"障"（尊）字，表示尊持奉祀，用作祭祀动词。先秦传世文献中"尊"表示尊上、持奉是常用基本义，而在彝铭中"尊"与器名组合是最常见的用法之一，其组合格式固定，十分规范，无疑属于典型用法。

---

① 徐元诰：《国语集解》，中华书局 2002 年版，第 59 页。

4.词义组合片段的结构固定，词义组合次序的固化。

如"作器"铭辞，即"作器"词义组合片段，以动词"作"和器类、器名为词义组合结构的核心，构成了"作……某器"固定结构。

其他词项组合排列次序固定化，包括：表示先祖、父辈、考妣等，以及亲属称谓词语的固定排列次序；表示人物身份称谓词语的固定排列次序等。

前者如：

（1）"作朕皇祖丁公、文考惠公盨"《訇比盨》（集成4466）

（2）"作朕皇考龏（恭）叔、皇母龏（恭）姒宝尊簋"《颂簋》（集成4333）

（3）"作皇祖益公、文公、武伯，皇考龏（恭）伯釐彝"《樊簋》（集成4153）

后者如：

（1）"师汤父有司仲枏父作宝簋"《仲枏父簋》（集成4155）

（2）"晋司徒伯鄀父作周姬宝尊鼎"《伯鄀父鼎》（集成2597）

5.以上情况具有普遍性。在某类铭辞结构中，核心词项和作为常项成分的词多为西周时代的常用基本词（基本义位），义位变体为典型变体。核心词项虽然可替代为同义词或近义词，但多用西周时的基本词（基本义位），具有典型性。与核心词和常项词搭配的词大多固定，结构关系固定，通常情况下词义组合次序也是固定的。

从认知角度考察词义的出现和分布，审视作铭者使用词义的情况，并深入认知层面去分析义位性质、地位、词义组合结构关系，也就是透视词义表达的认知情况。

（二）语义传递与接受认知

毋庸置疑，铸述铭文属于书面语言表达，其语义内容不仅传递给当时的人们还可传及后世，殷周时人认为青铜器铸铭不易磨损，因此铸铭意在存世千秋万代——有目的地传递语义意图昭然可见。铭文语义传递，既包括传递铸铭表达目的，也包括传递表达方式或途径，而传递所承载的是语义内容。要实现语义传递目的，就需要让传递的对象接受语言表达方式，能够准确无误地理解语义，信赖语义，甚至信奉、尊崇语义内容，以至达到这样的程度：接受者不仅尊崇语义内容，还尊崇表达这种语义的语言形式。

据器铭体例看，作铭者固定使用（即重复使用）具有特定语用涵义的词语和词语类型，可以看出作铭者极其注重这些词汇词义的典范性、精确性和重复性，反映出作铭者对词汇语义的选择、使用的认知情况。在组织词语、辞句方面，作铭者尽量做到规范、典型，形成了词语组合格式化、铭辞组织程式化的体例，使语义接受群体易于理解和记忆，便于将其尊奉为规范，也便于形成体制。而所有这些不仅显现出作铭者对语言语义表达的认知，也蕴含着语言接受者需要获得有效认知的成分。作铭者既传递了语言形式、语义内容，也传递了其认知的方式和途径。

铭文内容显示出：器铭语义表达传递的目标对象，即语义接受者，不仅有生者，还有亡故者、神祇以及后世之人。

"生者"包括：a. 专为某在世者而作器的受器者；b. 彝器所属国族、氏族的宗族成员和社会成员；c. 整个王朝中的社会群体人员（铭文语义也可以被作器时代的王朝社会群体所认知）。

亡故者和神祇主要包括：a. 作铭者的祖先、父母等已故亲属尊者；b. 王室、宗族崇拜尊奉的天地神祇或人神。

后世者主要指王室、国族的宗族后代，即铭文所谓"子孙"者。从铭文语义的社会意义层面来看，其传递指向的后世者，还应包括整个王朝、国族、族氏成员的后代。

器铭语义传递与接受认知可以通过"透视"分析铭辞而发掘出来。

例如，记名铭辞（JM）中的一类——记有受祭者称谓的铭辞。殷商和西周早期铜器大多数铭文仅记祖先、父母和亲属称谓，记作"祖先 / 父母 / 亲属称谓＋天干日名"。此类记名铭辞标记的是受祭者称谓，隐含着"作某器用以祭祀某祖先或亲属（受祭者）"的深层语义内容。这一隐含语义指向：a. 记名指称的受祭者，b. 作某器用以祭祀的施祭者（通常作器者就是主要施祭者）。也就是说，在当时作铭者的认知中，祭祀通过彝器及铭文能使祖先神衹与生者之间沟通信息，受祭祖先"能够接收"这些彝铭中的隐含语义。因此，这一隐含的语义传递有两个方向的目标：一是受祭者，一是王朝、邦国、氏族的宗族施祭成员或宗族其他成员。只有处于这种认知状态下，这类铭辞表达可达到其功用目的，表达才能有效。

西周各期器铭，除了记名铭辞（受祭者称谓）之外，还大量使用"作器"铭辞。从器铭铭辞演进看，作器铭辞是由记名铭辞扩展演化而来的，是将记名铭辞中隐含的语义和认知内容外显为"作……某器"词语组合。对于有受祭者称谓的作器铭辞来说，其完整的辞句体例是在词语组合中出现作器者名、作器动词"作"（或"铸"或"为"），中间出现祖先或已故父母等亲属称谓，句尾有"尊/宝/宝尊/旅……+彝/某器名"。其中受祭者"祖""妣""父""考""母""兄"等祖先、亲属称谓词与表示尊隆的"皇""文""烈""高"等修饰词语组合，"皇""文""烈""高"等词表示对先人的尊隆，用于标记作器的祭祀对象。

这类辞句将作器者、器名、先人称谓一起外现于句子语义表层，使其语义组合关系直观化。但是仍有隐含的语义成分——即在"作器"与先人特定称谓的组合关系上隐含着"祭祀"成分——作器铭辞传递的语义正是"为先人作器是为了祭祀之"——只有处于西周时代的认知水平上，这种组合关系所隐含的"祭祀"语义才易于理解。因此，器铭中这类特定的词语、特定标记词及其组合，与当时的语义认知相关联，在当时的语言环境中读者因其认知水平而能理解这类词语组合的隐含内容。

作器铭辞传递出彝器的享用或使用功能。与记名铭辞（受祭者称谓）一样，作器铭辞语义主要传递给两个方向：一是王室或宗族的施祭者、后代子孙，一是受祭对象。

此外，许多作器铭辞格式中还有生者私名，或国名、族名、氏名，器名前有限定、修饰语"宝""尊""宝用""旅""媵"等。作器铭辞的句式使得标记称谓、私名、国族名以及限定、修饰语的目的更加明确化了，直接表达作某器的目的和功用：用于祭祀，或作某器为某国、某族氏所用，或专为某在世尊者作器，或为某女媵嫁而作器，等等。

作为彝铭中最基本、主要的铭辞类型，作器铭辞承载着重要的语义传递与接受的认知内容。自西周早期，器铭出现了"永宝用""永宝用享"之辞。"子孙永宝／用""子子孙孙永宝用／用享"等铭辞随之逐渐增多，将作器为宗族后世子孙永宝用这一目的明确表达出来，语义指向后世子孙，凸显了语义传递、接受的功能。而传递的结果在于接受者将其奉为圭臬，铭记在心，能使这类语言体例和语义内容成为后人着力记忆的典范和恪守延续的"传统"。

青铜彝器是礼制的象征体，将祭祀、册命、赏赐、记功、颂德、主训等语义内容铭铸于可长久保存的青铜彝器上，也是一种象征，并成为制度，目的在于传至国人、宗族，使之铭记在心。在语言形式上，词语组合的格式化、铭辞组织的程式化更便于社会群体的普遍传递和模仿，也更易于记忆。器铭用以传递语义的形式即是词语选择使用的固定化、词语组合的格式化，以及辞句和铭辞组织的程式化等形式，这种形式能够使铭文语言体例成为制度，被宗族成员和社会群体认真接受，刻意尊奉。

（三）语义共享认知

换一个角度观测，器铭词义关系所呈现的认知情况，是在器铭群体中显现出来的，即一种语义共享认知。在金文词义组合类聚的认知系统性研究中，"透视"语义共享认知十分重要，为的是探究器铭群体之间在词义组合关系上的关联性和历史演化情况。关联性是词义组合关系的类聚方式和特性，历史演化则是这种方式和特性的传递、演变过程和结果。通过对这种方式、特性的"透视"，可测得群体认知的特点。

"透视"器铭群体的语义共享认知，主要针对两个方面：一是西周各时代器铭材料的汇聚，比照群体材料中表意的趋同类化现象；二是群体材料表意的历史传递、累增和固化。

仍以"作器"铭辞词义组合类聚为例，可以发现几个显著特点：

1. 语义趋同

汇聚群铭，从认知上审视词义组合关系的聚合现象，对词义组合类聚的语义关系呈现的认知信息进行探究。这种类聚，就是认知上的语义趋同现象。

例如，在众多"作器"铭辞中，动词"作"在句子前端，器类名词位于句子最后部，修饰器名的"宝""尊"等词语都位于器名前，称谓词语组合排列次序、组合关系大致相同，等等。这种词义组合关系的群体一致性所形成的纵向聚合关系，在认知上即为群体语义的趋同。

2. 词义组合关系、格式的类化明显

器铭中众多"作器"词义组合，不仅排列次序趋同，而且还趋同于某几种句子格式，可以明确归划为几类。如第二章列举的几种格式，即为词义组合的类化现象。这一类化现象，是通过汇聚众多器铭，纵向比较得出的。从认知角度透视，就是把这种汇聚后所显现的类化现象与器铭作者群体的语义表达联系起来。器铭作者们在格式上的趋同和类化，显然不是偶然现象，各器铭词义组合都在排列次序上趋同、固定化，在组合格式上趋同、类化，是器铭作者有意为之，将其汇聚在一起进行观察，可以看到此既是单个作者的意图，亦为群体意图。

3. "作器"铭辞在彝器铭文中的位置和语义功能

汇聚西周各类器铭，可以看到大多数含有"作器"铭辞，甚至很多器铭仅由一句"作器"铭辞构成。"作器"铭辞是器铭的基本部分，通常位于整篇铭文中的最后或后部。从认知角度进一步观察，在整篇铭文的语义结构上，前面的辞句是介绍"作器"原因，"作器"铭辞则是结果，以其中的器名指向铜器本身——这里蕴含着器主或器铭作者所传达的功能语义认知目的。这一点在"用＋作……器类／器名"格式里，以"用"为显性标志。"用＋作……器类／器名"是西周器铭中"作器"类的常用格式，约有500多例，其中"用"是表示承接关系和因果关系的连词，有"于是""因此"之义。"用"标记因何"作器"，"用"指向"作器"目的、功用，以传达其语义功能认知的目的。

几十年前，有学者已指出："铭文作者都是有自己明确用意的；作者围绕着篇章主旨，积字以成句，积句以成章，积章以成篇，内存一种篇章语言法则。"① 的确，每个作铭者的意图是明确的，但是，也应看到，作铭者的用意具有明显的群体趋同之势，是语义表达在个体与公共领域之间的交互作用的关系。在器铭的历史演变和整体上实现了共享意义，使众多个体表达汇聚成群体意向。

"作器"铭辞聚合显示的定势、类化特征，虽然是语义语法层面的聚类现象，但显然与铭辞作者的表达趋同、表义定势和类化直接相关。通过认知"透视"可以观测到，此类铭辞的词语组合、词义关系、义位分布等聚合情况反映了器铭作者群体的表达意图，显示出他们带有功用性的集体语义认知特点，就其词义组合类聚来说，则具有词义认知的系统性。而这样的认知"透视"，是以考察、分析"作器"铭辞词义组合类聚的结构系统性为基础的。

4.铭辞格式及其聚合关系的历史演进

从认知角度观察，器铭词义组合片段的聚合关系，不仅是共时结构系统状态，更是历史演化现象，是作铭者群体的"表达→接受→再表达→再接受→……"的语义接力进程，是肇作、创制、效仿、传承、演进的语义链条的传递和转换过程的汇集。铭句的语义内容和形式在此过程中增减、变化、累积，相继而成历史语义集合的整体，展示了历史性的聚合关系，同时也呈现出群体语义共享的认知。

"作器"铭辞的现象之一，是"作"与"器类/器名"组合片段的类聚，并非一成不变，而处于历史演进中。

西周早期，有大量"作＋……＋器类/器名"铭辞，与此比较，也有些许"……器类/器名"词组独立构成的器铭——其中并无动词"作"或其他作器动词（如"铸""为"）。这类词组有如下几种情况：

a."器主＋限定修饰词＋器类/器名"或"器主＋器类/器名"

如《伯宝彝卣》（集成 5023）"白（伯）宝彝"，《夆彝簋》（集成

① 张振林：《西周金文作器用途铭辞研究·序一》，见陈英杰《西周金文作器用途铭辞研究》，线装书局 2009 年版。

3130)"夆彝",《大祝禽方鼎》(集成 1938)"大(太)祝禽鼎",《狊盍方鼎》(集成 1768)"狊盍(盦)鼎",《伯雍倗鼎》(铭图 01782)"白(伯)雍倗窑小妻鼎"等。

b."祭祀对象＋限定修饰词(或无)＋器类名"

如《成王方鼎》(集成 1734)"成王尊",《徍爵》(铭图 08516)"埶徍父庚宝彝",《囗父癸爵》(集成 9025)"亚父癸尊彝"等。

c."器主＋祭祀对象＋器类／器名"

如《盂方鼎》(近出 306)"盂鼞文帝母日辛尊"等。

d."限定修饰词＋器类名"

如《旅彝卣》(集成 4888)"旅彝",《尊彝斝》(铭图 10998)"尊彝"等。

至西周中期,这种情况已极少见,仅二三例。西周晚期依然很少,仅有七八例,多与其他类铭辞一起构成整篇铭文。与数量过千的"作＋……＋器类／器名"相比,这类词组微乎其微。但至春秋、特别是战国时期,这类词组大量增加,与"作＋……＋器类／器名"相比,已非少数。①

从格式看,词组"……器类／器名"是"作＋……＋器类／器名"铭辞的省简。试比较西周晚期《事族簋》(集成 4089)器铭与盖铭,差别仅少"作"字,其他完全相同:

器铭"事(史)族作宝簋",盖铭"事(史)族宝簋"。

西周早期《买王卣》(集成 5252)盖铭"买王罘尊彝",器铭"买王

---

① 如春秋时期的《曹公盘》(集成 10144)"曹公媵孟姬念母盘",《毛叔盘》(集成 10145)"毛叔媵彪氏孟姬宝盘",《曾侯子钟》(铭图 15141)"曾侯子之行钟",《卑梁君光鼎》(集成 2283)"卑梁君光之飤鼎",《余子氽鼎》(集成 2390)"余子氽之鼎",《邓子午鼎》(集成 2235)"邓子午之飤鐈",《宋君夫人鼎盖》(集成 2358)"宋君夫人之馈盂鼎"等。战国时期的《邵之飤鼎》(集成 1980)"邵之飤鼎",《君子之弄鼎》(集成 2086)"君子之弄鼎",《王盉》(铭图 14668)"王之盉",《王后鼎》(近出 289)"王后之御器",《盛君蒌簠》(集成 4494)"盛君蒌之御簠",《左孝子壶》(集成 9538)"左孝子之壶",等即是。

眔作尊彝"。

又如，西周早期前段的《宆邑司方鼎》（铭图 01930）"宆邑司作父丁宝尊彝"与《宆邑司鼎》（铭图 01621）"宆邑司宝尊彝"。

可见，词组"……器类 / 器名"是"作 + …… + 器类 / 器名"铭辞的省简形式。

但是，如果从认知层面来看，则不仅是格式的省简，而且是历史的演化形态，是认知趋同、积累的结果。

独立成铭的"……器类 / 器名"词组，最常见于殷商彝铭，与独立成铭的祭祀对象称谓、族名、器主名等词组的性质相类，属于记名类铭辞。殷商彝铭虽有"作 + …… + 器类 / 器名"铭辞，但数量较少，并未普遍使用。从历史演化关系看，记名类词组"……器类 / 器名"是"作 + …… + 器类 / 器名"铭辞的原始形态，即"……器类 / 器名"较早出现于殷商器铭，后增加动词"作"。西周早期，一方面承袭了殷商以记名类词语独立成铭的形式，另一方面，铭文字数增多，并大量出现"作 + …… + 器类 / 器名"铭辞，格式日臻完善。

西周中期，这种"……器类 / 器名"式绝少出现，而以"作 + …… + 器类 / 器名"为通例，说明这一时期器主群体在作器铭辞上认知趋同、类化，形成统一制式。继而西周晚期，承袭其制，已成定势，仍以"作 + …… + 器类 / 器名"为通例。这种情况就是"作"与"器类 / 器名"词义组合的聚合类，认知趋同，演进为聚合类的结果，亦使"作器"铭辞成为西周器铭中最规范、最典型的铭辞类别之一。

但是，至春秋战国，这一定势渐被瓦解，逐渐形成器主私人的"……器类 / 器名"用法与西周传统共公用法的并行局面。不过，此时器主私人用法格式也分为几种趋同的聚合类，如"器主 + 器名""器主 + 限定修饰词 + 器名""器主 + 之 + 器名""器主 + 之 + 限定、修饰性词语 + 器名"等。器主（或作铭者）群体的语义认知有所分化，形成几种群体聚合类。

从西周早期后段至中、晚期，绝大多器铭有"作器"铭辞，这类铭辞在整篇铭文语义构成中有极其重要的地位，是构成铭文的最基本的铭辞，也是出现最多的铭辞。通常情况下，器铭必有"作器"铭辞，已成器铭通例。从认知角度看，此通例是作铭者群体语义共享在认知表征上的同一形式。

5.群体共享与语义表达密切关联

着眼于器铭群体的历史演化关系，可将众多个体铭辞语义表达看作前后相继、相互关联的群体语义整体。

一是众多铭辞语义表达的意向趋同，由群体背后共同的意义背景支撑，群体语义表达方式是共享意义大背景下的具体实现；二是在铭文中，形成某类铭辞的群体定势，意义共享具体化为铭辞的词义组合类聚关系，作铭者群体在认知上取用了同一类表达形式。

三、探究金文词义认知系统性的必要性

词义组合关系、义位分布等结构系统性，是考察和分析铭文本体、描写词义关系的基本层面。仅此研究是不够的，还需深入探索词义结构的动态认知系统性。探究金文词义的认知系统性是非常有必要的。这主要是因为器铭语义具有特定的语用目的和语义功能性，器铭中词义组合片段形成的类聚关系呈现为固定类别的语义形态，动态词义关系和词义系统性具有定势意向性。通过考察词义组合类聚来探究金文词义系统性，可以揭示其认知特征和规律，拓展金文词义的认知研究领域。

用语义功能认知的观点研究语义系统，具体到器铭词义组合类聚系统，在研究方法上就是认知系统性的方法。透过这一层面，进而探究其语言内容、形式与器铭作者表达、认知的关系。

第三节　金文词义认知系统性的特性

一、词义关系的认知和解释

在结构系统性层面，对词义之间的关系、义位的分布、地位和义位系统的结构进行考察、描写，就其基本操作来看，主要集中在句内或单句

间（复句）的词义关系，以及储存状态下的词汇语义关系。在具体铭文中，探讨单层级的词义组合片段（及其类聚）①或局部铭辞，往往就能达到分析和研究词义系统结构的目的。

　　然而在认知系统性层面，特别是针对使用状态下的器铭词义，则要探究词义组织所传达的语义认知内容，包括名物、行为、状态和事件过程等。确定词义组织所反映的完整事件，有原因和结果，有时间地点、人物及事件过程；甚至不仅包括行为，还包括祈愿、虔敬等态度。这就需要同时考察单层级和多层级的词义组合片段，并且需要辨析语言与其外部世界的意义关系（即西周社会文化知识环境，以及当时的事件、行为活动、事物的认知背景），这样才能达到研究目的。

　　例如，"赐休"类铭辞是单层级的词义组合片段。在结构系统性层面，需要对其词义组合类聚描写和分析，包括两方面：一是赐休类动词义位系统，一是所赐物品词义组合类聚系统。

　　在聚合关系上，赐休动词有"赐""赏""休""贶""宣"（胙）"贲""命""惠""舍""归"（馈）"畀""致""赍""劳""赠"。在结构系统性层面，描写、分析"赐休"动词词汇（词汇场）的义位系统的结构、义位的分布、各义位的义域和地位，即其目的。描写和分析所赐物品词义的组合类聚，就是对所赐物品的词义（义位）出现情况，词义（义位）组合的分布，词义间的搭配、限定、修饰关系，表示所赐物品的各义位的地位，以及词义组合排序等情况进行分类描写和分析。这些构成了结构系统性研究的主要内容（详见第三章）。

　　而当我们关注器主或作铭者写铸"赐休"铭辞的用意，以及考量它在器铭中出现的条件和价值时，就需要把它作为一个基本片段单位，放置于大的语义环境中去观察，将"赐休"类铭辞的前、后铭辞连接起来，进行关联分析。如：

　　（1）"相侯休于厥臣殳，赐帛、金"《殳簋》（铭图 05112）

---

① 　关于铭文中词义组合片段的层级，见前文。

（2）“侯各（格）于耳𠂤，侯休于耳，赐臣十家”《耳尊》（集成6007）

（3）“孟狂父休于孟员，赐贝十朋”《孟员甗》（近出164）

各例均记述某人休善、恩惠于其下级人员，赐予财物，并作器以铭记之。从这类辞例可以确定器主或器铭作者对于这种休善、恩惠的赐予十分看重，已然形成一类铭文内容。同时，从中可以注意到，上级对下级给予恩惠、休善，是以赏赐财物的具体方式来表示的（或可能仅为方式之一），这构成了周代上层社会的施惠方式和习惯。结合传世文献考察西周赏赐奖掖制度，将其与当时社会的功名价值观问题研究相关联，从认知层面确定“赐休”铭辞的语义功能作用。

又如，赐服类铭辞，放置更大的语义环境，通常处于入右、册命铭辞之后，“用事”铭辞之前。如《望簋》铭（集成4272），整篇铭文主要记述周王册命、赐服谋臣之事和礼仪程序。这类铭文较多，赐服铭辞与其语义环境（前、后铭辞），组成更大的语义单位。如果以词义为语义组合基点进行研究，大的语义单位是多层级的词义组合片段，而铭文语义外围则是当时的社会文化内容或知识环境。

在研究词义组合类聚关系的结构系统性时，也会涉及多层级词义组合片段的语义连接，例如本书第三章，表示所赐物品词义组合的第5种情况——“综合式”，同器铭中有从赐“秬鬯”“祼”到赐“圭”“鬲（瓒）”，再到赐“衣服”类、“车马”类、“銮旗”“甲、胄、弓矢、戈”等，是句子之间的语义组合。不同赏赐物品类属的排序现象，需置于更大的语义组合环境（句子之间、铭文篇章）中去解释。这类句内和句子间的词义类别组合关系，是受铭文篇章语义环境制约的，即受“册命”仪式语义内容制约。实际上，这种对词义组合顺序的解释已涉及认知层面，是对赏赐物品类属排序的认知——由于语义解释的需要，前几章中有时会越出结构系统性范畴。同时，这说明若要透彻地研究金文词义组合类聚问题，单凭结构系统性和零碎的解释是不够的，需要上升至认知系统性研究，从而形成对当时语义表征的解释体系。

二、认知语义值的三项互动关系

在语义值方面，词汇语义结构系统性的基础是词义关系，以及由此形成的词义单位关系及其与系统整体的关系，其语义值是系统内部以单层和多层词义二元项关系（即二元区别特征和共同特征）计算的语义逻辑，是经过词义对比、交叉互补、叠加和层级换算等得出的义值。

在结构系统性中，由词义间的关系及词义系统整体所制约的词义（义位）的语义值包括：（1）指称义；（2）词义（义位）在词义关系系统中的系统义（词义的附加义等也包含在系统义内）。由此表现为义位的义域、分布的范围和特征、在义位系统中的地位等。二者集合即为词义结构系统内部的词义（义位）语义值。

仍以"赐休"类义位为例，在描写和分析程序上，先列出义位的指称义，再列出义位出现使用情况，词义与词义组合的特征及分布情况，分析其在器铭中本类义位系统中的义域和位置（见第三章）。而认知系统性的词义（义位）语义值，除了包含以上结构系统性的语义值外，还包括语言使用者与表达赐休意义之间的关系，语言使用者包括语言表达者（器铭作者）和读者、解读者，两者之间通过语言表达式及其意义发生互动关系——在认知视野中词义系统的语义值是一种三项互动关系。

具体说，认知系统性研究在结构系统语义值基础上，探测器铭作者对词语、词义选取、使用、分布安排等用意，以及词义组织方式上的意向语义值。西周时期的器铭使用者通过铭文语义表达方式，将其语义功能意向进行传递、共享、增益、巩固、继承，显示出社会群体语义认知的关系。读者与作者以器铭为中介，在语义上表达、理解，认知互动与转换，从而形成了其语义认知的集合值。

在"赐休"类动词使用中，表示上级对下级的，特别是器主为受赐休的下级，则器铭以用"赐"最多，其次是"赏"，再次是"命""休""贶"等。从这些用词惯例中，可以探测出器铭作者群体藉此表达的语义意向。

先秦时，动词"赐"表示赏赐，是指上层社会（天子、诸侯、卿大夫等）上级对下级的给予。然其语义不只如此，还有深层内涵。《周礼·春官·小宗伯》："赐卿、大夫、士爵，则傧。"郑玄注："赐，犹命也。"指上对下的命示，带有指令性质。另外"赐"还有"施恩惠"的意味，正如《国语·晋语七》韦昭注所释："赐，惠也。""赐"是上级对下级以示荣宠的方式，已形成制度。所以，《周礼·天官·大府》孙诒让《正义》释曰："凡赐有常赐，有好赐。常赐者，岁时颁赐，著于秩籍者；好赐则常赐之外，以恩泽特受赐，非恒典也……此赐予专据好赐言也。凡经云赐予者，并为好赐。"说的是两种性质的"赐"。

的确，器铭中"赐"的覆盖面很广，有施恩惠、示荣宠的财物之赐，也有册命中赐衣服、车马、旌旗的典常礼仪之赐。器铭通例中，册命和"赐……"铭辞之后，跟着辞句"[敢] 对扬＋天子／王／诸侯等＋休／命／休命"和"（用）作……某器"，显然，其中的"休""命（令）"二词告诉我们，册命之赐除具有典常性质外，还具有休善之施恩惠、示荣宠的性质，具有命示的性质。彰显册命赐休的荣宠和命示，因而作器铸铭，正是器主或器铭作者群体的意图。

器铭中赐休类动词还有"休""命"，与"赐"同义。"休"有休善、施恩而赐予之意。"命"的用法如：

"王命燮杜（缁）市（韍）、旂"《燮簋》（集成 4046）

"命汝赤市（韍）、朱黄（衡）、玄衣、黹屯（纯）、銮旂"《即簋》（集成 4250）

"命"侧重于册命或命示而赐。"休""命"与"赐"语义密切，有共同的语义特征，所以有时充当了"赐"的用法。

器铭中动词"赏"用得较多，有上级对下级奖励而给予财物之意。先秦典籍中"赏"的使用和注家解释可以帮助我们理解其用法深意。如《尚书·大禹谟》："赏延于世。"《左传·襄公十四年》又云："善则赏之，过则匡之，患则救之，失则革之。"杜预注："赏谓宣扬。"是说"赏"的内涵有宣扬的成分。"赏延于世"其意在于"宣扬"。

从"赏×＋作某器"和"赏×＋敢对扬……＋作某器"等铭辞中，

可以看出器主或器铭作者表述被"赏"财物之事，用意在于"宣扬"而将受赏荣耀延及后世。

器铭多次出现动词"贶"，用"**儿**"（兄）、"**贶**"（蚬）、"光"等字表示，意为给予、赠予（见第三章）。但其语源义的语义成分中有另一层内涵，即"善""张大""光大"。①

有时使用动词"胙"，以"**宜**"（宣）、"**室**"（宣）二字表示，意为酬其勋劳而赐予（见第三章）。典籍中"胙"训"赐"，《左传·隐公八年》："胙之土而命之氏。"亦即此义，其语义成分里有"赐福""有德美报"的含义，对其发掘见于先秦典籍和注疏。《国语·齐语》韦昭注："胙，赐也。"又《周语下》："天地所胙，小而后国。"韦昭注："胙，福也。"《左传·隐公八年》孔颖达疏："胙，训报也。有德之人，必有美报。报之以土，谓封之以国。"已指出这层含义。

值得注意的是，从断代角度考察，赐休动词中"赐"在西周各期器铭中出现最多，"赏"在早期出现较多，中晚期出现率下降，但依然是主要赐休动词。"赏"通常只用于奖励、恩惠、荣宠，而不用于"册命"铭辞。"赐"可用于各种语境的赏赐铭辞，但在西周中、晚期器铭中，"入右""册命"铭辞已成固定格式，用"赐"也固定，成为常例。

上举器铭主要赐休动词义位，其出现率占据了赐休动词义位90%，这些动词义位有共同的特点，即在赏赐语义层面下还有深层的休善、恩惠、命示、宣扬张大的内涵。可推知，器主或器铭作者选择使用赐休动词意图明确，即选词有鲜明意向；进入群体表达层面，则形成常例，是集体表达意向。有选择地使用词语，这与后来"《春秋》笔法"相近。西周器铭可以看作"约言以记事，事叙而文微"②，渐成表达礼义修辞范式的雏

---

① 上古典籍中"贶"表示"善"义，也表示"张大""光大"，如《诗·小雅·彤弓》："我有嘉宾，中心贶之。"清代马瑞辰《通释》："《广韵》：况，善也。'中心贶之'，正谓中心善之……'贶之'与下章'好之''善之'同义。"又于省吾《双剑誃诸子新证·淮南子二》："贶、皇古字通……然则发贶为发皇，《文选·枚叔〈七发〉》'发皇耳目'，是其左证。发谓开发，皇谓张大，发皇即发张之义。"（例引自《汉语大词典》）

② 《左传·成公十四年》杜预注："志，记也，晦亦微也。谓约言以记事，事叙而文微。"

形，正所谓"器以藏礼"①。记命赐车服和受赏金贝，表示尊卑、荣耀，以示宗族后人，这种表达意向凸显对礼义制度的认知传递。

从内容看，西周器铭中记述赐休、赏赐的铭文最多，反映了器铭语义的功能性质："铭之义，称美而不称恶。"②西周时，赏赐是周王、国君等主上嘉奖臣下的主要形式之一，被受赐者视为最大的休美。器主铸铭，记述和"宣扬"自己或祖先因德善、功烈、勋劳而受赐，为的是称其美以"延于世"。

"约言示制，推以知例"，这对于西周器铭程式化特征是适用的。从西周早期到中期，逐渐增强的器铭程式化已成为一种语义表达制度，西周晚期器铭基本保持中期以来的程序，这是器铭使用者集体语义认知的历史发展的结果，即作者、读者与器铭表达式意义之间的互动关系的系统性演进。也就是说，从西周器铭使用者与器铭的关系看，在语义表达与接受的历史传递中，器铭作者即为读者，而读者群体的一部分则成为新的器铭作者。他们共享的认知形式就是历史地形成并完善的铭辞语义表达方式及其功能。

认知系统性的研究以分析和描写金文词义组合类聚关系，以及各义位出现、分布、地位等情况为基础。进行认知"透视"，其着眼点既在于铭辞语义表达的意向信息，也在于词义关系、义位分布等语言（语义）层面与器铭作者表达意图层面之间的关系。

总之，认知系统性研究在分析结构系统语义值基础上，探测器铭作者对词语、词义的选取使用和词义组织方式的意向性，以及器铭作者与读者在语义表达方式和意向上的传递、共享、继承或变异等互动、转换关系的认知语义值。可以说，认知系统性的语义值是器铭表达者（作者）和读者、解读者之间，通过系统地认知而形成的三项互动关系的语义值。

---

① 见《左传·成公二年》。

② 见《礼记·祭统》。

三、立体与开放的词义认知系统性

词义的结构系统性具有二元平面和相对封闭的特点，而认知系统性则是多元立体和开放的。结构系统性是词汇语义学研究词义系统的基础方法和策略，其实质是结构主义范式下的研究模式。对于西周器铭这种历史语言材料来说，其词义内容和词义关系的共时与历时集合，形成了结构系统性的语义值，这个语义值具有平面、相对封闭的特点。而认知系统性视角则试图将封闭的结构系统打开、解析，不仅探测铭文词义组织的结构、关系，还透视它与作者、读者（包括当世读者和后世解读者）、再生作铭者之间的动态关系，审视研究者以其认知框架对器铭的释解、探赜与器铭语义的互动过程。显然，器铭词义关系的认知系统性是器铭作者（表达者）、读者（或解读者）以及再生作铭者，通过认知在器铭词义组织和语义表达方式上，形成的三项互动关系的语义价值体系，它具有立体和开放的特点。因此，器铭词义系统在历史认知视角下就成为一种开放的、多层域构成的大系统。

第八章 认知系统性在金文词义组合类聚上的表现（一）

　　器铭词义认知的系统性，首先表现在对词语选取和使用上，同时还表现在词义组合类聚上，由此呈现出作铭者群体的词义认知体系。器铭词语的选取和使用，实际上仍是词义组合类聚现象的一部分，其认知问题尤显重要，深入探究这一问题，不仅可以发掘词义组合关系的语义功能信息，更便于全面、透彻地理解词语选取和使用的认知取向。其中词义组合片段层级所呈现的认知系统性，是探讨的重点。

　　以西周器铭词义组合关系为考察点，可将语义组织结构分为三个层级：词组、句子词义组合，多重句子的词义组合，段落或整篇铭文的词义组合。以基本、多重的词义组合关系为基础，词义组织逐级扩展，形成铭辞语义和段落、整篇语义。段落、整篇铭文是由铭辞组织构成的——若以词义组合关系为基点，则可看作是词义组合片段的多层级语义构成。

　　一方面，按横向词义组合片段进行切分，这三个层级亦即词义组合片段的层级。另一方面，汇聚并对照众多器铭，从纵的聚合方向观察词义组合，以便透视词义组合类聚所承载的作铭者群体认知信息。器铭的词义认知系统性即表现在这三个层级的词义组合类聚关系上。

第一节　作器词义组合类聚：修饰语与器名组合

“作器”铭辞（ZQ）是晚商、两周器铭中出现数量最多的铭辞，也是最基本、最重要的铭辞类别。前章概论“认知系统性”，曾以此类铭辞为例，若要详细透视作器词义组织的认知系统性，还需深入探究这一词义组合类聚现象。

考察“作器”词义组合类聚关系的认知状况，是在将“作器”动词视为不变量的前提下，考察变量词项之间组合关系所呈现的语义认知信息。

在“作……某器”铭辞词义组合中，可将动词“作”（或“铸”“为”）视为不变量，即常量词项。相对于动词“作”，“某器”是这类辞句的常项成分，而充任这一成分的彝器名词是变量。

介于“作”和“某器”之间的限定或修饰器名的词语，相对于这两项来说是变量，包括：标志某器价值性质，如“宝”；标志某器使用性质及功能，如“尊”“旅”“用”“鬻”“饙”“飤（食）”“享”“饮”“盥”“媵”等；表示铜器材料性质，如“吉金”；表示彝器祭祀对象称谓，如“祖”“祖+庙号”“皇祖”“皇文考”“帝考”“文考父+庙号”“文考某伯”“父+庙号”“烈考”“皇母”“某公”“某侯”“某叔”“某姬”“某姞”；表示媵器所从属的女性名姓、称谓，如“孟妘”“孟姒”“某媿”“某姞”“某姬”；表示彝器作为常器的所属性质（宗族性质）或彝器所属具体处所（宫室或宗庙名称），如“宗”“宗室”“某宗”“西宫”“团宫”“[illegible]宫”。

在词语组合中，作为变量的各词之间形成许多固定格式，即器名与其限定、修饰性词语之间，限定修饰性词语之间，有许多固定搭配，这是“作器”铭辞中词义组合类聚的次级聚类。这些固定搭配的聚类，使其词义关系类化、固化、典型化，同时也相互限制，确定了各词的词义内容，并呈现出词义组合关系的认知信息。

一、两词组合

（一）"尊""鷺""旅"与器名组合时，修饰说明彝器的功能性质、使用性能或使用方式。

1. "尊＋彝／某器名"

"尊"作为器名修饰语最常见于"彝"前，也频繁出现于"鼎""簋""鬲""壶""罍""甗""豆""盨""盠""盂""簠""盘""盉""爵""尊""罍""觥""觯""卣"等炊器、饮食器、水器、酒器等器名前。"彝"是各器通名，铭文中凡炊器、饮食器、水器、酒器各类器名及其通名"彝"，前均可用"尊"。但殷商西周器铭未见"尊"修饰"钟""镈"等乐器名，也未见其修饰通名"彝"代称乐器名者。①

"尊"是多义词，在先秦时代有名词义彝器共名（尊₁）和酒器名（尊₂）（详见第二章），又有动词义尊上、持奉和尊重，形容词义尊贵和位高等义位。"作器"铭辞里"尊彝"之"尊"表示尊上奉祀、奉持，有尊上奉持之器的意思，自然在语义上含有对彝器尊贵的认知。

爵、罍等酒器也称"彝"，并有"尊彝"组合。除"尊彝"组合外，还有"尊＋鼎／簋／鬲／盘／壶／罍……"等组合。"尊"可用于食器、水器前，也可用于酒器前。西周中期《彧簋》（集成4322）铭曰："作文母日庚宝隥（尊）簋，卑乃子彧万年，用夙夜隥（尊）享孝于厥文母。"两次出现"尊"，前后连贯、呼应，词义相互关联，只是前者作"簋"的限定修饰成分，后者与"享"一起作谓语。此例"尊簋"之"尊"表示尊上奉祀（之器），其义昭然。说明这类用法的"尊"并非《周礼·春官》"司尊彝"和《说文》所释的酒器"尊"，而是做器名修饰语，意指彝器的性质和功用为尊上奉持、祭祀之用器，从而隐含对彝器尊贵的语义认知。

2. "鷺＋彝／某器名"

其中"鷺"，表示将享之义，作为器名修饰语，意指彝器功用性质为

---

① 以通名"彝"称乐器出现于春秋、战国器铭，如战国初《畲章钟》（集成83）"作曾侯乙宗彝"等铭称钟器为"彝"。

祭祀、将享之用。西周早期《中方鼎》铭有"齍父乙尊"，是"齍"享祭祀父乙的"尊"鼎。《应公鼎》《历方鼎》等铭有"夙夕齍享"与《诗·小雅·楚茨》"或肆或将"，《周颂·我将》"我将我享"之"将"的意思相合。西周器铭未见"齍"用于钟、镈等乐器名前。

3."旅＋彝/某器名"

"旅彝"之"旅"，或释"陈""旅祭"之义，或释出行可移动之器，①释说有多种。无论哪种释说，都包含着共同的一点——此"旅"在组合中的作用是限定彝器，表示彝器的一种功用属性或使用方式。西周早期《壴卣》（集成 5401）有"作父癸旅宗尊彝"，"旅"显然是祭祀宗庙之用。"作器"铭辞中还有"旅鼎""旅簋""旅盨"等，指一组陈列祭祀或享用之器。"旅"未见用于青铜乐器名前。

从众多出土彝器来看，"旅"器更有可能指一组陈列祭祀或享用之器。记有"旅某器"的一组出土铜器，不仅同铭，且形制纹饰相同，有的一组大小无别，有的一组大小相次。如 1974 年宝鸡市渭滨区茹家庄西周墓葬（M1 乙 8；M2.11）出土《強伯簋》同铭两器，1976 年陕西扶风县云塘村一号窖藏出土《伯多父盨》同铭四器，1978 年 8 月陕西扶风县黄堆公社齐家村 19 号西周墓（M19.27；M19.28）出土《作旅鼎》同铭两器等。推测，器铭中"旅彝""旅鼎""旅簋""旅盨"之"旅"与传世文献所说"列鼎"之"列"同义，有众多、次序陈列之义。

且上古音"旅"与"列"同音。可以推测，这种用法的"旅"，表示依序陈列、众多（器具）之义，"旅彝"有可能就是列彝。进而推测所谓作"旅"器，即铸制一组形制纹饰相同的同铭铜器，大小或等同，或相次，施用于依次陈列祭祀、享神或宴享。又据西周晚期、春秋时期的器铭

---

① "旅彝"之"旅"，清代学者释"陈""旅祭"，今人多从其说，郭沫若谓"旅彝"即"陈祭于宗庙之彝器"。参见周法高等编《金文诂林》卷七"旅"（0898），香港中文大学出版社 1975 年。也有将"旅"器释出行之器的，如黄盛璋《释旅彝》一文将"旅"器解释为出行、可移动之器。（文刊于《中华文史论丛》第 2 辑，1979 年）另参见王文耀《简明金文词典》中的解释，上海辞书出版社 1998 年。

来看，有的"旅"器可以移出庙堂，从征随行而用。①

因此，这种用法的"旅"大概包括几层含义：指制作和组配彝器的一种制度，其性质是由群器关系确立的，同时意指彝器的一种使用方式，即依次陈列祭祀宗庙或宴享，并且可以出行、移用。这些还值得进一步探讨，不过，当时"旅"作为器名修饰语的语义内容是确定的，只是我们推测其很可能包含了这几层。

（二）"馈""飤（食）""享""饮""媵"等词在器名前作修饰语，表示彝器性能、功用。形成二词组合有：

"馈＋彝／鼎／某器名""食＋彝／某器""饮＋壶／某器"，为饮食功用彝器，施用于祭祀、宴享。

"媵＋某器"指之媵嫁陪送之器，"媵"所表仍为器皿的一种性质或功用。"媵"不用于修饰乐器名。

"媵"意指的功用不仅包括器体的炊煮、饮食、盥洗等使用性能，还包括媵嫁陪送的礼仪功能。媵器通常为当时在世女性媵嫁所作（偶有1、2例，据器铭分析，推测可能是为已故女性作器）。

在西周器铭中这些词也不见于乐器名前，这一点与"尊""蕭""旅"一致。

（三）其他组合形式，例如：

"某器名（具体特征的器名）＋某彝器名"形式。有"蕭鼎""蕭鬲"等，② 前一个器名表示器皿特征更具体，用于修饰或说明后面的器名。

"用＋彝／某器名"。有"用彝""用器""用鼎""用簋""用甗""用盂""用盂"等，"用"表示使用，意指彝器的使用功能性质。

---

① 如西周晚期《史免簠》（集成4579）："史免作旅簠，从王征行，用盛稻粱……"春秋早期《叔原父甗》（铭图03361）："作旅甗，用征用行……"《曾伯寨簠》器（集成4631）："余用自作旅簠，以征以行，用盛稻粱，用孝用享于我皇祖文考"。

② "蕭鼎"见《作文祖考鼎》《公姞鬲》《荣有司再鼎》等铭，"蕭鬲"见《微伯鬲》《弭叔鬲》《伯沇父鬲》《荣有司再鬲》《王鬲》《伯姜鬲》《伯邦父鬲》《姬芳母鬲》《帛女鬲》等铭。

（四）再看修饰语与乐器名的组合，如"钟"①前用"林""和"或"协"来修饰和说明。

"林"，当今学者多释"众、聚"，意指聚众如林的编钟，"其数众多，编悬之似林聚植"②。从器铭"林和钟"字面意思看，"林"训"众"是恰当的。若从语义功能看，"林"意指"钟"数量之"众"及其排列编制的特性。不过，典籍中有古乐律"林钟"记载，金文学者曾依从此释。实际上，关于"林钟"，古代典籍有此乐律与聚、众之"林"义关系的解释，如《吕氏春秋·季夏》提到"律中林钟"，高诱注："林，众。"又《史记·律书》有"律中林钟"张守节《正义》引《白虎通》云："林，众也。"依据前人，毕沅《续释名·释律吕》谓："林钟，六月之律，未之气也。林，众也。"这些解释并非无稽之说。古人所谓"林钟"乐律可能就是合乎编钟体制的音律。如果这一推测成立，那么，"林"不仅意指众"钟"及其编列特性，还含有编钟音律效果特性的成分。

至于"和""协"，表示乐音和谐，并无异议。在语义功能上，这些词用来意指"钟"乐效果和性质。

"作器"铭辞中的"钟"等器名，大多固定用"和""林""协""宝"修饰。二词组合有"和钟""林钟""协钟""宝钟"。西周晚期也偶用其他词修饰，如"龢"（《郑邢叔钟》铭"龢钟"，或释"龢龤（和）钟"），"钖钟"（《楚公豪钟》铭），"雷镈"（《楚公逆钟》铭），"从钟"（约西周晚期或春秋早期《芮公钟》铭）。春秋以后，限定、修饰乐器的词增多，而且灵活略显个性，如"歌""谣""行""游""走""反""铃""甬"等，不限于西周时常用之词。

"宝"在器名前出现极多，是最常见的器名修饰词，表示珍贵，不仅可修饰"彝""鼎""簋"等祭祀或用享的彝器名，还可修饰乐器名（如《虘钟》《姑仲衍钟》《纪侯虎钟》等铭有"宝钟"），也就是说，可修饰绝

---

① 西周青铜钟类乐器多自名"钟"，偶见自名"镈"。

② 马承源：《商周青铜双音钟》，载《考古学报》1981年第1期，第131页。

大多数器名。先秦时期"宝"是多义词，"宝彝""宝某器"之"宝"是形容词义，表示珍贵、宝贵的意思，如《说文》训："宝，珍也。"这是"宝"的词义内容，用于修饰铜器的价值属性。那么"宝"词义内涵的核心是什么？——应为人们视所作器物为珍宝，而珍持"宝用"之的态度。西周早期《作宝用簋》："作宝用簋"，中期《鯀还鼎》："鯀还作宝用鼎"，铭文中常说的"宝某器"，在词义组合层面上可以看作"宝用某器"的语义缩减。"宝用"标记着器主或用器者显性的用器态度，亦即对用器的语义认知。

（五）从认知角度透视修饰性词语与器名组合，可发现两种现象：

1. 透过铭文与铜器的对应关系，可推测，西周时人的认知将彝器类与乐器类分为不同系列的青铜器。春秋以降逐渐将两类合称为"彝"。

从传世文献和训诂材料看，"彝"的词义有一个演变过程。

《尚书·洪范》后附《分器序》云："武王既胜殷，邦诸侯，班宗彝，作《分器》。"《史记·周本纪》引作"……封诸侯，班赐宗彝，作分殷之器物。"从其中"班宗彝"（"班赐宗彝"）与"作《分器》"（"作分殷之器物"）的语义关系分析，"宗彝"与"器"（即"殷之器物"）是对等的，指宗庙各类祭祀常器，而不限于酒器或食、水等某一类器。

《说文》谓："彝，宗庙常器也。"理解为宗庙常器通名是正确的。而《说文》又指酒器："……此与爵相似。"并沿用《周礼》说："《周礼》六彝：鸡彝、鸟彝、黄彝、虎彝、蜼彝、斝彝。以待祼将之礼。"《周礼·春官·司尊彝》所说"六彝"指祭祀祼用酒器，这对后世影响很大，历代释诂多认为"彝"为宗庙酒器，并将《尚书·洪范》"宗彝"也解释为宗庙酒器。但是在概念逻辑上，《周礼·司尊彝》谓"六彝"为酒器不等于说"彝"仅指酒器，"六彝"只是"彝"器小类。从器铭看，西周时"彝"又是食、酒、水等各类祭器的通名（大共名）。①

---

① 吴振武《新见西周再簋铭文释读》一文说："旧注认为宗彝之'彝'指酒器，现代学者则多据金文资料认为此'彝'字泛指各种祭器。""宗彝"，指在宗庙中举行祭祀时所用的礼器。（见《史学集刊》2006 年第 2 期）

典籍注疏又将"尊""彝"对举而言，训酒器，这种说法不容忽视。如《国语·周语中》有"出其樽彝"韦昭注："樽、彝，皆受酒之器也。"又《尔雅·释器第六》："彝、卣、罍，器也。"将彝与卣、罍列为一个系列，郭璞注："彝、卣、罍，皆盛酒尊。彝，其总名。"是说"别酒尊大小之异名"彝是酒器总名①，其中也含有"尊"为酒器共名之义。所以，孙诒让《周礼正义》在"司尊彝"下解释说："六彝盛郁鬯，六尊盛五齐，罍尊盛三酒。尊与彝对文则异，散文亦通。"也就是说，《周礼·春官》"司尊彝"中的"六彝"之"彝"与"六尊"之"尊"一样，都是特指的酒类祭器的类名（即小共名）。结合"彝"在器铭中的具体用法来看，显然，西周时"彝"表示祭器通称（大共名）和特指酒类祭器（小共名）两个义位并存。

商周之际还有一种常见的方彝，容庚参考宋代金石学家所列专名"彝"划归一种具体形制的盛酒器，称"方彝"，为学界所从。这类盛酒器无一例外都自名"彝"，在商周时代这类形制的酒器称"彝"应是一种特指专名。

从文字层面分析，"彝"，也是甲骨文常见字，写作𢑑、𢑑、𢑲等形，在卜辞中作动词，表示献牲祭神祖。"彝"字初义据詹鄞鑫说是"类似于献俘的祭祀活动"，"彝"造字像"所奉牺牲为无头之俘虏"，② 其字形说有可商榷处，但提供了有益的启示——大致可以认为，"彝"字本义是杀鸡禽牺牲以献祭神祖。金文"彝"字，在已知商代器铭中，常用为青铜食器、酒器、水器等的通名，而不用作铙、铃等铜乐器、兵器和其他杂器的通名。早、中商还未见有"彝"字的器铭，但可以确定，最迟至晚商的殷墟三期，"彝"表示食、酒、水铜器通名已出现，如晚商《戍宁无寿觚》（铭图 09840）"戍宁无寿作祖戊彝"③，以及周器《无敄鼎》（铭图 01927）、《句父鼎》（铭图 01226）、《彭母鼎》（铭图 01228）、《卸鬲》（集成 741）、《天

---

① 见《尔雅·释器第六》陆德明《释文》。

② 《甲骨文字诂林》，第 990—999 页。

③ 戍宁无寿觚的断代问题，见第一章第一节脚注。

鼉甗》（铭图 03284）等铭。目前已知商器铭文常见于酒器和食器，水器较少，"彝"作各类铜器通名是常例。但值得注意的是，以"彝"称酒器（约 120 件）是其称食器的 1 倍多，也就是说"彝"用称各类酒器已是普遍现象。酒器有自名时几乎都称"彝"，少数称"尊"，铜爵少数称"爵"，通常称"彝"。而食器既有称"彝"者，也有自名"鼎""簋（齍）""鬶／鬵""甒""鬴"的，少量铜簠自名"簠"。

比较商周器铭，绝大多数商器（特别是酒器）以"彝"自名，只有少数自称"鼎""齍""鬶""甒""殷（簋）""爵"等具体器名。西周器铭虽仍多以"彝"自名，但自早期至后期渐增具体类型的器名，有"鼎""異鼎""盂鼎""盂""鬴""簠""鬲""甗""豆""盨""簋""匜""缶""爵""壶""鑑""盙""盘""盂""匜""罐"。西周时铜壶多自名"壶"，盨常见自名"盨"，爵器偶尔见自名"爵"，而卣器、方彝、罍、瓿、觯、角、觥只称"彝"。而晚商和西周青铜乐器却从不称"彝"，与食、酒、水器区分为不同系列器类，这一点是可以肯定的。

考古资料方面的参证。考古发掘的西周墓葬中，显示出一些普遍规律，地位较高的墓葬有青铜器随葬品，随葬铜器、陶器及其组合数目随墓主人身份地位不同而不同。值得关注的是，在未经盗扰、保存较完整的西周墓葬中，随葬物品摆放有规律，其中食、酒、水、乐、兵等青铜器通常置于墓主人棺椁之间，而大体上，铜钟等乐器（或有石磬）与食、酒、水、兵器、车马器的置放位置具有分配"单元"上的差别，乐器置放是一个单元整体，食、酒、水等铜器是另一个单元整体。20 世纪 90 年代发掘的三门峡虢国墓葬 M2001，年代在西周晚期的宣、幽时期，随葬物品繁多，物品组合规格很高，级别当是国君级。其中随葬礼乐铜器有鼎、簋、鬲、盨、簠、匜、壶、盘、盂、甗，以及 8 件一套编钟和编磬。仅就棺椁之间铜器来看，编钟集中置放于椁室西侧北角，紧靠编钟的西北侧是编磬，食、水、酒器置放于西南角和西南侧（偶有一件铜钲置于食器上，或许是发掘或其他原因所置落的），此墓椁室北端、东北、东侧和东南置有兵器、车马和玉佩、玉饰，由此形成了不同的器物分配单元。山西天马—曲村西周晋侯墓 M93 保存完整，年代在春秋初，随葬编钟、编磬置于椁室西侧，食、水等器置于椁室东侧。西周早期墓葬中，乐器与食、水、酒器置放位置的区分不是很明显，乐器数或套件较少，编钟通常是2、3件成套。西周中、晚期编钟套件数量增加，常见多件成套（如 8 件一套的柞钟等），随之铜乐器在墓葬中的置放位置也与别类铜器区分更加明显。不过也有这类情况：有些墓葬器物散乱或无序堆压，可能是由于墓室塌陷、器物散落或其他原因，导致各类器混乱堆叠。

　　器铭除乐器不称"彝"外，兵器和车马器也不铭"彝"，道理显而易见，这类兵器、车器不能用于荐祀祖神，这是由其使用功能决定的。同样道理，乐器的功能不能如饮食类一样荐羞祭祀祖神，诚如《易·豫·象传》所言："先王以作乐崇德，殷荐之上帝，以配祖考。"乐器是以乐音来礼德荐享的。钟、镈铭文常记有"倉倉恩恩""㹞㹞雕雕"之乐以"卲格""侃喜"前文人、祖先、神祇，"㪤㪤鐈鐈"之音用以享祀或追孝祖先，以祈赐福禄永命，正所谓"淑于威仪，惠于明祀"①。在礼仪功能上，金石之乐可"绥宾""乐宾""和会百姓"，和谐邦国万民，这些正是乐器的功用。礼仪上乐器与彝器相辅相成，但功能有"分工"。可见周人在认知上对青铜容器类与乐器类的区分是非常明确的。

　　总之，晚商时代"彝"表示献牲祭神祖和青铜礼器通名，两种词义并存。西周时期"彝"表示青铜礼器通名和特指酒类祭器。晚商至西周"彝"作铜器通名，包括食、酒、水等铜器，而不包括乐器、兵器、车马器。不过后来"彝"的词义有了变化。《左传》多次提到"彝器"，其词义对后世影响较大。《左传·襄公十九年》云："取其所得以作彝器"杜预注解释"彝"："谓钟鼎为宗庙之常器。"汉魏晋时代将钟鼎之器统称"彝"，这是类名"彝"的词义扩大现象。后世如宋代有"钟鼎彝器"之称，清代学者多沿用此称，将古代礼乐铜器并称为"彝器"。二十世纪上半叶，由于考古学和器型学崛起，对青铜器分类的认识有了很大变化，不过许多学

---

① 语自《沇儿镈》（集成 203）。

者徘徊在传统与现代器型学之间，考古学家李济等主张依据器型对铜器分类，而传统金石学家仍习惯称“彝器”（或将容器和乐器统称“礼器”）。1941年容庚的《商周彝器通考》出版，将各类铜器统称“彝器”，而至1958年，他与张维持合著的《殷周青铜器通论》在铜器总类名上改用“青铜器”，此亦为当代通行的青铜器总类称名。在考古学上则有“礼器”和“乐器”的划分。关于青铜器类名“彝”，总的来看，其概念外延逐渐扩大，后世大于西周，这反映了自古及今人们对“彝器”概念认知的演化。

2.“限定、修饰性词语+彝/某器名”组合程序化较强，呈现出梯级现象，这与器主或用器者的认知意向直接有关。

西周器铭常见器名修饰词即前文所列几种，偶有其他修饰词出现，不过一两例。常见修饰词与器名组合呈现较强的程式化，大量固定地出现“尊”“旅”“䵼”“宝”“饙”“飤（食）”“享”“饮”“媵”诸词，且分别与器名形成“限定、修饰性词语+彝/某器名”组合格式。不过具体看，其中情况也有差别。

从程式化词义组合来看，“宝+彝/某彝器名/乐器名”出现510多例，“尊+彝/某彝器名”出现470多例，“旅+彝/某彝器名”出现260多例，“饙+彝器名”40多例，而“䵼+彝/彝某器名”不到30例，“飤（食）”“饮”出现较少。

与彝器通名“彝”组合，以“宝”“尊”最多，“旅”次之，“䵼”再次之。

同时“宝”“尊”不仅与“彝”组合极多，而且与各类器名组合也极多。“旅”与器名组合较多，但次于“宝”“尊”二词。“䵼”主要与“彝”组合，有时也与“鼎”“簋”组合。“饙”“飤（食）”“饮”极少与“彝”组合，多与某类器名组合。“饙”多与“鼎”“簋”“簠”以及具体器名（如“齍”）组合，偶与“盂”“盨”“壶”等组合。“饙”极少与“彝”组合，仅见《宰犬簋》铭，与“器”组合仅1例（《𩰫卣》铭）。“飤（食）”出现10例，多与“鼎”或“簋”等器名组合，与“彝”组合仅1例，写作“食”。“饮”与“壶”组合5例。“媵+某器名”出现40多例，未见“媵+

彝"组合，仅见 1 例"媵器黼彝"非直接组合。

可以看出，限定、修饰性词语与器名组合关系的程序化并不均衡，大致呈现梯级状。

在词语选择、词义组织与器铭表达（或表达者）关系上，"宝＋彝""宝＋某器名""尊＋彝""尊＋某器名"出现较多有语义认知方面的原因。

"宝"意指珍宝之器，明确表达了器主或用器者对所作之器的珍重，这既是彝器的一种性质，又是器主或彝器用者的作器、用器的态度，并期望后世用器者永宝、珍藏。所以，许多器铭在作器铭辞后加入"子子孙孙永宝用"一类的辞句，"宝"的词义透露出显性语义功能意向。

"尊"做器名的修饰语，虽意指尊上奉祀、奉持之用器，主要针对彝器功用性质，但其词义中有尊上、奉上的显性语义成分，表达了器主、用者或作铭者鲜明的尊上、敬重奉持态度。尊上奉祀的态度与祭祀彝器的性质是直接对应、共现的。甚至说，固定的"尊彝"词组大量重复出现，令人推测大概其语义表征是对尊祀仪式的模仿。器铭中"尊＋彝"组合已是最普遍的用法。

"宝""尊"二词显性地表达了器主或用器者对作器、拥有、使用器物的态度。无论是在词义内容方面，还是在语气程度上，对器物态度，"宝"比"尊"更加强势、鲜明。而且"宝"意指范围更加广阔，不限于祭祀持用功能，"宝"既可用于彝器名前，也可用于乐器名前。"尊"则不用于限定修饰乐器名。

"旅"修饰器名，意指所制彝器的一种制度属性，同时也是彝器的一种使用方式，即铭文所谓"旅用鼎簋"（《弢伯簋》铭）、"旅宗彝"（《周乎卣》铭）和"旅祖某或父某"。实际上这种使用方式并不简单，"旅彝""旅某器"即"列彝""列某器"，是西周时普遍的作器与用器制度。"旅彝"词组形式固定，大量重复出现，程式化较强，"旅彝"组合模式可能表征仪式意义上的使用模式，在词义组合层面上，这一固定、程式化组合将语义功能凸显。"旅彝"和"旅"某器名，作为一种作器和用器制度，隐性地表达了器主对彝器的态度。

"鬻"表示一种彝器使用方式，专用于祭祀。"饙""飤（食）""饮"都表示专门的彝器性能或功用。"媵"某器，则表示专用于媵嫁而作（和使用）之器，是作器和用器功用的一种类型。这些器名修饰词的语义功能局限于专门化的彝器性能，类似情况还有"醴"，只与"壶"组合（7例），等等。

表示铜器功能专门化的修饰语，其特点一是词义指称义域狭窄，出现较少，二是限定器名较为固定，如"鬻"限定修饰器名时总与"彝"或"鼎""簋"一类食器名组合，"媵"不与"彝"组合（或不直接组合）。而专门限定器皿性能的词语通常与具体器名组合，如"饙""飤（食）""饮""醴"很少与类名"彝"组合，多与具体器名或器专名组合。

与表示铜器专门功用的词比较，"宝""尊""旅"各词义的义域更宽广，用法更普遍。随三词义的义域大小呈梯级，用法普遍程度亦成梯级：

"宝"→"尊"→"旅"

透过以上各词与器名组合情况，在词义组合的义域宽广程度、用法的普遍程度方面，可识别其群体认知状态。

器主或作铭者在表达其对所作、所用之器态度上通常使用普遍、常用的词（如"宝""尊"），大多追从普通化模式，习惯于制度性的语义功能表征，表现为随众重复，依赖于固定的词义组合形式而聚集成为程式化倾向，因而形成了典型用法。表示铜器专门功用的修饰词与器名组合虽然出现较少，但其组合关系和形式基本上是固定的，也具有较强的程式化倾向。

二、多个修饰性词语与器名组合

除大量的"宝＋彝""宝＋器名"二词组合外，"宝"可与多个表示铜器性能、功用的词语一起与器名组合，形成多种固定格式，如：

"宝＋尊＋彝"／"宝＋尊＋某器名"

"宝＋旅＋彝"／"宝＋旅＋某器名"

"宝＋鬻＋彝"／"宝＋鬻＋某器名"

　　这是常见的三词组合格式，以"宝＋尊＋彝"最常见（或作"宝彝尊"），"宝＋尊＋某器名"次之。此外还有：

　　"宝＋用＋某器名"，"用"意指彝器的使用功能性质。如"宝用鼎"（《穌卫鼎》集成 2200），"宝用簋"（《作宝用簋》集成 3413）。

　　"宝＋有具体特征的某器＋某器名"，如"宝鬲鼎"（《鼄鼎》集成2067、《师目鼎》集成 2557），"宝鬲鼎"（《鴋叔鼎》集成 2615），"宝盘盉"（《吕服余盘》集成 10169、《应侯盘》铭图 14385、《王盉》集成 9438），"宝方鼎"（《史逨方鼎》集成 2164）。

　　"宝＋表用途或性质的修饰语＋某器名"，如"宝食彝"（《棻父鼎》集成 2194），"宝宗彝"（《舟輪夷爵》铭图 08579、《黄子鲁天尊》集成5970）等。

　　三词组合还有"旅尊彝""旅鬻彝""尊鬻彝""从旅彝""宝旅尊"、"旅甗尊"等。

　　三词组合按词语线性组合顺序通常是："宝"置于"尊""旅""鬻"前，通常是义域宽的、普通性的修饰词在前，义域较窄、普通性弱的在后。"彝"或器名位于各修饰词语之后。也有例外，如"尊宝簋"（见《襄鼎》《同簋》《臭簋》《舆簋》等铭），"尊宝彝"（《伯趆方鼎》铭），"旅宝彝"（《作旅宝彝卣》铭）等例，"宝""尊""旅"位置有变化。"宝尊彝"偶作"宝彝尊"，"宝尊旅"（《广作父乙簋》铭）则省略器名。

　　西周铜器自名中，乐器名数量少，多自名"钟"，其限定修饰词与器名的组合如：

　　"宝林钟"，见西周晚期《士父钟》（集成 146）、《克钟》（集成 205）、《克镈》（集成 209）等铭。

　　"宝和钟"，如西周晚期《走钟》（集成 54）。

　　"和林钟"，如西周中期《瘋钟》1 式（集成 246）、西周晚期《逞父钟》（集成 103）。

　　此外，乐器名前经常用"大"，组成"大林钟""大和钟"，这样的三词组合形式较稳固。"大林钟"常见，如《应侯见工钟》《师丞钟》《柞钟》

《兮仲钟》等铭。"大",语义功能意指钟的形制或编钟规模之大,在西周器铭中"大"通常不用于修饰容器类器名,而多与乐器"钟"组合①,并置于"林""和"前。《晋侯苏钟》铭"元和龤钟","元"与"大"同义,含有编钟盛大、精善之义。

三词组合,大多数固定性较强,但总的来看,三词组合比二词组合固定性弱。

四词组合出现较少,组合形式有:

"宝+尊+龤+彝",见西周早期《利簋》(集成3580),中期《彧方鼎》(集成2824)、《南方追孝鼎》(铭图02073)。

"宝+尊+旅+彝",如西周早期《木羊簋》(铭图04551)等。

"宝+尊+旅+某器名",如西周中期《南宫倗姬簋》(铭图04603)等。

"宝+尊+彝+某器名",如《吕伯簋》(集成3979)等。

与二词、三词组合相比,四词组合形式固定性弱,"尊""龤""旅"等修饰语词的位置有所变化。如《利簋》(集成3580)、《彧方鼎》(集成2824)"宝尊龤彝",《邓小仲鼎》(铭图02246)"宝龤尊鬲",《彧方鼎》(集成2789)"宝龤尊鼎",《澅伯逨尊》(集成5954)"宝旅尊彝",《伯作文公卣》(集成5316)"宝尊旅彝",《鼓簋》(集成4317)"龤彝宝簋",《虢尊》(铭图11664)"旅宝尊彝"等。

同样,乐器铭文中的四词组合形式,固定性也较弱,如:

"宝大林钟",见西周晚期《楚公豙钟》(集成43)。西周中期《蚀仲钟》(集成36)作"大林宝钟",又有《癲钟》2式(集成250)作"大宝协和钟","宝"的位置有变化。而"大林和钟""大和林钟"中"林""和"的位置有变化。"林"表示众"钟"编列特性,"和"表示"钟"乐音效特征,二者是"钟"乐的不同方面的特性,在认知上地位大致平行,孰前孰

---

① 1984年陕西长安县张家坡西周墓葬出土西周中期邢叔采钟两件,其名"大钟"(集成356、357),此"大钟"非一钟专名。此"大"与"大×钟"用法相同。

后并不固定。

　　不过多数情况下，义域较广、具有态度倾向的形容词"宝""大"，置于"林""和"等表示器乐具体特征的修饰词之前。另外《晋侯苏钟》（铭图15309）有"元和扬钟"①，"元"即"大"义，也位于其他修饰词语之前。

　　以上分析可以看到，总体上器名与表示其性能的修饰词语有比较固定的组合关系。在词语线性组合顺序上，修饰器名的词在前，器名（作中心语）在后。

　　关于某一器名（作中心语），表示其作器态度、价值意向，以及器的形制规模、功用性能、具体形状等的限定、修饰性词，往往属于感性的或具体经验的范畴。相对于用作限定、修饰的词，器名是较抽象的概念。限定、修饰词与器名组合，通常顺序是先出现感性的或具体限定性能、关系的限定、修饰词，后出现中心词器名。先感性特征再到抽象概念，先边缘义域再到中心义域，先价值意向再器物特征。由感性限定到抽象概念，由宽义域或边缘的修饰说明到窄义域或中心的限制说明，而逐级到器名中心语。这是当时人们对修饰语与器名中心语组合形式的基本语义认知情况。

第二节　作器词义组合类聚：称谓词语

一、称谓词语组合系列

　　（一）"作器"铭辞中，作器动词与器名中间经常出现称谓词语，用作中心语器名的限定语。如"作父辛彝"（《虡作父辛壶》集成9577），"彝"前有"父辛"，"作季姞甗"（《郑井叔甗》集成926），"甗"前有"季姞"。多数情况下，器名前有称谓词语，同时还有表示铜器价值、性质、功用、特征或器形等词语与称谓词语一起限定、修饰或说明器名，组成名词性偏

―――――――

① "甼"与"錫"同，即"扬"，用于修饰"钟"乐音调。

正词组。例如，"作祖丁宝尊彝"（《作册大方鼎》集成 2758），"用作朕皇祖应侯大林钟"（《应侯见工钟》集成 108），等铭。有时省略器名，如"遽仲作父丁宝"（《遽仲觯》铭图 10640），"孔作父癸旅"（《孔作父癸鼎》集成 2021），是省简形式。

这类词组中的限定修饰语系列，通常称谓词语在前，表示某器价值、性质、功能、用法、器形特征等词语在后，① 格式为：

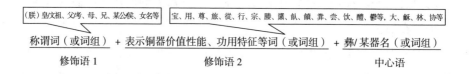

称谓词（或词组） ＋ 表示铜器价值性能、功用特征等词（或词组） ＋ 彝/某器名（或词组）

　　修饰语 1　　　　　　　　　　　修饰语 2　　　　　　　　　　中心语

需待讨论的问题是，在语义认知层面上称谓词语及其组合形式的所指为谁？其性质为何？也就是说从作器角度来看，这些称谓词语的所指与作器关系如何——称谓词语所指直接关系到辨别是作器的祭祀对象（即"受祭者"）还是作器授予的当时使用者（即"受器者"）问题。可通过作器时其称谓词语所指者是否在世（已故先人还是生者）来辨明这种关系。

（二）器名前称谓词语所指与作器的关系，大致有以下几种情况。

1."祖""父""考""妣""母""兄"，与天干日名、"皇""文""烈"等敬称或谥号组合，或再加某公、侯、伯、某叔男性称名以及女性称名等称谓形成的组合系列，这显然表示作器用以祭祀的对象，即受祭者。

称谓词"祖""父""考""妣""母""兄"与天干日名组合，敬词"烈""皇""文""丕显"和谥号，均为祭祀对象的显性标志，其他称谓词语紧跟其后，与之形成称谓组合系列，具有祭祀对象的性质。

2.有谥号的周王或爵称②，可推知为受祭者。

---

① 偶有例外，如《屯鼎》（集成 2509）"用作肅彝父乙"，《萬簋》（集成 4195）"用作尊簋季姜"，只是极少数现象。

② 彭裕商关于西周谥制为"死后谥"的观点（见《西周青铜器年代综合研究》）是可取的。据传世文献记载及西周器铭来看，西周早期已产生"谥"法制度，谥号是周王或西周高层给予已故王、公、诸侯等的官方评定性称号，谥者应是已故者，可作祭祀对象。

3.有些称谓词及其组合无显性受祭者标志，但仍可从文献等历史知识背景推测是否为祭祀对象。

例如：《荣作周公簋》（邢侯簋）（集成4241）："王令荣罙内史曰：菁井（邢）侯服……作周公彝"。《左传·僖公二十四年》云："凡蒋、邢、茅、胙、祭，周公之胤也。"周公嫡后，有封于邢者，即簋铭提到的邢侯。有学者分析此"荣"和邢侯约在成康时期，[①] 距周公故去时不远，邢侯因受命服并作彝器以祭祀周公。

4.器名前称谓词语所指为生者，即作器者为与之有密切关系的某生者作器。许多器名前的称谓，有生者的显性标记词。例如"媵"器，称谓与"媵"组合标志着女性，通常为生者。

为生者作器的铭文，许多可推知作器者与受器者关系，如：

《旡叔盨》（集成4425）："旡叔作仲姬旅盨，旡叔其万年永及仲姬宝用。"此盨为作器者"旡叔"和受器者"仲姬"共享。

《麄叔樊鼎》（集成2679）："麄叔樊作易姚宝鼎，用享孝于朕文祖……"受器生者用以祭祀的祖先正是作器者祖先。

二铭中的"仲姬"和"易姚"均为女性名氏，与作器者大概都是夫妻关系。

另一种情况是"自作某器"。商末或西周早期的《雙方鼎》（集成2579）[②] 云："雙堇（觐）于王，癸日，商（赏）雙贝二朋，用作雙尊彝。"显示出人名"雙"是生者。不过"雙"既是作器者也是器主。这种情况特殊，应是标记自作器的一例早期表达形式。称"自作某器"多见于西周器铭，春秋时期器铭称"自作某器"已蔚然成风。凡记有"自作某器"者，作器者多为器主。但也有标出受器者的，如西周晚期《作吴姬匜》（集成10186）有"自作吴姬媵匜"，受器者是"吴姬"。

5.作器者作器时在世，根据其称谓体例，可推测与之体例相同的器

---

① 参见杨树达《积微居金文说》，中国科学院出版1952年版，第109页；郭沫若《两周金文辞大系》周公簋，释文第39页。

② 此器《殷周金文集成》断代为殷或西周早期。

名前称谓所指者与作器者很可能是同时在世。如以下称谓格式：

姓氏或族氏，"姓氏＋私名""私名／职位（职官）＋父""排行（伯／孟、仲、叔、季）＋封国／封地＋父"。

此外，还有"封国＋姓氏""封国或族氏＋排行（孟／伯、仲、叔、季）""封国或族氏＋排行＋私名"等组合称谓形式。

6. 女性生称，称谓组合形式主要有：

"国名／封地（夫方）＋女方族姓"，如《伯田父簋》（集成 3927）"作井（邢）妃宝簋"等铭；

"排行（孟、叔、季）＋女方族姓"，如《伯庸父鬲》（集成 616）"作叔姬鬲"等铭；

其他情况，如"表示地位的称谓＋女方族姓"，见《毳簋》（集成 3932）等铭。

另外，有些器名前称谓形式所指是否为生者，无显性标志，无法从器铭内容推知，列存疑。

二、称谓词语组合的语义认知

器名前的称谓词语的定性、定位与组合排序关系，直观而凸显作铭者对语义功能性的认知。其中有几点值得注意：

（一）"作器"必定有作器对象，可从认知角度分析其作器对象。辞句含有为某作某器之义，但在语义认知上却隐含有"为某作某器，而此器具有特定使用功能或用途"。在认知上可将作器对象分为：a. 受祭者，作器为祭祀某一或某些先人；b. 受器者，作器授予某人专主使用该器；c. 受器者，作器授予某人而具有特定礼仪功能或用途——以媵器最典型。

为受祭者作器，是指作某器用于或专用于祭祀某（或某些）先人。一方面，可以看出在作器者的认知和观念中，某器可用于或专属于某（或某些）受祭者的，受祭者"可享用"此器。另一方面，"受祭者称谓＋器名"与"受器者称谓＋器名"组合形式虽然形同，在辞句表层均可看作"为他人作器"的铭辞，但是这仅是铭辞表层格式上的相同，其语义层次和器用的含义并不同。如器铭有"某人作某器，用享/追孝……祖考"，是无标记的自作器铭辞，①其实在语义的表达上，与"某人作……祖考……某器"是一致的。因此，为受祭者作器的铭辞，只是铭辞形式上的"为他人作器"。但这种形式具有重要作用，它以特定的"作＋某称谓（系列）＋器名"格式提示人们：为受祭者作器是受祭者所用的或是专器"专用"的。

受器者——有为在世他人（生者）作器和自作器的区分。观察其规模和体系，在西周显然已成一种制度。某人为某生者作器，是指授予生者某器，这个"生者"是受器者，是某器的专属使用者。这种使用不仅包括尊持彝器的祭祀之用，还包括生者的饮食、宴飨礼仪之用，以及媵嫁之用等。

作媵器用于某女性媵嫁，"某人作＋某女性称谓或私名＋媵＋某器"，语义上实为"某人作媵某器，用于媵嫁某女性"。正如《番匊生壶》（集成9705）所云："番匊生铸媵壶，用厥媵元子孟改乖"。

为某生者作祭祀之器，器属于此生者，用来献享、祭祀其宗族先人。为某生者作专属或飨用之器，则是此生者自己用以饮食或用以宴飨亲友、僚臣等，如《伯喜父簋》铭，伯喜父为洹作馈簋，由洹来使用（或祭祀，或宴飨）。如果作器者与受器生者关系密切，则铜器虽为受器生者专属或用享，作器者可与之共同永宝、珍持此器，如《公登父簋》（铭图05014）曰："公登父作瘝妦好宝簋，登父罘瘝好其永宝。"即此类情况。

除为他人作器外，许多西周、春秋器铭还记有"自＋作＋某器"，明显与"某作＋某称谓（生称）＋某器"相区别。在标有"自作某器"的器铭中，受祭者（祭祀对象）通常位于作器铭辞之后，以别于器名前的受器生者，如：

《勇叔买簋》（集成4129）："勇叔买自作尊簋，其用追孝于朕皇且

---

① 如《杜伯盨》（集成4448）"杜伯作宝盨，其用享孝于皇神祖考"等。"用享、孝"类铭辞中的祭祀对象同时出现于作器铭辞的器名前，如《彧簋》（集成4322）"（彧）用作文母日庚宝尊簋……用夙夜尊享孝于厥文母"。

（祖）、畜考"。

《伯家父簠盖》（集成 4156）："自作宝簠，用享于其皇祖、文考"。
"自＋作＋某器"是有标记的自作器铭辞，而多数是无标记的铭辞——即省略了"自"。

西周有为他人作器和自作器之分。显然，为受祭者作器是殷周时代重要、严格的礼制之一；而周代为生者作器的制度是否严格，还不能确定。不过，据周秦传世典籍所述，为女性媵嫁作器是一种礼俗，为生者作器已成为制度。

（二）器名前先人或受祭者称谓组合系列有严格的排序。

1. 先看某一先人或受祭者的称谓组合，总体排序通常是：

敬称→宗室先人亲称→天干日名／谥号／封国封地→爵称／职名／同辈排行／（或排行→封国封地→男性称谓"父"）

有多种具体格式，例如：

（1）祖／考／父／妣／母／兄＋天干日名

"作祖辛旅彝"《敖司土幽且辛尊》（集成 5917）

"作父癸彝"《亻宾父癸鼎》（集成 2132）

"作母乙尊鼎"《雍作母乙鼎》（集成 2521）

（2）敬称（皇、文、烈）＋祖／父／考／妣／母

"诂作皇母尊簠"《诂簠》（集成 3841）

（3）敬称＋祖／考／父／妣／母／兄＋天干日名

"作文考父丁宝尊彝"《冀卣》（铭图 12274）

"作文母日庚宝尊簠"《威簠》（集成 4322）

（4）敬称＋祖／考／父＋天干日名＋爵称，或天干日名＋爵称

"作朕文考乙公尊簠"《是鼒簠》（集成 3917）

（5）敬称＋祖／考／父＋排行／职官＋某父

"作朕皇考叔硕父尊鼎"《善夫山鼎》（集成 2825）

（6）敬称＋祖／考／父／妣／母＋谥号＋爵称

"作朕文祖穆公大钟"《邢叔采钟》（集成 356）

"作朕文考剌（烈）侯宝盘"《晋侯喜父盘》（近出 1006）①

（7）敬称＋祖／父／考＋封国、封地＋排行

"作厥文考井（邢）叔宝尊彝"《季鲁簋》（集成 3949）

（8）敬称＋祖／父／考／母／妣＋谥号＋排行

"作朕皇祖釐季宝宗彝"《小克鼎》（集成 2797）

"作朕文考釐叔尊鼎"《窃鼎》（集成 2755）

（9）敬称＋祖／父／考／母／妣＋封国、封地＋爵称（＋姓氏或私名）

"作朕文考澜伯尊鼎"《利鼎》（集成 2804）

（10）敬称＋母／妣＋排行＋姓氏

"作朕王母叔姜宝簋"《散季簋》（集成 4126）

（11）敬称＋祖／父／考＋天干日名＋排行

"作皇祖考庚孟尊簋"《吴彭父簋》（集成 3980）

2. 多位祭祀对象称谓组合系列，宗室先人或受祭者按辈分排序：

祖（祖辈）→父／考（父辈）→母／妣→兄

其中每一位受祭者的称谓组合按上述格式。

（1）敬称（皇、文、烈）＋祖→敬称＋父／考

"作朕皇祖、文考宝和钟"《走钟》（集成 54）

（2）敬称＋祖＋天干日名→敬称＋父／考＋天干日名

"作朕皇祖日丁、皇考日癸尊簋"《仲辛父簋》（集成 4114）

（3）敬称＋祖／父／考＋谥号＋爵称→敬称（皇、王②、文等）＋母／妣＋谥号＋姓氏或私名

"作文考圣公，文母圣姬尊彝（鬻）"《师趛鬲》（集成 745）

（4）敬称＋祖（祖辈）＋谥号／封国封地＋爵称／排行→谥号＋父／考

"自作朕皇祖太公、庸公、执公、鲁仲、宪伯、孝公、朕剌（烈）

---

① 又见《文物》1995 年第 7 期，第 14 页。

② 如"王母"，"王"可作敬称，用于修饰"母"。同辞中敬词"皇""王"对举，可见是两个词。

考……□和钟"《师𡎚钟》（铭图 15266）①

（5）敬称＋祖、父／考＋封国、封地＋爵称→敬称＋母／姒＋封国、封地＋女方姓氏或私名

"作朕皇考遟伯、王母遟姬尊簋"《仲𣪘父簋》（集成 4102）

（6）敬称＋祖、父／考＋封国、封地＋爵称→封国、封地＋女方姓氏或名

"作朕皇考郑伯、郑姬宝盘"《袁盘》（集成 10172）

（7）敬称＋祖／父／考＋谥号＋排行→敬称＋母／姒＋（谥号）姓氏或私名

"作朕皇考龏（恭）叔、皇母龏（恭）姒宝尊簋"《颂簋》（集成 4333）

（8）敬称＋祖／父／考＋爵称＋姓氏或名→女性排行＋女方姓氏

"作朕皇祖公白、孟姬尊簋"《不𡢁簋》（集成 4328）

（9）敬称＋祖／父／考＋排行→女方姓氏

"作文考小仲姜氏盂鼎"《卫鼎》（集成 2616）

（10）敬称＋祖／父／考＋天干日名＋爵称＋私名→（夫）封国、封地＋女方姓氏

"作朕剌（烈）祖乙伯同、益姬宝簋"《师询簋》（集成 4342）

个别器铭中，器名前受祭者称谓组合并未按上述格式排序，见《宜侯夨簋》《宪鼎》《白宪盉》三铭：

"作虞公父丁尊彝"《宜侯夨簋》（集成 4320）

"用作召伯父辛宝尊彝"《宪鼎》（集成 2749）

"白宪作召伯父辛宝尊彝"《白宪盉》（集成 9430）

其中"虞公父丁"和"召伯父辛"未按"父／考（父辈）＋日名＋封国、封地＋爵称"排序。但细读铭文会发现，其排序并非不严格，而另有原因。宜侯夨簋大约是康王时器，"夨"原封地"虞"（虞），称"虞侯夨"。

---

① 又见《文物》1994 年第 2 期，第 96 页，作钟器用于"侃喜""喜乐"先祖人神，有别于食饮彝器的将享祭祀。

铭文记言周王令"虞侯矢"迁侯于"宜"国（地），① 赐物品、土地宅邑和臣民，周王令言之后的铭辞已改称"宜侯矢"，看来此铭对称呼使用很严格。最后记"作虞公父丁尊彝"，器主（作铭者）将"虞公"置于"父丁"前，原因是"矢"迁封"宜侯"而强调原封国"虞"，"矢"所宗祀者"父丁"是已故原虞国之主，显然使用称谓是严格的，表述器主与受祭者关系也是明确的。康王时器《宪鼎》与《白宪盉》铭中"宪"是同一人，又据《匽侯旨作父辛鼎》等铭知"宪""匽侯旨"均为召伯之子，② 《宪鼎》铭说"宪"在匽（燕）时受匽（燕）侯赏赐而作器。"召伯父辛"应为召公毕的嫡后，称谓组合将"召伯"置于"父辛"前，凸显受祀对象"召伯"之称，以标明"继承的是召国之宗"。可见这些器铭是根据事实来严格排列、标明称谓关系的，具有一定目的性。这也正是语义功能认知在词语组合方式上的突出现象。

另有西周中期《周愙壶》铭（集成 9690）："周愙作公日己尊壶，其用享于宗"，先秦时"公"也指"祖"或"父"，③ 此铭仍是"祖／考＋天干日名"格式。

器铭排序通例为先烈考后文母，与典籍一致，如《诗·周颂·雝》曰："既右烈考，亦右文母。"另有《叔㝬父簋》铭（集成 3921）："作朕文母剌（烈）考尊簋"，仅一特例，原因尚不明。

通常情况下，器名前宗室先人或受祭者称谓组合保持严格的排序。

（三）对西周器铭分析，我们觉察到"作＋称谓（或人名）系列＋器名"组合中，人名称谓及其组合系列所指者分为受祭宗室先人和受器生者两大类。从句法层面看词语组合，这两类处于相同位置，做器名的修饰

---

① 参见马承源主编：《商周青铜器铭文选》第三册，第 34 页；唐兰：《西周青铜器铭文分代史征》，第 153 页。

② 参见马承源主编：《商周青铜器铭文选》第三册，第 28 页；唐兰：《西周青铜器铭文分代史征》，第 146—148 页。

③ 杨树达：《积微居金文说·周愙壶跋》释"父"，而《史记·外戚世家》司马贞《索隐》："公亦祖也"，《吕氏春秋·异用》："孔子荷杖而问之曰：'子之公不有恙乎？'次及父母，次及兄弟妻子。"此"公"指"祖"。

语，限定了器名的所属范围；从语义组合关系看，受祭者和受器者都是于铜器的使用或专属者范畴。为某受祭者作器，其实是用器祭祀他（或他们），而且具有专用性，这是西周为受祭者作器的一项制度。铭辞"作＋某先人称谓＋宗／宫＋某器"可以帮助我们理解这一点。例如：

　　"作朕文考濒公宫尊鼎"《伯晨鼎》（集成 2816）

　　"作甲考宗彝"《夅卣盖》（集成 5343）

　　为宫室、宗庙作祭祀彝器，既是宫室宗庙专属彝器，也是其中祭祀对象的专属彝器，这使宗族统系纯一，明确同祖同宗关系，成为严格宗法制度的一个重要方面。

　　（四）穷尽考察西周器铭会发现，作器铭辞中器名前的受祭者只有祖先、考妣和宗室已故者，而无自然神。显然，西周作器制度，一方面主要为生者和宗族已故者作器，在宗庙使用彝器的祭祀活动中，享祭的对象主要是祖先人神，并且以钟乐"侃喜""文神人"。另一方面，周人意在为生者和祖神作器，生者、祖神都可成为某器的"所有者"，这是当时人们的普遍观念。

　　铭文中常见祖考或前文人"严在上"、子孙"在（于）下"等语，如《番生簋盖》（集成 4326）有"丕显皇祖考……严在上，广启厥孙子于下"，《梁其钟》（集成 188）有"皇祖考其严在上"，《虢叔旅钟》（集成 238）有"皇考严在上，異（翼）在下"，《丼人妄钟》（集成 110）有"前文人其严在上"等。这些显示出西周时代人们的一种认知：死者"在上"，生者"在下"。死者虽然存于另一个世界，即器铭所说"（严）在上"，但却似生者一样，既可享用彝器鼎簋之食，亦可听到林钟和音。

　　"下界"与"上界"，生者与祖先人神，周人借助祭祀活动将两者沟通。许倬云先生通过《仪礼》和《诗·小雅·楚茨》等典籍内容阐述了西周人的一种观念——在宗庙祭祀中周人相信，祖灵参加了人间的飨聚活动，可与活人一样，嗜饮好食，歆受享祀而能保福子孙。①

---

① 　许倬云：《西周史》（增补二版），三联书店 2012 年版，第 294—296 页。

　　宗族成员享祀祖神有其明确的认知信念，通过宗庙所置彝器、礼乐和祭祀仪式，借以达到人与祖神沟通的目的。《诗·小雅·楚茨》云："以为酒食，以飨以祀，以妥以侑，以介景福。"宗庙是宗族成员与祖神交接的场所，彝器是献飨鬯醴与祖灵沟通的介体，钟罄礼乐则可以歆格降神，从而以飨祀仪式求得祖先赐寿安福。《楚茨》又云："先祖是皇，神保是飨。孝孙有庆，报以介福，万寿无疆。"与之相同，西周钟彝器铭也传达了这样的语义认知观念：宗族子孙永宝用享彝器，恪守对祖先孝飨祭祀之礼，相信祖神必会赐以福寿。在这里，永宝用器享祀祖先与祖先对子孙福佑是一种交互关系。

　　因此，宗庙祭享祖神是接通"上界"与"下界"，祈神赐福"下界"生者的必要环节。而宗庙彝器及其铭文发挥着重要的介体作用，子孙与受祭祖先可共享彝器功能。器铭与彝器相应，共同承载着周人这种认知信念。

第九章　认知系统性在金文词义组合类聚上的表现（二）

第一节　程式化词语组合的语义认知

西周器铭词义组合关系突出表现为程式化的组合。程式化的组合格式，如"……作……某器""用作……某器""……蔑……历""赐汝……""[王]即立（位）""即立（位）/立（位）中廷，北向""王呼……册命……""……入右……""命汝官司……""王在……某宫/某地""王各（格）大（太）室""……敢对扬天子休""……对扬……休""万年永宝""子子孙孙永宝用""出内（入）王命""用觑出内（入）使人""……见事于……""……见服于……""……弗敢……""敬夙夕用事""……搻（拜）頴（稽）首"或"……搻（拜）頴（稽）""用享孝于……"等。这样的程式化组合实际上已形成词义组合类聚体系，成体系的词义组合类聚则凸显出作铭者群体的语义认知系统性。

一、"赐休"类

赐休类动词与所赐物品组合关系形成的聚合类别繁多，依据所赏赐内容的性质可分为三大类：（1）赏赐财货物品；（2）赐城邑、土田和臣民仆从；（3）册命、命职赐服等。

对于语义认知研究来说，探究词义组合方式，从词组、铭辞组织关系角度来划分"赐休"铭辞类别尤为重要。这就是根据整篇铭文中"赐休"铭辞出现情况、与其他铭辞的组成关系，结合赏赐内容或物品的性质进行分类：一类是记述一般性的施恩惠、示荣宠的赏赐铭辞，另一类是记录典常礼仪的册命赐服和其它命赐铭辞。

第一类，多见于短篇铭文，如：

"休王赐趞父贝，用作厥宝尊彝。"《趞父鼎》（集成 2453）

"辛宫赐舍父帛金，扬辛宫休，用作宝鼎，子子孙孙其永宝。"《舍父鼎》（集成 2629）

二铭中"赐休"辞句前未有其他铭辞，出现环境单纯。

或者，出现环境略显复杂，在群体器铭中除了"作器"铭辞、"对扬"铭辞外，"赐休"辞句与其他铭辞并未形成多铭辞组织系列的类聚关系，在"赐休"行为与其他行为活动之间，未显现出典常礼仪性质的、固定的程序关系。例如：

"唯三月王在成周，征武王禱（祼）自蒿，咸，王赐德贝廿朋，用作宝尊彝。"《德方鼎》（集成 2661）

周王在许多活动之中（或之后）赏赐臣下朋贝等财物，禱（祼）祭（禱或释福）武王活动与赐德朋贝没有必然的仪式关系。

以上情况属于一般性"赐休"铭辞。众所周知，青铜彝器及其铭文对于殷周时代具有极其重要的政治和社会意义，是国家、宗族权力和制度的象征。《趞父鼎》和《舍父鼎》铭只记器主受赏赐作器，从商末至两周，这类因受赏赐而作器的简短铭文非常多，看来臣下受主上赏赐不是小事情。许多器铭更增加了器主受赏赐的原因，如《德方鼎》铭，记有时间、地点，周王因福祭武王顺利完成而兴赐侍臣"德"，这些语句组合在一起表述了作器原因，不过在作器者"德"看来，用以作此器的核心事件是受王赏赐。

像这种记述因受赏赐而作器的铭文占据了西周器铭半数以上。如此众多的受赐作器铭文汇聚成强大的群体认知：一方面，"赐休"是极重要事件，给宗族带来荣誉，用作器铸铭方式传知后世。另一方面，器主在铭记自己（或家族）受赐荣耀的同时，似乎也在特意地宣扬主上休善与荫庇之德，表达了上层社会的群体价值观。

受赐作器现象如此盛行，成为西周上层社会的一种风尚而作器亦可看作西周社会礼俗和施政制度的一个重要方面。周王或邦君对臣下施恩惠、荣宠，以示其休善，属于施政措施范畴，而上级赏赐下级显然是其主要方式之一。

从历史角度来看，铭文记录的每一赐休事件都具有特殊性——事件本身在历史过程中是唯一的，特定时间地点，发生的赏赐行为是一次性行为。但是在语义认知方面，虽然时间地点和受赐者是变量，语义层面上所表示的"赐""赏"行为却是常项。恰恰是这一语义常项，表征了人们在认识上和语义上对历史现象的规则性或规律性的提取，表征了对其意义共性的认知——即那个时代君上对臣下的"赐休"是施政制度层面上的行为，具有社会制度性质。作器者（或作铭者）的语义认知是集体性的，是共享性的。在"赐休"铭辞中，"赐""赏"的语义"行为"可以不断被重复、被模拟，成为模式化的、概念化的表意符号。这既是语义层面与历史层面的差异，也是语义认知与历史认识的契合。

第二类，"赐休"铭辞记述的是典礼仪式性的册命赐服或其它命赐活动，常见于西周中、晚期铭文。如：

"唯七年十月既生霸，王在周般宫，旦，王各（格）大（太）室，邢伯入右趞曹，立（位）中廷，北向，赐趞曹截（缁）市（韍）、冋黄（衡）、銮。"《七年趞曹鼎》（集成2783）

其中"王各太室""……入右……""立（位）中廷""北向"与"赐……"组成一组铭辞系列，记述了册命赐服仪式的一系列程序。这类铭文众多，在纵向上汇聚成"册命、赐服"铭辞系列的聚合类。

这类仪式性的册命赐服，通过两种方式来记述：

一是通过引语记录册命赐服内容，如：

"王呼史翏册命无更曰：官司穆王遹（正）侧虎臣，赐汝玄衣、黹屯（纯）、戈琱戠、歊柲、彤沙（绥）、鋚勒、銮旂。"《无更鼎》（集成2814）

二是陈述册命赐服事件及所赐物品，如：

"王呼内史𠂤册赐趞玄衣、屯（纯）𪩘、赤市（韨）、朱黄、銮旂、鎣勒，用事"。《趞鼎》（集成2815）

前一种属于记言，后一种属于记事。

周王"册命""赐服"或诸侯邦君命职，由一系列铭辞组成，按事件发生过程排序。对照群铭，特别是西周中、晚期器铭，凡记录这类行为活动的铭辞系列排序大致相同，呈现较强的程序化倾向。从而可以看出，器主或作铭者刻意记述"册命""赐服"和命职行为活动的仪式或程序，突出其各环节及重要性。这是一种重要的群体语义认知现象。

在周王"册命"或诸侯命职语境中，词义组织表现出的群体性语义认知，有如下特点：

1.器铭分为几套固定的、程式化的词语组织系列，如（1）"王各太室"＋"……入右……"／"……右……入门"＋"立（位）中廷，北向"＋"王呼……册命……"＋"赐汝……"系列；（2）"王在某地（如宗周）"＋"王各某宫"＋"王曰"＋"……命汝／司……"＋"赐汝……"系列；（3）"王曰"／"王若曰"＋"……［今］命汝／司……"＋"赐汝……"系列；（4）"……入右……"＋"立（位）中廷"＋"某（邦君或宗族长）呼……命……"＋"……［今］命汝……"＋"赐汝……"系列；（5）"某（邦君或宗族长）若曰"＋"……命汝……"＋"赐汝……"系列；等等。

2.词语组织系列中出现的词语及其组合关系基本固定。如在周王册命赐服中，"赐汝……"前固定出现"王""在某宫／庙""各""太室""旦""入右""立（位）中廷""北向""王呼×""册命"等词语。

3.铭辞组织系列排序较严整，具有严肃、规范的特征；同类铭文体例大致相同，程式化明显，说明在认知上具有效仿、趋同取向。

4.特意展示命赐行为活动的典型程序，以表明该事件是典礼或重大活动。

5.有的器铭采用"王曰"或"王若曰"记言形式，直接引述周王册命赐服的命书内容，以示权威，达到威严、隆重和典范的语义效果。

6.以铭辞系列的组织次序，模拟事件过程、仪式，以展示事件的重要性和礼仪规范性。

7.几乎所有的命赐辞句都以词语组合排列形式模拟赐服及鸾旗车马物品的次序，这是非常突出的特点。如：

"赐汝玄衣、黹纯、赤芾、朱衡、鸾旂"《善夫山鼎》（集成2825）

"赐汝玄衣、黹纯、赤芾、朱衡、鸾旂、銮勒"《颂鼎》（集成2827）

"赐汝秬鬯一卣、金车、贲较、画輯、朱鞹、靷斳、虎幎冟、缰里、旂、余（駹）马四匹"《牧簋》（集成4343）

"赐汝秬鬯一卣，赤芾、五衡、赤舄、牙櫜、驹车、贲较、朱鞹、靷斳、虎幎、缰里、画輯、画輯、金箇，朱旂，马四匹、銮勒，索鉞"《师克盨》（集成4467）

词语排列方式是对册命赐服或其他命赐的等级、款式，以及车马配置和部件等进行的语义模仿。赐服象征着地位和权利，语义模仿使人感受到整肃、庄严的仪式场景。语义表达形式与所表述事件、事物相对应的直观特征，这些直观特征是在认知中产生的，具有"场景"效果。

将众多器铭中册命、命职、赐服铭辞系列汇聚，可观测到：在反映、再现事件过程和物品序列方面，铭辞系列及其词义组织直观地形成了表征"事件"的语义聚合类——可以称之为"语义场景"类别。当多重词义组合片段组合成段落或篇章，表述一个事件过程时，在语义认知上，就形成了一个语义场景。认知系统性就表现为作铭者群体对语义事件选择、叙述的典型化。

"语义场景"其实是一种语义功能认知方式，是用语句组织及其语义结构的方式，通过重复模仿事件、行为活动或事物关系等而形成的语义表达的聚合类。"语义场景"类别对语义认知有重要作用，可以使语义事件类化和典型化，易于辨识，便于记忆；而且很容易成为模仿的范本：一方面可使作铭者相继效仿，另一方面彝器使用者敬奉其为典范，从而促成有效的语义认知传递。

作器者和彝器使用者共享此类"语义场景"的重要意义，无比敬重与自豪，对宗室家族重要历史事件的铸铭与认知、记忆与传扬，已成为那个时代上层社会的普遍风尚。

二、"蔑历"类

器铭有许多"蔑""历"组合，并非偶然现象，大量出现于商末至西周晚期彝铭，凡50多例①。例如：

（1）"王蔑庚嬴历"《庚嬴鼎》（集成 2748）

（2）"王蔑寓历"《寓鼎》（集成 2756）

（3）"用天子宠，蔑梁其历"《梁其钟》（集成 187）

（4）"天君蔑公姞历"《公姞鬲》（集成 753）

（5）"君蔑尹姞历"《尹姞鬲》（集成 754）

（6）"益公蔑佣伯鬲历"《佣伯鬲簋》②

"蔑""历"连用，释义有二十一家之说，不过大多同意表示嘉奖、勉励、休美等义。③ 有的学者认为二字意义有别，如唐兰先生，有的学者以为同义，如晁福林先生。"蔑""历"两词连用时，其义或用法在西周时代肯定是确定的，两词连用大致有嘉奖、勉励之义。

"……蔑……历"格式为"周天子 / 邦君 / 宗族长 / 公侯贵族或重臣等 + 蔑 + 下级或臣属 + 历"，意即周天子、邦君、公侯等上级嘉奖、勉励其下级臣属。"蔑"前为施事者，"蔑"后为受事者，即受到"蔑""历"的对象。这一格式盛行于西周器铭，纵向聚合，形成程序化用语。

器铭还有"……蔑历"式，如：

（1）"小臣谜蔑历"《小臣谜簋》（集成 4238）

（2）"穆穆王蔑长甶……长甶蔑历"《长甶盉》（集成 9455）

（3）"馀其蔑历"《师馀簋盖》（集成 4277）

（4）"师遽蔑历"《师遽方彝》（集成 9897）

---

① 参见晁福林《金文"蔑历"与西周勉励制度》，《历史研究》2008 年第 1 期。

② 《文物》2006 年第 8 期，第 8 页。

③ 晁福林：《金文"蔑历"与西周勉励制度》，《历史研究》2008 年第 1 期。

（5）"史墙夙夜不坠，其日蔑历"《史墙盘》（集成 10175）

在此类格式中，小臣謎、长甶、舲、师遽等都是受"蔑历"者，即受事，"蔑历"词组紧接其后。"蔑历"的施事者通常出现于每篇铭文之中。

偶有变式"……蔑……历"和"……蔑历"，如《保尊》（集成 6003）铭：

"王令保及殷东国五侯……蔑历于保……"

"蔑历"的受事是"保"，施事是"王"。

又如《繇簋》（集成 4192）铭：

"王事（使）荣蔑历……繇（豨）对扬王休……"

"荣"后虽紧跟词组"蔑历"，但"王使荣蔑历"表明"荣"是"蔑历"的施事者，受"蔑历"者应是铭辞后面出现的"豨"这个人。

变式特例与"……蔑……历"或"……蔑历"格式，语义结构其实是一致的。西周器铭中绝大多数是"……蔑……历"或"……蔑历"格式，具有较强的程序化。

从这种铭辞聚类中，可以推测作铭者的两个语义认知取向：

一是个人使用"蔑""历"词语组合时，大概认识到典型表达格式的群体认同作用以及典范作用，因而有意靠拢已有的典型格式。

二是这样的程式化用语显然不是偶然的语义表达，而是西周器主或作铭者有意为之：一方面表达其受"蔑历"的荣誉和荣耀，铭刻彝器，让他人和后世子孙铭记于心；一方面有意传达"蔑历"者和受"蔑历"者之间的关系，以明确其等级和职能的统纪，让他人和后世子孙有确切的认知，并全盘加以接受。可以说，众多器主或作器者在认知上已达成共识——有意通过这一格式，将其"蔑历"的语义认知传达给他人或后人，让后世子孙接受，并牢牢记住这一语义认知。这正是在众多器铭中"蔑""历"连用格式化的语义作用所在，亦即对其语义功能的认知。

将众多器铭汇聚、比列，可以看到程式化的"蔑""历"组合及其变式，在纵向上呈聚合关系，从而形成"蔑历"的组合类聚系统。这一组合类聚还表明，"蔑历"用语已经形成系统性的组合关系类，即类化。标志着其语义表达已形成一种常用、典型的语义形态，即语义范型。

这里所谓"语义范型"是指某语义表达及其结构（格式）的类化和典型化，不仅有固定的述义范围或述义主题，还有程式化的词语组合形式。"语义范型"是器铭中语义表达、语义功能及其认知的"类型"现象，虽然从认知视角来观测，立足点和研究对象却是语义表达层面，而不是纯粹的认知心理领域。

在"蔑""历"组合关系中，原始形态的述宾结构"……蔑……历"，表示具体行为的"蔑"（称伐、嘉奖）和表示受事具体内容的"历"（某一表现、某一业绩或事迹）。衍生出"蔑历"连语组合，其意义变得较为抽象，可以不用于表示对某一具体表现或某事业绩的"称伐"，而泛泛地表示勉励或自勉，因此成为一个抽象的概念。"蔑历"不仅"范型"化了，而且已概念化了。

三、"对扬"类

"对扬"类词义组合类聚，也是一种以动词"对""扬"和名词"休"为常项组合而成的铭辞类别。常见格式是"［某］［敢］对扬＋天子／王／邦君／某公等＋［丕显／鲁］休／休命"。

这类辞句见于传世典籍，如《尚书·说命下》有"敢对扬天子之休命"，《诗·大雅·江汉》有"虎拜稽首，对扬王休"，格式与器铭全然一致。

关于"对""扬"的词义，《尚书·说命下》孔传曰："对，答也。答受美命而称扬之。"《礼记·祭统》"对扬以辟之"孔颖达疏："扬，称扬也。"《尔雅·释言》邢昺疏："扬，谓称美。"《诗·大雅·江汉》郑玄笺："对，答。休，美。作，为也。虎既拜而答王策命之时，称扬王之美德。"比照器铭可确知"对"表示"谢答、答受致谢"，"扬"表示"称扬、颂扬"，这已被当今学者确认。"对扬"类铭辞表达的是某人谢答受周王等主上赐命、嘉奖之恩惠并称扬其休美。

铭文辞句"［某］［敢］对扬＋天子／王／邦君／某公等＋［丕显／鲁］

休/休命"中的主语是作铭者（作器者），有时在铭文前部已出现，在此可省略，"对""扬"做连动谓语，宾语是"某休"（或"某休命"）。

（一）在西周器铭中"对""扬"连语出现极多，形成"对扬……休/休命"的组合类聚（即常见的"[某] [敢] 对扬+某 [丕显/鲁] 休/休命"格式）。但"对""扬"也经常分开使用或单独出现，所以西周时代"对""扬"是两个词。

"对""扬"分开使用，如"[某] [敢] 对+天子+丕显/鲁+休+扬"（《梁其钟》集成187、《虢叔旅钟》集成238、《善夫克盨》集成4465等），在语义上更显示出同一人产生的两个连续相继的行为，句法组合形式是先"对"后"扬"，与语义结构顺序一致，在认知表征上与行为发生的先后顺序一致。目前所见唯一特例是"扬王休对，趩蔑历"（《趩觯》集成6516），不过其深层语义结构仍是先"对"后"扬"。

单独出现"对"，如"[敢] 对王休"（《大盂鼎》集成2837、《寓鼎》集成2756、《师艅鼎》集成2830等铭）。

单独出现"扬"，如"[敢] 扬王休"（《宜侯夨簋》集成4320、《小臣伯鼎》近出340、《守宫父辛鸟尊》集成5959、《作册旂觥》集成9303），"扬皇天尹太保宝"（《作册大方鼎》集成2758），"辰（扬）于皇王"（《作册夨令簋》集成4301）等。

"对""扬"单独出现是"对扬"连语形式的省变式。"对""扬"单独出现时在相同的语法语义位置上替换使用，两词的用法相同——"对"在表示"答受致谢"时必有"称扬"的用意，"扬"虽显性地表达"称扬"却也含有谢答一层意思，受事对象都是"某休""某休命"或"某宝"。"对""扬"词义能够相互浸染，既有语用缘故也有语义认知方面的动机，显然，两词可单独使用，以其连语组合的语义关系为脚本、为依托。

"对""扬"虽有许多分开和单独使用的情况，但其连语形式数量最多，而且在语义功能上具有重要的认知作用。

首先，在"对扬……休/休命"中，"对扬"连语表达了先"对"后"扬"的连动行为，词语组合次序的语法结构与语义结构是一致的，而

且，与"对""扬"连动行为（或事件）发生的实际顺序一致。其次，
"对""扬"虽然是两个行为，但施事是同一人，受事对象也是同一的（即
"某休"或"某休命"），所以"对扬……休/休命"表达形式既简洁又明
确，不易产生歧义。再其次，"对扬……休/休命"易于接受和记忆，《尚
书·说命》和《诗·江汉》均采用了这种形式——有可能是周代使用最广
泛，且经筛选、提炼后的表达格式。自汉代起习用此语，"对扬天子丕显
休命""对扬王休"成为王侯卿士的一种礼仪规范用语（此后"对扬"逐
渐凝固为一个词），说明这种格式容易被后人接受、约定、固化、传递和
沿用。

上述分析得出认知方面的一些重要特征："对扬……休/休命"格式
简洁、明确、典型，易于辨识其形式和语义内容，易于接受和记忆。由此
而成为规范的格式，在语义表达也形成一种常用形态，即语义范型。"对
扬……休/休命"句法结构、语义结构与对""扬"连动行为顺序一致，
在语言认知上用词语组合方式表征行为（或事件）的顺序关系，具有直
观特性。由于以上特征，"对扬……休/休命"格式一方面代表着作铭者
的趋同意向，其类聚量大而凸显，说明具有吸引力，被当时语言社群广
泛采用，认同为通用的语义范型或规范格式；另一方面，正因为其语义范
型的通用性和典型性，这类辞句格式形成了较强的语义认知传递和接受
功能。

（二）器铭中"对扬"的受事是周王、王室、邦君、公卿重臣或宗族
长等的休命、美德，也可以是王室或贵族女性的休善。就"天子/王之
休"来看，器铭使用了"天子"和"王"两种称呼，从这两种称呼的使用
及常见词语组合方式上，可以看到一些重要的语义认知现象。

比较含有这两种称呼的格式。"对扬天子……休/休命"，出现90多
例，"休"前有"丕显"等修饰词语，主要格式有：

"［某］［敢］对杨天子丕显［鲁/皇/叚］休/休命"（如《康鼎》集
成2786、《利鼎》集成2804、《裘卫簋》集成4256、《即簋》集成4250、《大
师虘簋》集成4251、《大克鼎》集成2836、《师克盨》集成4467、《吴虎鼎》

近出 364、《作册封鬲》铭图 03037、《由盨盖》铭图 05673 等）。

"［某］［敢］对扬天子休／休命"（如《伯姜鼎》集成 2791、《荣作周公簋》集成 4121、《小臣守簋》集成 4179、《七年趞曹鼎》集成 2783、《善夫山鼎》集成 2825、《南宫柳鼎》集成 2805、《噩侯鼎》集成 2810 等）。

"［敢］对扬天子鲁命／休命"（《何簋》集成 4202、《无㠱簋》集成 4225），"对扬天子皇休"（《毛公鼎》集成 2841 等）。

"［敢］对扬王休／休命"，出现 60 多例（如《令鼎》集成 2803、《吕方鼎》集成 2754、《不栺方鼎》集成 2735、《井鼎》集成 2720、《小子生尊》集成 6001、《盉方尊》集成 6013、《曶簋》铭图 05217 等）。

以上所列格式的特点：一是"对扬天子……休／休命"格式富有变化，"对扬王休／休命"格式较为单一；二是"天子……休"中多用"丕显"等修饰词语，而"王休"之间较少加入修饰成分（仅见几例）。"丕显"与"天子……休／休命"结合，突出了周王休命的英明与神圣，使作铭者的语气更加虔敬、恭顺，侧重主观情态；而"对扬王休／休命"格式语气略显平和。

此外，还有一点很重要，即"天子"和"王"二词的使用，显示出语用和认知上特征："天子"和"王"指称相同，但词义并不等值。

西汉董仲舒《春秋繁露·郊祭》谓："天子，号天之子。"这意味着"天授君权"的观念。"天子"之称起源较早，两周时代已成为周王的专称，与"王"字并用。周灭殷被周人视为顺应天命，《尚书》《逸周书》《史记·周本纪》等史籍记载文王（西伯）受天命，武王伐殷、成辟、"四方通殷命有国"的重大事件。西周早期《坷尊》（集成 6014）有："文王受兹大命，唯武王既克大邑商，则廷告于天……"《大盂鼎》（集成 2837）有："丕显文王，受天有大命，在武王嗣文王作邦，辟厥慝，敷有四方，畯正厥民……"都显示出周朝统治者的一种认识——周王权顺受天命，周王因以称"天子"。

除此之外，"天子"之称还蕴含另一层深刻内涵，即西周为王的理念是受天命、顺天道、行德政、蓄养民生、协和万邦，而其关键在于"德政"，即德善之政。《珂尊》铭称"唯王恭德谷（裕）天"。恭奉"德"政，被周人视为顺天道的政治举措。对此古代文献多有述及，《逸周书·大子晋》谓："善至于四海曰天子，达于四荒曰天王。"这符合西周天子和为王的理念。后来，人们对此也有深刻的理解，如《春秋繁露·顺命》讲道："故德侔天地者，皇天佑而子之，号称天子。"

如前述，西周铸器作铭的重要功能之一是铭功、称美扬德，《左传·襄公十九年》谓："夫铭，天子令德，诸侯言时计功……"器铭称扬周王休美，即称扬其善德之美，此为"天子令德"。行德政，施恩惠于臣民，赐命卿士，嗣服无废，民生不匮，正是"天子"称号的特定内涵。因此，在认知上，作铭者用"天子"之称表达对时王的极度虔敬，意在称扬其英明和神圣。

在语用上，"天子"是敬称，"天子……休"多与表达崇敬、恭顺的词语——如"丕显""鲁""丕显鲁""丕显叚（遐）"等组合，作器者语气中彰显强烈的主观情态。而"王"则是对周王的通用称呼，"对扬王休"有着一种例行礼仪的味道，更侧重于规范和仪式。可以说，在语义功能上，作铭者的语用目的与其认知是一致的。

四、程式化词义组合的意义

（一）上举词义组合类聚中，作铭者群体在语义表述上既有共性成分，又有灵活的个性成分。"赐休""蔑历""对扬"均为对公共行为的认知，这些行为具有社会制度性和礼仪性质。"赐休"和"蔑历"侧重王君赏功奖掖的施政制度，"对扬"侧重臣下对王君的礼仪，"赐休"中的"册命赐服"是重要施政典礼事件，体现了制度和礼仪的双重性。

与"赐休""蔑历""对扬"三类相同，第八章所述"作器"类也是典型的程式化词义组合。由于"作器"铭辞是构成器铭的最基本、最主要的铭辞类型，为了着重探讨其词语选取、组织排序的功能性及其语义认知，故单列一章论述。

其他程式化的词义组合，如"用享〔用〕孝于……""用夙夜亯享孝于……""用享于……""用（以）征用（以）行""王呼……册命……""册命……""……入右……""王在某地／某宫""王各（格）大室""……若曰""帅型……""〔命汝〕更乃祖考……""命汝死（尸）司""龢圉大命""佩以出，返纳瑾璋""折首執讯""敷有四方""子子孙孙永宝用""〔其〕永宝用""万年无疆""用祈眉寿""用祈纯禄、永命……""用匄／祈多福……""用赐眉寿……""出内（入）王命""用飨出内（入）使人""用飨朋友""……弗敢……""毋敢〔有〕不……""敬夙夜用事""夙夜不坠""畯臣天子，令终""……捧（拜）〔手〕頴（稽）首""唯〔某年〕某月""唯〔某年〕某月月相〔干支日〕""唯〔某年〕某月〔月相〕〔辰在〕干支日"等，在器铭群体中形成组合类聚现象，亦即词义组合关系的类型化。

这些程式化组合凸显了作铭者的语义功能认知，表明其语义表达不只是某作铭者（或某器主）的独有表达，而是西周上层的一种群体语义表达；不仅是个体表达，而且是语言群体的规约，在认知上具有定势意向。像"赐休""蔑历""对扬""作器""用祈眉寿／多福""子孙永宝用"等用语与西周器铭的总体功能目的是一致的：所谓"铭其功烈，以示子孙"[1]。作器者群体写铸器铭以昭示其认知意向，希望子孙后代牢记家族统系，传承其宗。

（二）需要指出的是，在程式化词义组合所表现的语义认知系统性上，"作器""赐休""蔑历""对扬"分别代表了四个方面的主要特征：

第一，在"作器"类中，较严格的词义关系和词语定位，反映出语义认知的两个"标尺"：一个是"作器"类词语组合在语法结构秩序上的语言语义认知标尺；一个是象征着严格社会成员关系和礼制秩序的社会性认知标尺。作为器铭体系中最基本、最主要的一类铭辞，"作器"词义组合的重要作用还在于，标明所作铜器的功用类别、属性和名称，标明

---

① 语自《左传·襄公十九年》。

其专属者——祭祀对象（受祭者）和受器者、彝器使用者（器主），从而在认知上明确了彝器使用的功能性、专门性以及宗室统系的关系与传承。

第二，"赐休"类词语组合形式一方面代表着上级对下级施恩惠、示荣宠的一类制度性语义事件的范型，即一般"赐休"范型；另一方面代表着周王、邦君施政制度中的仪典类重要语义事件的范型，即"册命赐服"的语义场景类范型。器铭群体呈现的语义事件及其行为场景的"范型"化，是作铭者对其所具有的制度性（或一定的制度性成分）的公共语义的认知。

铭辞组织系列、词义组合关系与事件发生次序、物品排次之间存在象征性的对应关系，是直观的，具有认知模拟作用。用语言形式对重要事件中仪典程序进行语义模仿，体现了作铭者对语义表征方式的自觉认识。特别是在语义场景类型中，直观的场景类型实质上就是一种认知方式。这种认知的表征或再现也具有"范型"化的特征——场景类型已成为一种记忆类型和认知类型——便于读者群体形成统一的理解和记忆程序，便于形成效仿和沿袭传统的机制。

第三，"蔑历"类程式化词义组合形成器铭中的"蔑历"语义范型，这是上级勉励、称誉下级的重要语义范型，是器主展示、宣传其荣誉的主要"铭功"辞句之一。这类程式化词义组合，代表着向典型格式靠拢的群体认知取向，同时也代表着词义组合的概念化倾向。

第四，"对扬"类，以"对扬……休/休命"格式占主导地位，其语法、语义结构与"对""扬"连动行为顺序一致，具有直观性。形式和内容都简洁明确，易于辨识、接受和记忆。由此可成为规范格式和通用的语义范型。用词语组合程式化方式表征礼仪行为的顺序关系，在语言认知上，一方面有概念化趋势，另一方面突出显示了直观的语义认知对语法结构的影响，对词语组合形式起到约束和凝固作用。

"对扬……天子丕显休/休命"和"对扬王休/休命"两种格式并用，作器者的语用目的与其语义功能的认知是一致的，意向性与规范性互补使用，或者交汇使用：一个是彰显主观情态，表达崇敬、恭顺语气，另一个则是通用、规范。

（三）这里反复提到"范型化"和"概念化"两个术语，经前文分析之后，有必要进一步解释其内涵。

词语组合形成的类聚，是"范型"化的前提条件。在语义认知层面上，某一"语义范型"是由词语按一定语义结构组合成的一类述义或判断的范围，由此形成辨识、记忆和再现一定语义表达类型的认知域。如在"王蔑寅历"中，由四个词（义位）组成，其他辞句如"天君蔑公姞历""君蔑尹姞历""益公蔑倗伯冓历"等，均有一组词（义位）组成，形成"……蔑……历"类陈述表义。这样语义表达类型是由一定主题内容形成的聚类，所以这种语义聚类的内容是具体的，组合形式是直观的，而非高度概括和抽象的"范畴"。

在表达层面，某一"范型"是词义组合形成的一类述义范畴，具有一定的词语组合形式。有的述义类型是谓词性的词组，具有述谓关系，如"王蔑敬历""唯某年某月辰在某干支日"；有的是名词性的词组，如"唯某年某月""丕显天子"。不过在名词性词组的述义类型中，实际上蕴含着降级述谓关系，起到语义解释的认知作用。

对于"语义范型"的形成来说，词义组合聚类现象十分重要，既是主题内容的类聚（例如，以某常项词为核心的词义组合，"作……某器""赐……"等），同时又是固定表达形式的类聚（如程式化的词语组合形式）。聚类现象易于形成类型化，因此是语义范型化的前提条件。

至于"概念"化，实际上指的是词义组合的"概念"化，也就是说，几个词语（词义）的组合（如词组），凝结（或缩减）为一个结构固定，共同表示一个概念的整体组合形式。如在"趩蔑历""鲜蔑历"等铭句中，"蔑历"似乎有凝结为一个固定概念形式的倾向。词义组合聚类现象也是词义组合关系"概念"化的前提条件。从逻辑分类范围看，"范型"大于"概念"，小于"范畴"。

语义范型是从认知角度划分的语义表达的内容（主题）类型，既常用又典型，突出显示了类型式语义表达的功能和认知；在表达层面，则是规范性与意向性的交汇或互补。

在语义认知中，"范型"不仅是进行辨识、判断、记忆的重要认知范畴，而且还有其明确的公共语义评价标尺（或意义价值判断的标准）。这种公共语义（或意义）评价标尺是人类社会必有的一种价值信念坐标尺度，它的确立和表征，需要有具体、现实、直观、便于感知、记忆和再现的"平台"（介质）来实现。在历史上，殷周铜器及其铭文是非常成功的例子。青铜彝器及铭文就是用于表征当时公共语义评价标尺的"平台"象征物。

第二节　金文习语的语义认知系统性

程式化的各式词语组合，在器铭群体中形成词义组合类聚。其中有一种情况非常重要，通常由多个固定的词组成，是结构固定或较稳固的词组，能独成辞句，且大量重复出现——这就是金文习语①。金文习语是器铭中最重要的语义范型，是作铭者集体语义认知的聚焦。

一、金文习语的形式

金文习语，有许多见于传世文献，是周代上层社会群体的专用语，集中反映了器主或作铭者群体对当时制度、礼仪、宗法等文化体系的认知。金文习语是程式化词义组合的典型固定形式，出现的语境包括对礼制仪式（如册命礼、献俘馘礼、祭祀礼等）、周王训诰、祖先功烈等的记述，也包括"对扬"休命辞、祝嘏辞等。其表现形式有强弱之分。

有些金文习语结构固定，结合紧密，用词固定，中间不替换或加入其他词语，是"强势"习语。例如：

---

① 这里所谓"金文习语"是指器铭群体中大量重复出现的结构较稳固、可成辞句的词组，与普通词汇学所说"习语"略有区别。

"［敬夙夕］勿灋（废）朕命"（见《大克鼎》集成2836、《大盂鼎》集成2837、《师酉簋》集成4288、《师虎簋》集成4316、《亲簋》铭图05362、《师嫠簋》集成4324、《蔡簋》集成4340、《牧簋》集成4343、《师克盨》集成4467等）。

"膺受大命"（见《毛公鼎》集成2841、《乖伯归夆簋》集成4331等）。

"即位"（指周王就位）见于中、晚期器铭（如《申簋盖》集成4267、《虎簋盖》近出491、《宰兽簋》新收663、《扬簋》集成4295、《走簋》集成4244、《牧簋》集成4343、《颂鼎》集成2827、《卌二年逨鼎》铭图02501、《走马休盘》集成10170等）。

"万年无疆"（见《史伯硕父鼎》集成2777、《小克鼎》集成2796、《梁其鼎》集成2768、《史颂鼎》集成2787、《此鼎》集成2821、《大克鼎》集成2836、《兮甲盘》集成10174、《叔□孙父簋》集成4108、《虌兒簋》集成4168等）。

以及"虩臺乃命""敬明乃心""用辟我一人""屏（屏）王立（位）""用享用孝""夙夕享于宗""折首执讯""汝敏可使""敷有四方"等。

但多数金文习语的固定性能比前一种情况弱，有变式，即处于组合中的词语可前后置换，或固定加入，或省略某个、某几个词。这些变式大量重复出现，可将各变式看作同一习语。这种情况是"弱势"习语。例如：

"撵（拜）頔（稽）首"，又作"撵（拜）手頔（稽）首"，这一习语出现较多（见《利鼎》集成2804、《师汤父鼎》近出321、《庚季鼎》集成2781、《善鼎》集成2820、《公姞鬲》集成753、《大克鼎》集成2836、《曶鼎》集成2838、《卯簋盖》集成4327、《师酉鼎》铭图02475、《大簋》集成4165、《南宫柳鼎》集成2805、《噩侯鼎》集成2810等铭）。

"即立（位）中廷"（指某臣就位），见于西周早、中、晚期铜器（如《小盂鼎》集成2839、《师道簋》铭图05328、《甼伯师耤簋》集成4257、《王臣簋》集成4268、《元年师旋簋》集成4279、《师虎簋》集成4316

等）。或省作"立（位）中廷"①，多见于中、晚期器铭（如《救簋盖》集成 4243、《楚簋》集成 4246、《大师虘簋》集成 4251、《颂鼎》集成 2827、《卌二年逨鼎》铭图 02501 等）。或省作"即立（位）"（某臣就位）（《宰兽簋》近出 490 等）。

"更乃祖考"（见《曶鼎》集成 2838、《曶壶盖》集成 9728、《师虎簋》集成 4316、《师克盨》集成 4467、《殷簋》铭图 05305、《申簋盖》集成 4267、《辅师嫠簋》集成 4286 等），或作"更乃祖考事"（《吕服余盘》集成 10169、《宰兽簋》近出 490），"更祖考"（《虎簋盖乙》铭图 05400），"更厥祖考"（《虎簋盖甲》铭图 05399）。

"用事"，出现较多（见《利鼎》集成 2804、《趞鼎》集成 2815、《善鼎》集成 2820、《颂鼎》集成 2827，《曶鼎》集成 2838、《静方鼎》近出 357、《公臣簋》集成 4184、《恒簋盖》集成 4199、《免簋》集成 4240、《弭伯师耤簋》集成 4257、《趩簋》集成 4266、《王臣簋》集成 4268、《望簋》集成 4272、《伊簋》集成 4287、《师虎簋》集成 4316 等）。

或作"敬夙夜用事"（《大克鼎》集成 2836、《元年师旋簋》集成 4279、《师獣簋》集成 4311），偶作"用夙夕事"（《猷盤》铭图 14531）。

"王若曰"（见《大克鼎》集成 2836、《引簋甲》铭图 05299、《应侯簋》铭图 05311、《逨盘》铭图 14543）；或作"王曰"（《中方鼎》集成 2785、《由鼎》铭图 02453、《善夫山鼎》集成 2825、《豆闭簋》集成 4276 等铭）。

"不敢坠"（见《荣作周公簋》集成 4241、《克钟》集成 205、《逨钟》近出 106），或作"毋敢坠"（《趞觯》集成 6516、《毛公鼎》集成 2841），"不坠"（《彔伯威簋盖》集成 4302、《师袁簋》集成 4313、《史墙盘》集成 10175），"毋坠"（《逆钟》集成 63），"勿坠"（《守宫盘》集成 10168）。

"子子孙孙永宝用"（见《史颂鼎》集成 2787、《此鼎》集成 2821、《大克鼎》集成 2836、《毛公鼎》集成 2841、《晋侯对鼎》近出 350、《琱伐父

---

① "立（位）中廷"指即位于中庭左右两侧规定的位置。（见第二章）

簋》集成 4048、《宴簋》集成 4118、《大簋盖》集成 4298、《牧簋》集成 4343、《兮甲盘》集成 10174 等）。

或作"子子孙［孙］［其］永宝"（《应侯簋》铭图 05311、《智簋》铭图 05217、《彔簋》集成 3863、《逨钟》近出 106），"子子孙孙永宝用亯"（《公鼎》铭图 02301、《史伯硕父鼎》集成 2777、《卌三年逨鼎》铭图 02503、《阳飤生簋盖》集成 3984），"子子孙孙其永宝"（《舍父鼎》集成 2629），"子子孙其永宝"（《旟鼎》集成 2704）。或作"万年子子孙孙永宝用"（《函皇父鼎》集成 2548、《师望鼎》集成 2812、《师𡥏父鼎》集成 2813、《敔簋》集成 4323、《师㲋簋》集成 4324、《善夫克盨》集成 4465、《师克盨》集成 4467），"［其］万年子子孙孙永宝"（《逨钟》近出 106、《散伯车父鼎》集成 2697），"万年子子孙孙永宝用享"（《曾伯文簋》集成 4051、《芮伯多父簋》集成 4109），"子子孙孙万年永宝用享"（《仲师父鼎》集成 2743 等），"万年子子孙永宝"（《獻叔鼎》集成 2767 等），"［其］万年永宝用"（《九年卫鼎》集成 2831、《五祀卫鼎》集成 2832 等）。

"赐眉寿"（见《沃伯寺簋》集成 4007、《芮伯多父簋》集成 4109、《瑚伐父簋》集成 4048、《郑义伯𦈯》集成 9973），或作"赐眉寿黄耇"（《黄君簋盖》铭图 05013），"以（赐）黄耇、眉寿"（《囗叔买簋》集成 4129），"赐眉寿黄耇霝（令）冬（终）"（《曾仲大父蚰簋》集成 4204），"赐眉寿永命"（《公簋》铭图 05072、《应侯簋》铭图 05311）。

"祈眉寿"（见《此鼎》集成 2821、《仲枏父簋》集成 4155、《丰伯车父簋》集成 4107、《应姚簋》铭图 05102、《曼龏父盨》集成 4432 等），或作"匄眉寿、永命"（《竈乎簋》集成 4157），"匄眉寿多福"（《伯梁其盨》集成 4446），"匄眉寿无疆"（《仲𠤙父盨》集成 4453），"祈匄眉寿永命"（《追簋》集成 4223），"祈赐眉寿永命"（《追夷簋》铭图 05222），"赐害（匄）眉寿，黄耇，霝（令）冬（终）"（《伯家父簋盖》集成 4156）。

"严在上，翼在下"（见《虢叔旅钟》集成 238、《卌二年逨鼎乙》铭图 02502、《逨盘》铭图 14543、《晋侯苏钟》铭图 15310 等）。"严在上"（见

《士父钟》集成146、《梁其钟》集成188、《瘅钟》集成246、《猷钟》集成260等）。

除以上诸例，器铭中还有大量习语，不作一一列举。

金文习语形式无论强弱，集中体现了群体语义表达的习惯用法和特定语境中的规范用法，这是群体表达的定型，也是其认知意向的固化——这种语言的集体认知，不仅具有社会性，也具有文化认知功能。作为器铭词义组合程式化的一种典型固定形式，其类聚特征更加突出——对"强势"习语来说是某一词组的大量重复使用，对"弱势"习语来说则是由各变式汇聚而成整体的同一习语。

二、语义认知的表现

在组合形式上，构成某一金文习语的几个词（词义），均为常项词（词义），即为固定出现的词，中间没有变量。"强势"习语中的词是固定的，且组合紧密，如"勿灋（废）朕命""万年无疆"等。"弱势"习语变式多样，由于是固定地替换或加入某些词，所以仍为常项词（词义）。虽然在深层语义结构中，金文习语所处的语句环境有隐含的变量，如"勿灋（废）朕命"是说"某人'勿灋（废）朕命'"，某人是变量，做主语；但是习语本身，即"勿灋（废）朕命"的组合构成中，是没有变量的（或通常没有变量）。相对而言，"赐／赏……"中，动词"赐"（或赏）是常项词，后面所赐财物为变量。"……蔑……历"中，"蔑"和"历"是常项词，施"蔑"者和受"蔑"者均为变量。因此，在语义认知上，习语虽是词组形式，但在铭文的辞句组织环境中却相当于一个"常项词"的地位，也就是说，它以固定词组整体的形式充当了辞句组织中的"常项"。

明确这一点十分重要：一方面可以作为区分习语与一般词组的一个依据（当然还有其他依据），另一方面，习语在辞句组织中的"常项"地位，使其成为"全职"（专职）、典型的语义范型。

金文习语作为一种"全职"、典型的语义范型，有如下特征：

一是具有特定、专门、明显的语义功能取向，意向性突出。如"祈／

眉寿"及其变式，"眉寿无疆""眉寿多福"等，是作器者希望通过作器、用器，表达其祈求福寿、永康的意愿。这类"祈/眉寿"祝嘏辞习语是表达祈求福寿的专门用语，具有专职语义功能。又如"子子孙孙永宝/用盲"及其变式，是表达永宝用器的专门用语，功能取向十分鲜明。

二是标准、规范的特征很突出。如"拜（拜）[手] 頧（稽）首""勿瀍（废）朕命""王若曰""[即] 立（位）中廷"等语，常见于周秦古籍，是当时标准的专用语。在语用上，金文习语比其他程式化词义组合更加标准、规范。

以上两特征中，规范性与意向性呈互补和交汇两种情况，而以交汇现象为主。有些习语主要是规范性的，如"王若曰""[即] 立（位）中廷"等。有些强调意向性的，如"祈/眉寿"等。可以看作是规范性与意向性互补分布。但是，强调意向性的习语也同时具有很强规范性，大多数习语是功能取向较强的、规范的专用语，既标准、规范又突出意向性——是规范性与意向性的交汇。

三是公共语义与个体语义表达的交错、融汇。

从金文习语形式的强、弱可以看到，一方面，这种语义表达的常态是群体性的；另一方面，"弱势"习语有变式，有的变式较多，特别是在表达祈愿、祝嘏之辞中个人意向成分增添了许多，使变式更显灵活，体现出器主或作铭者的个体语义表达与群体语义表达的交错面貌。这样在认知上，个体认知与群体认知交叉、融合，形成了以众多个体认知为具体、现实基础的公共认知领域——即器铭群体呈现的公共认知领域，表现在器铭词义关系上其实就是类聚现象。由于在词的出现及其组合形式上，金文习语比其他程式化词义组合更加稳固，所以，其语义范型更为突出，成为探究金文词义组合类聚语义认知的焦点。

四是述义与价值"共现"。金文习语是述谓式的语义表达（或称"述义"），然而，其述义不仅是判断、陈述或表达意愿、情态的，还是价值标尺（标准）的直观的展现与价值意念的外现。

首先，述义的功能、群体意向和公共意义取向直接联系着价值标准

（标尺）。凡涉及职事、政治、征伐、出省、射猎、典仪、祭礼、礼仪等公共事件、活动和行为内容的习语，其认知意义大多与此类价值直接关联。

例如，"用事"一语，多处于册命职事与"赐服"语境中，位于"赐汝……"最后：

"王呼作命内史册命利，曰：赐汝赤⊙市（韍）、銮旂，用事"《利鼎》（集成 2804）

"王呼史虢生册命颂，王曰：颂，命汝官司成周贮二十家……赐汝玄衣黹屯（纯）、赤市（韍）、朱黄（衡）、銮旂、鋚勒，用事"《颂鼎》（集成 2827）

在此类语境中，习语"[敬夙夜]用事"形成的类聚，标志着其固定的、特定的语义功能内涵，意指在一定职事范围内的执行权或职能，与它前面的命职赐服的等级直接对应。公侯卿士被周王册命而"用事"，体现了当时意识形态下一定政治行为、活动的意义标准。权限是制度层面的，又具有公共政治意义。"用事"在制度上是有标准的，实际上是西周公共政治生活的价值体系中有明确范围和定位的一个组成部分。西周命职赐服的"用事"权限必须是固定的，不可僭越其职。在命职赐服铭辞组织中，按通例"用事"需要出现在铭辞最后，一方面周王正告受册命者忠于职守，对应的铭辞是"敬夙夕弗废朕命"，就是说周王严令受册命者认真履行职权；另一方面则是特别强调其职事范围的固定性，忠守职权包含着对权限恪守。

礼用习语所具有的公共意义及其价值标准是显而易见的。如"撵（拜）[手]頴（稽）首"等，是上古起居生活方式和文化习惯塑造的行礼用语。华夏民族在上古时代是席地而坐的，引身而起，长跪而坐，二人对坐行礼则自然成跪拜礼。这种行礼方式延及普遍，立于朝堂行礼于君上时也行跪拜礼。

不过，拜礼的具体方式是分级别的，不同的级别应用于不同场合或行礼对象。《周礼·春官·大祝》"辨九拜"将"稽首"列为跪拜礼（九拜）之首，贾公彦疏："稽首，拜中最重，臣拜君之拜。"顾炎武《日知录·拜稽首》云："首至手则为拜手，手至地则为拜，首至地则为稽首，此礼之等也。"行礼等级体现了行礼者与受礼者之间的社会、政治等角色关系，行礼方式的级别映射出两者在社会关系中对接与交换的价值标准。在公共礼仪体系中，礼仪具体形式代表着一定社会文化意义，而社会文化意义的价值标准就是对社会成员的规定性、相互关系和角色的认同的标尺。再看西周器铭，"拜手稽首"均为臣下对君上或上级的行礼方式，据文献和器铭来看，在周王朝堂中廷上，臣子对主上最恭敬的行礼就是"拜手稽首"。

在金文习语中，这类情况普遍存在。规范性专用习语的语义表达，既具有突出的语义功能也具有认知属性——有意呈现出群体意向和公共意义中等级标准，使其价值标准明确化。

其次，述义的个体意向和个人主观情态联系着价值意念的外现。凡表达虔敬、感激、祈愿、期望一类语义的习语，例如"弗敢沮""弗敢坠""子子孙孙永宝用亯"等及其变式，在认知上既体现了群体共有的价值意向，又凸显了个人主观情态的价值意念。在这一点上，价值意念联系着公共语义与个体语义表达相互交融的特征，并以公共语义为背景，将个体意向置于公共语义的前端。

总之，习语是直观、具象的述义与抽象价值共现的语义表达范型。这种范型呈现出的价值取向或价值意念，实质是一种认知状态。在铭辞语义表达与其时代语义背景的关系上，存在着器主个体与群体的认知互动关系，形成了个体判断与群体规范、调整的互动、评估的演进过程。

第三节　成套式辞句的语义认知系统性

一、成套式辞句系列

整体来看，西周器铭群体的行文主要特点之一是成套式辞句系列组成铭文篇章。

这里所谓"成套式辞句"包括两层含义：一是系列铭辞的组配连接，

二是这种组配连接有较固定的模式。从词义组合看，有较固定模式的一系列成句的词义组合片段组配、连接，在西周器铭中十分常见，可以说是西周器铭的显著特色。

例如，多数器铭有"某搒（拜）頴（稽）首"＋"敢对扬某（天子或者诸侯、某公卿）丕显鲁休"＋"用作……某器"＋"子子孙孙永宝／用／享"等系列铭辞，依序连接，组配成套的一组辞句。"用作……某器"与"子子孙孙永宝／用／享"间可加入固定的祝嘏辞（"用享用孝""用享……""用享孝于……""用匄纯鲁""用祈眉寿""万年无疆"等）。

又如，许多器铭开头是时间铭辞，后接"某（王／某诸侯、公卿等）在某地／某宫"，后接记述某事、某言的辞句系列。铭文记述周王册命某臣，有时间词语、"王在某宫""王各太室""即位""立中廷""北向"，以及入右册命，命司职事、职官等一系列辞句组成。记述赏赐、蔑历的辞句也大致是固定的，依次序组织，铭文通常是按固定模式来组织辞句系列。

"成套式辞句"在器铭中普遍存在，这样辞句组织关系有各种变式，但也是重复性的变式。从铭文整体来看，其衔接次序和组配关系通常是固化的，具有模式化的特点。

观测西周器铭群体，可知单由"某作……某器"＋"子子孙孙永宝／用／享"等系列铭辞构成的铭文很多，其中"宝／用／享"词义指向"某器"，"作某器"指向"子子孙孙永宝／用／享"，就作铭者的认知来看，两类辞句的语义意向显然是连贯的。由"赐／赏……"等赏赐铭辞＋"用作……某器"（或＋"子子孙孙永宝／用／享"）等系列铭辞构成的铭文也较多，其中连词"用"意为"因而"，承上启下，将赏赐类铭辞与"作器"类铭辞连接，起到语义连贯的作用。在器铭群体中，这些类别的铭辞排序基本固定，通常情况下，"作器"类铭辞位于整篇铭文后部，在语义构成中传达的是作器之"果"，赏赐类铭辞位于铭文前部，传达的是作器之"因"。

不只如此，有一部分器铭由记名和符号标记构成铭文，即一个名词或一个名词性词组构成的铭文，表示器主名、族名或族徽、祭祀对象、彝器所属等，在认知上是标志器主身份、地位以及宗族统系的象征。如《册爵》（集成 7577）"册"，《凡尊》（集成 5497）"凡"，《父丁鼎》（集成 1256）"𝌀"（父丁）等。

铭文还有大量单独由"作器"铭辞构成的铭文，也有大量的由"作器"铭辞＋"子子孙孙永宝／用／享"等祈愿、祝嘏辞构成的铭文，这类铭文是由辞句或一组辞句构成的（时常加入表示作器时间的词语）。

除此之外，西周彝器常见由"作器"铭辞组接其他各类铭辞构成的铭文。在由辞句组织构成的器铭中，通常"作器"类铭辞是必有的——这类铭辞成为器铭最基本的辞句，表示"作某器"这一结果性的语义。其后常常跟随的"子子孙孙永宝／用／享"等祈愿、祝嘏辞句表示作器的意愿或目的。"作器"铭辞以及祈愿、祝嘏辞通常位于铭文后部，其他各类铭辞位于铭文前部，表示作器的缘由，有记事，也有记言，铭文语义结构大致呈因果关系。

在铭文整体语义构成中，各类辞句格式、铭辞语义类型成套式组合，形成了铭文通例，实现了其衔接次序的定势。这样的铭文语义构成是模式化的，反映了作铭者群体在语义构成认知上的系统化。

二、以词义组合为基础器铭语义认知

以词为基本单位，铭文段落或篇章由大小层级的词义组合片段构成。从语义看，很多器铭，其中的多个词义组合片段顺接组成段落或篇章，记述一个事件（或礼仪）过程，例如，《师嫠簋》（集成 4324）：

"唯十又一年九月初吉丁亥，王在周，各（格）于大（太）室，即位，宰琱生入右师嫠，王呼尹氏册命师嫠，王曰：师嫠，在先王小学，汝敏可使，既命汝更乃祖考司，今余唯䌈熹乃命，命汝司乃祖旧官小辅、鼓钟，赐汝叔（素）市（韍）……"

西周中、晚期记述入右、册命、赐服事件和礼仪的器铭最为常见。其词义组合片段顺接次序多为：纪时词语格式"唯＋某年＋某月＋某月相＋干支"（或有省略），"王＋在／各＋某宫／某庙""各于大室""即位"
"……入右……""立中廷""王呼……册命……""王曰／王若曰／曰……"
"命＋汝……""命＋司……""易（锡）……"等。

有些铭文，在纪时词语和"王＋在／各＋某宫／某庙／某室"之间有
"王＋在＋成周／宗周／周／莽／某地"，如《善鼎》《裘卫簋》《元年师兑
簋》《威方鼎》《弭叔师察簋》等铭；有些在纪时词语和"王在某宫"之间
出现时间词"旦"或"昧爽"，如《扬簋》《谏簋》《伊簋》《师𣪊簋盖》《七
年趞曹鼎》《免簋》等铭；多数铭文在"立中廷"和"王呼……册命……"
间有"北向"，如《利鼎》《南宫柳鼎》《趞鼎》《善夫山鼎》《裘卫簋》《𢼸
簋》等铭；

此类铭文通常是册命在前，赐服命司职事在后，如：

"唯六月既生霸庚寅，王各于大室，司马丼（邢）伯右师奎父，王呼
内史驹册命师奎父，赐𢧵（缁）巿（韨）……用司乃父官、友……"《师
奎父鼎》（集成 2813）

"唯四月初吉，王在犀宫，宰犀父右害立，王册命害曰：赐汝夆朱衡、
玄衣、黹纯、旂、銮勒，赐戈琱戚、彤沙，用饎乃祖考事，官司尸（夷）
仆、小射、底鱼……"《害簋》（集成 4258）

将这些记述入右、册命、命司职事、赐服之事的器铭汇聚，纵向比
较，各式铭文语句和内容虽有增缺、次序等变化（单篇铭文有其个体内容
和表述的变化），但是聚集在一起，可以看出多重词义组合片段顺接的大
致次序。

这类铭文记述周王册命臣属的重要典礼事件，传世文献也称"策命"
（《周礼》《礼记》等）或"锡命"（《春秋》），近世学者考论周代制度，将
其列为最重要的礼制之一（清代学者朱为弼初步论及西周"锡命礼"①）。
自 20 世纪中叶以来，依据传世文献和出土青铜器铭文，齐思和②、陈梦

---

① 朱为弼：《蕉声馆集》卷一，咸丰二年三月刊本。
② 齐思和：《周代锡命礼考》（1947 年），载氏著《中国史探研》，中华书局 1981 年版。

家①、陈汉平②、许倬云③诸先生对西周册命的礼仪程序系统地进行复原。

陈汉平在《西周册命制度研究》中，据80例铜器铭文拟出所谓册命文例的"正例"：

"隹王某年某月月相辰在干支，王在某（地）。旦，王各于某（地），即位。某（人）右某（人）入门，立中廷，北向。史某受王命书，王乎史某册命某。王若曰：某，由某种原因，余册命汝官某事。赐汝秬鬯、服饰、车饰、马饰、銮旗、兵器、土田、臣民、取征某寽。敬夙昔用事，勿废朕命。某拜手稽首，受册命，佩以出。反入觐璋。敢对扬天子丕显休命。用作朕皇（剌）祖皇（剌）妣皇考皇母宝。用祈匄眉寿万年无疆，通录永令霝冬，子子孙孙永宝用。"

他认为，任何单独一例铭文的文例俱未如此完整。就某一器或某数器而言，文例正例中的某些项目或可省略，或可空缺，次序排列可前后不同，或有种种不同的变例。④

就此"文例"，从语义认知角度来看，可概括为如下特点：

一是汇聚、比较器铭，可以观察到，尽管个体器铭中有省缺、次序的变化，但大多数可划归为几类铭辞格式。这几类铭辞格式大致具有程式化特点，特别是铭辞中的局部词语组合片段程式化较为明显。从西周中期到晚期，同一时期或王世的铭辞格式大多相同、相类，或并存几类格式——因而能让后世读者明显感觉到，铭文记述的不仅是事件过程，更是仪式程序，从而在认知上归并为一种语义场景类别。由于这一特点，研究者对编排册命"文例"或册命典礼程序产生了浓厚兴趣。

从另一角度亦可看出，西周器主或铭文作者有意传达这一仪式程序，在纵向的器铭聚合上显示了群体的共性表达、类化和定式——在语义认知上是一种语义场景类别，在概念上则形成一种"图式"。也就是说，这类

---

① 陈梦家：《西周铜器断代》，中华书局2004年版。

② 陈汉平：《西周册命制度研究》，学林出版社1986年版。

③ 许倬云：《西周史》（增订本），三联书店1994年版。

④ 陈汉平：《西周册命制度研究》，学林出版社1986年版，第28页。

程式化的铭辞凸显出西周上层"册命"礼仪的语义场景及其概念化的认知图式。

众多个体铭文从各方面细节上补充"册命"礼仪细节，或全面展示出其具体过程，个体铭文具有示例性质，之间具有互补或并行关系。众多个体铭文聚合，则共同构成"册命"铭文体系。因此，这类铭文是成系统的。

二是所谓完整的"文例"，其实是研究者在认知上的一种拟构。而实际上，西周册命铭辞有一个历史变化、发展和完善的过程。完整的"文例"是研究者将历时的各式、多样的铭辞汇聚，经比照后，编排投放置共时模式之上的结果。

第四节　器铭语义认知体系的历史链条

一、器铭语义认知的历史共享及其延续性

在语义认知层面上，器铭语义已然成为西周作铭者群体世代相继的历史共享链，因而具有历史延续性意义，是语义认知体系历史发展的过程。

以词义组合类聚关系为基本点，可以看到许多器铭是由多重词义组合片段构成的，这些词义组合片段按成套式的模式衔接起来，将一词义组合片段的语义功能意向指向下一片段，表达意向在辞句行文间形成延续性。器铭群体的成套式辞句组织是一种组合聚类形态，它构成了铭辞组织系列整体模式。因此，在语句横向组合和纵向聚合关系上，词义组合片段的表达意向性不是孤立的，而存在于铭文辞句组织系列的整体系统中。由此来看，成套式辞句的组织模式，显现出器主或作铭者群体的语义认知系统性。

从历时关系看，器铭词义组合片段类聚以及由此扩展的辞句组织系列类聚，其形成不仅是铭文语句形式和语义类型历史演变的结果，也是作铭者群体语义认知的传递、积累、定型和继承的结果。作铭者着眼于其群

体利益和表达意图，在记述事件或内容方面将历史记忆作选择性载录，由此形成了特定的器铭语言文字体例，并逐渐演化、完善——与之相应的是器铭语义认知体系的演化和完善。

以记述因赏赐而作某器的铭文为例。"赐/赏……"后跟"对扬……"和"作……某器"铭辞，其后有"子子孙孙永用/宝""子子孙孙万年永宝用享""年永宝用"等祈愿、祝嘏辞，表明了器主或作铭者的意向，因赏赐、册命而"对扬"主上之休善，作器铸铭以记之，期冀后世子孙永宝用享、奉祀祖先。这样的词语组织系列在西周早期出现不多，早期后段逐渐增多，至中期、晚期使用极其普遍。同时，还可见西周早期铭辞以记赏赐朋贝最多，中期、后期虽经常出现赐朋贝吉金，而以记命赐秬鬯、衣服、车旗、干甲系列者居多。西周铭辞具有程式化特征，像册命、赐休等铭辞演变定型的现象是普遍存在的。

显然，成套式的词义组合及成套式的铭辞组织，是一个累积、演化而定型的发展过程。大致来看，西周早期的词义组织大多单纯，中、晚期套式叠加繁复，但程式化却明显，容易辨识。

铭辞格式及其语义类型历时演变的重要性在于：它是器铭作者与彝器使用、保存者以及阅读者的群体语义认知的传递（或传播）、认同、模仿、共同尊崇、互动用享的历史过程。在西周历史的语义认知链条上，宗室嫡裔和宗族成员是以往作铭者的信奉者、受用或保存者、解读者，甚至是对话者，继而又成为新一代器铭作者，世代相继，将公认的器铭辞句模式积淀定型、累积扩展。通过每个时期固有的形式逐渐增多，并连续累积，产生了繁复与简化并存的辞句组织程序，同时也形成了典范的彝铭体例传统形式，从而作为一种范式能够传承、延续下去。

二、作器铸铭信念及其形成条件

早在商代，青铜器制造技术迅速发展，走向成熟，青铜文明成就堪称灿烂辉煌。至西周中、晚期，青铜器冶铸技术更加完善，器物种类齐全，工艺、形制和纹饰等艺术成就可谓登峰造极。此外，重要的成就还在于作铸铭文已经形成其完备的语言文字体系和经典的记述体例。在商代和西周时期，青铜材料和青铜器物的生产、制作成就代表着当时的生产力水平，是古代文明进程的重要标志之一。在当时社会成员的认知中，青铜材料和青铜器物极其珍贵、重要，仅为君王、诸侯等上层贵族所拥有，而且他们认为青铜（器）有无以伦比的神秘力量，能通灵天界和神明，故此被视为"天命"所赐之物，将青铜（器）称为"吉金"。

珍贵的青铜材料和铸造工艺技术要求甚高的青铜器在商代被王室、诸侯和族氏宗主所管控，作器铸铭是帝王君主的特权。西周初年，肇制彝器和作铸铭文群体主要为周王、王室、诸侯、公卿、重臣要员、近臣、族氏宗主及其宗室等，作器铸铭仍为上层权威者或位尊者的特权。青铜重器被视为王君权力、盛世威仪的象征，而作为铭记享祀先王先祖和记载王者懿德、祖圣诰喻、功勋事迹的铭文，其表征功能的重要性自然是不言而喻的。自西周早期后段（康王世）至中期、晚期，作器铸铭者群体有所扩展，已出现于各宗族贵族其他成员和中下官僚阶层。他们以上层权威者作器铸铭为模范，效法其方式和体例，成为揭橥功德、职位和宗族合法性地位的标志。彝器象征着器主的身份等级，铭文记载着受王册命服秩、因功赏披赐休、赓续家族职常、享祀祖考或追怀宗族列公等重要内容。作器铸铭是西周政治生活和礼法制度形式的不可或缺的组成部分，或者说其本身即是一种文化礼制。同时，作器铸铭在宗族贵族和官僚阶层得以普及，是上层社会成员盛行的重要文化风尚。

对于作器铸铭者和彝器保存、使用者群体来说，作器铸铭制度和风尚有着深厚的认知基础，而其关键在于已经形成了一种群体共有的牢固信念：

一方面，处于青铜文明鼎盛期的殷商西周，青铜是当时既坚固耐用和又精良优越的金属材料，青铜冶炼铸造已达到较高的技术水平，青铜冶料被浇铸于模范，可按作器者意图依形制规模而塑体铸铭，而青铜彝器又具有质地坚硬、体势威严凝重等特质。当时人们心目中的青铜彝器是宗庙享祖祭祀和庭堂宴宾的礼法常器，是国家重器，有着尊贵、隆崇、庄严、盛吉和亨通的性质。

如鼎器，《易·鼎》："鼎，元吉，亨。"《彖》曰："鼎，象也。"陆德明《释文》："鼎，法象也，即鼎器也。"

《左传·宣公三年》王孙满对答楚子问鼎之大小轻重曰："铸鼎象物，百物而为之备，使民知神、奸……商纣暴虐，鼎迁于周。德之休明，虽小，重也。"铸鼎象物，鼎为德治安国之法象，故以文德休明而取彝鼎象征国运安固和礼仪制度。

尊器，《说文·酋部》："尊，酒器也。"朱骏声《说文通训定声》："尊为大名，彝为上，卣为中，罍为下，皆以待祭祀宾客之礼器也。"

今本《玉篇·酉部》则谓："尊，敬也，重也，亦酒器也。"

《易·大有》，《彖》曰："大有，柔得尊位大中，而上下应之，曰大有。"

从词源角度分析，音"尊"之词，其古义表示崇重，有位尊、尊上的用法，尔后造字取拱手奉上酒器之形。黄侃《文字声韵训诂笔记·训诂》释说颇具道理："夫酒器所以名为尊者，奉酒以所尊故也。是尊卑之义在前，乃'尊'字之本谊。"尊为酒器，是尊奉、敬上之礼器，而其词源义含有崇重位尊在上的意思。

青铜器皿用常与上古中国王朝的宗族统治和祖先神享祀信仰的社会文化分不开。而它之所以能成为礼法常器，既源于其在国家宗庙享祀中的功能，也在于其质地和形制可塑象物的威仪，更重要的是处于这种王朝社会文化形态中，人们已形成了附加于彝器铭文上的牢固信念。

这种信念还包括时人宁愿相信青铜彝器具有通灵祖神的功能。此外，作铸其上的彝铭具有标记职权身份和宗族荣耀，记录重要事宜，以及表达"恭德裕天"、祭祖享孝、赐福眉寿无疆和子孙永宝等信念的语义功能。加之青铜器坚固、光泽闪亮，铸铭不易磨灭、腐朽的特质，故能令众人信服而顶礼膜拜。

另一方面，当时社会群体信奉"天命"观。周王朝极力宣扬天授王权，在器铭中着意强调"膺受天命""旻天疾威"以安民治世的使命感，并向民众灌注"哀时之对，时周之命"① 而敷有天下的统治观念。在西周宗法、礼制、封邦建侯和等级制的社会制度下，彝常礼器的象征作用和彝铭的标记、记录和表征功能更加凸显。人们相信其作为国家和宗法礼器所具有的威慑力量和重要作用，相信其坚固和可以永固保存的特质，这是一种对彝器铭文功能的信服乃至崇尚的态度——很显然，周王朝及其各封国、族氏成员自上而下都持有这种信念。

三、信念、认同力、传播力与器铭语义认知体系历史延续性

器铭语义认知的形成与发展、共享与历史延续性是西周历史文化认知的一个重要层面，而其基础在于当时社会群体所拥有的共同信念、认同力和传播力。

首先，西周社会的文化价值观将群体普遍的文化认知水平与个体的认知态度和意向性目标连接起来，当个体间的认知态度和意向性目标趋向于一致时，形成了群体信念。西周社会文化信念中包含着群体语义认知的作器铸铭的信念，支持着对青铜礼器及彝铭的认同，推进了作器铸铭的风尚，并在整个社会统治集团和贵族阶层普及。同时，正是这种社会文化群体的信念，促成了作铭者用于表达其群体意向性的铭文体式的形成——而且以群铭词义组合类聚形态表现出来。

其次，社会文化信念是基础性的认知观念，社会文化制度、政治制度的形成在认知层面上与之密不可分。从西周社会的认知观念层面看，一种社会文化制度或政治制度方案的产生，只有得到统治阶层群体的认同方可行之有效，而其布施于天下只有得到民众的认同方可顺意民心、成平事遂。这种认同是以群体的共同信念为基础的。由共同信念支撑着群体认知的共性的确定态度所形成的认知合力即是认同力——它维系着器铭语义认知体系的共享与历史连续性。

---

① 出自《诗经·周颂·般》，见《毛诗正义》卷十九，阮元校刻：《十三经注疏》，第605页。

彝器形制、纹饰的模范化，器铭体例典范或标准化，是作器铸铭群体认知意向性目标趋于一致的结果——即形成了群体认同的态度。在器铭层面则表现为器铭体例和金文字形的标准化、铭辞或辞句格式化、铭辞语义类型化，以及规范的用词用语，习语和成套铭辞系列等。作器铸铭群体对于铭文语言文字功能的信念，反映在器铭语言文字表达层面上和语义认知表征形式上，即是对器铭典范和标准化的群体认同。

因此，群体认同往往与特定文化形式的标准化或模范式样联系在一起。另一方面，文化形态的典范和模式化在推进群体文化认同的扩展深入过程中又发挥着作用，将一定文化范围的群体认同范式拓展到更大范围的群体认知，从而增强了认同力，扩大了其范畴。

再其次，共同信念、认同力一旦产生效力就会导致彝器文化和器铭语义认知体系的传播，其传播范围包括空间和时间维度，既是同时代横向的传递和扩散，也是历史连续的传递，而促成和推动这种传播的是西周社会文化群体的认知水平。

从语义认知传播（传递）角度看，器铭是媒介载体，在器铭语言文字的使用与接受的互动历史过程中，器铭的语义功能发挥了效能。器铭语义功能实际上是沟通、连接作铭者与接受者语义认知传递关系的功能，而其发展不仅推动了器铭语义认知体系的演化与完善，同时也提高了语义认知的传播效用和对接受者群体的控制效用。在彝器文化和器铭语义认知传播中，肇作彝器铭文的传播源群体与其接受者群体——民众或宗族成员之间产生了认知互动过程——群体的聚合与离散相结合，态度的认同与排斥相结合，当前者强于后者，形成足够大的群体合力时，接受者群体即被涵化。传播的主体（包括传播源群体和媒介形式）的合力以及传递扩散的有效力度之值即是传播力。语义认知传播力也具有历史连续性，被周王朝的后代子孙传递、扩散，再认同、再传递，由此形成了器铭语义认知体系发展的历史链条。

综上，作器铸铭是西周统治者群体有意图的语义认知传播方式，作为宗法礼制的形器彝铭，世代相承，具有可延续的语义认知传播力。铭文语义认知表征的体例和形式，逐渐控制了王朝民众、诸侯国和族氏成员对于彝器铭文的认知态度，形成了崇尚彝铭价值的信念。这种有意图的语义认知传播力是由作器铸铭群体认知的合力形成的，具有历史性的意义，它是中国古代传统文化认知生成与发展的一种重要的表现。

此外还应当看到，作器铸铭传递的语义信息除了包含作器铸铭者的意图外，还包括器铭所产生和传递的超越作器铸铭者意图的信息，如器铭被后世理解的，有许多非作铭者所能预料，器铭对后世产生的效应有些已超出了作铭者最初的意图。其重要原因在于：一是器铭形式和语义内容本身含有超越作铭者意图的信息，二是后世阅读者和研究者的认知视野或认知水平与当初作器铸铭者已有不同，三是随着人类认知视野的变化和拓展，对器铭认知和获取语义信息的角度、视野发生了变化，等等，这些信息均可超越作铭者当时的意图。

后世者以其所处时代的认知视野解读西周器铭语义，研究者从历史传递的语言语义中回溯先前，以寻找来龙去脉、前因后果及其规律性。随着时间推移，人类的认知视野不断拓展，认知水平不断提高——正是由于人类认知视野总是变化和拓展的，所以解读和认知器铭才具有了历史开放性。

余　论

　　西周器铭词义组合关系所形成的类聚，即词义组合片段类聚，在整体上直观地体现出器铭词义系统性。"铭辞"是器铭词义组合片段类聚的主要形态。"铭辞"指可以独立成辞的词语组合片段，在整篇铭文中具有相对独立、完整的语义表达和语义功能，是器铭记录和表达一定彝铭功用的语辞，包括词组、句子，以及独立成铭文的单词（与之组合的词项聚合是空集 Ø）。其词语选择较为固定、规范，词义组合关系较为固定，语句组织形式具有格式化特征，语句典雅规范，注重语辞的装饰性及语用规则性。相同主题义类的"铭辞"有词、固定短语、固定的或具有一定组合格式的辞句，也有习语，在组合关系中通常以某个或某几个词项为常量与其他变量词项形成固定的语义结构关系。可以说，器铭词义组合类聚，特别是同主题义类的"铭辞"，突出体现了词义组合、聚合结构的规则性和系统性。

　　考察、分析器铭词义组合类聚，一方面，可将词义组合关系与聚合关系综合起来进行考察，提取词义关系的语义特征值，从词义的深层语义结构关系以及词义构成要素层面分析词义组合与聚合的关联性，描写词义关系的结构系统性。

　　另一方面，西周器铭具有特定的语义功能和语用目标，器铭词义组合类聚现象显示出作器群体的语义认知特性，具有群体定势的意向性。以象征礼制和权力威仪的彝器为载体，按铭文体例将享祀先王先祖、训诰、功德、事迹、赐休荣耀、册命职赐服秩等重要内容或语义类型，用语言文字形式记述下来，作铭者希望彝铭具有深刻、永固的记忆和保留功能，能够遗传给子孙后代。铸铭于彝器，兼具语义表征、群体认知和语义传播的重要功能。由词义组合类聚关系呈现为语义类别和语义程序，蕴含着作铭者群体语义表达的意图，反映出群体语义认知的系统性，从而为后世解读者和研究者提供了探查彝铭语义认知的线索。

因此，西周器铭词义系统性的研究不应停滞于结构系统性层面，还需拓展至认知系统性层面。若要透彻研究和认识器铭词义的系统性问题，则需要以词义关系的结构系统性层面为基础，进一步透视词义的结构系统与作铭者群体、语义所指这三者的立体关系，以探求作铭者群体在铭文语义表达中的动态词义认知情况。

在词义的结构系统性层面上，考察分析器铭词义组合类聚，可对词义关系进行片段选择。词义关系是组合与聚合的二维关系，词义关系的共同特征与区别特征是一种二元对立的语义特征值关系，语句中词义处于线性组合的分布状态，语言表达者与语言关系为单向矢量，非互动关系。

而在认知系统性层面上，词义关系的结构与其认知表征形态处于共时多维层面，不仅是立体且贯通的，也是群体认知背景与词汇语义认知表征在相互映射、作用过程中生成、传播、认同、积累和历史演化而形成的词汇语义系统。作铭者群体语义认知的系统性即是器铭群体的合力动态的意向性体系。探讨器铭词义关系及其认知系统性，需将词汇语义与群体语言表达者、语言外部世界联系起来，视为相互关联、互动生成、彼此消长、内外依托的连续系统。其词汇语义的选择使用和词义表达是语言语义与语言表达者群体的双向矢量，处于互动关系中——对语言群体来说即是主体认知的过程与方式，对于词义层面来说则是词义关系呈现的认知系统性。

器铭词义表征形式和语义功能，以及西周时期的彝器保存、使用者对器铭的认同、传递是历史演化、积累与共时交叠的结果，是与当时社会认知、知识背景、文化观念框架联系在一起的，处于多维关系中。研究者若要透彻认识这些多维关系，则有必要从词义关系入手进行器铭词汇语义的认知研究。正因为如此，考察分析器铭词义组合类聚，有助于将词义系统研究拓展至语义认知、概念体系、文化认知和语用等多个层面，由此而超越了词义间结构系统性的研究范畴，把器铭词义关系问题引向多层次、广阔的研究领域。

本书考察和探析器铭词义组合类聚，从词义关系的结构系统性层面升级至认知系统性层面，意在揭示器铭词义间的结构系统性以及词义（义位）、词义关系的具体构成、形式、特征、分布和作用等。处于当时社群语义认知的支撑与约束中，词义的系统性并非单维，而是多维的；对其语义结构的透视与认知研究是分析和解释这种多维系统性的一种有效途径。可以说，词汇语义的认知系统性研究是开放性研究，可将器铭词义关系及其系统性问题引向多维研究空间。从这一点来说，探讨器铭词义的认知系统性有重要的理论和应用价值，对于拓展其词义多维研究领域具有重要意义。

如何实证西周器铭语义认知，并藉此探查当时人们的观念？西周器铭载录当时真实语言文字，所记内容与古文献或相同或相关，古文献亦对青铜器功能用途、类别、形制、纹饰等有明确记述。显然，通过分析群体器铭语言形式和语义内容的聚合关系，结合古籍文献，在此基础上可进一步透视作铭者群体的表征意向性、语言使用的态势和对器铭语义功能、价值的态度等语义认知信息。

具体理解为：（1）器铭词义组合类聚凸显了群铭词义组合关系的趋同现象，词语、句子的选择使用固化、程式化，语用规则呈显性，群体意向性明显；（2）针对各类词义组合类聚，详细探查其具体词义组织关系的语义功能特点、语用规则及其认知表征的语言形式和语义依据；（3）从各类铭辞及其词义组合类聚关系、格式的历史演化过程中，探测群铭作者的集体意向动力、价值取向和认知态势；（4）器铭显示的认知信息，既包括作铭者有意表达、传遗的内容，也包括作铭者无意透露但却客观存在的或潜在的信息——器铭潜在的信息因后世解读者和研究者对其进行探究、发掘而被激活，后世研究者将西周及相关历史时代的知识背景与器铭语义内容相连接，将后世认知水平与西周认知形态相连接，被激活的信息点则进而填充为西周历史认知网络中的具体知识点；（5）西周器铭所关联的历史文献语言文字是补充和解释其语义认知的材料，而语言文字外部各层意义系统则为器铭提供了历史认知的背景（环境）参照。

当代认知心理学研究的是现实人们的普通认知心理模式和运行原理，认知语义学研究的是现实语言语义的认知模式。与这两者不同，本书主张历史地研究某种语言载体的语义认知系统性，探究其语言语义单位（如词义单位）的认知表现形态与认知群体的互动关系及其历史演化过程，从而可以进一步探索历史的概念体系和文化认知体系的生成与发展。历史语言的语义认知研究，在于揭示语言群体的语言意义认知方式的形成和演化历史过程。

就西周器铭词义认知系统性研究来说，则在于揭示器铭语言意义共享群体的语义认知体系及其文化认同观念、文化传统认知的形成和演化，包括器铭形式和语义类型的生成、积累、定型和传续。从此研究中，我们看到器铭形式作为"意义"的载体，将语义认知的表征和功能凸显出来，在作器者群体与彝器接受者群体之间起到了互动、认知定型和控制的作用。器铭形式及其语义认知内容体系作为西周社会群体信奉、共享、记忆、传播的方式，将其文化观念、价值观和意义固定、延续下去，形成了"传统"——这具有历史性的意义。在器铭词义组合类聚形态中，词义关系的认知系统性是器铭语义认知表征和功能的基本层面，因而有必要对其进行考察、研究。而器铭词义关系的认知系统性研究是以其结构系统性研究为基础的。

以往结构主义词汇语义研究将词义构成分析为二元对立的语义特征值关系，其分析仅限于词汇语义的结构系统性层面，因此，考察、分析词义关系和词义系统性问题不免存在一定的局限性和不足。尽管如此，现当代词汇语义的结构系统性研究仍是迈向词义科学研究的重要一步，其分析和描写方法是词汇语义必要的、基础的研究层面。从词汇、词义的科学研究发展来看，词义关系问题的语义认知、语义文化、语用研究与词汇语义的结构系统性研究并非相互脱离、相互隔绝，而是相互连贯的，是同一研究对象的多元研究视角，在研究层次或研究视域上前者是后者的承接和拓展，后者则是前者的必要基础。

基于上述，本书结尾处需要指出的是，探讨西周器铭词义的组合类聚，除了词义系统性研究本身的意义之外，其目的还在于，倡导一种从词汇语义的基础结构研究到拓展性研究的连续式、贯通式的路径。

语言的语义直接关联着语言外部世界（包括物质世界、思想意识、文化制度、行为活动、事件、历史过程等）和语言使用者的表达方式及其意图，所以，语义在根本上不是封闭的而是开放的。同时，语义表达和语义系统必然关联着语义的认知，这是语义的重要性质。正因为如此，对语义系统性的研究不能局限于结构系统性，而应深入其认知系统性等层面，形成贯通式研究，才易于从根本上精辨语义系统性的实质问题。

另一方面，语义表达方式和语义系统的演化是一定语言群体的语义实践的历史过程，并始终伴随其语义认知形态的历史发展。西周铸器作铭的语义功能及作铭者群体的语义认知形态，则是西周时期语义实践的一种重要体现。从西周器铭词义组合类聚现象入手考察、研究其中词义关系的系统性，立足词义（义位）这一语义基本单位的组织系统，从具体、精细的层面着手，更加透彻地探究器铭语义内容、分布、规则和功能，以及词汇语义所反映的概念、认知体系，见微知著，层级扩展，进而从西周器铭语义功能和认知角度，揭示其语义"传统"模式形成的动力和基因。

主要参考文献

（按作者、责任者拼音首字母排序）

一、金文著录文献

刘雨、卢岩：《近出殷周金文集录》，中华书局 2002 年版。

丘德修编：《商周金文集成》，台湾五南图书出版公司 1983 年版。

吴镇烽：《商周青铜器铭文暨图像集成》，上海古籍出版社 2012 年版。

吴镇烽：《商周青铜器铭文暨图像集成续编》，上海古籍出版社 2016 年版。

吴镇烽：《商周金文资料通鉴》（电子检索版），陕西省考古研究所 2016 年版。

严一萍编：《金文总集》，台湾艺文印书馆 1983 年版。

钟柏生等：《新收殷周青铜器铭文暨器影汇编》，台北艺文印书馆 2006 年版。

中国社科院考古所编：《殷周金文集成》，中华书局 1985—1995 年版。

中国社科院考古所编：《殷周金文集成》（修订增补本），中华书局 2007 年版。

二、古代典籍、训诂文献

（汉）班固：《汉书》（附颜师古注），中华书局 1962 年点校本，另中华书局 1998 年影印本。

（清）毕沅：《释名疏证　附续释名　释名补遗》，中华书局 1985 年（据经训堂丛书本影印）。

（宋）陈彭年等：《广韵》，中国书店 1982 年影印本。

（清）程树德：《论语集释》，中华书局 1990 年版。

（宋）丁度等：《集韵》，中华书局编《小学名著六种》，1998年。

（清）段玉裁：《说文解字注》，上海古籍出版社1998年版。

（南朝宋）范晔：《后汉书》，中华书局1965年版。

（汉）高诱：《战国策注》，上海古籍出版社1985年点校本。

（清）顾炎武著，黄汝成集释：《日知录集释》，上海古籍出版社2006年版。

（南朝梁）顾野王：《玉篇》，中华书局编《小学名著六种》，1998年。

（清）桂馥：《说文解字义证》，齐鲁书社1987年版。

（清）郝懿行：《尔雅义疏》，上海古籍出版社1983年版。

黄怀信、张懋镕、田旭京：《逸周书汇校集注》，上海古籍出版社1995年版。

（汉）刘熙：《释名》，上海古籍出版社1984年影印本。

（汉）刘向撰，向宗鲁校正：《说苑校正》，中华书局1987年版。

（南朝梁）刘勰撰，周振甫注：《文心雕龙注释》，人民文学出版社1981年版。

（唐）陆德明：《经典释文》，上海古籍出版社2013年影印本。

（清）阮元等：《经籍纂诂》，中华书局1982年版。

（清）阮元校刻本：《十三经注疏》，中华书局1980年版。

（汉）司马迁：《史记》，中华书局1959年点校本。

（清）苏舆：《春秋繁露义证》，中华书局1992年版。

（清）孙诒让：《札迻》，中华书局1989年版。

（清）孙诒让：《墨子间诂》，中华书局2001年版。

（清）王念孙：《广雅疏证》，中华书局1983年版，另见江苏古籍出版社2000年版。

（清）王利器：《新语校注》，中华书局1986年版。

（清）王先谦：《荀子集解》，中华书局1988年版。

（三国吴）韦昭：《国语注》，上海古籍出版社1983年点校本。

（清）吴大澂：《字诂》，台北艺文印书馆1975年版。

（南朝梁）萧统编，（唐）李善注：《文选》，上海古籍出版社1986年版。

（五代南唐）徐锴：《说文解字系传》，中华书局1987年版。

徐元诰：《国语集解》，中华书局2002年版。

（汉）许慎：《说文解字》，中华书局 1963 年版。

许维通撰，梁云华整理：《吕氏春秋集解》，中华书局 2009 年版。

（汉）扬雄：《方言》，中华书局 1998 年影印本。

中华书局编：《诸子集成》，中华书局 1954 年版。

（清）朱骏声：《说文通训定声》，中华书局 1984 年版。

（宋）朱熹集注：《诗集传》，中华书局 1958 年版。

《尔雅》，中华书局 2016 年版。

三、现当代学者研究论著

晁福林：《夏商西周的社会变迁》，北京师范大学出版社 1996 年版。

晁福林：《先秦社会形态研究》，北京师范大学出版社 2003 年版。

晁福林：《从士山盘看周代的"服"制》，《中国历史文物》2004 年第 6 期。

晁福林：《金文"蔑曆"与西周勉励制度》，《历史研究》2008 年第 1 期。

晁福林：《试析上古时期的历史记忆与历史记载》，《安徽史学》2007 年第 6 期。

晁福林：《宗法礼俗——周代社会的一面镜子》，《学习与探索》2005 年第 5 期。

陈初生：《金文常用字典》，陕西人民出版社 1987 年版。

陈梦家：《西周铜器断代》，中华书局 2004 年版。

陈佩芬：《新获两周青铜器》，《上海博物馆集刊》2000 年第 8 期。

陈双新：《两周青铜乐器铭辞研究》，河北大学出版社 2002 年版。

崔永东：《两周金文虚词集释》，中华书局 1994 年版。

程湘清：《汉语史专书复音词研究》，商务印书馆 2003 年版。

程湘清：《先秦双音词研究》，载《先秦汉语研究》，山东教育出版社 1992 年版。

丁声树编录：《古今字音对照手册》，中华书局 1981 年版。

戴家祥主编：《金文大字典》，学林出版社 1995 年版。

董莲池：《殷周禘祭探真》，《人文杂志》1994 年第 5 期。

杜勇、沈长云：《金文断代方法探微》，人民出版社 2002 年版。

符淮青：《现代汉语词汇》，北京大学出版社 1985 年版。

符淮青：《词义的分析和描写》，语文出版社 1996 年版。

符淮青：《词典学词汇学语义学文集》，商务印书馆 2004 年版。

方述鑫、常正光、林小安、彭裕商：《甲骨金文字典》，巴蜀书社 1993 年版。

高明：《古文字类编》，中华书局 1980 年版。

高明：《中国古文字学通论》，文物出版社 1987 年版。

高明：《高明论著选集》，科学出版社 2001 年版。

高守纲：《古代汉语词义通论》，语文出版社 1994 年版。

格雷玛斯：《结构语义学——方法研究》中译本，三联书店 1999 年版。

古文字诂林编纂委员会：《古文字诂林》，上海教育出版社 1999—2004 年版。

管燮初：《西周金文语法研究》，商务印书馆 1981 年版。

郭加健：《金文反义词的运用》，《广州师院学报》（社科版）1996 年第 2 期。

郭沫若：《两周金文辞大系图录》，日本文求堂书店 1934 年版；《两周金文辞大系考释》，上海书店出版社 1999 年版。

郭沫若：《金文丛考》，人民出版社 1954 年版。

桂诗春、宁春岩：《语言学方法论》，外语教学与研究出版社 1997 年版。

何九盈、蒋绍愚：《古汉语词汇讲话》，北京出版社 1980 年版。

何九盈：《中国现代语言学史》，广东教育出版社 2000 年版。

何琳仪：《说"盘"》，《中国历史文物》2004 年第 5 期。

黄侃述，黄焯编：《文字声韵训诂笔记》，上海古籍出版社 1983 年版。

黄侃：《黄侃论学杂著》，中华书局 1964 年版。

黄侃：《说文笺识》，上海古籍出版社 1983 年版。

黄金贵：《古汉语同义词辨释论》，上海古籍出版社 2002 年版。

黄铭崇：《殷周金文中的亲属称谓"姑"及其相关问题》，台湾《"中研院"历史语言研究所集刊》七十五本第一分册。

黄盛璋：《历史地理与考古论丛》，齐鲁书社 1982 年版。

黄盛璋：《淮夷新考》，《文物研究》第五辑，黄山书社 1989 年版。

黄盛璋：《西周铜器中服饰赏赐与职官及册命制度关系》，《传统文化与现代化》1997 年第 1 期。

黄盛璋：《西周铜器中服饰赏赐与职官及册命制度关系发覆》，《周秦文化研究》，陕西人民出版社 1998 年版。

黄锡全：《西周"文盨"补释》，载张光裕、黄德宽主编《古文字学论稿》，安徽大学出版社 2008 年版。

华东师范大学中国文字研究与应用中心编：《金文引得》（殷商西周卷），广西教育出版社 2001 年版。

蒋绍愚：《古汉语词汇纲要》，北京大学出版社 1989 年版。

蒋绍愚：《二十世纪的古汉语词汇研究》，《汉语词汇语法史论文集》，商务印书馆 2000 年版。

贾彦德：《语义学导论》，北京大学出版社 1986 年版。

贾彦德：《汉语语义学》，北京大学出版社 1999 年版。

吉拉茨：《词汇语义学史略》中译文，《八十年代外国语言学的新天地》，辽宁教育出版社 1992 年版。

杰弗里·利奇：《语义学》（中译本），上海外语教育出版社 1987 年版。

李方桂：《上古音研究》，商务印书馆 1980 年版。

李零：《"车马"与"大车"（跋师同鼎）》，《考古与文物》1992 年第 2 期。

李孝定：《甲骨文字集释》，台北"中研院"专刊 1965 年影印本。

李学勤：《〈尚书〉与〈逸周书〉中的月相》，《中国文化研究》1998 年夏卷，又载氏著《夏商周年代学札记》，辽宁大学出版社 1999 年版。

李学勤：《古文字学初阶》，中华书局 1985 年版。

李学勤：《西周金文的六师、八师》，《华夏考古》1987 年第 2 期。

李学勤：《从金文看〈周礼〉》，载氏著《缀古集》，上海古籍出版社 1998 年版。

李学勤：《卿士寮、太史寮》，载氏著《缀古集》，上海古籍出版社 1998 年版。

李学勤：《小盂鼎与西周制度》，《历史研究》1987 年第 5 期。

李仲操：《西周年代》，文物出版社 1991 年版。

李佐丰：《先秦汉语实词》，北京广播学院出版社 2003 年版。

李佐丰：《谈谈汉语历史词义的系统分析法》，《语言学论丛》28 辑，商务印书馆 2003 年版。

廖序东：《金文中的同义并列复合词》，《廖序东语言学论文集》，商务印书馆 2004 年版。

廖序东：《金文中的同义并列复合词续考》，《廖序东语言学论文集》，商务印书馆 2004 年版。

林沄：《究竟是"翦伐"还是"撲伐"》，《古文字研究》第二十五辑。

刘启益：《西周纪年》，广东教育出版社 2002 年版。

刘启益：《西周金文中月相词语的解释》，《历史教学》1979 年第 6 期。

刘庆柱等主编：《金文文献集成》，线装书局 2005 年版。

刘叔新：《词汇学和词典学问题研究》，天津人民出版社 1984 年版。

刘叔新：《汉语描写词汇学》，商务印书馆 1990 年版。

刘晓东：《天亡簋与武王东土度邑》，《考古与文物》1987 年第 1 期。

刘雨：《西周金文中的射礼》，《考古》1986 年第 12 期。

刘雨：《西周金文中的祭祖礼》，《考古学报》1989 年第 4 期。

刘雨：《西周金文中的"周礼"》，《燕京学报》新三期，北京大学出版社 1997 年版。

刘雨：《西周金文中的大封小封和赐田里》，《中国考古学论丛——中国社会科学院考古研究所建所 40 年纪念》，科学出版社 1993 年版。

刘钊：《谈古文字资料在古汉语研究中的重要性》，《古汉语研究》2005 年第 3 期。

刘正：《金文庙制研究》，中国社会科学出版社 2004 年版。

陆志韦等：《汉语的构词法》，科学出版社 1957 年版，1964 年修订版。

陆宗达：《说文解字通论》，北京出版社 1981 年版。

陆宗达、王宁：《训诂与训诂学》，山西教育出版社 1994 年版。

罗竹风主编：《汉语大词典》，上海辞书出版社（第一册），汉语大词典出版社。

吕叔湘：《汉语语法分析问题》，商务印书馆 1979 年版。

马承源主编：《商周青铜器铭文选》，文物出版社 1988 年版。简称《铭文选》。

马承源主编：《中国青铜器》，上海古籍出版社 2003 年版。

马真：《先秦复音词初探》，《北京大学学报》（哲社版）1980 年第 5 期。

马真：《先秦复音词初探（续完）》，《北京大学学报》（哲社版）1981 年第 1 期。

潘允中：《汉语词汇史概要》，上海古籍出版社 1989 年版。

彭裕商：《西周青铜器年代综合研究》，巴蜀书社 2003 年版。

彭裕商：《周伐猃狁及相关问题》，《历史研究》2004 年第 3 期。

齐思和：《周代锡命礼考》，《燕京学报》第三十二期，1947 年。

钱玄：《金文通借释例》，《南京师范大学学报》（社科版）1986 年第 2 期。

裘锡圭：《文字学概要》，商务印书馆 1988 年版。

裘锡圭：《古文字论集》，中华书局 1992 年版。

裘锡圭：《谈谈古文字资料对古汉语研究的重要性》，《裘锡圭自选集》，大象
出版社 1994 年版，原载《中国语文》1979 年第 6 期。

容庚：《金文编》，中华书局 1985 年版。

容庚：《商周彝器通考》，燕京大学燕京学社 1941 年版。

容庚、张维持：《殷周青铜器通论》，文物出版社 1984 年版。

任学良：《汉语造词法》，中国社会科学出版社 1981 年版。

上海博物馆青铜器研究组编：《商周青铜器纹饰》，文物出版社 1984 年版。

石安石：《语义论》，商务印书馆 1993 年版。

石安石：《语义研究》，语文出版社 1994 年版。

孙稚雏：《金文著录简目》，中华书局 1981 年版。

孙稚雏：《青铜器论文索引》，中华书局 1986 年版。

苏新春：《当代中国词汇学》，广东教育出版社 1995 年版。

苏新春：《汉语词义学》，广东教育出版社 1997 年版。

宋永培：《当代中国训诂学》，广东教育出版社 2001 年版。

索绪尔：《普通语言学教程》（高名凯中译本），1980 年。

唐兰：《西周青铜器铭文分代史征》，中华书局 1986 年版。

唐兰：《唐兰先生金文论集》，紫禁城出版社 1995 年版。

唐兰：《怀念毛公鼎、散氏盘和宗周钟——兼论西周社会性质》，《唐兰先生

金文论集》，紫禁城出版社 1995 年版。

唐兰：《古文字学导论》，齐鲁书社 1981 年版。

唐作藩：《音韵学教程》，北京大学出版社 1991 年版。

唐超群：《义项·义位·概念》，《辞书研究》1985 年第 6 期。

王冠英：《任鼎铭文考释》，《中国历史文物》2004 年第 2 期。

王冠英：《再说金文套语"严在上，异在下"》，《中国历史文物》2004 年第 2 期。

王冠英：《殷周的外服及其演变》，《历史研究》1984 年第 5 期。

王国维：《观堂集林》，中华书局 1959 年版。

王国维：《古史新证——王国维最后的讲义》，清华大学出版社 1994 年版。

王国维：《生霸死霸考》，见王国维《观堂集林》第一册，中华书局 1959 年版。

王国维：《观堂集林·别集》卷一，中华书局 1959 年版。

王和：《"西周无世卿"辨正》，《人文杂志》1984 年第 4 期。

王和：《关于理论更新对于先秦史研究意义的思考——从解读〈牧誓〉的启示谈起》，《史学月刊》2003 年第 4 期。

王和：《文王"受命"传说与周初的年代》，《史林》1990 年第 2 期。

王辉：《古文字通假释例》，台北艺文印书馆 1993 年版。

王辉：《商周金文》，文物出版社 2006 年版。

王力：《汉语史稿》（修订本），中华书局 1980 年版。

王力：《汉语语音史》，中国社会科学出版社 1985 年版。

王力：《王力语言学论文集》，商务印书馆 2000 年版。

王力：《新训诂学》，《王力语言学论文集》，商务印书馆 2000 年版。

王力：《同源字论》，《同源字典》，商务印书馆 1982 年版。

王力主编：《王力古汉语字典》，中华书局 2000 年版。

王宁：《训诂学原理》，中国国际广播出版社 1997 年版。

王宁：《汉字构形学讲座》，上海教育出版社 2002 年版。

王世民：《西周春秋金文中的诸侯爵称》，《历史研究》1983 年第 3 期。

王世民、陈公柔、张长寿：《西周青铜器分期断代研究》，文物出版社 1999 年版。

王文耀：《简明金文词典》，上海辞书出版社 1998 年版。

王晓鹏：《甲骨刻辞义位归纳研究》，商务印书馆 2018 年版。

王晓鹏：《甲骨文考释与甲骨刻辞义位归纳》，《古汉语研究》2006 年第 2 期。

王晓鹏：《西周纪时格式中的"越"和"越若"》，《北京师范大学学报》（社科版）2009 年第 1 期。

王晓鹏：《释召器铭文中的"黑"字》，《中国历史文物》2009 年第 4 期。

王贻梁：《"师氏"、"虎臣"考》，《考古与文物》1989 年第 3 期。

吴镇烽：《金文人名汇编》（修订本），中华书局 2006 年版。

吴十洲：《两周礼器制度研究》，台北五南图书出版公司 2004 年版。

吴振武：《新见西周再簋铭文释读》，《史学集刊》2006 年第 2 期。

伍宗文：《先秦汉语复音词研究》，巴蜀书社 2001 年版。

夏商周断代工程专家组：《夏商周断代工程 1996—2000 年阶段成果报告·简本》，世界图书出版公司北京公司 2000 年版。

向熹：《简明汉语史》，高等教育出版社 1993 年版。

徐烈炯：《语义学》，语文出版社 1995 年版。

徐通锵：《历史语言学》，商务印书馆 1991 年版。

徐锡台：《西周诸王征伐异族的探讨》，《庆祝武伯纶先生九十华诞论文集》，三秦出版社 1991 年版。

徐朝华：《上古汉语词汇史》，商务印书馆 2003 年版。

徐中舒主编：《汉语大字典》，湖北辞书出版社、四川辞书出版社 1992 年版。

徐中舒主编：《汉语古文字字形表》，四川人民出版社 1981 年版。

徐中舒：《金文嘏辞释例》，《历史语言研究所集刊》第 6 本第 1 分册，1936 年。

徐中舒主编：《甲骨文字典》，四川辞书出版社 1998 年版。

许倬云：《西周史》（增订本），三联书店 1994 年版；《西周史》（增补二版），三联书店 2012 年版。

杨宽：《释"臣"和"鬲"》，《考古》1963 年第 12 期。

杨宽：《西周王朝公卿的官爵制度》，《西周史研究》（《人文杂志丛刊》第 2 辑）1984 年。

杨宽：《西周史》（上、下册），上海人民出版社 2016 年版。

杨树达：《积微居金文说》（增订本），中华书局 1997 年版。

杨树达：《积微居小学述林》，中华书局 1983 年版。

杨树达：《中国文字学概要》、《文字形义学》，《杨树达文集之九》，上海古籍出版社 1988 年版。

伊藤道治：《新出金文资料的意义》（姚平译），《中国史研究动态》1980 年第 5 期。

于省吾：《双剑誃吉金文选》，中华书局 1998 年版。

于省吾：《从古文字方面来评盘清代文字、声韵、训诂之学的得失》，《历史研究》1962 年第 1 期。

于省吾：《甲骨文字释林》，中华书局 1979 年版。

于省吾主编：《甲骨文字诂林》，中华书局 1996 年版。

于省吾：《释"蔑曆"》，《吉林大学社会科学学报》1956 年第 2 期。

叶蜚声、徐通锵：《语言学纲要》，北京大学出版社 1997 年版。

臧克和：《金文杂考》，《古文字研究》第二十五辑，中华书局。

曾宪通：《清代金文研究概述》，《曾宪通学术文集》，汕头大学出版社 2002 年版。

张光裕：《金文中册命之典》，《香港中文大学中国文化研究所学报》第十卷下册，1979 年，又见《雪斋学术论文集》，台北艺文印书馆 1989 年版。

张光裕、黄德宽主编：《古文字学论稿》，安徽大学出版社 2008 年版。

张光裕：《新见金文词汇两则》，《古文字研究》第二十六辑，中华书局。

张光裕：《新见曶簋铭文对金文研究的意义》，《文物》2000 年第 6 期。

张联荣：《古汉语词义论》，北京大学出版社 2000 年版。

张懋镕：《周人不用日名说》，《历史研究》1993 年第 5 期。

张懋镕：《金文所见西周召赐制度考》，《陈直先生纪念文集》，西北大学出版社 1992 年版。

张世超等：《金文形义通解》，日本京都中文出版社 1996 年版。

张亚初：《殷周金文集成引得》，中华书局 2001 年版。

张亚初、刘雨：《西周金文官制研究》，中华书局 1986 年版。

张永言：《词汇学简论》，华中工学院出版社 1982 年版。

张志毅、张庆云：《词和词典》，中国广播电视出版社 1994 年版。

张志毅、张庆云：《词汇语义学》，商务印书馆 2001 年版。

张再兴：《西周金文文字系统论》，华东师范大学出版社 2004 年版。

赵克勤：《古代汉语词汇学》，商务印书馆 1994 年版。

赵诚：《二十世纪金文研究述要》，书海出版社 2003 年版。

赵诚：《金文词义探索》，《第三届国际中国古文字学研讨会论文集》，香港中文大学中文系，1997 年。

赵诚：《金文词义探索三则》，《李新魁教授纪念论文集》，中华书局 1998 年版。

赵诚：《晚清的金文研究》，《古汉语研究》2002 年第 1 期。

赵光贤：《〈大盂鼎〉的"伯"、"人鬲"、"庶人"释义》，《周代社会辨析》，人民出版社 1980 年版。

赵光贤：《武王克商与西周诸王年考》，《西周史论文集》（上），陕西人民教育出版社 1993 年版。

赵光贤：《武王克商与周初年代的再探索》，《人文杂志》1987 年第 2 期。

赵光贤：《从裘卫诸器铭看西周的土地交易》，《北京师范大学学报》（社会科学）1979 年第 6 期。

赵平安：《铭文中值得注意的几种用词现象》，《古汉语研究》1988 年第 1 期。

赵元任：《语言问题》，商务印书馆 1980 年版，为 1959 年前讲演稿。

赵振铎：《论先秦两汉汉语》，《古汉语研究》1994 年第 3 期。

郑张尚芳：《上古音系》，上海教育出版社 2003 年版。

中国社科院考古研究所编：《殷周金文集成释文》，香港中文大学出版社 2001 年版。

周宝宏：《西周青铜重器铭文集释》，天津古籍出版社 2007 年版。

周宝宏：《古文字资料：上古汉语词义研究的依据》，《沈阳师范学院学报》（社科版）1999 年第 6 期。

周法高：《中国古代语法·构词编》，台北"中研院"历史语言研究所 1962 年版。

周法高主编：《金文诂林》，香港中文大学出版社 1975 年版。

周法高主编：《金文诂林附录》，香港中文大学出版社 1977 年版。

周法高主编：《金文诂林补》，台湾《历史语言研究所专刊》之七十七，1982 年。

周何主编：《青铜器铭文检索》，台湾文史哲出版社 1995 年版。

周荐：《汉语词汇研究史纲》，语文出版社 1995 年版。

朱凤瀚：《商周青铜器铭文中的复合氏名》，《南开学报》1983 年第 3 期。

朱凤瀚、张荣明：《西周诸王年代研究》，贵州人民出版社 1998 年版。

朱凤瀚：《史西鼎与师西簋》，《中国历史文物》2004 年第 1 期。

朱凤瀚：《中国青铜器综论》，上海古籍出版社 2009 年版。

朱歧祥：《论殷周金文的词汇》，《古文字研究》第二十五辑，中华书局。

宗福邦等：《故训汇纂》，商务印书馆 2003 年版。

图　版

图 1　戍宁觚及其铭文

图 2　《大克鼎》铭

图 3 《遟簋》铭

图 4 《叔夨鼎》铭

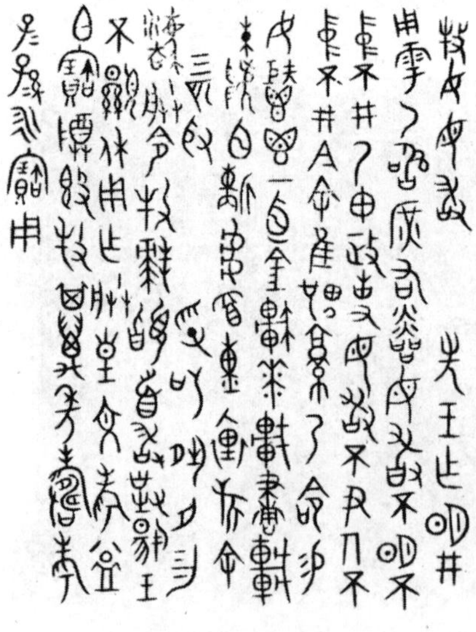

图 5 《牧簋》盖铭

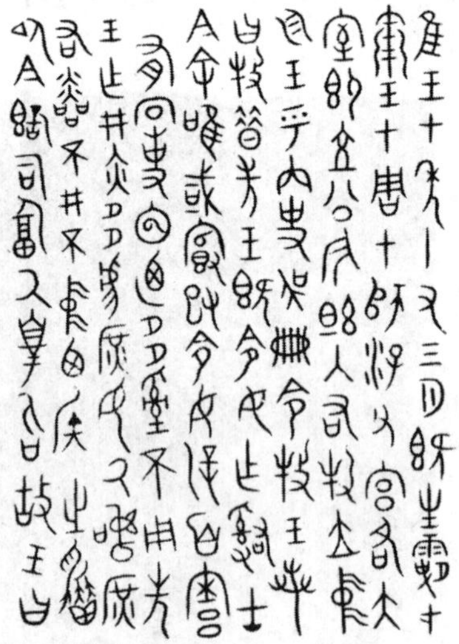

《牧簋》器铭

图 6 《卯簋盖》铭

图 7 《剌鼎》铭

图 8　《沈子它簋盖》铭

图 9　《癲簋》甲（盖铭）

图 10　《史啟簋》铭

a. 商晚期，偁舟父丁鼎腹部曲折角兽面纹

b. 商晚期，子爵腹部鸟兽合体纹

c. 西周早期，史趛尊腹部外卷角兽面纹

d. 西周厉王时期，虢仲鬲腹部兽面纹

图 11　晚商西周彝器兽面纹